六朝貴族制社会の研究

六朝貴族制社会の研究

川 勝 義 雄 著

岩 波 書 店

はしがき

本書は、私がこれまで書きためてきた六朝貴族制社会に関係する諸論稿を一冊の書物にまとめたものである。既発表論文との関係は各章の末尾に記したとおりであるが、その期間はほとんど三十年近くにもわたっているため、問題の取りあげ方も、問題に対する取りくみ方も、書かれた時期により、契機によって、ちがった角度があるのもやむをえないことであった。このたび、それらを一書にまとめるにあたって、対象とする地域やその他の関係から、もとは一つの論文として書かれたものを別々の部に分割したものもあるが、できるだけ原形を残して、各部各章の連繫をつけるに必要な、最小限の改訂を行なうにとどめた。

さて、こうして書物の形にまとめてみると、私がそれぞれの時期における学界の風潮から大きな影響を受けていることはいうまでもないが、しかし、私の関心の底に、つねに離れることのない問題が一貫して存在したことを思わざるをえない。それは、つまるところ貴族制社会と封建社会との関係をどう考えればよいのか、という問題になるだろう。

貴族制社会は、いうまでもなく漢帝国の統一が崩れたあとの、分裂と戦乱の六朝時代に形成され持続して、さらに唐代にもおよぶ時代を特色づける体制だと考えられるが、そこで政治・経済・文化など、社会のあらゆる面をリードした貴族、または豪族とよばれる社会層は、武人として封建領主化する方向をとることなく、教養をそなえた文人として官僚機構を形成し、これを掌握することによって、その支配体制を維持していった。それは、軍事力を専有する武人たちが領主制の形で貴族階層を形成するヨーロッパや日本の中世封建社会とは全く様相を異にする社会であって、さしあたり貴族制社会という特殊な用語でよぶよりほかないものである。

しかし、貴族や豪族が所有する荘園には、農奴にも比すべき佃客その他さまざまの附庸者がいたし、細分化された階層的身分制や権力分散の傾向など、中世封建社会に通ずるさまざまな徴標が、この時代に広く見られることもまた否定することはできない。いな、豪族そのものは封建領主化する傾向を本質的にもっていた、すなわち中国もまた漢という古代帝国の崩壊とともに封建社会へと進む可能性をもっていた、と仮定して、それにもかかわらず、中国社会に内在する何らかの要因が、その傾向ないし可能性を顕在化させず、むしろ文人貴族の優先する貴族制社会を出現させたのだ、と考えてゆく方が、中国史を世界史の中に位置づける上で有効であろうし、また同時に、それによって中国社会の本質を理解する上でも、何らかの手がかりを得られるのではないか、というのが私の基本的な考え方であった。

いうまでもなく封建制という概念はヨーロッパ史の中から抽出されたものであり、しかもヨーロッパでさえ「封建制を研究する歴史家の数だけ封建制が存在する」といわれるほど厄介なカテゴリーであるから、比較的その概念が妥当すると思われる日本の中世社会についても、封建制概念の適用をめぐってさまざまな議論が行なわれてきたようである。ましてや中国社会の場合は、西ヨーロッパや日本のいわゆる封建社会とは大きな隔たりがあるために、議論のくいちがいも甚だしい。周知のように、唐末までを古代とする時代区分論が戦後に学界を風靡して、中世封建社会の核とされる農奴制をもっぱら宋代以後の佃戸制においてとりだす努力がなされたが、私は宋代以後に聳え立つ強大な中央集権国家の存在を思うだけで、その説には到底ついてゆくことができなかった。まだしも六朝隋唐時代の方が、文人貴族制という特殊な体制をもちながらも、宋代以降よりははるかに中世封建社会への傾斜を色濃くもつと考えざるをえなかったのである。その点で、私は唐末までを古代とする時代区分論に同ずることはできなかったし、先にのべた私の基本的な考え方を変えることはなかった。本書は、したがって六朝貴族制社会を中世封建社会との対比において考えようとする立場からの研究結果である。

このような考え方は、もちろん私が内藤湖南以来、宮崎市定、宇都宮清吉らの先生がたに受けつがれたいわゆる京都学派の中で育てられたことから大きく影響されているだろう。しかし、それはかつて重田徳氏が批判されたような、一つの学派に対する「ロイヤリティ」(『清代社会経済史研究』一九七五、岩波書店、三九四頁)の問題ではない。いうまでもなく、それは歴史現象に対する認識の問題であり、中国史の現象を世界史の中でどう位置づけるのが妥当かの問題であって、たまたま京都学派的な考え方のほうに妥当性が多いと判断せざるをえなかったからにほかならない。

私は研究の出発点において、たしかに内藤湖南以来の京都学派の考え方を基礎にすえた。そのいわゆる中世を特色づける基本的な要因としての「貴族政治」が、どこから、どうして生みだされたか、それが中世社会をリードしつづける根強さはどこから出てくるか、という問題を追求したのが第I部第一章に収めた論文である。それは豪族の郷村支配の問題を捨象した――というよりもむしろ、当時はその問題を取扱いうる能力をもたなかったがゆえに、捨象せざるをえなかった――三十年も前の未熟な論稿であるが、幸いにもいくらかの反響をひきおこし、近年の矢野主税氏の大著『門閥社会成立史』(一九七六、国書刊行会)でも、いまだに問題にされている。その点ではまだ何かの意味をもつかもしれず、また私が貴族制社会形成史の研究を進める出発点になったものでもあるので、文体の古さを少し改め、注の不足を補っただけで、あえてもとの未熟な形のまま収録することにした。

次の第二章は、右の第一章に収めた旧稿に対する増淵龍夫氏の批判を受けとめ、また一九六〇年代からいっしょに中国中世史研究会を行なってきた谷川道雄氏の共同体論から大きな示唆を受けながら、第一章に取りあげた問題を郷村社会の基盤から考えなおしたものである。そこでようやく、郷村支配者としての豪族が封建領主化する性質をもちながら、何ゆえに文人貴族制への方向に転化するか、つまり封建社会への道と貴族制社会への道との分岐の問題について、一つの見通しをつけることができた。その分岐は、郷村において、あるいは郷村を超えるひろがりの中で、知識層から貧農層にまでおよぶ民衆の共同体冀求の力が強くもりあがっているかどうか、その力が豪族をして領主化に向かう方向から、周辺の小農民層とともに新しい豪族共同体ともいうべきものの形成へと転化させうるかどうか、にかかっているのではないか、ということであった。第三章では、この考え方をさらに進めて、その共同体冀求の表現としての「郷論」が、貴族制社会形成の制度的枠組となった九品中正制と、その上に成り立つ貴族社交界の構造とに、いかに関係するかを考えた。

第四章は、中国の中世社会が何ゆえに、またいかにして文人貴族層の支配する社会を形成したかという如上の問題について、紆余曲折してたどりついた考えを整理しなおしたものである。したがって、第三章までの叙述と重複するきらいがあるが、中国中世社会を理解するためのキー・ポイントにもかかわる問題だと考えるので、私の紆余曲折と整理のあとをそのまま提示することにした点を御諒恕いただきたい。そこで到達した結論をいうならば、華北の成熟した小農民層は、豪族が武力と財力によって領主支配を打ち立てようとする傾向に頑強に抵抗することによって、これを小農民たちも参加し構成する共同体の代表者――「民の望」――という方向に向かわしめたのだ、という理解である。小農民層の共同体志向と、豪族の領主化傾向と、この二つの志向の激突の上に、新しい社会秩序が求められたがゆえに、そこでは当然、豪族が「民の望」とならざるをえず、豪族の力を中心にしながらも、その私的支配の体系は貫徹されるはずがなく、かえって豪族が「民の望」たる公的性格をもった上での階層社会にならざるをえなかった。

豪族が教養ある文人貴族となり、公的性格をもつ官僚となることによって、はじめてかれらの支配体制が成り立つ理由はそこにあり、その体制こそが貴族制社会にほかならない、と私は理解したのである。

以上の第I部において、貴族制社会の形成に関する論稿をまとめたのに対し、次の第II部では、この時代に見られる封建社会への傾斜にかかわる諸問題をまとめた。そのうちで、第一章と第五章とでは、個人と個人とを結びつける紐帯が、この時代には任俠関係・質任関係や門生故吏関係という形で広く見られること、それはきわめて人格的な主従関係として一種の封建的人間関係と考えられることを述べたものである。それはもちろん家士制あるいは従士制と訳されるVasallitätにまでは至らないけれども、やはり封建制への傾斜を示す現象として、私には無視することができなかったし、これを古代奴隷制社会における「家父長的隷属的」関係と見ることはできなかった。

第一章で扱った曹操軍団の構成に見られる任俠関係は、同じ時期に江南に割拠した孫呉政権においてさらに大きな意味をもち、三世紀の江南社会では華北よりもはるかに強い封建社会化現象が見いだされる。第二章ではその問題を考察し、三世紀の江南社会を私は「開発領主制的社会」と名づけてみた。そして、それが四世紀に華北風の貴族制社会にどのようにして転化させられていったか、という問題を第三章と第四章において考えた。その結果、三世紀において華北よりもはるかに強い領主化傾向が江南に発現したゆえんは、当時の江南における自立農民の未熟性にあり、それがつまり江南社会の後進性ということになるのであって、四世紀初頭に華北が異民族の跳梁によって大混乱に陥るとともに、多数の貴族が江南に亡命し、基盤の全くないこの新天地に貴族制社会を再生させることができたゆえんもまた、究極的にはこの江南社会の後進性の中に、先進的な華北風の郷論主義的イデオロギー支配を許す弱さがひそんでいた、との結論に導かれたのであった。かくて中国の中世では、ついに典型的な封建社会への道は閉ざされ、より開化した貴族制社会への道を歩んだが、文人貴族優先のその社会においても封建的人間関係としての門生故吏関係はなお強く生きつづけるがゆえに、それを扱った論文を第五章に置くことにした。

第Ⅲ部においては、このようにして形成された江南の貴族制社会が、南朝に入るとともにいかに変質し、ついに崩壊するにいたったかのプロセスを取扱う。その変質を強要したものは、三―四世紀以後の急速な江南開発によってもたらされた生産力の上昇であり、それにともなって後進的段階から大きく成長してくる江南農民の自立性獲得への志向である。それは、まず孫恩・盧循の乱となって爆発するが、その混乱の中から抬頭する庶民出身者たちが、軍事力を貴族の手から奪う形であらわれる。第一章は、劉宋政権の成立ということが、すなわちそのあらわれであることを考察したものであり、第二章では、そのことが貴族制社会に与えた変化の一つの様相を、『世説新語』の編纂ということに見いだしうるのではないか、との考えをのべてみた。しかし、江南における生産力の上昇と、それを背景にした庶民階層の力のもりあがりは、余剰生産物の流通に促された貨幣経済の驚くべき発展において、さらに鮮明に見ることができる。第三章はその問題を扱ったものであり、第四章では、貨幣経済の急速な進展が、やがては貴族の経済力喪失とその没落へと導いていった過程を考察した。五―六世紀の江南社会の急速な変化は、中世盛期の現象から、封建社会の末期をも思わせる現象までも示すように、私には感じられる。六朝時代の江南社会は、目をみはるような速さで進展していったように思えてならないのである。

本書の概要は、以上にのべたように、後漢末期から魏晋時代を経て、南朝末期までを対象としたものである。それはいわゆる中国中世と、その貴族制社会の展開の前半にすぎず、しかも、その中でも五胡十六国時代と北朝を欠落したものにすぎない。しかし、以上に見てきた魏晋南朝の貴族制社会は、その成立から崩壊にいたるまで、いわば中世前期の貴族制社会として、一つの完結した姿を示すように思われる。中世後期隋唐帝国の中核が北朝からの系譜を引く以上、北朝隋唐の貴族制社会の問題は、むしろ後期貴族制社会とその前史の問題として、別個に考えるのがより妥当なように思われる。それは隋唐帝国をどう理解するか、と関連する大問題であるが、私としては今後の課題として残さざるをえなかった。

こうして本書をまとめたところで痛感することは、第一に自分の歩みが何と遅々たることかとの悔いである。出版事情の悪化も加わったとはいえ、いたずらに馬齢をかさねて、気がついてみれば、なんと今年はたまたま還暦にあたっている。日暮れて途遠き思いにさいなまれる今日このごろの心境であるが、これを一つのくぎりとして、残された問題の解明に進むための踏み台にしたいとの願いである。第二には、前記の宮崎・宇都宮両先生はいわずもがな、田村実造先生などの京都大学文学部の先生がたや、谷川道雄氏をはじめとする中国中世史研究会の友人たち、さらに京都大学人文科学研究所というこの上ない学問的環境に長年在職して、貝塚茂樹先生をはじめとするよき師友にめぐまれたからこそ、怠惰な私もこのような一本をまとめることができたのだ、との感慨である。諸先生・諸先輩および友人諸君に深く感謝すると同時に、これを人文科学研究所における個人研究の報告にかえさせていただきたいと思う。

最後に、物ぐさな私にこれをまとめるよう、くりかえし勧めてくださった方々、および岩波書店で編集の御苦労をかけた松嶋秀三氏および片岡修氏に厚く感謝する。

一九八二年七月三〇日

川勝義雄

目　次

第Ⅰ部　貴族制社会の形成

第一章　貴族政治の成立

はじめに

中国史上において魏晋南北朝より唐末期に至るいわゆる中世なる時代の特徴的な現象として、貴族政治があげられる。しかしてその性格たるや、「政治は貴族全体の専有ともいうべきもの」であり、「君主は単に貴族の代表的位置に立つ」にすぎず、「政治は君主と貴族との共議体」であったといわれる。[1] すなわち、これらの貴族は、わが平安時代において藤原氏という一貴族が圧倒的な勢力をもったような形ではなく、多数の貴族が全体として政治を専有する。さらにそれは、中世ヨーロッパや日本におけるごとく、多数の封建領主による政治形体でもない。中国中世の貴族は、単に地方の名望家であるにすぎない。しからば、中国における中世貴族の全体的政治関与はいかなる形でなされたか、単なる名門の集合としての貴族が、その政治関与にあたって、君主をもその傀儡的存在と化せしめるほどの政治力をいかにして獲得したのであるか。そのためには単なる集合でなく、何らかの形における貴族全体の統一が予想される。その統一は、その団結の紐帯は、いかにして生じたか。この問題を中世初期、魏晋貴族の成立において、いくぶんか究明したいというのが、この章での目的である。これによって中国中世貴族政治の本質も多少明らかになりはしないかと思う。

しかしまず、いまここにおいて取扱う貴族とはいかなるものをいうかについて明確にしておかねばならぬ。貴族とは地方の名望家であるといわれる。すなわち、それは地方の豪族である。漢代以来の豪族とは、その郷里において宗家を中心としてそのまわりに多くの宗族とそれに附庸する賓客・部曲などをもって成る宗族団の謂であって[2]、広大な土地を所有し、郷曲に絶大な勢力をもつ集団である。しからば、かかる宗族団の長、またはかかる集団の力を背景にもつ宗族員を貴族というのであるか。しかし、豪族は必ずしも貴族ではない。それが地方の名望家となり、さらに貴族となるためには、それに高貴性を附与する何ものかが加わらねばならぬ。それはすなわち官位であり、政治権力によって保証される身分上の高貴性である。豪族は純粋に社会的な概念として把えうる。しかし貴族なる概念には、そこに政治的色彩が濃厚に加わる。極端にいえば、貴族とは本来政治的概念であるともいえるであろう。豪族と貴族とは必ずしも相掩う概念ではない。貴族なる語を単に特権階級の同義語として使うことは、事柄に混乱をきたすであろう。この二つの語は厳密に区別して使うべきではないかと思う。

とはいえ、実際に存在するものは、一面で地方社会における勢力者としての豪族であり、他面では高貴なる官職をもつものとしての貴族である。これが解明には、前者の面よりする究明が不可欠であることはいうまでもない。が、ここでは一応その面を捨象して、後者の面、すなわち政治上の高貴性をもつものとしての貴族の面を中心として論じてみたい。したがって、政治力の強いこと、具体的には中央政府の要職にあって、累代国政に大きな発言権をもつことをもって貴族としての資格と目し、それに視点を集中して、その性格を論じてゆくこととする。

一　魏晋貴族の系譜

魏晋貴族の成立を考察するにあたって、まず曹魏政府の首脳をとりあげ、その系譜をたどることからはじめよう。

魏公国時代（二一三—二一六）	
郎中令	袁渙（華歆と友）
太僕	國淵（北海派）
大理	鍾繇（潁川派）
大農	王脩（北海派）
少府	謝奐→萬潜
尚書令	荀攸（潁川派）→劉先
尚書僕射	涼茂
尚書	毛玠
	崔琰（北海派）
	常林
	徐奕
	何夔
	張既
侍中	王粲
	杜襲（荀彧の推挙）
	衛覬
	和洽

魏王国時代（二一六—二二〇）	
＊上記の人々の多くはひきつづき台閣に列するので、それ以外の新しい登官者のみ年代順に記す。官職間の異動は略す。	
尚書	傅巽
侍中	桓階
御史大夫	華歆（北海派）
衛尉	程昱
大農	袁霸（袁渙の従弟）
少府	王朗（北海派）
中尉	邢貞
尚書僕射	李義
侍中	陳羣（潁川派）
中尉	楊俊
大鴻臚	張太
尚書	陳矯（陳羣の推挙）
太尉	賈詡
尚書	杜畿（もと荀彧の推挙）
侍中	趙儼、辛毗、劉廙、劉曄（下の二人はもと荀彧の推挙）

（註）右傍に○○を附した人は、のちに貴族となる家を示す。（ ）内の記述は史料に明白な証拠のあるものに限るが、その他の人びともまた清白の人として清議から名士と認められたものが多い。↓は担当者の異動を示す。

曹操の華北統一にさいして最も大きな寄与をなし、功臣第一と称せられた荀彧、および功績これに次ぐ荀攸は、ともに潁川の荀氏として、祖父の代いらい漢末清議の徒の中心的人物を輩出した一家に属する。(3) ことに荀彧は士大夫として最も早くから曹操に協力し、多数の俊賢を推輓して、その政府建設の基礎をすえた。彼によって登場してきた人物は、以後ほとんどすべて曹魏政府の台閣に列し、さらにその多くは魏晋を通じて代々高官の地位を保ちつづける。(4) そして、それらの人物のうち、鍾繇・陳羣は、荀彧の祖父の荀淑とともに、かつて潁川における清流党の領袖たりし鍾皓・陳寔の孫である。(5) さらに華歆・王朗・崔琰らは北海の清流党と考えてよく、有名な汝南月旦の評を行なった許氏一族と交友関係にある。(6) このことをより総括的に見るために、萬斯同の『魏国将相大臣年表』所載の人物を点検するならば、前表のごとく、台閣に列した文官の中の多数は、この潁川および北海を中心とする清議の人びと、またはこれに関係の深い人びとである。

曹魏政府の陣容がかくのごときものである以上、それは漢末党錮の禁によって弾圧されていた清流党が、後漢政府の壊滅によって復活し、曹操に協力することによって、新しい秩序の形成に努力したものと考えて差支えない。そして、この曹魏政府首脳による政治方式から、以後の中世貴族政治がはじまるとすれば、曹魏政府首脳者たちを生みだした漢末清流勢力の構造は、あらためて検討されなければならない。

二　漢末清濁二流の対立

漢末桓帝の延熹九年(一六六)に党錮事件として激発したところのいわゆる清流対濁流の衝突は、その起源をどこにもつであろうか。普通に、党人の議は桓帝即位当初における甘陵南北部の対立にはじまるとされる。(7) 二人の学者を中心として政府派対在野派に分れ、党派を作って抗争したのは、これが最初であるかもしれない。しかしながら、甘陵というごとき限られた一地方の、なお私的な色彩を脱しない対立をもって、かの全国的な二大分裂の起源とすることはできない。清流党の団結の基盤たる清議、すなわち士大夫の輿論は、岡崎文夫博士がいわれるごとく、政府の選挙腐敗にもとづいてまきおこされたものであった。(8) 政府に蟠踞する一部の外戚貴族と、それに結託する腐敗官僚たちの選挙界攪乱が、郷党の輿論を無視する結果となったために、郷党の士大夫は彼ら自身の正当な価値基準によって、あらためて人物批評を行なう方向をとった。清議はここからおこる。そして一部貴族の選挙界攪乱、さらに一般的にいってその政界攪乱は、多かれ少なかれ後漢初期から見られる現象であって、その根ざすところは深くかつ遠いといわねばならぬ。こうして官界においては、選挙をはじめ一般政務を溷濁するものと、これを阻止せんとするものとに分れ、郷党においては、前者を利用しこれに阿附するものと、これに反撥するものとに分裂する。対立はかくて官界民間を通じて全国的となってゆくのである。

では、この清流勢力の、当時猛威を逞しうする外戚および宦官一派すなわち濁流勢力に対する全国的な対立は、いかに理解するのが適当であるか。この両勢力のそれぞれにおいて、根幹となり実際上の力をもつものは、いずれの勢力においても豪族である。ここにおいて楊聯陞氏のごとく、この対立を豪族群の対立として理解しうる根拠がある。(9) しかし、かような見方があまりにも豪族というものに目を奪われすぎていること、清議の士の地盤はあくまで豪族そのものにあったのでは断じてなく、清議そのもの、換言せば族組織を越え、地域の遠近を越え、身分階級のいかんを問わぬところに支持せられる輿論そのものにあったこと、がすでに指摘されている。(10) まことに、そこにおいては単なる家と家、豪族と豪族との私的利害による対立さえも、輿論の前に引きだされ、その判定によって、それぞれの家は清濁いずれかの立場に引きずりこまれるのである。(11) しかも、この輿論の形成の上に、またその推進の上に大きな役割を演ずるものは、単に豪族あるいは地方の名望家だけではない。明らかにそれに属しない人びともまた大きな寄与をなす。このこともすでに指摘されたところであるが、[12]いま具体的な例をあげるならば、代表的な党人・陳寔は明らかに豪族ではなく、単微の出身である。[13]また代表的な党人たちに最も畏敬された黄憲は、貧しい牛医の子であった。[14]李膺らと並んで八俊とよばれた党人・魏朗のごときは、復讐、殺人によって故郷の会稽を亡命し、陳国および京師において学問した人であって、豪族的背景は全くもっていない。[15]そのほか『後漢書』列伝四三の処士伝および同五七の党錮列伝中には、貧家の出身者が相当に存在する。これら貧家出身の士大夫は清流勢力の大きな要素として働き、決して豪族や名家に駆使されているものではない。豪族も非豪族も一つの理念的な基盤をもち、広汎な輿論の上に統一されて、これによって天下を半分する大きな勢力となっているのである。では次に、清流党の構造をより詳しく考察してみよう。

三　清流勢力の構造

上述のごとく、清流対濁流の対立は単に豪族群の対立抗争として把えるだけでは真相を把握できない。まずそれは、清流の立場からすれば、歪められた国家のあり方に対する正常なる国家意志の闘争という理念的内容をもつ。では一般に、当時の士大夫は正常なる国家のあり方をいかなるものと考えていたであろうか。

安帝のころ、滔々たる官界の腐敗の中に仕進を阻まれ、ひとり耿介として俗に同ぜず、ついに終生官に仕えなかった純粋な士大夫・王符は、正常なる国家のあり方を、『尚書』の「天工人其代之」という句に求め、それを「王者は天に法《のっと》って官を建つ」と敷衍している。[16]『後漢書』注家の李賢は、この文の注釈として『尚書』本文および孔安国注を引いている。孔注は晋代の偽作であるというのが、今日学界の定説であるから、後漢の士大夫はこれによって『尚書』を読んでいたのではないが、その解釈には大差ないと見てよかろう。いま吉川幸次郎氏の『尚書正義』訳によって李賢の注を訳してみよう。

「尚書咎繇(皐陶)謨には『亡曠庶官。天工人其代之』とある。『天工人其代之』とは、孔注によれば『人は天に代って官を治めるという意味』になるのであって、官は天の官なのである。人は『天の官であるものをば、その才能のないものに勝手に与えてはならぬ』。また尚書(説命篇中)に『明王奉若天道。建邦設都』とも言っている。孔注によれば、『天には日月北斗五星二十八宿があって、いずれも尊卑が正しあう掟が見えている。明王は天の道に順《したが》いまつりつつ国を立て都を設ける』の意である。[17]」

すなわち、地上の国家に王たるものは、整然たる調和を保つ天界を、その国家秩序の模範とせねばならないのであって、これと全く同じ思想が、一貫して累代官僚的性格を保持しつづけた楊氏の一人・楊秉によっても表明されている。[18]彼らの思想においては、国家とは天界の秩序の地上における再現であり、したがって国家は全世界の上に立ち、全世界は一つの国家でなければならない。全世界を掩うただ一つの国家が、ただ一つの秩序ある天界に対応する。北極星の下にあらゆる天界の星が尊卑の階級的秩序を保ちつつ統率されているように、地上の国家もまた天子の下にあらゆる官吏および庶民がその階級的秩序を保ちつつ統率されねばならぬ。そして、地上における秩序維持の原理が礼にほかならない。[19]地上の国家が天界の秩序の裏付けをもつという壮大な普遍的国家の理念は、原始儒家以来の観念にもとづきつつ、ことに董仲舒によって完備されたものであるが、[20]これが後漢時代の士大夫の指導的な考え方であった。外戚・鄧氏に対して毅然たる態度を持した陳忠の上奏文にいう「三公の位は天の三階に則る」というごとき表現も、同じ思想からくる。[21]彼らが国家あるいは人臣としてのあり方を論ずるさい、その議論の立脚点はつねに右のごとき国家観に帰するものであった。上述のような議論は、儒家的教養の上に立つ士大夫のおきまりの修辞法として、簡単に看過してはならない。たとえそのような傾向があるとしても、そのことは、かかる国家観が常識となるほどに指導的であったことを意味し、また、ことに清節ある士大夫のあいだに強調されている点を注意すべきであろう。

かような国家理念をもつ士大夫にとって、君主の大権は当然、天子以外のものに掌握されてはならぬ。為政者はつねに秩序維持の原理たる礼を守るべきものとされる。しかるに実状は、「政権は外戚の家に移り、寵愛は近習の豎に注がれ、彼らはその党類を親しみ、その私人を用い、これらの輩は内は京師に充ち、外は諸郡に布いて、賢愚はさかしまに、選挙は貿易され、無能者が辺境を守り、貪残な者が民を治めている。その結果、民情は騒然となり、異民族は忿怒し、乖叛を招き、乱離の状はなはだしきに至った」(22)。かくては「上、天の意志に順がわず、下は天の愛育する人物を育てず、利己的な狡智のままに、竊かに君威を弄して、天地にもとり、宇宙の原理を欺瞞しようとする」(23)。ここにおいて、かかる「佞邪の輩を斥け、清廉にして高節ある人士を抜擢し」、国家を正常なる状態に引きもどして、その結果「天は上に調和し、地は下に於いて君威あまねく、慶福の兆、遠からずして至る」(24)ごとき本来の姿を招来せんと努めることが、士大夫の使命とならねばならぬ。これすなわち、君主権の行使を歪め、正常なる国家を崩壊せしめんとする濁流勢力の動きに対して、明らかに反対の立場をとる清流勢力の理念的基礎を示すものである。換言すれば、それは右にのべたごとき普遍的国家の理念であり、清流士大夫の行動が正常なる国家意志にもとづくことをはっきりと示すものにほかならない。そして、この普遍的国家否定への動きが強くなればなるほど、逆にこれを阻止せんとする立場も明確となり、代表的士大夫たちは共通の立場において、自然に政治的党派としての色彩を帯びるような相互の団結をもつことになってゆくのである。

さて次に、清流勢力のもう一つの大きな地盤たる輿論について少し考察してみよう。学問の淵叢たる京師の太学においては、後漢に入って学生の数はしだいに増し、本初元年(一四六)には三万人にまで増大したけれども、そのころより学生たちはようやく既成の煩瑣的学問に興味を喪失し、多くは浮華を尚び、談論を重んじ、交際につとめる風潮が盛んとなっていった(25)。そして彼らの談論は、彼らの修得した儒家的教養の上に立って、時の政治に対する批判と人物に対する評価とに向う。さらに、学問は後漢中葉以後ようやく天下にゆきわたり、各地方において学者はおのおの諸生を集めて教授している(26)。河南省中部の潁川・汝南および山東省北部の北海は、学問の地としてことに著名である(27)。そして、その学問も片々たる章句に拘泥する伝統的学問とは行き方を異にしている。学問は以前の一経相伝的煩瑣学の殻を破って、真に綜合的な古典解釈学を打ち立てんとする傾向にある(28)。その傾向ははるかに解放的であり、自由討論の機会が増したことは十分に想像しうる。しかもなお、一般士大夫の思潮は、かような純粋な学問の樹立にとどまってはいなかった。新しい古典解釈学の泰斗たる北海の鄭玄でさえも、その純学問性のゆえに、大志を抱いた諸生・邴原――のちに曹操時代に隠然たる名望を士大夫のあいだに獲得した人である――にとっては、なおあきたりないものに思われた(29)。すなわち、当時の教養ある士大夫の思潮はさらに急進して、積極的に現実の政治に働きかけ、これを改革せんとする実践的意欲に燃えていたといって差支えない。前述したところの選挙不実にもとづく郷党の不満、さらにそこからおこってきたところの郷党士大夫自身による正しい人物品題の風が、右のごとき学生の風潮とあい関連し、ここに京師の太学生および諸郡国の諸生を中心として、全国的な輿論が形成されることになった。

儒家的教養を修得した学生の政治批判は、当然、儒家的国家理念を蹂躙する外戚および宦官らの濁流一派に向けられ、また郷党の輿論ががんらい一部貴族および宦官の壟断に対する不満より発したものであるから、この全国的な士大夫の輿論は、あげて国家主権を歪曲する濁流に鋒を向け、儒家的国家理念に忠実な官僚に共鳴し、彼らの濁流に対する闘争を支援する。かくて、輿論は共同の排除目標をもつことによって十分な統一を保ちつつ、清流勢力の最も大きな地盤となる。

そして、かような統一ある一つのサークルにおいて、政府の任命あるいは選挙とは別個に、正しい儒家的価値基準によって彼ら自身の人物評価を行ない、人物の番付けをする。(30) 政治と道徳とが緊密に結びついていた漢代においては、官吏は人格者でなければならず、逆に人格者は当然官吏となって、庶民の教化にあたるべきだというのが一般の考え方である。(31) しかるに、一般輿論が政府とは別個に人格者の番付けを行ない、彼らの代表者を指定するという行為に出ることは、明らかに政府を見捨てることを意味する。それは、あたかも現在の在野政党が次期政権の獲得を予想して、内閣に登るべき人びとをだいたい準備しておく事情に似ている。そして、これらの代表者の一人である陳寔の葬儀にさいしては、会葬者三万人以上と称せられ、郭泰の葬儀には、はるばる太原まで陸続として会葬者が集っていった。(32)

以上、輿論を荷う多くの士大夫が一つの統一あるサークルを構成したこと、そしてその統一は儒家的国家理念にもとづき、かつ共同の排除目標をもったことによって、かえってそれが強く維持されたこと、さらにそのサークル内部では、名声という形で彼らの代表者が指定されていたこと、を述べた。これに加えて、清流勢力の統一をさらに強固にしたものがある。それは、その構成員相互の人間関係にほかならない。

まず、輿論によってその代表者と指定された名声ある士大夫たちは、相互に師友関係においてつながっている。清流勢力の首脳部は緊密な人間関係によって強く結びついていたのである。(33) さらに、より広い人間結合の仕方として、漢末にことに顕著に見られる門生故吏の関係がある。『廿二史劄記』の「東漢尚名節」の項にあげられている人びとをはじめ、いわゆる門生故吏の行為は、自分のために官職を斡旋し、あるいは自己の人格を認めてくれた人に対して、以後ながく恩義感を失わず、死の危険をおかしてもその人のために奔走し、その人が処刑されたときは、禁令を犯してその死骸を収容し、その子孫を保護しようとする。(34) これはまさに一種の主従関係であり、官職の斡旋あるいは人格の確認を媒介とした主従関係であると考えてよかろう。かような堅い恩義感にもとづく行為は絶大な称讃を博し、その結果、ただ名を得るためにのみ偽善的にかかる行為を行なった例もまま見られる。しかし、かかる恩義感に忠実であることが、当時名節あることとされた以上、清節をもって自己の矜持とする清流士大夫のあいだに、それがことに顕著に見られるのは当然である。すなわち、かような堅い恩義感、いわば一種の主従関係の存在は、清流勢力の団結をますます堅くしていたと考えてよい。のちに三国時代、有名な諸葛亮の劉備に対する関係はまさにこれであり、それは兄の諸葛瑾に対する肉親関係よりも強いものであった(35)。

以上に述べたように、清流勢力の構造は、政治的には共通の儒家的国家理念、人間的には共通の儒家的道徳感情にもとづいて形成された広汎な輿論——その代表者の指定——代表者相互の連絡、という形で把えられる。このような構造をもった清流勢力は、それ自身の原理をもち、連絡と組織とをもつ一つの統一体であると考えてよいだろう。そして、この清流士大夫団の中心勢力として、最初に潁川における清流グループが存在し、ついでそれと平行して北海のグループが有力な存在となってゆく。この両グループは相互に密接に連絡し、のちには全士大夫の支持を背景に、その指導的役割をはたすのである(36)。こうして自己の中心をもち、いわばその周囲に一つの円を構成した士大夫団は、他方、政府を中心とする現実の国家が作る円とは、重なりあいながらも、なお相当のずれを生じた。そして歴史は、この重なりつつもずれている二つの円が、それぞれ別個に回転をはじめ、政府の円はしだいに小さく、清流勢力の円はしだいに大きくなるという形で理解してよいのではなかろうか。

四　清流勢力より魏晋貴族へ

党錮事件において政府は清流勢力を弾圧した。それは、この両者の決定的な訣別、すなわち上述の二つの円の別個の回転を意味する。そして、右のごとき構造をもつ清流勢力は、一部首脳者の追放あるいは処刑によって破壊されはしない。難を免れた潁川の陳寔一家を中心に、続々と新しい名士が養われて新しい連絡を生じ、(37)また地下に潜行した党人・何顒は積極的に豪傑と交結し、のちの軍閥の首脳とも関係をつけている。(38)広汎なひろがりをもつ輿論は、なおさら絶滅できるものではない。熹平元年(一七二)、竇太后の死を契機として、宦官を非難する落書が京中にあらわれ、学生千余人が逮捕されたという事件(39)は、社会の底に渦まく輿論が、たまたま頭をもたげたものにほかならない。まして、濁流宦官に占拠された政府の行動がますます乱脈となるにつれて、士大夫はいよいよそれから離れてゆく。濁流から離れるということは、すなわち清流に入ることにほかならない。何となれば、漢代における政治的立場は、ただただ儒家的理念に忠実であるか否かによってのみ定まるのであって、儒家的教養につちかわれた士大夫階級が、政府においてもはやその政治的矜持を保ちがたい事情にたちいたったとき、同一の教養の上に立ち、同一の国家原理を明らかに標榜する政府外の勢力に同調するのは当然である。この士大夫階級の政府離脱は、それを官僚として包摂し、それに百般の政務を委任することによって、国家統治をなしてきた後漢帝国にとっては、致命的な損失であった。これより後漢政府は急速に無力化する。そして、その政治力の空隙に、帝国軍隊および武装農民を掌握した多くの軍閥と、いまやほとんどすべての士大夫の統一体となった清流勢力——全士大夫団ともいえよう——とが有力な存在として残るのである。

もっとも、この漢末の大混乱期において、兵力こそ唯一の頼るべき力ではあった。兵力をほとんどもたない一般士大夫は、たちまち身の置きどころに苦しみ、右往左往しはじめる。多くは一族をあげて避難を開始し(40)、この間にあって大量の士大夫が没落していったと考えられる(41)。士大夫階級にとっては、たしかに受難の時期であった。しかしながら、地方に割拠する軍閥が自己の地位を維持し強化せんとして、支配下の地域の安定を欲する場合、あるいは他の軍閥に対抗するため、軍略についての参謀を得んと欲する場合、政治家的教養を積んだ知識階級たる士大夫は、軍閥にとって重要な存在となってくる。ここにおいて、すでに全国的な名声を得ている代表的士大夫はもちろん、地方において多少とも名を知られた士大夫は、順次、各軍閥の傘下に集ることとなった。この間にも軍閥相互の戦いはつづき、弱者は強者に併呑され、多くの小軍閥は大軍閥の下に統合され、結局、三国鼎立の状態となるのである。そして、士大夫の大部分、ことに士大夫団の中心的存在たる潁川および北海のグループは魏の傘下に入ったが、なお呉蜀の中へもその一部は入っていった。諸葛氏一族は三国のそれぞれにおいて最高首脳部となったし(42)、代表的士大夫の許靖は蜀において、張昭は呉において、それぞれ最高の地位を占めていた(43)。その上、これらの各国に分属した士大夫のあいだには、依然として共通の連帯感情が失われず、相互の連絡さえも保たれている(44)。彼らは、その属する軍閥国家の対立抗争を越えて連絡を維持していたのである。すなわち、いわゆる士大夫団の円は、たがいに排除しあう三つの軍閥国家の円の底に、それぞれの部分を含む第四の円を構成していたと理解してよかろう。

清流勢力――その発展としての全士大夫団は、漢末の大混乱期においてもその統一性を失うことなく、大きな潜勢力として存在しつづけた。それは、後漢政府の崩壊にともなう新しい軍閥政府の中に、かつての統一をそのまま維持しつつ登場してくる。第一節に述べたように、ことに魏においては潁川グループの領袖・荀彧を中心として、かつての潁川・北海の清流グループがスクラムを組んで登場する。そして、これらのグループの外廓には、多くの名士、すなわち士大夫の輿論において名声ある代表的士大夫が附加している。これらの代表的士大夫の家から魏晋貴族は生ずるのである。ただし、これらの家のすべてが貴族となりうるわけではもちろんない。ある家が永続して貴族となり、他の家は断絶あるいは没落するにいたる理由には、さまざまの複雑な事情がからむ。いま、その一々について述べる余裕はないが、しかし、それは魏晋貴族成立の第二段階に属する問題である。いまはただ、魏晋貴族を生む母胎が漢末の清流勢力にあること、したがって、その性格は清流勢力の構造から深く規定されていること、を指摘するにとどめる。すなわち、「輿論――その代表者の指定――代表者相互の連絡」という形をもつ清流統一体――その発展としての全士大夫団――の構造からして、その代表者は輿論に強く支持されて出てきたものであり、魏晋貴族がこの代表者をもってはじまる以上は、これまたその背景に士大夫全体の輿論から支持されているという性格をもつ。しかもその輿論は、前述のごとく儒家的教養――のちには単に儒家的でなく、文化至上主義的とでもいえるものになる[45]――の上に生じた結果、当初から特殊なる軍閥国家を超えた超国家的・普遍的立場に立っている。すなわち、魏晋貴族は特殊な君主からの、上からの保証によってではなく、より普遍的な士大夫の輿論からの、下からの保証によって成立しているのである。したがって、これらの貴族は王朝の交替を超越して存続する。崔氏・盧氏・裴氏のごとく、中世全般を通じての貴族さえ見られるのである[46]。これは魏晋貴族、ひいては中国中世貴族の注目すべき性格といわねばならない。

ちなみに、後漢時代においてもすでに貴族は存在した。趙翼が「四世三公」としてあげた袁・楊二氏のほか[47]、外戚および雲台二十八将の家には貴族として取扱ってよい家がある[48]。しかし、その出現にあたっては、後漢創業の君主・劉秀との個人的関係によるもの、または地方において個々別々に劉秀に協力した結果登場してきたものであって[49]、それらはいまだ魏晋貴族のごとく、その背後に明白かつ強力な統一をもって出現したのではない。それはいまだなお王朝に依存する。したがって、後漢王朝とともに滅んでしまうのである。[50] しかし、魏晋貴族の出現にあたっては、たとえ曹操ならざる他の何ぴとが政権を取っても、既述のごとき団結をもち、無視しえざる勢力を形成していた以上、その出現は必然的であったといえよう。魏晋貴族をもって中世貴族の成立を考察したゆえんである。

おわりに

以上において、私は中国中世貴族の成立を魏晋貴族の成立にいたる政治過程の中で考察し、それが漢末の清流勢力を母胎とすること、したがって、清流勢力の構造から彼らの性格が深く規定されていることを述べた。しかしながら、それは魏晋貴族の成立の第一段階であるにすぎず、やがて施行される九品中正制度の意味をどのように考えるか、といった問題をはじめ、なお検討すべき問題が多く残されている。九品中正制度のもつ意味については、後の第三章、第四章において触れることにして、まず次に、本稿が一九五〇年に発表されて以後、学界から受けた批判をふまえて、漢末清流勢力がどのような社会的基盤から生まれたか、という問題を中心に、当時の社会情勢をより深く掘り下げて考えようと思う。

(1) 内藤湖南「概括的唐宋時代観」(『東洋文化史研究』一九三六、弘文堂、所収、のち『内藤湖南全集』第八巻、一九六九、筑摩書房、所収)。
(2) 宇都宮清吉「漢代における家と豪族」(『史林』二四巻二号、のち『漢代社会経済史研究』一九五五、弘文堂、所収)。
(3) 『三国志』巻一〇荀彧・荀攸伝および『後漢書』列伝五二荀淑伝を参照。この『後漢書』列伝五二は穎川の清流首脳者たちの伝である。
(4) 『三国志』巻一〇荀彧伝の末の裴注に引く『彧別伝』に、荀彧の挙げた名士が列記されている。それらの人びとの以後の家系は、それぞれの伝を参照されたい。

(5)『後漢書』列伝五二鍾皓伝、陳寔伝および『三国志』巻一三鍾繇伝、巻二二陳羣伝参照。

(6)『三国志』巻一三華歆伝、王朗伝および巻一二崔琰伝参照。北海清流党については第三節および注(36)を参照されたい。なお『三国志』巻三八許靖伝の末に「始靖兄事潁川陳紀。与陳郡袁煥・平原華歆・東海王朗等親善」とある。許靖は従弟の許劭とともに汝南月旦評を行なった人である。

(7)『後漢書』列伝五七党錮列伝序。

(8)岡崎文夫「九品中正考」(『南北朝に於ける社会経済制度』一九三五、弘文堂、所収)。

(9)楊聯陞「東漢的豪族」(『清華学報』一一巻四期、一九三六)参照。この中で楊氏は「前後二十余年の党争を総看するに、情勢はなはだ複雑なるも、是れは清流・濁流二つの豪族集団が政治的地位を争取するための死を賭しての戦いである」という。なお、拙論においても楊氏にならって「清流」・「濁流」という言葉を使用した。

(10)宇都宮清吉「陳嘯江『魏晋時代之族』および楊聯陞『東漢的豪族』に対する書評」(『東方学報』京都、第九冊、のち『中国古代中世史研究』一九七七、創文社、所収、四〇一頁)。

(11)『後漢書』列伝二一の蘇不韋伝に、扶風の蘇氏と李暠一派の私闘のことが見え、これをめぐる世の批判に清議の士・郭泰——輿論に大きな影響力をもった人である——が一役買ったことが記載されている。本書三四頁を見られたい。

(12)宇都宮氏、前掲書評(『中国古代中世史研究』三九九—四〇〇頁)。

(13)『後漢書』列伝五二陳寔伝。

(14)『後漢書』列伝四三黄憲伝。

(15)『後漢書』列伝五七魏朗伝。

(16)『後漢書』列伝三九王符伝、およびそこに引かれている『潜夫論』貴忠篇参照。

(17)同右、李賢注「尚書咎繇謨曰。亡曠庶官。天工人其代之。孔安国注云。言人代天理官。不可以天官私非其才也。又曰。明王奉若天道。建邦設都。孔安国注云。天有日月北斗五星二十八宿。皆有尊卑相正之法。言明王奉順此道。以立国設都也」。

(18)『後漢書』列伝四四楊秉伝「延熹七年……秉復上疏諫曰。臣聞。先王建国。順天制官。……」。李賢はここでも右の(17)と同じ注を附す。

(19)『漢書』巻二二礼楽志序「六経之道同帰。而礼楽之用為急。治身者斯須忘礼。則暴嫚入之矣。為国者一朝失礼。則荒乱及之矣。……象天地而制礼楽。所以通神明。主人倫」。

(20) 重沢俊郎『周漢思想研究』一九四三、弘文堂、一八一頁。

(21)『後漢書』列伝二九劉愷伝に「陳忠上疏。薦愷曰。臣聞。三公上則台階。下象山岳」とあり、注に引く『前書音義』に「泰階者天之三階也。上階為天子。中階為諸侯公卿大夫。下階為士庶人」とある。

(22)『後漢書』列伝三九仲長統伝に引く『昌言』法誡篇に「而権移外戚之家。寵被近習之豎。親其党類。用其私人。内充京師。外布列郡。顚倒賢愚。貿易選挙。疲駑守境。貪残牧民。撓擾百姓。忿怒四夷。招致乖叛。乱離斯瘼」という。

(23)『後漢書』列伝三九王符伝に引く『潜夫論』貴忠篇「夫帝王之所尊敬者天也。皇天之所愛育者人也。……不上順天心。下育人物。而欲任其私智。竊弄君威。反戻天地。欺誣神明」。

(24)『後漢書』列伝五六陳蕃伝「蕃乃独上疏曰。……陛下深宜割塞近習予政之源。引納尚書朝省之事。……簡練清高。斥黜佞邪。如是天和於上。地洽於下。休禎符瑞。豈遠乎哉」。

(25)『漢書』および『後漢書』の各儒林伝序に太学生の数の増加する次第が見える。また後者の序に「自是游学増盛。至三万余生。然章句漸疎。而多以浮華相尚。儒者之風蓋衰矣」という。

(26) 趙翼『陔餘叢考』巻一六「両漢時受学者皆赴京師」の項に「及東漢中葉以後。学成而帰者。各教授門徒。毎一宿儒。門下著録者。至千百人。由是学遍天下矣」とある。

(27) 潁川については『後漢書』列伝五二の各伝参照。そこに学び、そこで認められることが、いかに大きな名誉であったかについては、『三国志』巻一一管寧伝に引く『先賢行状』に「王烈(平原人)通識達道。秉義不回。以潁川陳太丘為師。二子為友。時潁川荀慈明・賈偉節・李元礼・韓元長皆就陳君学。見烈器業過人。歎服所履。亦与相親。由是英名著於海内」とあるのを参照のこと。汝南には黄憲・袁閎らのほか、許劭の汝南月旦評があり、北海には大儒鄭玄らがいた。

(28) 岡崎文夫『魏晋南北朝通史』(一九三二、弘文堂)外篇第一章第七節参照。

(29)『三国志』巻一一邴原伝注引『邴原別伝』に「(原)欲遠游学。詣安丘孫崧。崧辞曰。君郷里鄭君。君知之乎。原答曰。然。崧曰。鄭君学覧古今。博文彊識。鉤深致遠。誠学者之師模也。君乃舎之。躡屣千里。所謂以鄭為東家丘者也。……原曰。……人各有志。所規不同。……君謂僕以鄭為東家丘。君以僕為西家愚夫邪。……原心以為。求師啓学。志高者通。非若交游

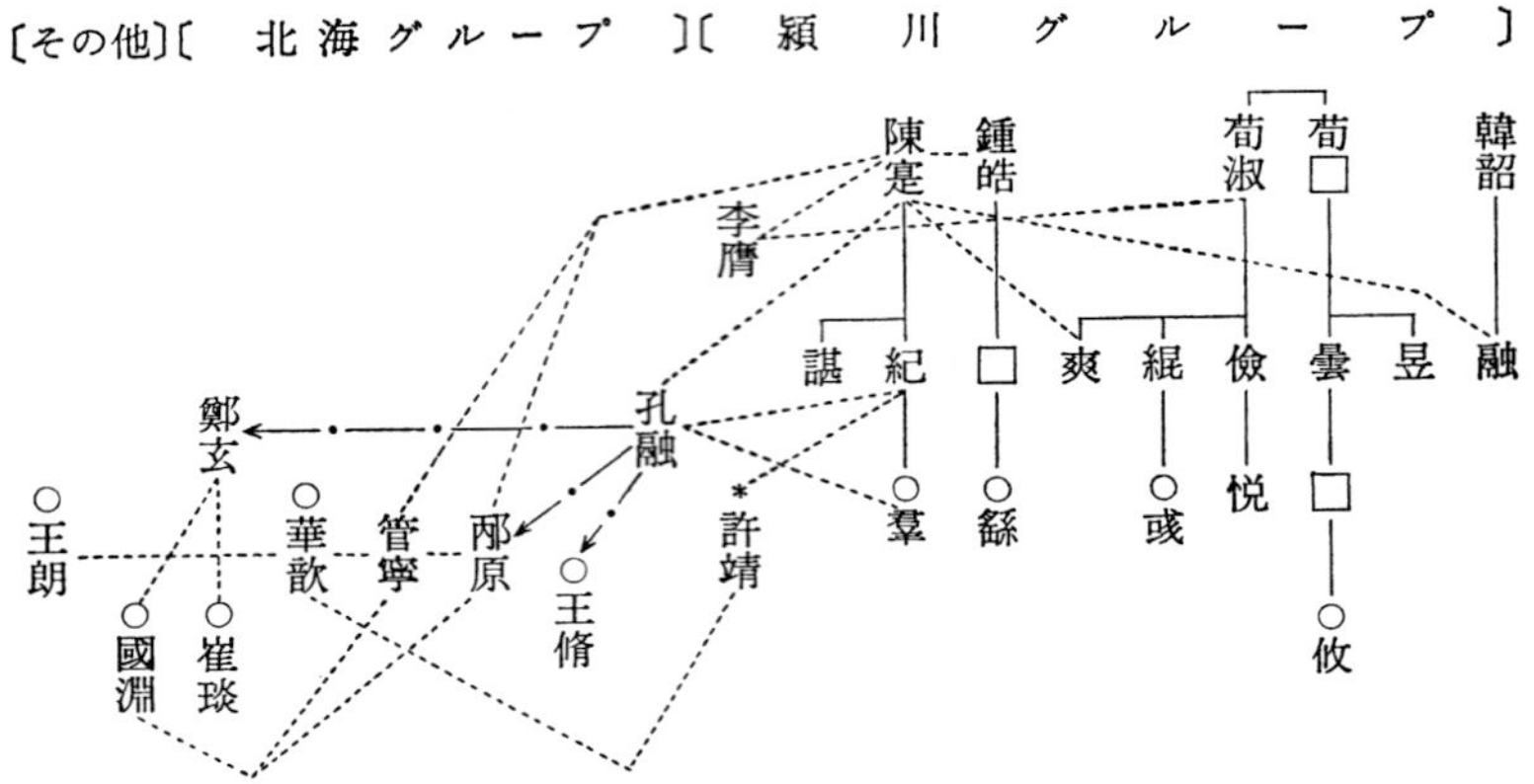

——は家系を示す.
-----は師友関係を示す. 上から下へ世代順に並べてあるから, 上下の間に-----ならば師弟関係を, 同列の間で-----ならば友人関係を示す.
—・→は故吏関係を示す.
○は曹操政権の首脳となった人, *は蜀漢政権の首脳となった人を示す.
この表は『三国志』巻11,『後漢書』列伝52, および同列伝60などによって作った.

待分而成也。書何為哉。乃蔵書於家而行。……単歩負笈。……至陳留……潁川……汝南……涿郡……。」とあり、鄭玄がすでに「通人」と見なされていなかったことは、岡崎文夫氏前掲書(注28)五〇三頁に指摘されている。

(30) 『後漢書』列伝五七党錮列伝序参照。いわゆる「三君」や「八俊」の中には在朝の高官をも含むが、「八顧」の筆頭たる郭泰は処士であり、「八及」の筆頭・張倹は郡督郵の地位でしかなく、これらの名士番付は政府の評価とは全く別個であるといってよい。

(31) 官吏の任用にあたって「孝廉」あるいは「方正」という道徳的な科目が重視されたのは、そのことを示す。

(32) 『後漢書』列伝五二陳寔伝および同五八郭太伝。

(33) 李膺は荀淑・陳寔と師友関係にあり(李膺伝)、党人の岑晊は郭泰・朱公叔らと友であり(岑晊伝)、何顒は郭泰・賈彪らと親交があった(何顒伝)。

(34) なお『後漢書』列伝五三李固伝に附す李燮伝なども参照のこと。

(35) 『三国志』巻五二諸葛瑾伝に引く『江表伝』に、孫権の言葉として次のごとき文が見える。「玄徳昔遣孔明至呉。孤嘗語子瑜(諸葛瑾)曰。卿与孔明同産。且弟随兄。於義為順。何以不留孔明。孔明若留従卿者。孤当以書解玄徳意。自随人耳。子瑜答孤言。弟亮以生身於人。委質定分。義無二心。弟之不留。猶瑾之不往也。其言足貫神明」。

(36) 潁川グループは潁川の荀氏・鍾氏・陳氏を中核とし、北海グループは大儒鄭玄および北海相の孔融を中心とする。その関係を図によって示せば、前頁の表のごとくである。

(37) 『三国志』巻一一管寧伝に「(管寧)与平原華歆・同県邴原相友。倶游学於異国。並敬善陳仲弓(寔)」とある邴原は、『後漢書』列伝六〇鄭太伝によれば、董卓が首都洛陽を制圧して山東に義兵がおこったころ、「北海邴原清高直亮。皆儒生所仰。羣士楷式」と目されて、鄭玄とならぶ名士になっていた。

(38) 『三国志』巻一〇荀攸伝注引『張璠漢紀』に何顒のことを述べて、「及党事起。顒亦名在其中。乃変名姓。亡匿汝南間。所至皆交結其豪桀。顒既奇太祖。而知荀彧。袁紹慕之。与為奔走之友。是時天下士大夫多遇党難。顒常歳再三私入洛陽。従紹計議。為諸窮窘之士。解釈患禍」という。

(39) 『後漢書』列伝六八宦者曹節伝「熹平元年。竇太后崩。有何人書朱雀闕言。天下大乱。曹節・王甫幽殺太后。常侍侯覧多殺党人。公卿皆尸禄。無有忠言者。……以御史中丞段熲代(劉)猛。乃四出逐捕。及太学游生。繋者千余人」。

(40) 士大夫も庶民も続々と避難することは『三国志』の中にいたるところで記録されている。代表的士大夫の荀彧も避難したし(荀彧伝)、北海の國淵・邴原・管寧らも遼東まで避難した(國淵伝)。

(41) 『三国志』巻二一劉廙伝注引『廙別伝』に「廙表論治道曰。……明賢者難得也。況乱弊之後。百姓凋尽。士之存者。蓋亦無幾」とある。

(42) 『三国志』巻五二諸葛瑾伝注引『呉書』に「初瑾為大将軍。而弟亮為蜀丞相。……族弟誕又顕名於魏。一門三方為冠蓋。天下栄之」とある。

(43) 『三国志』巻三八許靖伝および巻五二張昭伝参照。

(44) 同右、許靖伝末尾の注に引く『魏略』に、魏に仕えた王朗から許靖に与えた三通の手紙がのせられている。彼らの魂の暖かい交流がそこに感じられるであろう。また許靖に手紙を与えたのは王朗だけではない。同じ許靖伝本文に「始靖兄事潁川陳紀。与陳郡袁渙・平原華歆・東海王朗等親善。歆・朗及紀并子羣。魏初為公輔大臣。咸与靖書。申陳旧好。情義款至」とある。

(45) 三国鼎立の状況がつづいて、もはや漢代のごとき普遍的国家に復帰できないことが明白となるにつれて、士大夫の関心は政治よりも純粋に思想的なものに向かう。魏晋時代に盛行する清談がそれである。宇都宮清吉「世説新語の時代」(『東方学報』京都、第一〇冊二分、のち『漢代社会経済史研究』〔前掲〕所収）および板野長八「清談の一解釈」（『史学雑誌』五〇編三号、一九三九）参照。

(46)『唐書』宰相世系表参照。

(47)『廿二史箚記』巻五。

(48)外戚の馬・陰・竇・梁・鄧の諸氏、および帝室と姻戚関係にある樊・耿・來・寇・岑の諸氏は、その家系の永続と、中央において保った累代の高位とによって、貴族として取扱うべき存在だと思われる。一々の系譜をあげることは略す。『後漢書』各伝を参照されたい。

(49)右にあげた諸氏のうち、陰氏・鄧氏・樊氏・來氏は光武帝と姻戚であり、鄧禹は若いころから光武帝と親しい交際があった。その他の諸氏は、それぞれの地方で各個に光武帝に協力した。

(50)外戚の諸氏は、外戚相互の争いや宦官との闘争、あるいは漢末の混乱のうちにつぎつぎに姿を消し、帝室と姻戚関係にあった諸氏も以後長くあとを絶つ。『後漢書』列伝九耿恭伝末に「耿氏自中興已後。迄建安之末。大将軍二人。将軍九人。卿十三人。尚主三人。列侯十九人。中郎将・護羌校尉及刺史・二千石数十百人。遂与漢興衰云」とあるのが典型的な例である。なお、「四世三公」ないし「四世五公」と称される官僚貴族のうち、汝南の袁氏は漢末の混乱期に袁紹・袁術などの軍閥を生んだが、おそらくは彼らの中に貴族的な弱点が残っていたために曹操に滅ぼされた（『三国志』巻一四郭嘉伝注引『傅子』にのせる郭嘉の袁紹・曹操比較論参照）。それ以後、汝南の袁氏は絶えたらしい。弘農の楊氏だけが、漢末の混乱期をのりこえて魏晋時代にもなお「名徳」ある家として残るが、それはこの一家が清流士大夫と通ずる生活態度を保持したことによって、「名士」とみなされたからであろうと思われる。

（原題「シナ中世貴族政治の成立について」一九五〇年八月『史林』三三巻四号。一九七九年八月補訂）

第二章　漢末のレジスタンス運動

はじめに

第一章に収めた論稿において、私は六朝の貴族政治体制の成立を問題にし、それが漢末のいわゆる清流勢力を母胎とすること、そしてこの清流勢力なるものの構造は、よって立つ原理として儒家的国家理念をもち、この理念にささえられた士大夫の広汎な輿論を背景にして、名声という形で指定せられるその代表的士大夫たちを中心に、相互の連絡と組織とをもった一つの統一体として理解されることをのべた。その論稿を発表したのち、かなりの年月を経過するうちに、右のような考え方に対していくつかの批判があらわれたが、なかでも増淵龍夫氏の次のような批判は、清流勢力の理解について重要な反省をうながすものであった。すなわち氏は、右のような考え方が「清流勢力をその指導理念にかけて理解しようとするすぐれて主体的な解釈であるが、当時の知識階級の現実の動きをやや理念化してとらえたきらいがある」として、「徐穉・姜肱らの逸民的風格をもった人士が、その逸民的生活態度を固く持することによって、宦官勢力に対しては勿論のこと、これを議議する一般の知識階級の風潮にも批判的な態度を暗黙の中に示している」ことを指摘して、理念化的解釈のゆきすぎを警告するとともに、逸民的人士のこのような批判的態度をささえる社会的基盤の探究が必要であることを示唆されたのであった。(1)

私の考えでは、逸民的人士が当時の知識階級の一環をなすものであり、清流勢力が知識階級を主体として構成される以上は、逸民的人士を清流勢力から切りはなして考えることは不可能であると思われる。したがって、逸民的人士をささえる社会的基盤の探究は、必然的に清流勢力の社会的基盤と関連せざるをえないのである。私は第一章の論稿においてその点の考察が不充分であったことを反省し、増淵氏の出された示唆を考慮しつつ、清流勢力——逸民的人士を一連のものとして、それがどういう社会的基盤から生まれるかという問題に、私なりの理解をつけてみたいと思うのである。

ところで、このような知識階級の批判ないし抵抗運動の基盤いかんの問題は、さらに下層の貧農層の抵抗にも関係する。貧農層の抵抗は、いうまでもなく漢帝国を瓦解せしめたかの黄巾の大乱となって爆発する。したがって、清流——逸民——黄巾は、二世紀後半から三世紀のはじめまで、五十年以上に及ぶ一連の巨大なレジスタンス運動として相関的に把えねばならないと思うのであり、このように長期にわたる社会各層の巨大なレジスタンスは、漢から六朝への社会発展の方向に大きな影響を与えずにはおかないであろう。社会史的に見て、この一連のレジスタンスが基本的には何に対する抵抗であったのか、その抵抗は社会発展の方向にどのような作用を及ぼしたのか、このような大問題が我々の眼前に立ちはだかってくるのである。問題の大きさはこの小論のよく覆うところではあるまい。充分な論証のためには、より多くの紙数を必要とするでもあろう。しかし、私は僅かな資料からでも、あえて一応私の理解した大筋を提示し、今後のより深い検討の足場を仮りに作っておきたいと思うのである。

まず最初に、増淵氏の提起された逸民的人士というものを、清流対濁流の対立の外に存在するいわば第三勢力と考える(2)のではなく、やはり清流勢力の外延において考えるべきではないか、という問題から入ってゆきたいと思う。

一　逸民的人士と清流勢力

『後漢書』の撰者・范曄の考えによれば、逸民とは「王侯に事えず、その事を高尚にする」人々、すなわちかの巣父・許由や伯夷・叔斉の生き方に連なる人々であって、聖天子・堯や周の武王の治世においてさえ仕えることを拒否したもの。いわんや我々がいま問題にするような汚濁の時代には、全く「塵を絶って反らず」、「邪蘖の朝に当る」時勢に対して「抗憤して顧みざる」ものであった。それは同じく抗憤するものではあっても、俗塵の中において狂奔する清議の徒とは範疇を異にする。そのことは「陳留老父」という、その名も生地もわからぬ人物の姿にもっともよく表われている。この人物は、党錮事件がおこったとき、守外黄令の張升が党人として免職処分にあい、故郷に帰る途中、友人とともに暗澹たる時勢をなげきながら、明日の命もはかられぬ身を悲しんでいるのを見て、「龍が鱗を隠さず、鳳が羽を蔵めなければ、網羅の高く懸けられたるおりに、どこに逃げられるものか。泣いても及ばないね」と言ったまま、ゆくえも知れず、すたすたと立ち去った、と記される(3)。このような人物は范曄の脳裡に描かれた純粋な逸民の典型であって、本来ならば時空を超越したものが、たまたま党錮事件のころに設定されたというおもむきをもつ。このような純粋逸民が、濁世の中で浮沈する清流の人士と類型的に大きく異なることは、陳留老父の張升に対する批判からも明らかである。かれらは俗世からの逃避と政治に対する絶縁において徹底的である。このような純粋逸民の後漢時代における増加、あるいはこのような存在に対する関心の増加、したがって逸民伝なるものの正史における最初の出現、ということ自体が検討に値する問題を投げかけていることはいうまでもない。以下の考察においても、このような存在を全く無視するわけではないが、しかしいま、さしあたって問題になる「逸民的人士」とは、右のような純粋逸民よりも、もう少し俗世と政治の世界に近い存在である。

増淵氏があげられた徐穉・姜肱らの「逸民的風格をもった人士」とは、『後漢書』列伝四三にまとめられた人々を中心とする。范曄の序によれば、この巻には「邦に道あれば則ち仕え、邦に道なければ則ち巻いてこれを懐にする」かの蘧伯玉のような人物が集められるのであって、これらの人々は「時を候《うかが》い」、「去就の概を識る」ものとされる。いいかえれば、世に出てその志を行なう気持は本来もっていたにもかかわらず、時勢に対する透徹した認識の上に立ち、時勢と自己とのギャップを知って、自己の志の実現はその当時において不可能と判断し、仕えることは無意味と考えた人々である。それは逸民伝の人々のように、はじめから「王侯に事えず、その事を高尚にする」ものとは少しく類型を異にする。少くとも范曄の理解においてはそうであった。かれらには政治への関心があるのであり、政治への見識をもちながら、当今の世にのりだすことを断念するのである。いわば処士であることを意志するのである。したがって、このような人物を「区別して載せた」『後漢書』の列伝四三は、逸民伝に対してむしろ処士伝ということもできるであろう。

これらの処士は時勢に対して深い認識をもっていた。清議のもつ危険性を鋭く見ぬいていた。一般知識階級の輿論の中にあるデマゴギックな要素と、かれらの行動の軽佻浮薄さに批判の眼を向けていた。それが泥沼のような内朝の政争にまきこまれ、宦官勢力の反撃に口実を与える危険まで予見していた。これらのことは増淵氏が指摘されたとおりであろう。それに加えて注意しておきたいことは、かれらの中にかなり早くから漢帝国の崩壊を予見していたものがあったらしいことである。

延熹七年(一六四)、かつての太尉黄瓊が死んだとき、黄瓊に辟召されたことのある徐穉は、その辟召に応じなかったけれども、葬儀にはるばるかけつけた。哭しおわって、直ちに立ち去ったあと、会葬者のなかで郭泰らの名士たちは、使者をやって徐穉を追わせた。徐穉は使者に言った。「私のために郭林宗に礼をいってくれ。大樹がまさに倒れんとするとき、一本の縄で支えられるものではない。あたふたと休むまもなくかけずりまわるのは何としたことか」(4)と。

清議の徒は、この時点においては漢帝国のたてなおしを目指しこそすれ、まだ大樹が倒れる必然性を予想してはいなかったはずである。帝国崩壊の必然性を認識するか否かは、かれらの政治への姿勢に影響を与えることはいうまでもない。清議の徒と逸民的人士の間に態度の差を生じた契機の一つは、このような認識の有無にあったと想定することができるかもしれない。

ところで、はじめにのべたように、逸民的人士を純粋な逸民から区別して、むしろ処士たることを意志するものとするならば、いわゆる清流に属する人々の中にも、かなりこれに近い人々が見いだされる。清流の人士と逸民的人士との間には、実は明確な一線を劃しがたいのである。

そもそも清流といい、党人というものも、「天下の豪傑及び儒学もて義を行なう者、一切結んで党人となす」とあるように、(5)その中には雑多な種類の人々を含むのであるが、一応党錮列伝にのせられた人々を清流の中核的存在としておこう。郭泰はいわゆる八顧の一人であったが、辟挙には「並びに応じない」で、処士として一貫した人であった。そして、「危言覈論をなさず」、宦官に陥れられるすきを与えず、第一次党錮事件にも、逸民的人士の一人・袁閎とともに難を免れることができたという。(6)もっとも郭泰は本来、太学生の「浮華交会」的輿論における花形であったし、そのような風潮が「名を求め、利を蹈む」方向につながるとすれば、この風潮に批判的な逸民的人士とは明確に区別されるべきかもしれない。しかし、党錮を契機とする清議の転向を鋭く指摘した侯外廬氏らの考え方は、郭泰自身の中にも転向を想定することを可能にするように思われる。(7)弾圧を予想した郭泰は、かなり早く逸民的方向に転向した、あるいは用意周到に処士の態度をとりつづけた、と解することは不可能ではない。実際に、党人の中で処士伝の人々ともっとも密接な関係にあったのは郭泰であり、かれの中には逸民的人士への方向が確かに感じられるのである。

しかし、郭泰と同じく八顧の一人とされた党人・夏馥は、郭泰よりもはるかに逸民的な風格をもっていた。陳留の人・夏馥は「貧に安んじ、道を楽しみ、世に当るを求めず。郡内には豪族多く、奢りて徳薄し。（馥は）未だ嘗つて門に過《よ》ぎらず、躬ずから沢畔に耕し、経書をもって自ら娯しむ。是に由って豪勢の非る所となる。而して馥は志業いよいよ固く、海内に称せらる。諸府こもごも辟し、天子は玄纁もて徴するも皆な就かず。嘗つて喪に奔《おもむ》き、洛陽を経て、太学の門を歴たり。諸生曰く、これ太学の門なりと。馥曰く、東野生は帝王の庭に遊ぶこと希なりと。径ちに去りて、また顧みず。公卿聞きてこれを追うも、得て見ざるなり」と記されている。[8] したがって、かれは「時宦に交わらなかった」が、八顧の中に祭り上げられるほどの「声名があったために、中官に憚かられ、范滂・張倹らとともに……党魁とされて」指名手配を受け、匿名変装して逃げまわらねばならなくなった。[9]

浮華交会の風潮うずまく太学を無視し、「安貧楽道」の生活態度をとった党人夏馥は、むしろいわゆる逸民的人士と殆んど同じタイプに属する。そして、生活態度を基準にして考えるならば、八及の一人に数えられる党人・檀敷も、一時は仕官したことがあるにしろ、むしろ逸民的風格の持主のように記述されている。[10] すなわち、党人の中核的存在の中にさえ、逸民的人士が含まれていたのである。逆にまた、逸民的人士を集めた処士伝、すなわち『後漢書』列伝四三のなかにも、黄憲のように清流と甚だ密接な関係にある人がおり、かれらの多くは清流の人々から師表として尊敬され、または高い評価を与えられていた。清流の人々はこれらの逸民的人士を自分たちと異質の分子だとは考えていなかった。郭泰が母を失ったとき、逸民的人士の徐穉がこれを弔いに行ったように、かれらもまた清流人士を避けるとは限らなかった。逸民的人士と党人とは、袁閎と袁忠の場合に端的に表われるように、兄と弟であることもあっ

た。(11)

党錮の網は逸民的人士の上にも投げかけられた。その網の目に捕えられたものは、夏馥をはじめ、かなりの数に上ったと思われる。一部の逸民的人士がそれを免かれることができたのは、かれらがもともと宦官政府の目から見ても、明確に党人と区別できるものであったからかどうかは疑問である。かれらは党錮の網をのがれるために、無害の庶民と見られるべく、あるいは世界外存在たるべく、異常な努力を払っている。「党事のまさに作《おこ》らんとするや、袁閎は髪をざんばらにして世を絶った。迹を深林に投ぜんとしたが、母が老いて遠く遁げるわけにもいかないので、四面を土でぬりこめた戸もない部屋を庭に築き、窓からしか飲食の出し入れをしなかった」(12)。それはまさにみずから先に牢獄に入った形である。また、党錮のおこる可能性を二年前に予想した申屠蟠は、「迹を梁碭の間に絶ち、樹に因って屋をつくり、自ら傭人に同じくした」。そのために、党錮事件のときには「確然として疑論から免かれた」という。(13)嫌疑を確然として払拭するためには、普通は異常な無理を行なわねばならなかったのであろう。

要するに、いわゆる逸民的人士というものは、清流勢力から確然と区別される存在ではなかった。両者の間には一連のつながりがあったのであり、逸民的人士なるものも抵抗運動としての清流勢力を構成する一方の要素であった、あるいは一方の要素の延長線上にあった、としなければならない。かれらの清流に対する批判は、清流を構成する他方の要素に対する批判であった。他方の不純な要素については増淵氏の論文に詳しく分析されているが、なお一つ附け加えておくべきことは、つとに宮崎博士が指摘されたように、清流勢力を構成する他方の要素として、「八廚」にうかがえるような「財をもって人を救う」遊俠的富豪が存在することである。(14)つまり、清流勢力は一般の「儒学行義」のものを中心にして、一方の極では遊俠的富豪に及び、他方の極では逸民的人士にまでつながる雑多な要素を含んでいる。このような雑多な要素が一つの政治運動―抵抗運動にまでまとまったゆえんは、第一章において分析した。この勢力の上に党錮の網がかけられたとき、その両極において網の目からのがれるものが出るのは当然である。その両極がどうなるかということは後に再び見ることにして、今は逸民的人士も清流勢力と一連の抵抗路線にあったことだけを確認し、逸民的人士と清流人士を含めて、かれらをして抵抗に走らしめたゆえんのものを、単にかれらの理念からだけでなく、実際にかれらが生きていた社会の基底の切実な利害関係の場から理解してみようと思う。その場とは当時の郷邑社会にほかならない。

二　郷邑秩序の分裂

先にあげた『後漢紀』によれば、夏馥は「奢りて徳薄き郡内の豪族」に近づかなかったために、かれら「豪勢」にそしられたという。『後漢書』本伝によれば、夏馥は陳留圉の人。郡内の豪族とは、圉県の富殖なる高氏と蔡氏であって、「郡人は畏れてこれに事えたが、馥だけは門を比《なら》べているのにこれと交通せず、それによって豪姓の仇する所となった」。そして、このように同じ城内の豪族の圧力に屈しなかったことが、かれの「声名」を高める一つの原因にもなったらしく、その名声によって「中官に憚られ」、党錮にまきこまれる結果になったのである。そのことは、かれが後に回顧して、「われ道を守り悪を疾みしを以ての故に、権宦の陥しいる所となる」といった言葉に照応する。夏馥に関するこの簡単な記述を手がかりにして、地方のさまざまの城郭都市[15]の内部で当時どのような状況が進行していたかということを、いくつかの点について考えてみよう。

第一に、富殖なる豪族の、周囲に対する支配意欲が、当時きわめて露骨な、「徳薄き」形であらわれていたことである。豪族の支配についてはもはや多言を要しないであろうが、例の「連棟数百、膏田野に満ちる」ほどの大土地を所有した豪族が、「苞苴《わいろ》を行なって執政を乱し、剣客を養って黔首を威し、不辜を専殺して、市に死するの子なしと号す。故に下戸は踦嶇《きく》として足を跱《よ》む所なく、乃ち父子低首して富人に奴事した」状況(16)が、規模の大小はともかくとして、我々の夏馥の場合にもあらわれている。「富殖」なる豪族に首をたれなかった夏馥に対して、これらの「徳薄き」豪姓はこれを「仇」とした。それは輩下の「剣客」などの力をちらつかせた威嚇であったろう。つまり、当時の豪族は財力と武力によって、その周辺、すなわち郷邑の一円に露骨な支配を及ぼそうとする傾向が顕著である。私はこの傾向を一応、豪族の領主化傾向と呼ぶことにする。豪族のこの傾向はこの時期に始まるものでは勿論ない。しかし、右のような崔寔や仲長統の言葉から見ても、この時期にそれの激化が見られるように思われる。したがって、小さな郷邑では豪族の領主化は比較的容易であったかもしれない。しかし、圉県のごとき県城では、事情はそれほど簡単ではない。それが次に考えねばならない第二の点である。

圉県の豪族には少くとも高氏と蔡氏の二つがあった。富殖をめざし、自己にくみせざるものを仇とする豪族が、郷邑において複数であったということは、その郷邑支配をめぐって互に衝突をおこす可能性が多分にあったことを想定させる。実際に、漁陽郡泉州県の大姓冠蓋の家に生まれた陽球は、母を辱かしめた郡吏に対して、少年数十人を結集して復讐を行ない、郡吏の家を滅ぼした(17)。郡吏の家はその地方における有力な家である場合が多かったであろう。また時代は溯って後漢のはじめのことであるが、汝南郡西平県の門下掾・郅惲の友人に董子張なるものがあり、『後漢書』列伝一九の郅惲伝の注に引く『東観記』によれば、董子張の「父と叔父が郷里の盛氏の為に一時に害された」。これに対して郅惲は客をひきいて復讐を敢行したが、この『東観記』の文は『後漢書』本伝には「父が先に郷人の為に害さる」と簡略化されている。したがって、「郷人」といっても、盛氏という一族のかなり強い力を背景に感じさせるものである。我々の問題にする党人たちの場合にも、八俊の一人に数えられる魏朗が、若くして県吏たりしとき、

「兄が郷人の為に殺された」ので、「白日に刃を操って讐を県中に報じ、遂に亡命して陳国に到った」とあるが[18]、その郷人とは、魏朗の郷邑における豪族ないしはその一味と解しても、おそらく大きな誤りを犯すことにはならないであろう[19]。牧野巽博士がすでに指摘されたように、復讐は漢代ではむしろ公然と行なわれ、しかも復讐の仕方は親族をはじめ賓客・交友など、できるだけ多くの党与を集めて集団的に行なわれることが多かった[20]。それが片々たる侮辱を原因としておこる場合でも、右のような集団が平常からかなりの程度にできていたと思われる後漢時代には、侮辱そのものが豪族間の緊張対立を背景にしておこることが多かったであろう。「漢代には官が人民の私怨を報ずることを禁止していなかったので、民家はみな高楼を作って鼓をその上に置き、急があれば楼にのぼって鼓をうって隣里に知らせ、互に救助することにしていた[21]」という郷邑の状況は、個々の小農民までがそれぞれ高楼をもって自衛態勢をとっていたことを示すのではあるまい。本来ならば、郷邑には高楼をもった亭があって、亭長が警察事務を取扱い、その郷邑の秩序維持に当っていたはずである。ところが、亭以外に民家がこのような高楼を作りはじめたとすれば、それはおそらく郷邑の中の有力者、つまり豪族からはじまったと考えるのが妥当であろう。郷邑の中にいくつかの高楼がそびえた状況とは、亭の秩序、つまり郷邑の秩序が複数の豪族の自衛態勢に引き裂かれた状況を示すと考えられる。

このような複数豪族の角逐による郷邑内部の緊張状況を考えるとき、そのいずれとも交通しなかった夏馥や、「郷里の施恵を受けなかった」檀敷の態度[22]はよりよく理解できるように思われる。桓帝のとき、富人の王仲なるものが、逸民的方士の公沙穆に言った。「いま貨を以て仕うるもの多し。吾、子に奉ずるに百万を以てせん。唯、子、用いられよ」と。穆はその厚意を謝しながらも、「賄を以て爵を求むる」より大きな姦悪はないと答えて辞退した[23]。この話は、郷邑の富人の施恵が、人材を官界に送りこむことを目的としてなされる場合が多いこと、パトロンになることによって、その官人から将来利権を引き出そうとする下心があったこと、を想定させる。富殖なる豪族たちは、これらの人材を自己の陣営に引き入れて、これを官界に送りこむことからくる反対給付を期待した。しかるに、かれらはその期待をはねつけた。施恵を受け、恩義を蒙ることによって、将来の行動が制肘されるのを忌避したからである。ことに夏馥の場合には、蔡氏・高氏の両方向からくる争奪戦を避けて、どちらの期待にもそわなかったために、かえって双方から怨みを買ったと考えることもできるであろう。逸民的人士が多く発生する社会的条件の一つとして、郷邑における豪族のあらゆる手段を用いた圧制という状況、しかもその圧制が複数豪族の間のかなりはげしい競合緊張とからみあっていたという状況、を想定することができるであろう。

考えられる第三のことは、このような郷邑の複数豪族のいずれか、あるいはいくつかは宦官たちと相互利用の関係にあったらしいことである。郷邑の豪族に首をたれなかった夏馥は、その「声名」によって「中官に憚られる」結果を招いた。ということは、崔寔の『政論』にいわゆる「上家は鉅億の貲を累ね、苞苴を行なって執政を乱している」という指摘が、この場合にも該当するように思われる。「天下の良田美業山林湖沢を固《かこい》こむ」ような貪欲な宦官に、苞苴の贈物は効果的である。その反対給付として、宦官に結びついた豪族は「不辜を専殺し、市に死する子なしと号する」ほどの人君的支配をその郷邑に行なう保証を得たことであろう。宦官と地方豪族のこのような相互利用は、郷邑における複数豪族の競合緊張状況を背景に設定すると、いっそう理解しやすくなる。なぜなら、複数豪族の競合状況においてこそ、その一つは他に優越するために、上部権力との結びつきをよりいっそう強く渇望するからである。そして、郷邑の一豪族が上部権力の保証のもとに不法な支配を及ぼそうとするとき、他の豪族はこれに屈服するか、反抗するかの二者択一を迫られる。ある豪族が宦官勢力につながる一方では、その路線につながれなかった豪族は、反対の路線に追いこまれざるをえなくなる。反宦官勢力としての清流勢力の中に、富裕な豪族が含まれることの一つの理由はここにある。したがって、当時の地方の状況は、普通に考えられるように、「郷邑の秩序が豪族によって維持されていた」[25]のではなくて、むしろ複数豪族の対立によって郷邑の秩序が引き裂かれていたと考えねばならない。

第四に考えられることは、このような豪族の露骨な郷邑支配が、夏馥のような「書生」すなわち知識人にとって「悪」としてうつり、これを「疾む」行為ないし態度、すなわちこれに対する抵抗にかりたてることである。どのような抵抗を試みるかは、もちろん条件に応じて異なるであろう。夏馥は「道を守った」。より激越な抵抗も当然あらわれる。魏朗は復讐を敢行して、郷里から亡命した。しかし、ここで注意すべきことは、郷邑における対立の中で抵抗した結果、右のように郷邑から疎外され、あるいは孤立した知識人を受け入れる環境が形成されつつあったことであり、むしろそれほど抵抗したことが「声名」をあげる一つの原因になっていたことである。その環境とはいうまでもなく清議の世界であり、郷邑をこえて形成されるより広い場である。郷邑の闘争はより大きな規模で、より広い場に引きだされる。たとえば、扶風平陵の豪族・蘇謙は郡の督郵であったとき、宦官に結びついた美陽令・李暠の贓罪を摘発したため、後に李暠に殺された。蘇謙の子の不韋は惨烈な方法で李暠に復讐した。その方法の是非をめぐって議論が湧くと、清議派の領袖・郭泰はこれを是として蘇不韋に軍配をあげた。「議者は是に於て之(不韋)を貴んだ」。やがて宦官派の司隷校尉・段熲は蘇不韋の一門六十余人を誅滅した。しかし、次の司隷校尉・陽球は反宦官的立場に立って、この段熲を誅滅した。「天下は以て蘇氏のために讐を復したものとしたのである」[26]。それは豪族の私闘が宦官勢力とそれに反対する勢力との政争の場にひきずりこまれたことを示すと同時に、司隷校尉の職権に表われるべき国家権力が、すでに公的性格を失って私的権力に変質したことを意味している。国家権力はすでに私権になり下がったのである。

私はここにおいて楊聯陞氏の党争に対する解釈、すなわち「清流・濁流の二つの豪族集団が政治的地位を争った死を賭しての戦い」とする解釈のもつ一面の妥当性を思わざるをえない。(27) しかし、重要なことは、そのような二つの集団が何故に生みだされたかの理由を、郷邑の場にまで掘り下げて、そこから理解しなおすことである。私はその理由を、郷邑の秩序が複数豪族の間の競合緊張によって分裂しつつあった、あるいはすでに分裂していた、という状況に求めたいと思うのである。

郷邑における豪族群の競合から、その一部はさらに露骨な支配を推進するために、上部の権力に結びついた。その権力路線はいわば豪族の領主化を推進するものである。宦官そのものは確かに豪族ではないけれども、宦官政府の性格は豪族の領主化路線にほかならない。そして、このいわば実権派路線の外に立たされた他の豪族と小農民は、豪族の領主化路線に対して抵抗した。その抵抗は、上部権力にくいこんで、公権によって実権派の罪悪を摘発し、処刑さえする積極的抵抗から、もっとも消極的に「道を守る」逸民的抵抗に至るまで、さまざまな形をとって表われる。これらのさまざまな抵抗を一つの勢力に結集する上で、儒家的理念にもとづく輿論の場の形成や、抵抗する人々をつなぐ人間関係が大きな作用を及ぼしたことは、すでに第一章に述べたところである。こうして一部の知識階級によって抵抗戦線の中核が形成されるにつれて、また同時にこうした抵抗に対する圧力が加増されるにつれて、この中核はさまざまの抵抗に求心作用を及ぼしてゆく。その右翼には、何らかの抵抗を行なう遊侠的富豪や、泥沼の政争場裡における苟合的官僚までがつながってくる。その左翼には、知識人としての特権を断念するような逸民さえも、その本人の意志とは無関係に、抵抗戦線の中核の方向に押しやられざるをえないのである。そして、この左翼の方向は知識階級ならざる一般の小農民や貧農の抵抗につながるであろう。(28) この方向については後にふれたいと思うが、いずれにしろ、以上のような抵抗を生みだす基本的な社会条件は、郷邑の支配をめぐる複数豪族のはげしい競合状況であり、端的に言って豪族の領主化傾向による小農民の没落と階層分化の進行であり、古い郷邑秩序の分裂・崩壊の危機的状況である。有徳なる賢者を登用せよ、その登用法たる郷挙里選を遵守せよ、という清議の徒の主張は、古い郷邑秩序の急速な崩壊状況を背景にして、その中から生まれてくる秩序再建の要求にほかならないと考える。

三　豪族の自己矛盾

私は以上において、郷邑における豪族の領主化傾向と、複数豪族が競合する場合の対立緊張を強調し、それが郷邑秩序の分解とそれに対する抵抗を生むことを想定した。郷邑の中の豪族が、基本的にはそのような方向に作用する存在であるとしても、その方向を複雑化するさまざまの要因があるだろう。郷邑秩序の分解は地方によって進行度が異なるものであり、また郷邑の規模の大小によって、豪族の領主化傾向の上に、程度の差だけに止まらない複雑な相違を与えることもあるだろう。また、複数豪族間の競合緊張とはいっても、婚姻などによる協同親和関係もいりまじるであろう。そのようなさまざまな問題は本稿ではしばらく措き、豪族の領主化傾向を複雑化する、あるいはチェックする、より重要な問題として、豪族が儒教的教養を身につけた場合におこるその教養と本来的欲求との矛盾の問題をしばらく考えてみたいと思う。

先般来、我々の考察の手がかりとしてきた陳留圉県の場合、すでに宇都宮博士が指摘されたように[29]、書生の夏馥を「仇」とした「徳薄き」、「富殖なる」豪族・蔡氏とは、実は当代一流の学者文人たる蔡邕の一族なのであり、高氏とは、かつて「草屋蓬戸」に住んで「甕缶に儲なく」、「勤身清名」をモットーとした高慎(後漢初期の人)の同族なのである。『後漢書』蔡邕伝によれば、かれの父は「清白の行ないが有り」、蔡邕自身の文、すなわち蔡邕伝の注に引く『蔡邕集』によれば、「太山の党魁・羊陟は、邕の季父・衛尉の(蔡)質と対門九族(甥舅関係)」であって、「本もと陟と姻家」であった。羊陟はいうまでもなく八顧の一人として党錮列伝に明記されている人であり、また蔡邕は光和元年(一七八)宦官に陥れられたのち、呉会地方での十二年にわたる亡命期間中は、「往来して太山の羊氏に依《たよ》っていた」のであった。このような清白なる高氏・蔡氏、ことに党人羊陟と姻戚であった蔡邕一家と、郷邑の党人夏馥を圧迫したかの徳薄き富殖なる豪姓の高氏・蔡氏と、その間の矛盾をどう解釈すればよいのであろうか。周知のように、後漢時代には、ことに豪族層に儒学が広く浸透した。豪族のもつ領主化傾向と、それに徹底させないかれらの教養――イデオロギー――との矛盾は、単に高氏・蔡氏にとどまらず、はるかに広い範囲に及ぶ重要な問題である。

この矛盾に対する一つの解釈は、上田早苗氏が提示されたように、清白なる高氏・蔡氏とはその一族の中で高慎ないし蔡邕の家系だけであり、この家系では清白を基礎にして世々二千石の地位を選びとろうとするのに対して、他の同族はむしろ郷邑における露骨な富殖の方を選ぶものであったと解すること、つまり同族の間に官僚学者家と地方殖産家とのいわば分業が成立していたと解することである[30]。これはきわめて興味のある解釈であって、蔡邕は「陳留圉の人」と本伝に記されてはいるけれども、その一家が圉県から八、九十華里はなれた現在の蔡荘に住んでいた形迹があることは[31]、そのような解釈を支えるものであるかもしれない。おそらく夏馥を圧迫した圉県城内の蔡氏と、蔡荘に住んでいたらしい蔡邕一家とは直接にはつながらないのであろう。しかしながら、住居が若干はなれていたにしろ、同族間の相互影響が全くなかったとは考えられないし、実際に蔡邕の生涯を調べると、かれ自身が右のような矛盾に悩んだあとをうかがうことができるように思うのである。

蔡邕は二十七歳のとき、宦官政府とはじめて関係をもった。かれ自身の作った「述行賦」の序にいう。「延熹二年(一五九)の秋、霖雨は月を逾えぬ。このとき梁冀は新たに誅せられ、徐璜・左悺ら五侯が貴を其の処に擅にす。又、顕陽苑を城西に起こす。人徒は凍え餓えて、其の命を得ざるもの甚だ衆し。白馬令の李雲は直言を以て死し、鴻臚の陳君(蕃)は雲を救わんとせしを以て罪に抵る。璜は余が能く琴を鼓するを以て、朝廷に白し、陳留太守に勅して余を発遣せしむ。偃師に到りしおり、病みて前めず、帰るを得たり。心に此の事を憤り、遂に過ぎし所に託して、述べて賦を成す」と。霖雨を背景に、全篇陰鬱な重圧を感じさせる調子の、この「述行賦」は、最後の「言《ここ》に旋《かえ》り言に復る。我が心は胥なり兮」[32]に至って、ようやく解放の悦こびを吐露するもののごとくである。宦官政府に対する嫌悪は、三十歳を少し過ぎたころの作と思われる「釈誨」[33]にも歴々とうかがうことができる。そこでは「外戚の門に卑俯し、助けを近貴の誉に乞い、……下っては熏胥の辜を獲、高くしては滅家の誅を受く」の愚をやめて、「璞を抱いて優游する」華顛胡老の生き方を自分の指針としたのであった。しかるに、かれが尊敬していたはずの陳蕃・李膺ら[34]が殺された第二次党錮の翌年、建寧三年(一七〇)には、かれは三十八歳にして司徒橋玄の辟召に応じ、これを手はじめに、あれほど嫌悪した宦官政府に出仕することになった。そこには、宦官政府からの出仕勧誘が強引をきわめたらしい事情[35]と、辟召の当事者である硬骨漢の橋玄を見こんだ事情があったかもしれないけれども、かれの官僚生活はいずれ破綻を免れえないものであった。光和元年(一七八)かれが四十六歳のとき、宦官一派の姦邪を記して直接霊帝にさし出した極秘文書が宦官側にぬすみ見され、やがてその報復を受けねばならなくなった。かれはあらゆる嫌疑をかけられて法廷にひきすえられた。そのときかれは、「本もと羊陟とは姻家なれど、豈あえて私党を申助せんや」との弁明をも余儀なくされたのである。かれは僅かに大不敬棄市の罪を一等だけ免ぜられて、朔方五原へ流謫の身となる。その後の長い放浪生活のうちに、時代は破局に突入し、大混乱の中でかれは刑死の憂き目をみたのであった[36]。

かれの生涯がこのように悲劇的な経過をたどったことの一つの原因は、かれが郷邑の富殖なる豪族の一家系に生まれたために、この豪族につながる宦官の要求をむげにことわりかねる立場にあったこと[37]、にもかかわらず、知識人としての彼自身の立場から、その路線に対する嫌悪と批判を抑えきれなかったこと、との間の矛盾にあったと解しておそらく誤まりないであろう。社会史的観点から見るならば、蔡邕の生涯は、富殖なる豪族の必然的な自己拡大的性格と、その露骨な発動をチェックする当時の知識人一般のもつイデオロギーとの矛盾を、一身の中に体現したものと見ることができる。

蔡邕の立場を右のように理解できるとするならば、教養を身につけた当時の豪族出身者は、多かれ少なかれこのような矛盾を背負った存在と考えてよいであろう。しかも後漢時代には、儒教的イデオロギーが豪族層にかなり広く浸透したことを考えれば、私が前節において強調した郷邑における豪族の領主化傾向とか、複数豪族のはげしい競合対立とかいうことも、この点でいくらかの限定が必要となる。なぜなら、それは豪族の領主化を不徹底ならしめる要因を豪族自身がもっていたとせねばならぬからである。(38) そのことはまた、当時の知識階級の抵抗が、単純な階級闘争としては割りきることができない複雑な様相を示すゆえんでもあるだろう。(39) 当時の豪族そのものが郷邑秩序の破壊者的性格と維持者的性格との矛盾を内包していた。そのどちらに傾くかに際して、イデオロギーの作用がかなり大きい意味をもつ。したがって、清濁二流の対立は、複数豪族による郷邑秩序の分裂と、豪族群自身の性格的分裂と、郷邑秩序の破壊による豪族対小農民の階級闘争と、この三者がいりまじった複合的対立であり、それを清議という形で一つの抵抗運動にまとめたものは、やはり儒家的イデオロギーであったとしなければならないように思われる。

このような基盤の上で激発した党錮事件は、右のような対立関係に対していかなる作用を及ぼしたであろうか。その問題は黄巾にも当然関係してくるであろう。

四　党錮から黄巾運動へ

二回にわたる党錮事件、なかでも徹底的に行なわれた一六九年の第二次党錮によって、清流勢力の中核であった「儒学行義」の官僚層は粉砕され、その勢力は官界から一掃された。先にのべた抵抗戦線の右翼は、これによって戦線から脱落し、宦官政府の側に吸収されていったと思われる。そこに吸収された知識人の抵抗はもはや統一を失って散発的となり、そのたびに各個撃破されたことは、先に蔡邕の場合に見た如くであった。そして、宦官政府の方針は、一七八年の売官に具体化されたように、「公卿州郡より下、黄綬に至るまで、各々差の有る」銭額を納めることによって官爵が与えられた(40)。銅臭紛々たる宦官政府の機構は、いわば富殖の程度を基準にして権力が体系化されたものといってよく、それは先般来のべてきた富殖豪族の自己拡大の傾向に一致するものとしてよいであろう。すなわち、一六九年以後、権力機構が決定的に濁流勢力に握られてからというものは、先に示した豪族の二面性のうち、富殖の自己拡大方向――領主化傾向――郷邑秩序の破壊者的性格の側面が、優越して前面に出てきたにちがいない。これ以後の十数年の間に、郷邑秩序の崩壊は加速度的に進行し、豪族の郷邑支配によって中小農民の没落と流亡が激化し、かくして生み出された厖大な貧農層と富殖豪族層の対立、ひいては富殖豪族層の権力機構になりおわった宦官政府との対立が、基本的な対抗関係として大きく前面に出てくるのである。第二次党錮以後の情勢は、二面性をもった豪族群の複雑な対抗関係に一種の整理を与えた。この間における中小農民の貧農化は右のような基本的対抗関係の進展とともに、饑饉と災害によってさらに拍車をかけられていった。貧農のこのような加速度的な増加こそ、この期間における太平道の急速な伝播と、それによる貧農層の組織化とを可能ならしめた基本的な社会条件にほかならない。

一方、もともとこのような傾向を阻止しようとしていた知識階級の抵抗は、どうなってゆくであろうか。党錮事件は知識階級の抵抗戦線に大打撃を与えた。その中核であった儒家官僚群は壊滅し、右翼は戦線から脱落した。したがって、戦線は必然的に左翼に収縮する。この場合、左翼とは逸民的人士の方向であり、民衆の側への接近である。

侯外廬氏らはいう。「政治上の党錮と時を同じうして、思想上にもまた清議の禁錮があった。禁錮された清議は転向を開始して、別に出路を求めざるをえぬ。その結果、清議は転じて清談となった。是非臧否することから、(阮籍の)〝玄遠を発言し、口に人物を臧否せざる〟方向に到り、形骸化した名教から名教の否定に向った」。その転向の契機は、「人倫を善くすと雖も、危言覈論を為さなかった」郭泰や、郭泰と同様に「実を避けて虚についた」徐穉らの逸民的人士をはじめ荀淑・陳寔ら一群の人々にあった、と氏は指摘する。(41) 党錮を契機にして、清議が一挙に魏晋風の清談に転向したかどうかは問題であるとしても、この際に知識人の思潮が「隠逸君子」の方向に傾斜したとする(42)のは卓見であろう。「隠逸君子」というものは、最初に引用した「陳留老父」のごとき全く無名の逸民にはならなくても、「自ら傭人に同じくした」申屠蟠や、「卜を売って食を給した」姜肱のように、その生活態度は無学文盲の庶民の生活に近づいている。「世を避けて」「隠居」した学者の思想と行動が、この時代には図讖・方術・老荘と混在して、民衆の側に接近した性格をもつことは、すでに宮川尚志氏も説かれたところである。(43) 実際に我々が問題にする逸民的人士の袁閎は「身を潜めること十八年。黄巾の賊が起って郡県を攻没し、百姓が驚き散じたとき、閎は経を誦して移らなかった。賊は相約して語《つ》げるよう、其の閭には入りませんと。郷人は閎のところに避難して、皆な全免するを得た」という。(44) 儒家の経典たると、道家の経典たるとを問わず、経典を誦すること自体がこの時代に魔術的な目的をもったことは、すでに諸先学によって指摘されている。袁閎の誦経が黄巾・五斗米の徒の誦経と同一類型に属することはいうまでもない。そして、このような同一類型の行為を行なう逸民的人士の住地に対して、黄巾が侵入しなかったという記述を私は注目したいと思うのである。徐穉の子の徐胤もまた隠居して誦経していた人であるが、漢末の寇賊はみな胤の礼行を敬して、「約勅して其の閭を犯さなかった」という。(45)賊が隠者の徳に化せられる話は以前からあり、党錮のために野にあって教授していた大儒鄭玄が、黄巾に敬意を表されたという話(46)なども、「螟は境を犯さず」のような表現と同じく、単にかれらの徳を顕彰する修辞にすぎないかもしれぬ。しかし私は、右のような表現の中に、一般民衆の逸民的人士に対する親近性を感ずるとともに、黄巾などの寇賊がかれらを「所謂賢人」(47)と見なしたところに、当時の民衆運動が何を自分たちに近いと感じ、何に対して抵抗したかの方向をくみとりたいと思うのである。

ところで、フランスのシナ学者・チベット学者としてすぐれた業績を次々に発表されるR・A・スタン氏は大淵・福井・宮川諸博士をはじめ、日本の学界の業績を充分参照された上で、右のような廉直な儒者・マジシァン・隠士といった人々の行動のパターンが、黄巾・五斗米などのそれに類似することを確認し、これらの道教運動とそれに近似する行動の下部にある共通の基調を明るみに出そうとされた。(48)私が多くの示唆を受けたこの極めて興味深い論文は、『道教研究』第二冊に訳載されているので、詳しくはそれを参照して頂くことにして、ここではただ、道教運動の社会的側面に関する氏の論旨を要約するだけにとどめたい。いま言った共通の基調とは、賢者・有徳者を首長にいただいて共同体的生活 vie communale を営もうとする理想であり、共同体的生活の中から生まれる道徳であり、そのような生活環境・社会環境そのもののイメージにほかならぬ。黄巾・五斗米などの道教運動の「道徳的社会的側面は、共同体的生活と賢者を首長に選びたいとする気持、功徳《メリット》にもとづくヒエラルキーと重なりあった形での共同体組織 organisation communautaire、そして理想国を実現しようとする意志、ということに表われる」(49)。道教運動の志向する共同体的側面はすでに大淵氏によってある程度指摘されたところであるが、(50)スタン氏の論文は、より広い領域にわたる多種多様な諸事象——人々の行動様式・思考様式・作られたもの《アンスティチュシオン》——の類似パターンから、その底にひそむ下部構造をさぐることによって、全体の構造連関を明らかにしようとするものであった。ただ、スタン氏の究極の意図は、紀元二世紀の道教運動の底に見られる全体的構造連関を、後世のいわゆる民間宗教への展望にかけて、中国の宗教的社会的構造の全体に迫ろうとするもののように思われる。しかし、我々が氏によって示された道教運動の構造を、紀元二世紀という時代に重心を置いて、何故にこの時代にあのように強烈な共同体冀求運動が激発したかを思うとき、上来のべてきた清流勢力——逸民的人士——黄巾とつらなる一連のレジスタンス運動の方向がかなり鮮やかに理解できると思われる。

先に私は、清流勢力——逸民的人士の抵抗を生みだす社会的条件は、郷邑の支配をめぐる複数豪族のはげしい競合状況であり、それによる小農民の没落、階層分化の進行であり、古い郷邑秩序の分裂・崩壊の危機であると想定した。古い郷邑秩序とは、郷邑の賢者・有徳者がスムーズに「郷挙里選」されていたような一種の共同体秩序にほかならない。清流——逸民の抵抗とは、このような共同体秩序を崩壊せしめる力に対する知識階級の抵抗であった。崩壊力として働く豪族自体が知識階級である場合の自己矛盾によって、崩壊作用と抵抗の両面に複雑な要素がからむにしても、抵抗が共同体秩序の崩壊に対する阻止を意図することにかわりはない。しかし、この知識階級の抵抗が党錮によって挫折したのち、郷邑秩序の崩壊は加速度的に進行した。これに対する次の抵抗エネルギーは、もはや中間層たる知識階級から出るのではなくて、郷邑秩序の崩壊過程から析出された無学な小農貧農大衆の宗教的組織化から出ざるをえなかった。かれらの「蒼天已に死す、黄天当に立つべし」のスローガンは、いまや郷邑秩序の破壊力——富殖豪族の権力機構となりおわった漢帝国を打倒して、かれら自身の共同体秩序と宗教的「徳」によるヒエラルキーの樹立を標榜するものにほかならない。これらの民衆が望む道教的共同体秩序と、知識人の志向する儒教的共同体秩序との間に、あるいはその底に、共通の類似パターンが存在することをスタン氏は説明した。この第二次の民衆レジスタンス運動の底には、黄巾・五斗米が逸民的人士と地下に潜行した清流残党に連結する可能性は確かに存在した。一八四年、黄巾の乱が勃発した直後、宦官呂彊は、久しく弾圧された党人が黄巾と合謀する危険を警告した。(51)かくて党人大赦令が発布され、「唯、張角のみは赦さぬ」との詔勅が出た。それは黄巾と知識人との間の、おこりうべき連合戦線に対する分断作戦にほかならない。その作戦は功を奏したと思われるが、とにかく黄巾と党人との合謀に対する危惧があったということは、今までのべてきた清流――逸民――黄巾の抵抗が、同じ路線に対する一連のレジスタンスであったことを示している。それが宦官の牛耳る後漢政府に対しての抵抗であったことはいうまでもないが、重要なことはその後漢政府の性格である。それが古い共同体秩序を破壊する富殖豪族の権力機構に化していたこと、つまり豪族の領主化傾向を推進する権力機構になっていたこと、が重要なのである。宦官そのものはいうまでもなく豪族ではない。しかし、宦官政府の性格はすでに領主化しつつある豪族の政府になっていた。その政府に対する抵抗とは、基本的には豪族の領主化に対する抵抗であり、共同体的秩序の再建を志向するものであった。

漢末の抵抗運動に対する右のような理解は、直ちに漢代中期の赤眉の乱をどう理解するか、ひいては漢帝国を支える社会的基盤をいかに理解するか、という大問題につながらざるをえないであろう。私はここでそのような大問題に立ち入る余裕はないけれども、最小限に必要なかぎりの大まかな見通しだけをのべておきたいと思う。

かつて河地重造氏は赤眉の乱の性格を考察されたさい、当時の三老・父老を中心とする共同体的な村落生活からかれらの意識が規定される面をのべ、豪族集団と対立した赤眉の集団は、豪族の強大化によって農民層の階級分化が進行するという事態を背景にしておこったものであり、その反乱はこの事態に対する小農民の抵抗である、という理解を示された。(52)私は氏の理解を正しいと思うものであり、私が本稿にのべてきた漢末の抵抗運動の性格も、河地氏が理解された赤眉の乱の性格と全く符合すると考える。ということは、赤眉と黄巾との間に同じ事態がより強く、より深く、より大規模に進行したという理解にほかならない。しかし、事態の進行は一直線ではなかった。「赤眉の巨大なエネルギーは豪族層をして〝民の思う〟漢王朝への服従を余儀なくせしめた」であろう。[53] 南陽の豪族層から出現した光武帝の政府も、このようなエネルギーをまのあたりに見て、自己の王朝を〝民の思う〟漢王朝の方向にひきもどさねばならなかったであろう。少くとも後漢初期の三代はその方向への制御がきいたものとして理解できると思われる。しかし一世紀の末からは、豪族層から出た後漢政権の本来の性格が、ようやくこの制御力と確執する。豪族層そのものの中に確執と分裂が進行する。二世紀中葉以後のその顕在化はもはや上来のべきたったところで明らかであろう。

しかしここで重要なことは、「民の思う漢王朝」とは何か、制御とはどの方向への制御かという問題である。それは赤眉から黄巾までの抵抗運動の性格から考えて、「民の思う」ものが父老を中心とする共同体であり、「民の思う漢王朝」とはそのような共同体の上に立つ漢王朝であり、少くともそれを温存する漢王朝にほかならない。河地氏はいう。「漢帝国という「デスポティズムは、封鎖的な共同体的村落を温存・利用しつつ、その中から成長する土豪層(父老・三老――筆者補)を上から摑むことによって支配体制をかためていこうとしたのである」と。[54] 私はむしろデスポティズムというものをはじめに措定するのではなく、その反対に、このような父老(この段階で土豪と呼んでよいかどうかはしばらく措き)による共同体そのものが、自己の秩序の維持と存続のために、より上部の権力を要求し、その方向の適合形として漢帝国が形成された面を重視したいと思うのである。このような考えは「漢の国家権力の基礎を(父老を中心とする)里の上に求める」守屋氏の説[55]に近いであろう。少くとも、漢帝国の国家理念として形成された儒教的イデオロギーは、このような共同体に基盤を置き、それを統率する国家の姿を、あるべき理想型として理念化したものであった。このイデオロギーが漢代に形成され、それがかなり強く、また広く働きえたのは、漢代の社会にそれに近い現実が、ある程度あったからであろう。いまは証明する余裕をもたないけれども、漢初文帝のころには、あるいはより自覚化された形では宣帝の時代には、漢帝国がそのようなものであるとする主張を裏づけるに足る現実的基盤があったのではないであろうか。(56) 赤眉が漢朝の復興を標榜し、後漢初期にはその方向への制御がきいたということは、それだけの現実的基盤がまだ残っていたからであり、黄巾が「蒼天已に死す」と標榜したのは、それが殆んど失われて、現実の漢帝国の性格が全く異質のものに転化していたからであろう。異質物への転化とは、共同体に基礎を置いていた国家が、共同体に対する破壊者としての豪族の権力機構に変質しおわったことにほかならないと考える。

豪族の存在は確かに漢代を通じての大問題であり、共同体との角逐は常に存在した。国家権力も豪族の方にひきずられて動揺することは免かれなかった。しかし共同体秩序の側からする制御力がなおきいた時代までは、漢帝国の基本的な関係は共同体を構成する自由民とその上に立つ皇帝との間にあった。その関係の破壊者として働く豪族は、国家権力の自覚的な弾圧の対象になっていた。(57) しかし、おそくとも党錮事件以後は、国家はもはや明確に豪族の権力機構でしかないものになっていた。そこでの基本的な関係は、したがって豪族対豪族、ないし豪族対小農・貧農の関係に転化したのである。そのことは、この時期に大きな社会史的転換期を設定せねばならない理由となるであろう。

以上、私は漢末の一連のレジスタンス運動から、はるかに溯って漢帝国の性格にまで言及した。次は逆に後の時代に向って、このレジスタンスが社会の発展方向にいかなる作用を及ぼしたかを考察しなければならない。しかし、いまはその見通しだけを述べて結びにかえたいと思う。

おわりに
——次の時代への展望——

一六六年と一六九年の党錮事件を発生させたものは、郷邑豪族の領主化傾向とそれを支える政治権力とに対する知識階級の抵抗であった。一八四年に勃発した黄巾・五斗米の大反乱は、知識階級の抵抗が挫折したあと、さらに加速度的に進む豪族の領主化に対して、広汎な貧農層がおこした組織的な武装闘争であった。根強く残る知識階級の抵抗も黄巾の闘争も、本来同じ方向をもったがゆえに、一八四年の時点では、両者の連繫がおこらないとも限らない情勢であった。しかし、政府側の分断作戦はそれの防止に成功し、攻撃は専ら黄巾に対して向けられた。組織の中核たる張角兄弟は反乱勃発からわずか一年もたたぬうちに討ちとられ、中心を失ったかれらの闘争は地域ごとに分断された。しかし、その抵抗エネルギーは容易には抑えられない。「漢行已に尽く、黄家当に立つべし」の理想とスローガンは、一九二年ごろの青州黄巾に、まだしっかりと堅持されていた。(58) かれらの武装闘争は、新しい共同体秩序の樹立という意図にもかかわらず、結局は全国を戦乱と無秩序状態につきおとしていったのであるが、しかしこのように強烈な抵抗運動は、豪族の領主化傾向に修正を強いる力として作用せざるをえないのである。その一つの重要なあらわれは、黄巾が意識すると否とにかかわらず、結果においてかれらの闘争が知識階級をバック・アップする作用をしたことである。それはどうして言えるであろうか。

一八九年、後漢政府は執政となった何進のもとに、旧党人系を含む海内の名士・荀攸ら二十余人を徴召した。(59) 各地の軍事指導者のもとに知識人が集まったことは一々列挙するまでもあるまいが、もっとも興味のあるのは、代表的な知識人の荀彧が宦官系の軍事指導者・曹操に協力をはじめたのはかなり早く、一九一年のことであった。このような現象は、黄巾によっておこされた大混乱に対処して、今まで豪族の領主化路線に立っていた支配階級がそれを修正し、その路線に抵抗していた知識階級と妥協＝協同したことを示すものにほかならない。

しかし、さらに重要なことは、対立から協同へのこのような転換が右のような上層の権力体において見られるだけではなく、社会の基部の郷邑においても見られることである。たとえば、『三国志』巻一四程昱伝によれば、黄巾の襲来によって無秩序状態に陥った東郡東阿県城に秩序を恢復したのは、大姓の薛房らと知略の人・程昱との協同によるものであった。そして、この県城を上部の権力体たる曹操に結びつけ、県城の保全をはかるとともに、曹操の基盤を固める役割を果したのは、知識人たる荀彧と程昱との協力によるのであって、大姓と曹操とはこの仕事にかかわっていない。この例は次のことを考えさせる。

黄巾によってまきおこされた地方の無秩序状態は、郷邑存立の危機を前にして、対立していた大姓と知識人との協同を促した。こうして秩序の恢復した郷邑をより安全にするために、より強力な権力体へ結びつけるパイプの役割は知識人のものであった。上部の権力と下部の権力との間の媒介者となった知識階級は、上下の双方に対して、それぞれ反対側の権力を背景に発言権を増す。少くとも、下部権力たる大姓に対して、上部権力を背景にもった知識人の優位は明らかであろう。大混乱のさなかにおいてさえ、知識階級が右のような形で上下の権力の間の媒介層となりつつあったことは、かなり重要なことだと思われる。これはもちろん、郷邑において大姓＝豪族の領主化が未熟な場合であるが、党錮以来、豪族の領主化が進んだとはいっても、社会各層の根強い抵抗と、第三節にのべた豪族自身のもつ自己矛盾によって、豪族の領主化が不徹底のまま、領主化反対の農民運動がうずまく大混乱期へと突入した郷邑はきわめて多かったであろう。したがって、多くの郷邑において、知識階級がこのような媒介者として働きうるケースもきわめて多かったにちがいなく、しかもかつて清流濁流の対立を経過しているだけに、媒介者となった知識階級の間には、横の連帯意識が根強く維持されていた。これらの知識階級は、したがって強弱さまざまの権力体相互を結びつける媒介者として、一つの社会層を形成することができた。私が第一章において、清流勢力から全士大夫団に発展したといったのは、正しく言いなおせば、知識階級がこのように横に連帯する権力媒介層を形成したことにほかならない。権力媒介層となった知識階級は、一方では下部権力たる地方大姓よりも優位に立ち、この強大化——領主化を抑える作用をなすとともに、他方では、下部権力の代表者、いわゆる「民の望」(60)として、上部権力を支えながらも、その方向を規制する。かくて、この社会層は「士」という身分階層を形成し、その上に文人的な貴族制社会を成立せしめてゆくのである。

以上の経路は、豪族の領主化が不徹底な郷邑を基盤にして、その上に権力が形成され、整序されてゆく過程をのべ、その際に、知識人が権力体相互の結節点を握ることによって、やがて「士」の階層を形成しえたゆえんを述べたのであるが、もちろん地方によっては、豪族の領主化がはるかに進んだ地域もあった。今のべた東阿の南、乗氏県の場合がそれである。『三国志』巻一八李典伝によれば、そこには宗族賓客数千家を擁する李氏がいて、その中の李乾は私兵部隊を率いて曹操に協力し、同じ一族の李進という人は、曹操の好敵手・呂布が乗氏県に迫ったとき、独力でこれを打ち破るほどの武力をもっていた。(61)この李氏はもはや乗氏県一帯の領主と呼んで差支えない。これが上部権力たる曹操につながるとき、知識人の介在する余地は必ずしも存在しない。李乾のように直接軍役奉仕を行なって、そのかわりに郷邑支配を認められれば足りるであろう。実際に、右の李典伝に見えるように、呂布の乱のとき、曹操が李乾を乗氏県に帰らせて、周辺の諸県を慰労させたということは、所領地安堵に似た傾向が皆無ではなかったことを思わせる。そしてもし、この時点におけるような力関係が永続し、その傾向が定着すれば、曹操と、李乾からその子の整、従子の典へとうけつがれた権力体との間に、レーエン制的な関係が成立し、武士階級が形成される可能性はあったとしなければならない。しかるに、曹操の華北制圧が明瞭になったとき、李典はみずから請願して、部曲宗族万二千余人を乗氏県から曹操膝下の鄴に移し、自分は「学問を好み、儒雅を貴び、賢士大夫を敬まい、恂々として及ばざるが若き」態度をとった。それは在地領主たることを放棄し、士大夫階級の前に屈服して、みずからその片隅につらなろうとする姿勢である。このことは、先にのべた権力媒介層としての知識階級——横につらなる「士」の階層——の力が、縦につながろうとするレーエン関係を横ざまに切断したことを意味する。士の階層の形成は、武人領主の成立に抑止作用として働き、豪族をして武人領主となる方向から、文人的な士の階層に参加する方向へと、大きな性格転換を強いたのである。そして、このことは華北全体において、乗氏県のように強大な領主が成立しつつあった地方はむしろ少く、領主化の徹底を欠いて、知識人が活躍しうる余地を残していた地方、または豪族自体が知識人となって、第三節にのべたその自己矛盾から領主化への徹底を阻まれていた地方、の方が数的にはるかに多かったことによるのであろう。このような全般的な領主化の不徹底現象を生ぜしめた大きな原因は、本稿において考察してきたように、知識階級から貧農層にまで及ぶ一連のレジスタンス運動にほかならない。そしてまた、この運動が結局は戦乱時代にもかかわらず、ついに武人領主の階級形成を阻むとともに、文人的な士の階層を成立せしめたのである。

典型的な封建社会形成への動きをチェックし、文人的な士階層の上に立つ貴族制社会を成立せしめたこの巨大なレジスタンス運動は、先に見たように共同体の再建を志向するものであった。その運動がいかに巨大であろうとも、時代の逆行はできるはずもない。破壊された古い郷邑のあとに、新しい聚落——村——ができるとき、新しい郷村秩序は大姓と知識人との協同によって、というよりむしろ知識人の性格をあわせもった豪族を中心にして形成される。増淵氏が戦国秦漢との関連において詳細に分析されたかの有名な田疇の豪族共同体は、(62)私の考えではむしろ三国以後の、あるべき郷村秩序の理想型である。家属および宗人三百余家を率いて徐無山中に移住した田疇は、撃剣を善くする任侠者であると同時に、「読書を好む」知識人であった。その周辺に集まった父老的士豪たちの領導する総勢五千余家の大集団は、右のような性格の田疇を「賢長者」として首長に推戴する。かれは刑法・礼法のみならず、さらに注目すべきことには「学校講授の業」をも制定し、集団全員の支持遵奉を得て、ここに豪族を中心とする完成された共同体ができあがる。それは豪族の領主化傾向と共同体冀求の傾向と、両者を綜合した見事な制作品であり、山の彼方の遠くに設定されたところの、「道に遺ちたるを拾うものなき」理想郷の趣きをもつ。それは、士階層に入る資格をもった地方豪族が、新しい地方秩序を作る際の理想型であったろう。そして田疇もまた、のちにその家属と宗人三百余家を鄴に移し、この大豪族共同体は、より小さな父老的土豪共同体に解体していったらしいのである[63]。この理想像は長く人の心に残ったろう。ただ現実には、それははかなく消え去って、実社会は領主化(縦の関係)と共同体的要素(横の関係)との複雑不整備なからみあいのうちに、士の階層を成立させ、また士庶それぞれの内部にも微妙な縦の関係を作りながら、縦横錯雑した階層社会に進んでいったのである。

(1) 増淵龍夫「後漢党錮事件の史評について」(『一橋論叢』四四巻六号、一九六〇)。

(2) 増淵氏が逸民的人士たちを第三勢力と考えておられると言えば、おそらく行きすぎであり、氏の本意ではあるまい。しかし、私が第一章において余りにも清濁の対立を強調し、清流内部の種々相を捨象したために、その批判としてあらわれた氏の論旨から、人がこれを第三勢力として受けとる可能性はあるように思われる。

(3) 以上、『後漢書』列伝七三逸民伝。張升のことは同書列伝七〇文苑伝下を参照のこと。

(4) 『後漢書』列伝四三徐穉伝。『後漢紀』巻二二には黄瓊の葬儀のときとせず、別に手紙で郭泰に言ってやったことにしている。郭泰の死は一六九年、第二次党錮の直前であるから、いずれにしても時期的にはかなり早いであろう。

(5) 『後漢書』巻八霊帝紀・建寧二年条。

（6）『後漢書』列伝五八郭太伝。
（7）侯外廬編『中国思想通史』第二巻（一九五七、人民出版社）四〇四頁以下。
（8）『後漢紀』巻二二。
（9）『後漢書』列伝五七党錮列伝中の夏馥伝。
（10）同右、檀敷伝。
（11）『後漢書』列伝三五袁閎伝。
（12）同右。
（13）『後漢書』列伝四三申屠蟠伝。
（14）宮崎市定『アジア史研究』第二（一九五九、東洋史研究会）一〇〇頁。
（15）城郭都市を形成していた当時の郷邑のイメージは、宮崎市定「中国における聚落形体の変遷について」（『大谷史学』六号）、「中国における村制の成立」（『東洋史研究』一八巻四号）および「漢代の里制と唐代の坊制」（『東洋史研究』二一巻三号）、いずれも後に『アジア史論考』中巻（一九七六、朝日新聞社）所収、に主として拠る。漢代の聚落は郷亭または郷里と呼ぶ方が原義に忠実であろうが、本稿ではかりに郷邑と呼ぶ。その内容は里制にもとづく郷・亭であり、県城の場合もこれに含ませる。
（16）『後漢書』列伝三九仲長統伝に引く『昌言』理乱篇、および『通典』巻一に引く崔寔『政論』。
（17）『後漢書』列伝六七陽球伝。
（18）『後漢書』列伝五七党錮列伝中の魏朗伝。
（19）増淵龍夫氏は、この二例を復讐が「豪族や士大夫の間にみられるだけでなく、同一の郷の内部の一般庶民の間にも」見られる例としておられる（『中国古代の社会と国家』一九六〇、弘文堂、七八頁および九一頁注2）。つまり、郷人という言葉を同一の郷の内部の豪族でない一般庶民と見られたのであるが、郷人は盛氏という一族であり、父と叔父を一時に殺したほどの力があったのに対して、復讐する側は客を率いて行ったのであるから、必ずしも郷人が豪族ないしはその手先でなかったとはいえない。ことに時代が下るにつれて、豪族が発展すると考えられるから、魏朗の場合の郷人の背景に、豪族の存在する可能性は大きくなるとしてよいのではなかろうか。

(20)　牧野巽「漢代における復讐」(『支那家族研究』一九四四、生活社、のち『牧野巽著作集』第二巻、一九八〇、御茶の水書房、所収)。牧野氏の論文も前掲増淵氏の任俠的習俗に関する論文も、「ゾチオロギッシュな考察」に限定されたものであるが、今後はこれらの貢献をヒストリッシュな視野から深めてゆく必要があろうと思う。
(21)　『太平御覧』巻五九八所引『僮約』注。牧野巽『支那家族研究』(前掲)四三五—四三六頁参照。
(22)　『後漢書』列伝五七党錮列伝中の檀敷伝。
(23)　『太平御覧』巻四七一所引『典略』および『後漢書』列伝七二方術伝下の公沙穆伝。
(24)　『後漢書』列伝五七党錮列伝中の劉祐伝。
(25)　増淵龍夫「後漢党錮事件の史評について」(前掲)六二頁。
(26)　『後漢書』列伝二一蘇不韋伝。
(27)　楊聯陞「東漢的豪族」(『清華学報』一一巻四期、一九三六)。
(28)　かつて私は清議の徒の抵抗を左翼とし、逸民的人士の方を右翼と考えたことがあった(拙稿「六朝貴族制」『歴史教育』一二巻五号、一九六四、二七頁)。それは抵抗の積極性と消極性をもって左と右に分けたためであった。しかし、逸民の方がより民衆に近づいた存在であるというその階級的性格から考えて、本稿では左右を逆にして考えた。逸民の階級的性格については第四節を参照されたい。
(29)　宇都宮清吉『漢代社会経済史研究』(一九五五、弘文堂)四六八頁。
(30)　上田早苗「巴蜀の豪族と国家権力」(『東洋史研究』二五巻四号、一九六七)一八—一九頁。
(31)　李村人「関於蔡文姫故里資料」(『胡笳十八拍討論集』一九五九、北京中華書局、所収)二五九頁。
(32)　『蔡中郎集』外伝所収。末句の「胥兮」は詩経の「君子楽胥」の方向であろうと思われる。なお、林春溥『鄭大司農蔡中郎年譜合表』参照。
(33)　『後漢書』列伝五〇下蔡邕伝所引。三十歳を少し過ぎたころの作というのは恵棟の説による。
(34)　蔡邕の陳仲挙・李元礼論の断片が残っている。厳可均輯『全後漢文』参照。
(35)　『後漢書』列伝一六韋彪伝に附された韋著の伝に、このとき「詔書逼切」したとある。
(36)　以上、『後漢書』列伝五〇下蔡邕伝参照。

(37)　かれがまだ陳留にいたころ、隣人の招待を受けて門まで行ったところが、中から聞こえる琴の音に殺意を感じて引き返したという話が本伝に見える。それは蔡邕の音感の卓抜さをたたえる話ではあるが、この話からかれが郷里において甚だ用心深い生活を送らねばならなかったこと、そのような空気がかれを結局は宦官側に押しやる一つの契機になったこと、を想像してもよいかもしれない。

(38)　郷邑における豪族の競合がチェックされ、表面化せずに微妙なバランスをもつ場合、郷邑の知識人の役割は大きくなるであろう。王烈(独行伝)や蔡衍(党錮伝)などが郷邑の争訟の調停者として影響力をもつのは、そういう場合であるかもしれない。

(39)　好並隆司氏は「荀悦の社会背景とその政策について」(『岡山史学』二号、一九五六、七五頁以下)において周一良氏の用語によりながら、濁流派対清流派の対立を大地主層対中小地主層の対立とする考え方を出されたことがあるが、そう明確にはゆきかねるとせねばならない。

(40)　『後漢書』列伝四二崔烈伝。

(41)　侯外廬等『中国思想通史』第二巻(一九五七、人民出版社)四〇四頁。

(42)　同右、四〇九頁。

(43)　宮川尚志『六朝史研究』宗教篇(一九六四、平楽寺書店)八一頁以下。

(44)　『後漢書』列伝三五袁閎伝。

(45)　『後漢書』列伝四三徐稺伝に附す徐胤伝と、その注に引く『謝承書』を参照。

(46)　『後漢書』列伝二五鄭玄伝。

(47)　『後漢書』列伝四三姜肱伝の注に引く『謝承書』。

(48)　R. A. Stein, "Remarques sur les mouvements du taoïsme politico-religieux au IIe siècle ap. J.-C.", *T'oung Pao*, Vol. L, Livr. 1-3, 1963.

(49)　スタン・川勝義雄訳「紀元二世紀の政治＝宗教的道教運動について」(『道教研究』第二冊、一九六七)五四頁および九四頁。

(50)　大淵忍爾「中国における民族的宗教の成立」(『歴史学研究』一七九・一八一号、一九五五、のち『道教史の研究』一九六四、岡山大学共済会書籍部、所収)。

(51)『後漢書』巻八霊帝紀、中平元年条の注。
(52) 河地重造「赤眉の乱と後漢帝国の成立について」(『歴史学研究』一六一号、一九五三)。
(53) 同右、二三頁。
(54) 同右、一九頁。
(55) 守屋美都雄「父老」(『東洋史研究』一四巻一・二号、一九五五)五七頁。のち『中国古代の家族と国家』(一九六八、東洋史研究会)所収。
(56) たとえば、賢者を用いよとの上疏の中で、左雄は「至於文景。天下康乂。誠由玄靖寛柔。克慎官人故也。降及宣帝。興於仄陋。綜覈名実。知時所病。……是以吏称其職。人安其業。漢世良吏。於玆為盛。……」(『後漢書』列伝五一左雄伝)といい、崔寔の『政論』にも、文帝・宣帝の治世は見習うべき「君臣和睦・百姓康楽」の時代と観念されている。後漢時代の知識人の間には、そのような通念ができていたのであろう。
(57) 豪俠が国家権力の末端に切りはなちがたくまつわりついて、弾圧を妨げ、あるいはゆがめていたことは、増淵氏前掲書八四頁以下に詳しい。しかし、この場合にもヒストリッシュな視野を導入して、そのまつわり方、弾圧の妨げ方など、公権力との関係に変化の様相をさぐらねばならないと思う。豪族弾圧が前漢時代にことに厳しく、かなりの効果をもったと思われるのに比べて、後漢時代にはもはや力の弱いものになって行く傾向は歴然としているであろう。
(58)『三国志』巻一武帝紀、初平三年条の注に引く『魏書』。
(59)『三国志』巻一〇荀攸伝。
(60) いま引用した『三国志』巻一四程昱伝に、荀彧は程昱を「民之望」と呼んで、その出身地・東阿とその隣りの范との二城を確保するように依頼している。
(61)『三国志』巻一武帝紀、興平元年条。
(62) 増淵氏、前掲書、一六〇―一六一頁および一七〇頁以下参照。
(63)『三国志』巻一一田疇伝。

(一九六七年二月『東洋史研究』二五巻四号、一九七九年八月補訂)

第三章　魏・西晋の貴族層と郷論

はじめに

私は、前章において、漢末二世紀後半に激発する清議の徒の運動から黄巾の反乱にいたる一連の抵抗運動を、漢代の「郷邑社会」の崩壊過程のなかから必然的に生まれてきたものとして、統一的に理解しようと試みた。私の考えでは、それは知識階級から貧農層にまでおよぶ社会の各層が、当時各地の郷邑社会において急速に進行しつつあった豪族の領主化傾向に対して抵抗したものであり、その傾向をチェックして、賢者・有徳者を首長にいただく共同体秩序の再建を志向するものであった。そして、このような巨大な抵抗運動が、結局は武人領主の階級形成をはばむとともに、文人的な「士」の階層を成立せしめていったのである。つまり、漢末から魏晋にかけての二—三世紀の社会は、一方では各地の豪族が領主化する方向に動き、それによって社会における階層分化が進行するという傾向と、他方では、その傾向をチェックして、共同体的関係を再建しようとする志向との間の、矛盾激突の時代であり、その間の調整と矛盾の克服とを基本的な課題としてもつ時期であった、と私は理解した。いわゆる「士」の階層の成立も、その上に成り立つ貴族支配の体制も、いま述べた二つの方向の矛盾相剋の中から生みだされたものである、と考えたのである。

その後、堀敏一氏は、谷川道雄氏の考え方の線に沿って、魏晋の貴族制社会が「豪族の支配する郷党社会に基礎をおいている」という考えから、郷党社会において形成される「郷論」との関連を軸にして、貴族制社会の制度的基盤たる九品中正制度をとりあつかわれた。(1) 私は堀氏が貴族制社会の基盤を郷党社会に求められた研究方向に共感を覚えるものであり、私もまた本書第Ⅰ部第一章に述べたように、かねてから魏晋の貴族が郷党の輿論の代表者という性格をもつことを指摘してきたのである。まことに「郷論」の構造においてこそ、魏晋の貴族制社会を解く鍵がひそんでいると思われる。それの詳しい分析は、漢代を通じて形成されてくる「郷論」を詳細に跡付けることによって、はじめて可能となることであり、いまここでそれを行なう余裕をもたないが、「郷論」と貴族制社会との関係について、私の考える結論をここでまず提示することを許されたい。

私の考えでは、魏から西晋にかけての三世紀における華北の貴族制社会とは、理念型的にいうならば、郷論の環の重層する社会であり、その上に成り立つ社会体制にほかならない。そして、この郷論というものも、その郷論の重層する仕方というものも、前章で指摘した当時の社会の基本的な矛盾——すなわち、豪族の領主化傾向＝社会の階層分化と、それを阻止しようとする共同体的関係再建の傾向との間の矛盾相剋——を通して形成されてゆくものと考えるのである。以下、私はこのような考えを少しく敷衍して説明しよう。

一　郷論の性格

郷論とは、いうまでもなく各地方における輿論であり、具体的には、それぞれの地方で論ぜられる人物評論であって、その地方における賢者・有徳者の認定と、それの支持を主とするものであった。ただし「郷」の意味する範囲は一定しない。郷村ないし県単位の輿論はもちろん「郷論」であり、いくつかの県を含んだ郡規模における、より広い場での輿論も「郷論」と呼ばれる。後には、さらに大きく、州の単位において形成される輿論もまた、「郷論」の中に入れてよい。いわば民間の輿論に対する漠然たる呼称が「郷論」であり、そのなかには、右のように輿論を構成する場の規模の大小によって、幾層もの輿論の環が重なっているのである。

このような郷論は、漢代を通じて各地方において徐々に形成されてきたとはいえ、それが飛躍的な盛り上がりを示すのは、二世紀後半のいわゆる「清議」の運動を通してであった。清議の運動は、郷論の盛り上がりをぬきにしては考えられないことであり、またこの運動によって、むしろ郷論が自覚的に形成されていった面が強かったと考えられる。清議が郷論と同義語として使われるようになることは、(2) そのことを最も明瞭に示すものであろう。

では、この郷論を作るのはどのような人々であり、また郷論の示す方向はどのようなものであったろうか。かつて増淵龍夫氏が指摘されたように、(3)「郷党の世論というものは、当時における郷邑の社会構造それ自体によって規定される」ことについては、私も全く異論がない。しかし、氏が「当時の郷邑の秩序は土豪層によって維持されていた」とし、「郷論の直接の形成者は郷里の自律的秩序の維持者である父老的土豪層、あるいはそれを中心とする指導者層」に求められる点については、私には多少の異論があるのであり、少なくともその理解にはある程度の限定が必要であろうと思うのである。

さきに少しふれたように、漢末の清議の運動から黄巾の乱に続く巨大なレジスタンス運動の社会的基盤をさぐって行くとき、多くの、ことに先進地帯の郷邑では、いわゆる郷邑の土豪層の間に激しい競合対立があったことを認めざるをえないのであり、郷邑の秩序は土豪層によって維持されていたのではなく、むしろ複数豪族の競合対立によって郷邑の秩序は引き裂かれていたのであり、それによって郷邑の秩序は急速に崩壊しつつあった、と考えざるをえなかった。さればこそ、このような郷邑の危機的状況のなかから、その崩壊要因に抵抗し、さらに積極的に郷邑の共同体的秩序再建への冀求運動がでてくるのであって、ただ単に「郷邑の秩序が土豪層によって維持されていた」とするならば、このような巨大な抵抗運動がでてくる根拠は説明がつかないように思うのである。

党人の議が最初に起こったところとされる甘陵において、桓帝に結びついた周福と、これに対立する房植と、この「二家の賓客が互に相い譏揣して、遂に各おの朋徒を樹て」、「これによって甘陵が南北の両部に分かれた」ことは、増淵氏が指摘されるように、一郡を二分する郷論が、土豪に依付する多数の客によって扇動され、形成されたことを示している。確かに郷論は直接には土豪層が形成し、それを支持させる方向に操縦されやすいものであったことは認めなければならない。しかし、ここで注意すべきことは、甘陵における「郷人」(周氏・房氏それぞれの直接規制下にある人々だけに限らず、さらに広い範囲の自立的小農民を含むであろう)の風謡が、「天下の規矩は房伯武、師に因って印を獲たるは周仲道」というものであったことである。つまり、郷論の主たる方向は、郷人のあずかり知らぬ皇帝との個人的なコネクションによって栄達したものを支持するのではなく、「天下の規矩」たるべき人物を支持する方向にむかうものであった。このような方向は、当時の清議――郷論の、他の多くの例とも共通する。従って、当時の郷論は、確かに郷邑に規制力をふるう豪族によって操縦されやすい面をもちながらも、基本的には、郷人が賢者・有徳者と考える人物を支持する方向、つまり郷邑における共同体的秩序を維持再建する方向へと志向するものであったことを確認しておきたい。そしてまた、このような方向性をもつ郷論の存在そのものが、逆に郷邑における豪族の在り方を規制して、私のいわゆる豪族の領主化傾向――武人領主に進む方向――を阻止した大きな要因であった、と私は考えるのである。

従って、清議の運動が起こっていたこの当時、郷邑社会において郷論に参加するものの数は階層差をこえてかなり多く、また郷論によって盛りたてられるものも、郷邑の支配層とは必ずしも限られなかった。いやしい牛医の子の黄憲や、村の私塾にもかよえないほどの貧書生・邴原などが、郷論によって高く評価されたことや、また例えば、当時から高名で、かつ党人とみなされた大儒鄭玄の生活基盤が、故郷を遠く離れた異郷での客耕にあったことなどに見られるように、漢末の知識階級を構成するものは、かなり幅の広い社会層を含んでいた。されぱこそ幅広い層によって構成される郷論――清議の性格は、郷邑社会において領主化傾向を強める豪族に、その批判の鋒先をむけたのである。

私は漢末において、豪族の領主化傾向による小農民の没落と、階層分化の進行があったにもかかわらず、一方でこのような趨勢に抵抗する郷論の強力な盛り上がりが見られることのなかに、当時の華北における小農民の自立性の強さを感ぜざるをえないし、また後に本書第Ⅱ部において述べる江南社会の状況と対比して、このような自家経営農民の主体的な強さこそ、華北社会の先進性を示す徴表とみたいのである。

二　郷論環節の重層構造

このような郷論は重層的な構造をもつ。すでに増淵・谷川・堀氏らが説かれたように、漢末に徐無山中に形成された田疇の大集団は、豪族を中心としながらも、共同体的性格をもつ小集団の重層累積した構造をもっていた。その構造は、郷論の重層構造を知るための、好個のモデルとなるように思われる。

総勢五千余家からなる田疇の大集団の大きさは、増淵氏が推定されたように、県程度の規模を遙かに越えて、むしろ郡規模の大きさをもつと見てよいであろう。(4) 田疇自身の中核的集団と、各父老の率いる小集団が、それぞれ県または郷程度の規模の大きさをもっていたとするならば、まずこの父老たちは郷ないし県規模の郷論から推されて、それぞれの移住小集団の父老となっていたと考えてよいであろう。このように、郷または県程度の規模の場において形成される郷論を、私は仮りに第一次郷論とよぶことにする。第一次郷論によって推された父老が何人か集まり、田疇を「賢長者」として彼らの首長に推すとき、それら父老層の形成する郷論の場の規模は郡程度の広がりをもつ。この場における郷論を、いま仮りに第二次郷論とよぶことにする。第二次郷論に支持された田疇は、やがてこの集団を去って曹操膝下の鄴におもむくことになる。つまり、郡規模の第二次郷論に支持される「士」が中央に進出する。漢末の大混乱によって「人士が流移し、考詳するに地なき」(5)状態となったため、「魏の司空・陳羣は始めて九品の制を立て、郡に中正を置き、人材の高下を平《はか》って、各おの輩目を為《つく》った」(6)のであるが、「その始めて造るや、郷邑の清議もてして爵位に拘わらず、褒貶の加うるところ、勧励をなすに足り、猶お郷論の余風ありき」(7)と晋の衛瓘が指摘するように、田疇が中央に進出したような例を一般化して、郡規模の第二次郷論に支持される「士」を中央に吸収するためのパイプとしてつくられたものが、九品中正制度にほかならない。従って、九品中正制度は、民間で形成された郷論の重層構造の上になりたつものであり、それを前提として制定されたもの、ということができる。

九品中正制度は、漢代における郷挙里選の精神を忠実にうけついだものである、という岡崎文夫氏の説(8)は、以上に述べたように、郷論を反映させる機能をもつという意味で再確認される必要があるであろう。第二次郷論に支持される「士」が、この制度によって中央に進出するとき、そこに形成されるいわば第三次郷論の場から、特定の貴族階層が生みだされて行くのである。郷とはおよそかけ離れた、むしろ中央に重心をもつ高次の場——それも貴族階層に直接かかわる場——を、いまだなお「郷論」の概念をもってよぶことは無意味であるといわれるかもしれない。しかし、貴族階層とその周辺においても、下部の郷論と全く同じ性格をもった人物評論の場が形成されていたことは、『世説新語』という書物をみるだけで容易に理解されるところである。実際に『世説新語』を構成する插話のうち、約三分の一は人物批評に直接かかわる話であり、それ以外のものも、エスプリにあふれた言葉や、人物の大きさ、才能の豊かさなどを示すことによって、登場人物に甲乙の評価をつけた話がほとんどである。人物批評が『世説新語』を構成する基本的な要素であり(9)、またこの書が魏晋の貴族社交界の空気を最も生きいきと伝えたものである以上、当時の貴族階層とその周辺によって形成される場は、人物評論を基本的な構成要素とする「郷論」の場と、同一の性格をもつと断じてさしつかえない。

以上に述べてきたことを要約するならば、漢末から魏晋にかけて形成されてくる貴族制社会は、典型的なモデルとしては、次のような構造において理解される。すなわち、下からいって、まず県・郷程度の規模に成り立つ第一次郷論の場が存在し、その上に、第一次郷論に支持される人士――古い表現を踏襲して「父老」とよばれることもある――を中心に、郡規模の広がりをもつ第二次郷論の場が形成され、そこに支持される名士――「賢長者」――を中央に繰りこむことによって、さらに第三次郷論の場が成立し、このような郷論環節の重層構造を基礎にして、その最上層に位するのが貴族社交界であった、と。

ただし、先に繰り返し述べたように、それぞれの郷論環節の場では、社会階層の分化による豪族の支配力と、郷論構成員全体の共同体的関係を求める力と、その両者が矛盾錯雑しているのであるから、第一次郷論の構成のされかたや、その累積の仕方などの具体相は、地方によってかなりの相違がある。右のモデルは、この両者の力が理想的な形で綜合された田疇の「豪族共同体」を、一つの典型として組みたてた理念型としての社会像であって、現実の貴族制社会が右のような整序された形で、すべて具現されているわけではない。それはあくまで典型的なモデルに過ぎないのではあるが、しかし、このモデルは当時の制度としての九品中正制がよってもって立った前提でもあったのである。

三　上層の基層からの遊離

ところで、田疇の割拠した右北平のような辺地では、理想的な「豪族共同体」が存在したとしても、潁川・陳留・汝南・山陽のような先進地帯では、前章で指摘したように、むしろ複数豪族の競合によって郷邑の秩序は早くから引き裂かれ、豪族の支配力と一般農民の共同体冀求力との間の激しい矛盾衝突によって、そこでの郷論は県・郷程度の狭い場から遙かに超出して、より広い場へと展開する傾向を早くから示していた。すでに一六六年の党錮事件以前に、八俊・八顧などの人物表が山陽郡自体で形成されていた上に、これらの地方の人々は、三君以下の全国的な「天下の名士」番付に入っているものが多かった。そのような傾向は、党錮事件によってこれらの名士が弾圧された後にも引きつがれる。有名な汝南月旦の評を行なった汝南をはじめ、潁川を含むこの地方は全国的な場での名士を輩出する清議の徒の淵叢であった。ということは、この地方が先進的な地帯として、いわば第三次郷論の場が国家権力を借りることなしに、下からの郷論環節の積みあげによって自律的に形成されていたといえるであろう。

第一次郷論の場はもとより、第二次郷論の場からさえ超出するこのような広い場は、ひとたび形成されると、それ自体が一つの独立した場として、本来はその形成基盤であったはずの第一次郷論の場とは別個に、独自に動きだす可能性をはらんでいた。郷論環節の重層構造のなかで、このように上層が基層から遊離して、ひとり歩きを始める傾向は、一つには基層——つまり第一次郷論の場である県・郷などの郷邑社会——が、長期の戦乱によって甚大な破壊をうけたことと、二つには、すでに形成されていた上層郷論の場での名士たちが新しい政府の重要メンバーを構成したことによって顕在化するのである。かつて清議の徒の淵叢であった潁川は、荀彧が予見したように「四戦の地」であって、董卓麾下の一軍によって、陳留とともに徹底的な破壊をこうむった。(10) この時の陳留一帯の破壊のさまは、有名な蔡文姫のいわゆる「悲憤」詩に活写されている。(11)

(董)卓の衆の来たりて東に下るや、金の甲《かぶと》は日の光に耀やきぬ。
平土《ひらち》にて人すべて脆く弱きに、来たる兵は皆な胡羌《えびす》ども。
野を猟《あら》し城邑《まち》を囲みて、向う所、悉く破亡す。
斬り截《たお》されて孑遺《いきのこ》るものなく、尸骸《しかばね》は相い牚拒《もたれ》あう。
馬の辺《へ》に男の頭《こうべ》を懸け、馬の後《しりえ》に婦女を載せ、
長駆して西のかた関に入るに、迥《はる》かなる路は険にして且つ阻なりき。

十二年間もの長いとらわれ人の生活を異民族のなかに送ったのち、故郷陳留に帰ってみれば、

既に至りしに家人は尽きはて、又た中外のみうちも復《もは》やなく、
城郭は山林となり、庭宇には荊艾《いばらよもぎ》が生いしげり、
白骨は誰なるかを知らず、従横《ちらば》りて覆蓋《おおい》すらなし。
門を出ずるも人の声なく、豺狼は号《さけ》び且つ吠ゆ。
煢《けい》々として孤影に対《むか》えば、怛咤として肝肺の糜《ただ》るるおもい。

このような郷邑社会の壊滅は、当然そこにおける第一次郷論に断絶をもたらしたであろうし、やがて県城などの町町が復興されたとしても、その社会の構成は以前とかなり違った様相を呈することもあったであろう。その最も顕著な場合を、我々は潁川郡の許県において見ることができる。

この許県は、かつては陳羣の祖父の陳寔を中心にして、清議の徒のメッカとされたところであったが、(12) 漢末の戦乱

で恐らくは右のような破壊を経た後、曹操は献帝をここに迎え、周辺の土地に大規模な屯田を起こして、軍政府の根拠地とした。屯田は、流散没落した中小農民のかつての所有地と、また一方では壊滅した宦官系豪族のかつての所有地を、ともに没収して設置されたものである。(13) 従って、ここに応募してきた屯田民は必ずしももとの住民とは限らない。また、社会構成も以前とは全く違って、国家権力の厳しい統制下にあったわけであるから、そこにはもはやかつての活発な郷論は再生さるべくもなかったであろう。許県の一般住民や、許下の屯田民たちは、今をときめく陳羣らに対して、かつてこの地の生んだ名士とはいうものの、自分らの誇るべき代表者という感じはもちえずに、ただ既定の、与えられた雲の上の存在として、ありきたりの崇敬を払うにとどまったであろう。

一方、上層の名士の側としては、このような自己の出自基盤としての基層郷論を再生し、それと新しい連繫を作りつつ、新世代の人材をそこから発掘しようと試みる。その試みの一つが、ほかならぬ九品中正制であった。それは先に述べたように、郷論環節の重層する社会から発想され、そのような社会を前提として制定されたものであったが、また同時に、あるべき社会をそのようなものと措定して、その再生をめざすものでもあった。それは、この制度を作った陳羣をはじめ、上層の名士たちが荷なってきた性格から規定される。彼らは汝・潁など、先進地帯における郷論の盛り上がりのなかで、早くから全国的な規模に広がる高次元の郷論の場に上ったのち、その場がいまや新政府の重要な構成要素に移行したのであるから、彼らは一面では権力者の立場に立ちながらも、なお彼らの荷なってきた旧来の性格を失うことができなかったのである。

しかしながら、彼らがすでに中央政府の重要メンバーとして、いわゆる第三次郷論の場の中核的存在となった以上は、より低次元の、基層にある郷論の場から優秀な人材を高次元の場に引き上げるための施策——九品中正制——を実行に移す場合にも、やはり彼ら自身の自己保存と拡大再生産を図る方向に動かざるをえない面があった。魏の初め、すでに公卿大臣の地位を得ていた陳羣や華歆・王朗らは、かつての親友で今は流離のすえ蜀に仕えていた許靖――かつての汝南月旦評の中心人物――にそれぞれ手紙を送り、「旧好を申陳し、情義は欸《ねんごろ》を至《きわ》め」、蜀を去ってともに魏に仕えるように、との勧告を行なっている[14]。それは、九品中正制の施行以後においても、魏における既成の上層グループが、かつて汝南・潁川や、さらには北海などを通じて形成していた民間での第三次郷論グループを、現在の郷論の基層とは別個に再結集しようとするものであった、と理解される。かつてのグループを再結集する動きは、グループの自己保存と、さらにはより積極的な自己の拡大再生産へと進まざるをえない。魏から晋へと時代が進むにつれて、その傾向はいよいよはっきりして行く。司馬懿による州大中正の設置は、すでに通説となっているように、既成の上層グループが州大中正を握ることによって、既得権の保存と自己系列の再生産を図る手段に利用したものであった。その結果、九品中正制度が当初備えていた「郷論の余風」はいつしか影をひそめて、「遂に資を計って品を定め、天下をして観望せしめたまま、惟だ位に居るものを以て貴人となし[15]」、かの「上品に寒門なく、下品に勢族なし」との非難を、この制度はこうむらざるをえない状況になっていったのである。

九品中正制度は、本来郷論環節の重層する社会を前提とし、それをあるべき姿として措定するところに成り立つものであった。これが純粋に機能すれば、個々の人物のランキングを整序し、賢者・有徳者のヒエラルヒッシュな社会を作るものではあっても、家柄のランキング、従って貴族制社会を生みだす基盤となるはずは必ずしもなかった。しかるに、すでに形成されていた第三次郷論の場の中核的グループが、自己保存と自己の拡大再生産のために、この制度を利用していったところに、この制度がこれら中核的グループを貴族化させることによって、貴族制そのものを確立し、貴族制社会を維持するものとして作用することができたのである。ただ、既成の上層グループがこの制度をそのように利用できたのは、一つには先に指摘したように、郷邑社会の多くが漢末の大混乱によって壊滅し、郷論に主体的に参加すべき知識人が大量に没落離散した結果、[16]そこにおける第一次郷論の断絶――少なくとも郷論の稀薄化――がもたらされたからであり、他方では、このような基層郷論の弱体化が、本来土豪層ないし支配者層に操縦されやすいという郷論自体の弱点と相まって、いよいよ既成上層グループの郷論操縦を可能ならしめたからであった。基層郷論の弱体化は、かくて上層郷論グループの相対的固定化をもたらし、かつ基層郷論との間にギャップと格差を増していった。つまり、彼らは貴族として固定化する傾向を強め、上層郷論の場がそのまま貴族社交界に移行することになった。そして、貴族社交界は曲りなりにも下部郷論の吸収パイプ――九品中正制と個人的関係[17]――を通じて、新しい血液を導入する余地を含みつつも、それ自体、自己完結的な場を維持しながら、基層郷論の場から離れても成り立つ姿勢をとっていった。このようにして積みあげられた貴族社交界は、三世紀を通しての約百年間に、基層郷論の場からの遊離の度を深めつつも、それ自体の権威をすでに確立することができたのである。

おわりに

以上に述べてきたように、魏から西晋にかけての時期に、文人的貴族制社会を形成する上で、制度上、決定的な役割を演じた九品中正制は、もともと郷論環節の重層する社会を前提として発想され、それをあるべき社会として措定した上で、そこから郷論にもとづきつつ人材を登用するための方法として制定されたものであった。しかし、その運用の過程において、重層する郷論環節の最上層を占めたグループは、現実に基層郷論が弱体化してゆく事態を背景にして郷論を操縦し、それによって既成の上層グループを貴族として相対的に固定化させていった。こうして成立した貴族社交界が、結局は九品中正制を貴族制維持の制度的基礎として運用してゆくのであるが、しかし、この貴族社交界は、いわゆる第三次郷論の場に成り立つものとして、人物批評を本質とする性格を失うことはなかった。そこでは、かつての基層郷論の場と同様に、賢者・有徳者を認定する人物評価によって、政治的社会的ヒエラルキーを構成すべきだという考え方、いわば郷論主義とでもいうべき考え方が、根強く生きつづけたのであり、三世紀を通ずる約百年の実績によって、この郷論主義的イデオロギーは公的秩序を維持するための唯一の原理として自覚されていったように思われる。

やがて四世紀に入って、八王の乱から永嘉の乱につながる極度の混乱期に、この貴族社交界は一応壊滅に瀕する。貴族の或るものは基層郷論の場に引きかえして、そこでの存続に努力し、或るものは戦乱を避けて江南その他の辺地に避難した。しかし、もっとも多くの貴族がそこに逃避した江南で、これらの北来亡命貴族の領導下に、ふたたび貴族社交界がよみがえりえた理由の第一は、以上に述べてきたとおり、彼らが華北において百年の間に、それ自体自己完結的な、それでいて他の階層とのパイプを全くは失わない、かなりフレキシブルでもある場を作りあげてきた実績にあり、以下の第Ⅱ部において検討するように、郷論主義ともいうべき先進的な考え方を、この間にしっかりと育成し保持してきた実績にある。それを生ぜしめたゆえんのものは、一方では華北において豪族の力が伸張していたからであり、他方では、社会の階層分化を推進するこのような豪族の力に対抗して、それをストレートに領主として成長させることなく、郷邑における「望」としての方向に強いる根強い郷論——すなわち、それを支えた自立農民の主体的な力の盛り上がり——があったからであって、この両者の緊張した力関係の上に、以上に述べてきたような特殊な貴族制社会が生まれてきたのであった。

以上、第一章から第三章にいたる論述は、私が貴族政治と貴族制社会の成立およびその本質理解のために、長年にわたって追求してきた紆余曲折のあとを示すものにほかならない。ここで次章において私の考え方に対する批判をも見なおしつつ、その紆余曲折のあとを整理しておくことは、叙述に重複を生ずるきらいはあるが、それでもなお意味なしとしないであろう。なぜなら、現段階において私がこの問題に関して提示しうる結論ともいうべきものに、それはなるだろうからである。

(1)　堀敏一「九品中正制度の成立をめぐって」(『東洋文化研究所紀要』四五、一九六八)。
(2)　同右、五七—五八頁および六〇頁参照。
(3)　増淵龍夫「中国古代国家の構造」(『古代史講座』四、一九六二、学生社)一八五—一八六頁。
(4)　増淵龍夫『中国古代の社会と国家』一九六〇、弘文堂、一七二頁。
(5)　『晋書』巻三六衛瓘伝。
(6)　『文選』巻五〇、沈約「宋書恩倖伝論」の注に引く『傅子』。
(7)　『晋書』巻三六衛瓘伝。
(8)　岡崎文夫『魏晋南北朝通史』一九三二、弘文堂、四八八頁。
(9)　Y. Kawakatsu, "Sie Ling-yun et le *Che-chouo sin-yu*," dans *Mélanges offerts à Monsieur Demiéville*, vol. 2(Paris, 1975), および「『世説新語』の編纂」(本書第III部第二章)参照。
(10)　『三国志』巻一〇荀彧伝。
(11)　『後漢書』列伝七四列女伝に収める董祀の妻の伝に引かれている。この詩が『後漢書』にいうように、蔡文姫の「追懐」の詩であるとすれば、そこに誇張の表現も混入しているであろう。また、蘇東坡以来、この詩そのものを後人の偽作とする説もあることを考えれば、この詩の描く陳留の惨状は、いよいよ信憑性のうすいものであるかもしれぬ。しかし、偽作説についてはかなりの異論もあり(『胡笳十八拍討論集』一九五九、北京)、また陳留・潁川一帯が董卓の軍隊によって甚大な破壊をうけたのは否定しえない事実であるから、我々がこの詩によって破壊の状況を想像することは、それほど不当ではないと思われる。
(12)　『後漢書』列伝五二陳寔伝参照。陳寔が八十四歳で死んだとき、各地から葬儀に赴くものが三万人以上に達したという。

(13) 潁川出身の宦官張譲はその父を潁川に帰葬した(前掲の陳寔伝参照)。蓄財に長じた張譲は恐らく故郷に多くの土地を所有していたと思われる。
(14) 『三国志』巻三八許靖伝および注に引く『魏略』にのせる王朗の書簡参照。
(15) 『晋書』巻三六衛瓘伝。
(16) 『三国志』巻二一劉廙伝の注に引く『劉廙別伝』に「乱弊之後、士之存者蓋亦殆無」という。
(17) 個人的関係というのには、上下の身分差を超えた親愛感情や恩義関係などが考えられる。門生故吏関係(第Ⅱ部第五章参照)などもここで大きな役割を果たす。

(原題「貴族制社会と孫呉政権下の江南」一九七〇年三月、中国中世史研究会編『中国中世史研究』東海大学出版会、所収、の前半部。一九七九年八月補訂)

第四章　貴族制社会の成立

一　問題に対する基本的視角

貴族制社会の成立という課題にただちに入るまえに、そもそもこの貴族制社会というものが、これまでどのように考えられてきたか、貴族制社会が漢末、つまり三世紀以後の中国史においてどのような意味をもつと考えられてきたか、ということをふりかえってみる必要があろうと思う。それによって現段階の問題点が明らかになるであろうし、また貴族制社会の成立という課題に立ちむかうために、われわれは基本的にどのような態度をとるべきかということも明らかになると思うからである。

貴族制社会とは、貴族または豪族とよばれるような社会層が広く存在して、それが政治・社会・経済・文化のあらゆる面をになう中心的存在となっていたような体制であり、そのような社会体制が三世紀以後、六朝時代を通じて、さらに唐代にいたるまでの中国社会を大きく特色づけるものであった。このように貴族制社会を考え、そのような特色をもつ時代は中国史上に特殊な位置を占めるものであって、優に一時代として独立せしめる価値をもつ、とするのが、周知のように、大体において内藤湖南以来の「中国貴族制論」と名づくべき考えかたであった。

これに対して、一九五〇年代以来、貴族制社会のもつ右のような独自性を、むしろ否定的に見る考えかたがあらわれてきた。たとえば越智重明氏はいう。「その（貴族制の——筆者）概念の根本をなす『政治的支配層が世襲的性格をもつ』ということは、巨視的にとりあげた際必ずしもこの時代の政治的支配者層に限られたことではなく、またそれがこの時代を開始点としているわけでもないのである。従ってそれは他の時代の政治的支配者層のもつ世襲的性格よりもその世襲性が一段と濃厚であったという『程度』の問題になるのである」と。そこでは、貴族制社会の問題は「発展段階史」的に取扱われてこなかったとして、[1]政治の場における支配者層のありかたという政治史的・制度史的観点に問題の重心が局限されている。そして、その観点からして質の問題は程度の問題へと転化されたのであった。

ところで、谷川道雄氏は一九六五年のはじめまでの学界の主要な動向を整理して、六朝貴族制社会の理解に関する根本的な問題の所在を明らかにされた。[2]そこで指摘された最も重要な問題の一つは、六朝貴族制が官僚制的な形をとることについていかに理解すべきか、ということであった。つまり「当時の支配層(貴族階層――筆者)が国家権力の存在によって始めて成立し得ているという意味で官僚的であるのか、それとも、支配層は国家権力の存在を前提とせず、それ自身として支配層であるが、ただその存在形態において官僚的性格を帯びるのか、という問題に帰着する」。[3]貴族階層が国家権力の存在によってはじめて成立しえていると解する前者の方向は、先にふれた越智重明氏や、ことに矢野主税氏において明瞭に見られるところの、いわゆる「貴族即寄生官僚論」であり、[4]これとは反対に、貴族階層は国家権力の存在を前提とせず、それ自身として支配層であると解する後者の方向は、大体において内藤湖南以来のいわゆる「中世貴族制論」、ないしそれを批判的に深めてゆこうとする流れにおける考えかたであったと思われる。[5]しかしながら、それ自身として支配層でありえたはずの貴族階層が、しからば何ゆえに「その存在形態において官僚的性格を帯びるのか」という問題は、谷川氏が指摘するように、後者の流れにおいて「余り意識されていない」状況であったと思われる。むしろ、そのアンティテーゼとしてあらわれた「貴族即寄生官僚論」的思考からの刺戟によって、ようやく自覚化されてきた問題意識であるだろう。私はこのような問題をも意識にのぼせて、貴族制社会の成立という課題に迫りたいと思うのであるが、そのまえに、「貴族即寄生官僚論」の根底にある基本的思考様式について少し批判を加えておきたい。

周知のように、戦後わが国では前田直典氏の論文「東アジアにおける古代の終末」(6)を契機として、その時代区分による「古代」帝国の構造と、ことにそこにおける国家権力の支配のありかたが精力的に追求されてきた。その追求過程におけるいろいろな屈折はいまふれないことにするが、結局、秦漢帝国のみならず隋唐帝国をも古代専制国家と考えて、皇帝の人民に対する個別人身支配のなかに中国古代の固有の階級関係があらわれている、と解する西嶋定生氏らの考えかたが、(7)現在までの学界では一つの有力な見解として行なわれてきた。その立場からすれば、秦漢帝国と隋唐帝国との間に介在する六朝諸国家も、それがいかに分裂し、いかに薄弱な支配力しかもたなくても、そこに同じく個別人身支配の何らかの形における貫徹を読みとらねばならなくなる。しかしながら、三〇〇年以上にわたる長期の分裂と権力分散のなかを生きつづける六朝貴族制社会というものは、その立場からすれば、きわめて取扱いにくい存在であるように思われる。なぜなら、そこでは単に皇帝権力による個別人身支配が減退したというだけでは真の説明にはなりにくく、それを減退せしめたゆえんのものを積極的に説明することが要請されるからである。ところが、それを説明するためには、単に皇帝対人民の階級関係だけでは処理しきれない問題があり、また良賤制(8)という視点を導入するとしても、なお十分に説明できるようには思われない。だがしかし、六朝分裂時代をそのような立場から何とか説明しようとする志向は、現在の学界になお有力に存在すると思われる。

ところで、「貴族は国家権力の存在によって始めて成立し得ている」と考える貴族即寄生官僚論は、一九五〇年以来、古代における専制国家権力のありかたをもっぱら追求してきた右のような学界の流れから、かなりの影響を受けているように思われる。実際に、矢野主税氏は、その「寄生官僚制」論を基礎づけるものとして、マックス＝ウェーバーの家産官僚制論と、西嶋氏の秦漢帝国権力構造論と、越智氏の南朝宋代皇帝権力に関する研究とを引用する。[9] この場合、ウェーバーに関する理解の問題はしばらくおくとして、矢野氏の発想において西嶋説が大きく影響していることは明らかである。越智氏の場合には、その点あまり明瞭ではないが、しかし貴族即寄生官僚論的思考の立場に立つ論者が、「皇帝の一方的な支配体制」をいうとき、谷川氏が的確に指摘するように、それはもはや単なる「抽象的形式的概念以上には出ないことになる」[10]。西嶋氏の場合には、古代帝国における皇帝支配の基盤と構造の解明が問題の中心であった。しかるに、ここではもはやそのような基盤と構造の問題関心は稀薄化して、いきなり「皇帝の一方的な支配体制」というものが「いささかの疑点もなき」ものとして頭から措定されている。それはもはや西嶋氏の基本的な問題意識からはなれたものであり、西嶋説をかなり安易に受けとって、そこから影響されたもの、というほかないのである。

一般的に見て、中国における専制主義的国家権力を重視する視角には、いわゆる「アジア的停滞論」へと回帰しやすい論理の陥穽が秘められている。われわれは国家権力あるいは皇帝支配というものを固定的に把えるのではなく、それを内面から支え、また時代の進行とともにそれを変質させ、超克さえしてゆこうとするものに注目する必要があるだろう。[11] しかるに、貴族即寄生官僚論の根底に存在する「皇帝の一方的な支配体制」という発想は、皇帝権力というものを普遍的存在として、超時空的存在として、固定的に理解させやすい危険をもつものであって、そのような思考態度は、歴史のなかに動くものとしてあらわれる特殊存在を、真に歴史的に理解することを困難にすると思われる。そのような思考傾向は、貴族制社会の成立をいかに把えるかという本稿の主題についても、ただちに関連するのである。

かつて私は、六朝の貴族政治体制の成立を問題にして、それが系譜的に漢末の清流勢力から出ることを論じたことがある。[12] この清流勢力なるものについては、本稿でも後に詳しくのべたいと思うが、矢野主税氏は私の説に反対される。すなわち、氏は『後漢書』の党錮列伝にのせられた人物を中心とする清流勢力の人々を統計的に調査して、その子孫は西晋時代にほとんど顕官になっていないとし、「西晋門閥貴族は漢末以降三国にかけて、三国政権と密着しえた人々であったと考えざるをえない」と結論されるのである。[13]

矢野氏の統計的手法そのものに私は疑問をいだくのであるが、魏晋貴族の源流を清流勢力に求める私の説は、矢野氏と同じく「貴族即寄生官僚論」的思考をされる越智重明氏でさえ、いちおう是認されるところであるから、[14] もはや詳しく反論する必要はないであろう。ただ、ここで問題にしたいのは、右の矢野氏の結論に見られる基本的な考えかたである。つまり、「漢末以降三国にかけて、三国政権と密着しえた人々であった」からこそ、三国――とくに魏――から西晋にかけて顕官となり、門閥貴族になりえたのだ、とする結論と、そのような結論で満足される思考方法そのものが問題ではないかと思われる。

そもそも、ある政権に密着した――または密接に協力した――がゆえに高官となり、密着ないし協力しないがゆえに高官にならないのだ、という説明は、およそ人間の社会においては洋の東西を問わず、いつの時代にも、そのかぎりでは一面において普遍的に妥当する一つの原則をもち出したにすぎない。それは一定の時代の特殊な状況を解明しようとする歴史的理解ではなく、単純な一般原則への還元であり、まさしく「抽象的形式的」な理解というほかない。そのような抽象的理解にみちびき、またそのような理解でもって満足する思考方法は、かの「皇帝による一方的な支配体制」という「抽象的形式的概念」を措定する発想と、根底において共通するものであるだろう。いうまでもなく、歴史の理解はそのような単純素朴な一般原則への還元をもって能事おわれりとすることではない。「魏晋貴族が……官僚機構を独占して、王朝をこえて永続してゆくことを可能ならしめたものは、単にかれらが王朝に協力したか否かによって決定されるのではなく、もっと根の深い何らかの理由がなければならぬ」と、かつて私がのべたのは、「政権に密着しえた」か否かといった一般原則へ還元する思考方法の危険を避けるべきだと思ったからである。[15]

さらに、「西晋門閥貴族は漢末以降三国にかけて、三国政権と密着しえた人々であった」という結論の根底には、三国政権そのものが、漢末以降の混乱期のなかから、しだいに形成されてきたものであるという点が軽視されているように思われる。曹操が兵を起こした当時、それは関東の諸将のなかでは微々たる一勢力にすぎず、一九〇年に諸将にさきがけて勇ましく董卓討伐に討って出たものの、滎陽においてただちに一敗地にまみれた程度の存在であるにすぎなかった。いうまでもなく、政権ははじめから曹操個人とともに存在していたわけでは決してない。曹操の勢力を政権にまで高めるためには、すでに一九一年から曹操を支持した荀彧、および荀彧を中心とする清流系士大夫たちの協力がなければ不可能なことであった。これらの士大夫は、政権の外にあるものとして、既成の政権に寄生的に密着しえたのでは全くなく、かれら自身が曹操とともに主体的に政権を構築したのである。政権は作られるもの、たえず動きをはらむもの、支持基盤をたえず必要とし、また求めるものであって、固定的に存在するものと考えてはならないと思う(〔補記の一〕参照)。

したがって、われわれは貴族制社会の成立という課題に立ちむかうにあたって、政治史的・制度史的視角に限定することなく、もっと根の深い社会構造の変化から問題を掘りおこす必要があると思われる。そのためには、後漢時代の基層社会の変化から考えてゆかねばならないし、それに多くの紙数をさかねばならないのであるが、それは貴族制社会成立の単なる前提ではなく、貴族制社会の本質理解に関係する。E＝トレルチがいうように、「ものを起源において理解することが、すなわちものを本質において理解することである」からである。

二　豪族の郷邑支配と自立農民

貴族制社会を成立せしめた社会条件の第一は、漢代を通じて各地の郷邑社会のなかから豪族がしだいに成長し、ことに後漢時代において、その郷邑支配が大きく進行していったことをあげねばならない。いま漢末の社会情勢を分析するのに必要なかぎりにおいて、郷邑社会における豪族の伸張が、そこにいかなる問題をひきおこしていったかということを考えてみたい。

大体、漢代の標準的な郷邑社会は、河北省武安県午汲鎮北方の「午汲古城」の廃址に見られるように、矩形の土城を周囲にめぐらした小さな町をなしていた(五二頁の注(15)参照)。そこに自立的な小農民たちが、それぞれ「三族制家族」とよばれる家族形態をとりながら集住し、(16)町の周囲にひろがる各自の農地に朝出かけて農耕労働を行ない、夕方に町に帰るという生活を送っていたのが一般であったと思われる。(17)これらの町は、当時のことばで「郷」「亭」または「聚」とよばれ、それぞれが「父老」とよばれる人生経験ゆたかな年長者を中心に自治体を形成し、人々はたがいに共同体関係で結ばれていた。そこには同じく「亭」とよばれる建物があって、その字形から想像されるような、二層の屋根のある二階建てか、あるいは一本の杭の上に二層の屋根をもつ小さな塔がついていた。それは物見やぐらでもあって、その共同体の秩序を見守る場所であると同時に、この建物には若ものたちを教育する「塾」や、そこで飲食できる「廚」がついていることもあった。(18)この亭は他の町からくる旅人の宿泊所に使われ、そこに駅馬などの設備がととのっていたことは、よく知られているが、おそらくその自治体の共同集会所としても使われたのであろう。警察官の役割をもつこの建物の管理者は「亭長」とよばれるが、これまたその町の信望ある有徳の老人をそれに選ぶのが原則であった。このような郷村共同体を、当時の「郷」や「亭」を構成する基礎単位としての「里」という用語を使用して、われわれは「里共同体」とよぶことにしよう。漢帝国はこのような「里共同体」を基礎にして、その上にそびえ立っていたと考えられる。

このような「里共同体」をモデルとして考えれば、それは自立小農民のかなりフラットな共同体関係から成っていたと思われる(〔補記の二〕参照)。しかし、いうまでもなくその里共同体は生産力の高まりとともに発展してゆくにつれて、その内部に階級分化が進行する。富裕なる豪族と貧農への分化であり、前者の後者に対する支配の拡大である。後漢の末期には、当時の著作家仲長統がいうように、「豪人の室は棟を連ねること数百、膏田は野に満ち、奴婢は千羣、徒附は万計」というありさまになり、同じく崔寔がいうように、このような「上家は鉅億の貲産を累《かさ》ね、その屋敷と土地は封君《だいみょう》の領土にも侔《ひと》しく、苞苴《わいろ》を行なって執政を乱し、剣客を養って黔首《ひとびと》を威《おど》し、辜《つみ》なきものを専《か》って殺しても、さかり場で死刑に処せられる子はないと呼号する」しまつであり、「だからこそ、下戸は踦嶇《きく》として足を跱《ふ》む所もなく、父子ともども首を低《た》れて、奴隷のごとく富人に事《つか》え」ざるをえない状況になっていた(五二頁の注(16)参照)。この状況がそのままつづくなら、里共同体は完全に解体し、豪族による郷邑の一円的な支配、つまり「封君」のごとき領主的な支配体制が確立されるだろう。私はこのような傾向を、いちおう豪族の領主化傾向とよんでいる。

実際に、豪族のこのような成長が一つの大きな原因となって、漢帝国が崩壊しはじめたとき、その大混乱のなかで、乗氏県(山東省曹県東北)の李氏のごとき豪族は、そのもとに属する「宗族賓客数千家」のなかから私兵部隊を編制し、父子三代にわたってほとんど在地の武人領主ともいうべき存在になっていた。そして、もしこのような状況が華北全域にわたって進行したならば、武人領主による強弱さまざまな権力体が各地に発生し、権力体相互の関係が整理されて、レーエン制的な体制が成立したかもしれない。少くとも、武人豪族たちが支配階級を形成し、武士階級の成立する可能性は皆無ではなかったと思われる。しかしながら、事態はそのように簡単に、一直線には進まなかった。

近ごろのいわゆる生態史観によるならば、小灌漑天水農耕地帯としての華北大平原は、生態学的区分におけるサヴァンナ＝ステップまたはオープンランドのカテゴリーに属しており、そこには大帝国が形成されやすく、地方分権的な封建国家は成立しにくいと説明されている。なぜなら、そこでは温度と湿度の関係から、森林の成育は十分でなく、ひとたび伐採されると再生しにくいので、集団の移動が容易であり、コミュニケーションが早くから発達する。また、降雨量のわずかな変動が作物の成育に与える影響は、森林の成育するフォレストランドにおけるとは比較にならぬほど決定的であり、天水農耕地帯ではそのために収穫の不安定がいちじるしく、地域ごとに甚だしい豊凶の差を生ずる。このような豊凶の地域別なムラを調整するためには、広大な地域全体を一つの社会に統合するほかなく、コミュニケーションの容易さとあいまって、大帝国が形成されやすい、というのである(19)。

たしかに、戦国から秦漢時代を通じて、「里共同体」周辺の農地の開拓と、「里共同体」自身の増殖と、ことに多くの労働力をかかえた豪族による未墾地の開発が強力におし進められていったから、もともと不十分とはいいながらも華北平原に成育していたはずの森林の多くは伐採しつくされ、そのあとには森林の第二次形成はむつかしかったであろう。広大な農地がさえぎるものもなくつづく華北の大平原には、さきにのべたように豪族の領主化傾向という社会情勢が進行していったにもかかわらず、かれらが封建領主として割拠し、地方分権的な封建国家を維持しうるだけの経済的・地理的条件は、もはや再生さるべくもなかったといえるかもしれない。

しかしながら、問題は歴史の類型的把握にみちびくそのような生態学的観点からだけで把えつくせるものではない。なぜなら、歴史を作ってゆくものは、それぞれの社会に内在する矛盾を克服し、解決してゆこうとする人間の創造的・主体的な努力にあるからである。漢末の社会における豪族の領主化傾向というものを、武人領主制の社会を形成するところまで一直線に進ませなかったゆえんのものは、単に華北平原の生態学的条件だけではなくて、より本質的には、漢末の社会内部に存在するそれ自身の社会的条件にあったのである。つまり、それが武人領主制の社会を形成せしめることなく、知識と教養をそなえた文人の支配する貴族制社会を成立せしめた第二の社会的条件にほかならない。

そのような第二の社会的条件とは、知識階級から貧農層にまで及ぶ幅広い社会層が、豪族の領主化傾向に対して一連の巨大なレジスタンス運動を長期にわたって根強くくりひろげたことにある。どのようなレジスタンスを行なったかの具体相は後にふれたいと思うが、そのことを可能にさせた基本的な社会的基盤は、里共同体を構成していた自立的な小農民たちが、漢代を通じて農業生産力が高まるとともに、かれら自身の自立性を強めてゆくことができたことにあると想定しなければならない。農業生産力の高まりは、先にふれたように、一方では各地の郷邑社会に富裕な豪族を成長させ、郷邑一円を支配しようとする豪族の領主化傾向を生みだした。それによって小農民が自立性を奪われて、豪族のもとに隷属せざるをえない状況が拡大した。しかしながら、それと同時に他方では、同じ農業生産力の高まりが、郷邑社会における自家経営農民の生活基盤を強める方向に作用したことも軽視してはならないと思うのである。なぜなら、そのことを度外視しては、漢末の巨大な一連のレジスタンス運動が可能であった理由の説明がつかないであろうし、ひいてはその中から貴族制社会が成立してくるゆえんもまた理解できないと思うからである。

実際に、そのレジスタンス運動は、まず知識階級からおこされる。周知のように、前漢の武帝のときに儒教が国教とされ、首都に「太学」を設置して、儒家的教養を身につけた人材を官吏に登用する道が開かれたのであるが、儒学の普及にはなお時間を要し、それが本格的に普及するのは後漢に入ってからである。そのことは、太学の学生数の増加によくあらわれている。最初、武帝のときに五十人の定員をもって発足した太学の学生定員は、その後しだいに増員されて、前漢末には大体千人程度になったけれども、後漢の質帝のとき、一四六年には三万人をこえる大量の学生が首都洛陽に遊学するという状況になる。しかも学生の存在は首都だけにかぎらない。清朝の学者趙翼が指摘するように、「後漢の中葉に及んで、学成って帰るものは各おの(故郷において)門徒を教授し、一人の宿儒のいるところ、つねに門下に登録する学生は千・百をもって数えられ、このために学は天下にあまねくゆきわたったのである」(一九頁注(26)参照)。いうまでもなく、経済的な余裕をもつものが学問をしやすかったにちがいなく、儒学は富裕なる豪族層にまず浸透してゆくのではあるが、このような多数の学生は必ずしもすべてが豪族出身者であるとはかぎらない。後漢における第一級の学者であった鄭玄は、家が貧しいために故郷を去って他の地方の借地農となっていたが、これにつき従う学生は数百千人に及んだという。自作農ではない借地農の社会階層にすら、第一級の知識人が存在したことは、当時の知識階級の層の厚さを如実に示す。知識階級がこのように厚い層をなし、また大きな拡がりをもっていたことは、当時の農民たちがそれぞれ強い自立性をもちながら、広い範囲にひろがっていたことを基礎としてはじめて可能なことであったろう。

つまり後漢末期の華北には、里共同体を基礎とする郷邑社会の発展によって、一方ではそのなかから豪族の力が大きく伸張し、いわゆる豪族の領主化傾向が里共同体に階層分化をひきおこしながら、これをつきくずしつつあるという状況と、同時に他方では、小農民の力もまた成長し、強い自立性をもつ農民層がかなりの程度に広範囲に成熟して、共同体的秩序を維持しようとしていた状況と、この相矛盾する二つの状況がからみあっていたと考えねばならない。このような社会において豪族の郷邑支配が強引に進むとき、それに対する抵抗がおこるのは当然である。後漢末期の社会は、豪族の領主化傾向とそれに対する巨大な抵抗運動との激突する時代であり、その間における矛盾の超克を模索する時代であった。そのような強い抵抗の存在が、結局は豪族の武人領主化をはばみ、それを知識人化する方向にねじまげることによって、文人的な貴族制社会を形成せしめたのである。しかし、そのことを理解するために、以下しばらく、漢末社会の矛盾とその激突の具体的なあらわれかたを見ることにしよう。

三　清濁二流の対立とその社会的基盤

その激突はまず政府と知識階級との間にあらわれる。しかし、政府といってもその全構成員――そこにはもちろん知識人が多数存在する――を含むのではなく、実際に政権を掌握したいわば実権派であり、実権派路線にはげしく反対する知識人官僚は「党人」と目されて弾圧の対象になる。知識階級といっても全知識人を含むのではなく、そのなかには実権派に結びつき、これに協力するものも当然存在する。したがって、激突する両勢力の構成はかなり複雑であるが、いちおう大まかに政府対知識階級と考えて、まず激突事件を見ることにしよう。

桓帝治世の延熹九年(一六六)と霊帝治世の建寧二年(一六九)の二回にわたって、当時宦官勢力が実権を握っていた政府は、これを批判し弾劾する多数の知識人および官僚に「党人」というレッテルを貼って大弾圧を加えた。ことに一六九年の第二次弾圧に際しては、百人以上もの有名な知識人官僚が死刑にされ、逮捕をまぬかれた知識人に対する指名手配は峻烈をきわめた。そして数百人にのぼる党人に対して出された「禁錮」令――官職追放・仕官禁止令――はやがてその一族郎党にまで及ぼされ、一八四年に黄巾の乱が勃発したときまで、つまり二十年近くにわたって厳重に施行された。これが世にいわゆる「党錮」事件である。

このような事件が激発した原因は、『後漢書』の著者范曄によれば、まず「桓帝・霊帝の間に逮《およ》んで、君主は荒《すさ》み、政治は謬《あやま》り、国命が閹寺(＝宦官)に委ねられて、(在官の)士大夫たちはこれと席を伍《なら》べることを羞じた」からであり、さらにこの状況を見て民間の「匹夫は抗憤し、処士は横議し、遂に(かれら自身で人の)名声をあおりたて、互に人物批評を行なって、(在朝の)公卿を品さだめし、執政を批判評量した」(『後漢書』党錮列伝)からである。宦官政府を批判するこのような知識階級の輿論を「清議」といい、清議によってもりたてられる党人グループを「清流」という。清議をまきおこす原動力として、先にのべた多数の太学生や地方の書生は大きな役割を演じた。范曄はいう。「太学の諸生三万余人のうち、郭泰と賈彪がその首領であって、ともに(清流の高官である)李膺・陳蕃・王暢とこもごも尊敬しあい、褒めあっていた。太学の中での評語にいう。『天下の模楷は李元礼(膺)、強禦を畏れず陳仲挙(蕃)、天下の俊秀王叔茂(暢)』と」(党錮列伝)。政府のなかにあって宦官勢力に抵抗する硬骨な官僚を、このようなプロパガンダによって支援して、政府批判の広汎な輿論をまきおこしていったために、ついに政府から大弾圧を受けることになったのである。

ところで先に私は、後漢末期の社会が豪族の領主化傾向と、それに対する抵抗運動との激突する時代であるといった。では、その激突と、宦官政府対清流勢力の激突と、この二つの対抗関係のあいだをどのように説明すればよいのであろうか。そのことを考えるためには、宦官政府と清流との激突をもたらした前史を概観しなければならない。なぜなら、党錮事件を激発させたものは、それまでの長い期間にわたる矛盾の蓄積にあるからである。

宦官による政権の掌握は、まず後漢の帝室にとって外戚にあたる連中の政権壟断がつみかさねられた結果である。外戚の横暴ないし政権壟断はすでに初代の光武帝のときにめばえていた。光武帝の皇后陰氏の賓客は、権勢をかさにきて、広漢郡(四川省)において不法をはたらいた。郡長官の蔡茂は上奏文のなかで弾劾する。「近ごろ貴戚椒房の家はしばしば恩勢に乗じて法律を犯し、人を殺しても死刑に処せられず、人を傷つけても処罰されない……」と(『後漢書』蔡茂伝)。後漢の帝室とそれに協力した建国の功臣たちの家——そこから皇后が迎えられる、つまり「貴戚」である――は、南陽（河南省南部）その他の豪族層から出ていたので、後漢政府の権力が、そのような一部の豪族の私的利益の追求と、私的支配の貫徹に利用される傾向ははじめから存在していたのである。しかし、章帝までの三代は、里共同体の上に立つ国家であろうとする傾向がそれを抑えていたが、その後、幼弱な皇帝がつづいて、皇太后が摂政となる慣例ができると、外戚が私的支配のために政権を利用する状況がしだいに激化する。八八年に章帝が死んだあと、その皇后竇氏が皇太后として摂政になると、その一族は公卿大臣などの多くの重要ポストを独占し、なかでも太后の兄弟である「竇憲・竇景らの横暴は日ましに甚だしく、仲間やとりまきを大都市や大郡の長官に任命し、下級吏員や人民から収奪し、そのうえ互に賄賂をおくりあって」相互の利権を拡張したので、「その他の州郡もまた風を望んでこれに従った」という（『後漢書』袁安伝）。このような一部の外戚による政権壟断は、竇氏についで鄧氏、閻氏へとつづき、沖帝・質帝・桓帝と三代の幼少な天子をつぎつぎに擁立した外戚の梁冀が、一四〇年代から一五〇年代を通じて政権を掌握した時代において、その弊害はきわまるのである。ここで注意せねばならないことは、以上のような外戚の行動形態が、地方豪族について最初に引用した崔寔の指摘、すなわち「苞苴を行なって執政を乱し、剣客を養って黔首を威し、辜なきものを専殺しても市に死するの子なしと号する」地方豪族の行動を大規模に行なうものであって、両者が同じパターンに属するものだということである。

このような外戚の動きは、増淵龍夫氏が的確に指摘されたように[20]、すでに前漢中期からめばえてきた内朝の外朝に対する優位が、後漢に入って露骨な形をとって前面に出てきたものである。そして、このような一部の外戚の政権壟断に反撥する皇帝は、近侍する宦官をたよりにして外戚を誅殺し、その権力を奪回する。前記の竇氏は宦官鄭衆の謀略によって誅滅され、鄧氏以下もまた宦官勢力のために失脚し、専横をきわめた梁冀さえ、単超をはじめとする宦官たちに誅せられた。しかし、これによって内朝における宦官勢力はしだいに強くなり、梁冀が殺されてからは、全く

「国命が閹寺に委ねられる」状況になったのである。養子をとることを認められたこれらの宦官は、その関係者や買いとった奴隷を養子にして、その一族を州郡の長官に任命し、人民の財産をひとりじめにすること盗賊に異ならなかったといわれている。(21) 皇帝が宦官を使って外戚から権力を奪回したとたんに、こんどは宦官に権力が移るのであり、増淵氏がいわれるように、「章帝以降の内朝の歴史は、実際の政権の掌握をめぐっての外戚と宦官とのはげしい争いの歴史であるといってよい」ものであった。

宦官は養子をとって一族を作ったとはいえ、これを「豪族」という範疇に入れて考えることは適当でない。しかし、私的支配のためにかれらが権力を利用するやりかたは、「豪族」の範疇に入れて考えるべき外戚と、この時代には全く同じパターンをえがくことに注意する必要があるだろう。仲長統がいうように、「政権は外戚の家に移り、寵愛は近習(＝宦官)のやからにそそがれ、その党類《なかま》を親しみ、その私人を用い、それらが内は京師《みやこ》に充ち、外は諸郡に布きつめて、賢と愚はさかしまに、選挙は取り引きの具に使われた。かくて無能者が辺境を守り、貪欲酷薄なものが地方官となり、人民を乱し、異民族を怒らせ、乖叛をまねき、乱離の状甚だしきにいたった」(一九頁注(22)参照)。つまり、この状況は外戚と宦官とに共通した「政治の謬まり」からもたらされる。外戚も宦官も「それぞれその勢力を外朝や地方の官僚組織のなかに扶植するために、圧力を外朝の官僚や地方官にかけて選挙請託を行ない、郷党の輿論を無視して自己の一族やそれに結託する地方豪族の子弟を官僚層のなかに送りこみ、いわゆる選挙腐敗を一般化して、ここに郷党の輿論にもとづく清議をまきおこすことになった」のである(増淵前掲論文)。外戚と宦官は、たしかに内朝においてはたがいに死闘をくりかえす敵対関係にあったけれども、国家社会の全体に及ぼした作用においては差異がなく、さればこそ両者をくるめて「清流」勢力に対する「濁流」勢力という言葉で一括される理由があるのである。

さて、かかる濁流勢力が郷党つまり郷邑社会の輿論を無視して、いわゆる選挙腐敗を一般化するにいたらしめたのには、その間の媒介者として「それに結託する地方豪族」が存在した。さきに私は外戚の行動様式と地方豪族のそれとが同一のパターンに属することを注意したが、地方豪族が領主化傾向をもつとはいっても、いまだかれら自身が単独に地方の郷邑社会でその傾向を推進しうるほどには強力でなく、「苞苴《わいろ》を行なって執政を乱し」、上部権力に結びついてそのうしろだてを必要としたからには、そのうしろだてとして「互に賄賂をおくりあって」利権を拡張することを常套手段とする外戚や宦官勢力ほど恰好の対象はないだろう。こうして外戚・宦官などの濁流勢力に結びついた地方豪族は、その領主化傾向を推進するために、この上部権力を利用する。したがって、外戚と宦官は内朝においてはしばしば敵対関係に立つとしても、社会全体からみれば、いずれが政権を掌握した場合でも、その政権はともに豪族の領主化路線の側に立つと考えねばならない。このような性格をもつ濁流政権は、里共同体の上に基礎をおく漢帝国の本来的性格と矛盾する。むしろそれは、漢帝国とはすでに異なった性格の政権へと向かうべきものと考えてよく、端的にいって、領主化に向かう豪族たちの政権と規定してよいと思われる。

後漢の政権がこのような方向に向かうことに対しては、儒家的教養をもつ多くの官僚や知識人が最初からはげしく反対した。光武帝のときに外戚陰氏の所行を弾劾した蔡茂や、竇憲兄弟の一味を「挙奏」した袁安などは、そのような動きを示す一例にしかすぎない。にもかかわらず、後漢政権が濁流勢力の私的支配のための政権へと傾く方向は激化する。そして、その傾向はただちに地方の政治と社会に影響する。それを政治問題として集中的にあらわすものが、先の仲長統や増淵氏の発言に出てくる「選挙」問題にほかならない。

「選挙」とは、地方長官が「孝廉」などという儒教的徳目によってそれぞれの郡国から人材を中央に推薦し、これを官僚に登用してゆく制度であるが、前漢末から後漢に入ってしだいに儒教が普及するにつれて、この選挙制度によって登用される人材が官僚のなかで大きな比重を占めてくる。(22) そして、この制度は、当時の郷村共同体——私の用語でいえば里共同体——の構成原理が、国家の制度として自覚的に表現されたものと考えることができるのである。なぜなら、里共同体における一般的な人間関係の基本は「父老と子弟の関係」であって、そこでの「内的規律、いわゆる長幼序ある『孝悌』は、その人間関係を律する自律的倫理であり」、「孝は家族の倫理的秩序の原理であったが、同時に家族を越えたより広汎な共同体をなす『民』の生活の場においても、一つの秩序の体系元として、種々に形を変えて存在した」(23)からである。先に私は当時の里共同体の姿をきわめて簡略に素描して、「父老」や「亭長」といった里共同体の指導者が、いずれもそこにおける有徳の賢長者であるべきものとされていたことを述べたが、「孝廉」を中心にして「賢良」「方正」「茂才」「直言」などの科目において推薦される人々は、そのような里共同体での評判——当時の言葉でいえば「郷論」——にもとづいて推挙されるはずであった。このような賢者・有徳者を官僚として、国政を担当させるための方法が、すなわち「選挙」にほかならない。したがって、このような「選挙」は、里共同体を基礎とする、あるべき国家を実現するためのかなめの役割をになうのである。

しかるに濁流勢力は、「郷党の輿論を無視して自己の一族やそれに結託する地方豪族の子弟を官僚層のなかに送りこみ、選挙腐敗を一般化した」。ここにおいて「郷党の輿論にもとづく清議」、太学生や地方の書生を大きな原動力とする清流知識人の濁流批判が、広い範囲にわたって猛然とまきおこったのである。そのようなはげしい輿論が沸騰したのは、いまのべたところの、里共同体の構成原理から国家理念にまでつらぬく儒教的イデオロギーの広い普及を基礎とする。そしてまた、濁流勢力の動きによって、現実にこのあるべき姿が破壊されるにしたがって、逆に郷党の輿論、つまり「郷論」がより強く自覚化されてもりあがっていった。しかしながら、それは単に既成のイデオロギーの普及というふうに理解すべきではないだろう。むしろ、濁流勢力とそれに結びつく郷邑の一部の豪族が、いわゆる豪族の領主化路線に進むとき、それが現実に里共同体を破壊して農民たちの生活基盤をおびやかしていった結果、その路線に対する反撥と生活基盤の防衛のために、広い階層にわたってそのようなイデオロギーが自覚され、つまりは儒教的イデオロギーの普及という現象を生じたと見るべきであろう。

以上において私は、濁流政府対清流勢力の激突が、基本的には後漢末期の社会において進行する豪族の領主化傾向と、それによって破壊されてゆく郷邑社会のなかから、その傾向に抵抗して、賢者・有徳者を首長にいただく共同体秩序を維持し、むしろ積極的に建設しようとする運動と、この両者の間の激突として理解できることを説明したつもりである。しからばこの対立激突は、濁流＝豪族に対する清流＝小農民の間の階級闘争として理解できるのかといえば、決してそう単純に短絡することはできないのである。なぜならば、従来からしばしば指摘されているように、清流勢力のなかには多くの豪族が参加しているからであり、清流勢力の最も大きな構成要素たる知識階級には、いうまでもなく富裕階層――豪族――の出身者が多いからである。むしろ従来の社会史的接近方法においては、清流勢力が多くの豪族によって構成されるゆえに、もっぱらこれを豪族の面から把えようとする傾向が一般であった。しかしながら、最初にのべたように、豪族というものは広大な私有地をもち、多くの宗族を結集して、その財力によって多数の賓客や剣客をかかえつつ、力による威嚇を用いて周辺の農民を服従させ、郷邑一円に規制力をふるうものだとするならば、清流勢力を構成する豪族出身者は、このような豪族の本来的性格とは反対に、そのような領主化的傾向に反撥し、その傾向によって崩壊しつつある郷邑の共同体的関係を維持・再建しようとする側に立つものであった。したがって清流豪族は、豪族本来の性格からだけでは把えつくせない。むしろその反対に、郷邑の共同体的性格を強く帯びたものと考えるほかないのである。つまり、清流豪族とは、豪族そのものを存立せしめる基礎としての階級的原理を否定して、それに対立する共同体的原理の上にみずからを位置づけようとする自己矛盾的存在であるといわねばならない。とすれば、そのような清流豪族の自己矛盾的性格はいかにして形成されたのであるか。

先にふれたように、儒家的教養はまず豪族層に浸透した。そして、儒家的イデオロギーが里共同体の構成原理を基礎とする国家社会の理念化であるとするならば、そのイデオロギーを身につけた豪族は、力による郷邑の一円的支配へと驀進する本来的傾向に、かれら自身の内部からブレーキをかけられることになるだろう。たとえば、後漢末の大学者蔡邕は、陳留郡圉県の「富殖にして徳薄き」豪族蔡氏の一家系に生まれたので、かれの生涯はその間の矛盾を一身に体現したものだと、かつて私は理解した(本書第I部第二章第三節)。しかしながら、豪族がその本来的傾向をみずからチェックするためには、単にかれら自身のイデオロギーからだけで説明しつくすことはできないと思われる。かれらをして、その本来的傾向——富殖の自己拡大から領主化へと階級的原理に従う傾向——をみずからチェックすることを余儀なくせしめた現実的・社会的条件があったはずである。

その一つの条件として、華北の郷邑社会においては、単一の豪族が他を圧倒して優越するという場合は比較的に少くて、むしろ多くの場合、複数の豪族がそこから成長するために、近接豪族相互の間にはげしい競合対立がおこることを、私は想定した。漢代の郷邑社会では、「官が人民の私怨を報ずることを禁止していなかったので、民家はみな高楼を作って鼓をその上に置き、急があれば楼にのぼって鼓をうって隣里に知らせ、互に救助することにしていた」という(五三頁注(21)参照)。高楼をもつ民家とは、おそらくその郷邑における豪族の家を指すのであり、豪族はこのような形でそれぞれ自衛態勢を固めていた。はじめにのべたように、郷邑にはもともと高楼のついた亭があり、郷邑で信望ある人物が亭長に選ばれて、郷邑の秩序を維持するのがたてまえであった。ところが、郷邑内の豪族の家々がみな高楼を作って自衛態勢をとったということは、郷邑の秩序が複数豪族の自衛態勢によって引き裂かれた状況を示すであろう。そして、このような複数豪族の競合対立状況においてこそ、その一つは他に優越するために、上部権力との結びつきをより強く望み、その保証のもとに郷邑一円に対する支配力を増そうとする。上部権力には、一世紀末以後、後漢の政権を事実上掌握した外戚・宦官などのいわゆる濁流勢力が存在した。ある豪族が「苞苴を行なう」ことによってこの上部権力と結びつき、いわゆる領主化路線を強めたとき、その路線につながれなかった同じ郷邑の他の豪族は、その路線からの圧力に対抗するために、反対の路線に追いこまれざるをえなくなる。反対の路線とは、一般の小農民と連合し、その側に立って共同体秩序を維持する方向であり、そのイデオロギーたる儒教理念を鼓吹して、みずからもまたそれを実践することにほかならない。かくて、この理念を内容とする郷論がもりあがり、郷論はこのような豪族を賢者・有徳者と認定し、これを支持してその先頭に立てることにもなったろう。郷論は儒家的イデオロギーを内容とするゆえに、狭い郷邑社会の枠をこえて、一般にひろがる共通性をもっている。また、郷論によってもりたてられる豪族も、郷邑において敵対する豪族の領主化傾向とそのバックにある濁流勢力に対抗する必要上、他の郷邑の同じ立場にある豪族や知識人と連繋し、共同戦線を作ることにもなってゆく。ここにおいて広汎な「清議」の場が形成され、濁流政権につながる領主化路線への反対運動が、豪族層をも含む幅広い社会層によって、その広い場において展開されるのである。「清流豪族」という自己矛盾的存在が広汎に出てくる社会的基盤を、私は大体以上のように考えるのである。

汝南・潁川・陳留・山陽などを中心とする地方は、このような清流豪族や一般農民層から出た知識人を主体とするいわゆる「清議の士」の淵叢であった。つまり、首都洛陽をも含む河南省から山東省・河北省南部にかけての華北の先進地帯では、右にのべたような社会情勢によって、県・郷などの基礎的な郷邑社会において第一次的に形成される郷論は、その環をひろげて、第二次的に郡規模の大きさをもつ郷論の環を作っていた。たとえば山陽郡では、張倹以下の八人を「八俊」と称し、劉表その他の八人を「八顧」とよぶなど、郡自身のなかで独自の名士番付を作っていた。郡規模の大きさのこの第二次郷論の環は、さらに他の郡のそれと連合し、太学生の輿論にあおられて、全国的な規模での「三君」「八俊」以下の名士番付に組みこまれる。このいわば第三次郷論の環のなかで、張倹と劉表の二人は「八及」という番付に位置づけられている。郷論の環節がこのように重層して形成される「清議」の世界において、[24] 政府の官僚序列とは別個に「名士」の序列が作られたということは、政府に反対する野党が独自にシャドー・キャビネットを作ることにも比せられよう。政府はこれを「党人」と名づけて、これらの名士に対する処刑・弾圧を開始することになるのである。

以上、私は清流勢力対濁流勢力の激突と、その激突をもたらした社会的基盤の追求とに多くの紙数をついやした。しかし、この激突のなかから、自己矛盾的存在と私がよんだような形で出てくる清流豪族のありかたこそ、やがて魏晋時代の貴族の原型と見られるのであって、貴族制社会の成立は、かれらがその存在根拠を自覚して、それを制度化してゆくプロセスとして把えられると考えたからである。では次に、以上にのべてきたような漢末の社会矛盾が党錮事件以後にどう進展し、その矛盾のなかから出てきた清流系豪族がどのように魏晋貴族制につながるかを、節を改めて考えることにしよう。

四　逸民的人士と黄巾の乱

二回にわたる党錮事件、なかでも一六九年に行なわれた第二次の徹底的な弾圧によって、清流勢力の中核をなした儒家的官僚は粉砕され、その勢力は官界から一掃された。匿名変装してあやうく逮捕をまぬかれた党人の名士は地下に潜行し、追放処分だけですんだ党人は、故郷の家に蟄居して、門人に教授するくらいが関の山であった。かくて、清流勢力は完全に政界から姿を消すのであるが、しかし、前節にのべたように、それは郷邑社会の郷論に深く根ざしていたのであるから、その根までも根絶できるはずはなく、清議の世界は在野の潜勢力として執拗に生きつづける。実際に、逮捕をまぬかれた穎川の陳寔を中心にして新しい在野の名士が続出し、また許劭・許靖らが行なった有名な「汝南月旦の評」は、天下の名士を認定するための、権威ある人物批評の場とされた。私のいう郷論の場は、いわゆる第三次郷論の場にいたるまで、依然として存続していったのである。ただ、そこにおいては侯外廬氏が指摘するように、党錮事件を転機として、清議の士の一般的風潮は「隠逸君子」の方向に転向を開始したように思われる。[25]その点については後に論ずることにして、ここでは前節でのべたような社会矛盾が、党錮事件以後にどう進展していったかという問題をまず概観しておこう。

党錮事件によって、宦官勢力は反抗する清流勢力を官界から追放し、政府の実権は完全にかれらの手に掌握された。外戚・宦官などの濁流勢力は、社会全体から見て、いわゆる豪族の領主化路線の側に立つことを私は先にのべたが、宦官勢力が完全に実権を掌握した後漢政府というものは、もはや領主化傾向につき進む豪族のための権力機構になりおわったものと考えてよい。これによって郷邑における共同体的秩序の崩壊は加速度的に進行し、その路線につながる豪族の郷邑支配の強化によって中小農民の没落と流亡は激化する。つまり、このような傾向に抵抗してきた知識階級の闘争が、党錮事件によって挫折したのちの十年あまりの間に、郷邑秩序の急速な崩壊と、それにともなう飢饉災害の頻発によって、厖大な貧農層が析出され、共同体的秩序を冀求する動きは、中間層たる知識階級をとびこえて、この厖大な貧農層自体のなかから直接準備されてくることになる。大いなる公平を冀求する「太平道」がこの層に急速に伝播し、これを宗教的に組織化して、「十余年間に衆徒は数十万、郡国に連結して、青・徐・幽・冀・荊・揚・兗・予の八州の人はことごとく応じないものはなく、遂に三十六の方(=大教区=軍管区)を置く」(『後漢書』皇甫嵩伝)ことができたのは、このような社会矛盾の加速度的な激化状況を背景としてはじめて可能であったと思われる。[一八]

四年の春、六十年周期のあらたまる甲子の年を期して、黄巾をつけたこれら数十万の信徒が「蒼天すでに死す。黄天まさに立つべし」のスローガンをかかげて、「同日に反叛した」のは、その社会矛盾の激化のもとで、鬱積してきた貧農大衆の抵抗エネルギーが一時に爆発したものであった。

黄巾のこの大反乱について、いま詳しく述べる余裕はないが、ただ次の一点だけはここで注意しておきたい。すなわち、漢帝国を崩壊させたこの巨大な反乱は、単なる宗教運動ではなく、同時に政治運動であり、社会運動であったということである。かれらが打ち立てるべき目標とした「黄天」の世界とは、道教的な「徳」を基準にして、賢者・有徳者を首長にいただく宗教的＝政治的共同体にほかならなかった。そこでのヒエラルキーは宗教的な徳によって順序づけられるべきものであって、このようなヒエラルキーと重なりあった形での共同体という理想国を実現しようとするのが、黄巾運動の目標であった。(26) そのような意図にもかかわらず、かれらの行なった強烈な武装闘争は、結局は全国を戦乱と無秩序状態につきおとしていったのではあるが、しかし、かれらの武装蜂起から八年を経過した一九二年ごろの青州(山東省)の黄巾には、まだかれらの立てるべき「黄天」の理想がしっかりと堅持されていたことを注意しなければならない。実際に、陝西省南部から四川省にかけて、かれらとよく似た「五斗米道」の王国が二一五年までの約三十年間にわたって打ち立てられたが、そこでは右のような理想国の姿が、ある程度実現されていたらしい。黄巾・五斗米の宗教運動が、同時にこのような新しい共同体的秩序を樹立しようとする強烈な政治運動であり、社会運動であったことを銘記すべきであろうと思う。

ところで、このような貧農大衆による強烈な道教的共同体冀求運動が激発したのは、知識階級による儒教的共同体冀求運動——清議の運動——が党錮事件によって挫折した結果、豪族の領主化路線とその権力機構としての後漢政府の圧力が、じかに貧農大衆の上にのしかかってきたからであった。貧農大衆は、儒家的カテゴリーからすれば、「君子」に対する「小人」の大衆に属する。「君子」のいだく儒教的イデオロギーは、「小人」の世界をも包みこんだ共同体的社会全体の構成原理を自覚的に理念化したものではあっても、そのような儒教的「君子」――知識階級――の抵抗運動が挫折して、「小人」たる貧農大衆が直接抵抗運動に立ちあがらねばならなくなったとき、これらの「小人」大衆は「君子」のイデオロギーをそのまま受けいれることはできるはずもなかった。かれら「小人」大衆は、身近に共感できるところに、おたがいの精神的紐帯を求めるであろう。それがつまり、君子のための儒教的イデオロギーとは異なった形の、「道教」的イデオロギーとして自覚化されたのである。儒教的と道教的と、表面にあらわれた形は異なるけれども、その底には、同じ共同体的郷邑社会の急速な崩壊という現実のなかから発想された共通の基調があることを忘れてはならないのである。(27)

さて先に私は侯外廬氏の説によって、清議の士の思潮が党錮事件を契機に隠逸君子の方向へと傾斜したことをのべた。逸民はもともと官に仕えない在野における暗黙の批判者である。党錮によって官界から追放された清議の士が、仕官の途を閉ざされたという外的条件によって、その存在自体が在野の逸民に近い形に追いやられ、公然たる政治批判を禁圧されたことによって、暗黙の批判者にならざるをえなかった事情は、たしかにあった。しかしながら、隠逸君子あるいは逸民的人士というものは、党錮の結果はじめて生じたものでは決してなく、党錮事件が激発する以前から、一部の知識人は主体的にその方向を堅持していたのである。増淵龍夫氏が指摘されたとおり、逸民的人士は、政治批判と人物評論をめぐって沸き立った一般知識階級の輿論――清議――のなかに、実は軽佻浮薄で偽善的な、デマゴギックな面がひそんでいることに批判の眼を向け、それがやがて泥沼のような内朝の政争に利用されて、宦官勢力の反撃に口実を与える危険をもつことまで予見していた。(28)逸民的人士は「宦官の政権蚕食という特殊な情況に照応するもの」として、「党人派の誕生と軌を一にして」出てきたものであり、「後漢中末期において、隠逸的態度はたしかに士人社会のなかに一つの支配的風潮となっていた」。少くとも、逸民と党人の「どちらも宦官の対極としてあらわれたというのが范曄(『後漢書』の著者)の解釈である」。[29] とすれば、この時代の逸民的人士もまた、前節でのべたような、清流党人を生みだしたのと同じ社会的基盤から出てきたものと考えてよいであろうし、また党錮によって弾圧されたあとの一般知識人が、逸民的人士によってすでに予見され危惧されていた清流運動の弱点をまのあたりにして、あらためて隠逸君子の存在を意識し、その方向へと傾いていったことも容易に理解されると思うのである。

逸民はもともと在野のものであり、その意味で民衆の側に立つ存在である。その清潔・超俗の生活態度は、かの伝説的隠士たる許由・巣父の道家的高潔や伯夷・叔斉の儒教的純潔に源流をもつと観念されていた。許由・巣父が聖天子の堯に治められた太平の世の隠士であったという伝説から、人は一般に「太平の逸民」というイメージをもっている。しかし、実際はそうではないのであって、逸民は歴史的には乱世において集中的にあらわれる。「太平の逸民」ではなくて、実は「乱世の逸民」なのである。そして、堯や周の武王のごとき聖天子に対してさえ、それのもつ権力をけがらわしいものとして蔑視する反権力的存在であった。

党錮事件を契機にして、知識階級一般の風潮がこのような隠逸君子の方向に傾いたということは、知識人一般が民衆の立場に近づくことであり、逸民的清浄・高潔を至上の価値とする風潮が一般化することを意味するであろう。実際に、黄巾などの「寇賊」とよばれる民衆は、逸民的人士を目して「所謂賢人」と見なした例がある(四一―四二頁参照)。それは当時の民衆が、イデオロギーの多少の相違を越えて、これらの逸民的人士に親近感をもっていたことを示すように思われる。そして知識階級の間に、このような民衆に近い立場における清浄・高潔を至上の価値とする風潮が一般にひろがっていったとすれば、豪族のなかの知識人においてすら、その風潮からの例外ではありえない。上田早苗氏が指摘するように、[30] 後漢から魏晋南北朝にわたって「清」という言葉ほど頻繁に使用されたものはなく、「清」

は当時の士大夫たちの最も重要な生活理念になっていた。貴族制社会を理解するうえに不可欠な重要性をもつこの「清」の理念は、党錮事件以後、一般知識階級の風潮が、隠逸君子の方向に傾斜することによって、一般に自覚的に定着していったからだと思われる。もちろん「清倹にして施しを好む」タイプの儒家的官僚は後漢時代のはじめから存在したし、逸民もまた王莽の時代に多く出たと記されているが、「清議」の普及と郷論のもりあがりが、濁流勢力との対決を通じて儒教的イデオロギーが自覚化され普及したのと相応じたように、「清静寡欲」「清虚」などの方向へと傾く「清」理念の普及定着は、同じく濁流勢力の重圧下に隠逸的イデオロギー——儒家道家融合的イデオロギー——が知識階級一般に浸透していったことと相応ずる。それは多くの民衆のなかに形成された道教的イデオロギーへの接近を意味し、そのことはまた知識階級が民衆の立場に近い逸民的存在に傾斜したことと照応する。

私は前節において、「清流豪族」の自己矛盾的性格を指摘した。というのは、それは「豪族」として、郷邑一円に支配を及ぼそうとするいわゆる領主化傾向を本来もっていたにもかかわらず、それとは反対の路線、つまり一般農民と連合して共同体的秩序を維持・再建する立場に立つものであったからである。党錮事件以後、この系統に属する知識人としての豪族は、隠逸的性格を増すことによって、その自己矛盾はいっそう拡大するだろう。「清」なる生活は「産業を経営する」ことの否定によって成り立つものであり、「余財があれば、輒《すなわ》ち以て分施する」ことを要請されるからである。それは豪族であることとの経済的基礎をみずから否定することにほかならない。しかしながら、このような自己否定的行為によって、郷論はかえってこれを支持することになるだろう。濁流政府の重圧下から、黄巾の反乱を契機とする大混乱期を経て、曹操政権による華北の安定を見るまでの長い受難期に、このようにして民衆の立場に立ちながら、郷村の生活を懸命に支えていった知識人的豪族——したがって経済的基盤は薄弱であるだろう——こそが、その間に「民の望」として郷論における声価を確立し、やがて郷論の吸収パイプとして制定される九品中正制度のルートに乗って、魏晋の官界に進出してゆくことになるのであろうと考える。かつて私は、魏晋交代期に抬頭してくるところの琅邪の王氏などの貴族には、元来の性格が不明確なものが多いのを、いかに理解するかという問題について、増淵氏の逸民的人士に関する指摘から示唆を受け、それは漢末の逸民的知識階級の系譜に属するのではないか、と推測したことがある。(31) そのことを郷論との関連において補足するならば、以上にのべたようなことになるであろう。

知識人豪族の自己規制的ないし自己否定的な生活態度、つまり自己矛盾的性格は、郷邑社会の急速な崩壊状況のなかで共同体的関係を維持・再建しなければならないとする必要から生まれてきたものである、と私は説明した。そして、郷邑社会の崩壊要因として作用した濁流政府、およびそれに結びつく一部の豪族たちの領主化路線に対して、根強く抵抗をつづける過程のなかから、知識人豪族の自己矛盾的性格が自覚的に形成され、自己規制をよしとする観念が定着していった、と考えたのである。しかしながら、かれらにそのような自己規制を強いたのは、単に領主化路線に対する抵抗というだけでなく、さらに根本的な要因があったのではないかと思われる。それはおそらく当時の華北における農業の生産構造そのものに起因するのであろう。つまり、自立農民が何らかの共同体的関係を結んで農業生産に従事してこそ、はじめて郷邑社会の存立は可能であり、一豪族が農民のほとんどを隷属化して領主的体制をしいたのでは、農業生産そのものに破綻をきたして郷邑社会の存立を不可能にし、ひいてはその豪族の存立基盤をも奪うことになるような事情があったのではないか、と推測される。しかし、私はそのような当時の華北農業の生産構造における基本的な制約について、現在の段階では合理的な説明を行なうことはできない。いまはただ、根本的な問題がその辺にありそうだということを提示しておくにとどめたい。

五　魏晋貴族制社会とその国家

以上、二節にわたって私は、豪族の領主化路線に対する清流勢力――逸民的人士――黄巾という一連の抵抗運動を考察し、ことに前二者の性格を分析してきた。すなわち、豪族の領主化傾向が郷邑社会における階層分化を進め、郷邑の秩序を急速に崩壊させていったという状況のなかから、その傾向を阻止して共同体的関係を維持し、再建しようとする反対の動きが触発され、その矛盾激突の具体的なあらわれとして、右の一連の抵抗運動が出てきたのであった。そして、そのような矛盾相剋のなかから郷論がもりあがり、その環が幾重にも重なっていった。郷論は具体的にはそれぞれの地方での人物評論を主たる内容とし、その地方における賢者・有徳者の認定とその支持に向かう。このような郷論の環のつみかさなり、つまり郷論の重層構造は党錮事件によっても消滅させられず、ただそこに支持される人物が隠逸的なニュアンスを帯びていったにすぎなかった。漢末社会の矛盾相剋をふまえたこのような郷論のもりあがりと、郷論環節の重層構造こそ、貴族制社会を成立せしめた直接的な基礎条件であったということができる。なぜなら、貴族制社会を作りあげたものは、二二〇年に陳羣が制定した「九品官人法」または「九品中正制」とよばれる制度であるとされているが、それはまさに郷論の重層構造の上に成り立つものであり、それをふまえて作られた制度にほかならないからである。

九品中正制というのは、漢末の大混乱によって人士が流移し、捕捉することが困難になったために、各郡国の出身者をそれぞれの郡国の「中正」に任命し、この中正が郷論を参考にして、その地の人物に品等――「郷品」という――をつける。中央政府はそれらの人物を官吏に採用するにあたって、この郷品に対応した官品を与える、という制度である。宮崎市定氏の研究(32)における一つの大きな成果は、郷品と官品の対応関係を明確にされた点であって、たとえば郷品において二品を与えられた人物は、仕官の際、官品の系列では四級下の六品官として採用され、以後の官歴で二品官まで昇進できる、とするのが原則であった。つまり、この制度では、郷論にもとづく郷品というものが、官僚体系の基盤にすえられるわけであって、この制度が「始めて造られたときは、郷邑の清議によって爵位に拘わらず、……猶お郷論の余風があった」(『晋書』衛瓘伝)といわれる理由はそこにある。郷論は郷邑社会における賢者・有徳者を支持する方向性をもち、郷論の重層構造は賢者・有徳者のヒエラルキーを作るゆえに、このような郷論にもとづいて官僚の序列を定める九品中正制度とは、少くとも制定の当初においては、郷論にあらわれる共同体原理を国家社会全体に貫徹させることが、その基本精神であったといわねばならない。その意味で、九品中正制度は漢代の郷挙里選の完全な実現を意図するものであった、と私は考えるのである。

したがって、九品中正制度が、その基本精神に沿って純粋に運用されれば、賢と徳を基準とする個々の人物のランキングを整序し、賢者・有徳者のヒエラルキーを作るはずであって、家柄のランキング、したがって貴族制社会を作りあげるはずはなかったのである。しかるに、実際には、この制度はそのように動かなかった。最初は「猶お郷論の余風があったのに、中間に漸染して、遂に資を計って品を定め、天下をして観望せしめたまま、惟だ位に居るものを以て貴人となし」(衛瓘伝)、かの「上品に寒門なく、下品に勢族なし」という状況に進んでいった。九品中正制度がこのように本来の精神から逸脱していったのは、結局は、郷品を与える「中正」の官が言葉どおりに中正ではなくて、権力者側に偏向したからであり、司馬懿によって州大中正が設置されると、郡中正よりもはるかに広い地域にわたって郷品授与権をもつ少数の州大中正が、つまりは権力者そのものにほかならないために、その偏向が決定的になったからである。しかし、この制度がそのように「漸染」して、結局は家柄の固定、つまり貴族制社会の確立をもたらしたのは、現実の力関係にもとづく中正制度の運用面における問題であり、この制度がそのように運用されざるをえなかった現実の諸条件に起因するのであって、制度自体の原理とは問題の次元を異にすることを注意しなければならない。中正制度の偏向を指摘批判して、より公正な郷論反映方法を作るために中正制度を廃止せよと極言した衛瓘でさえ、この制度が作られた当初には、「猶お郷論の余風があった」と認めていることに、むしろ注意を払うべきであろう。つまり、この制度は、運用面において多くの批判を受け、また実際に家柄の固定と貴族制の確立をもたらす方向に運用されたけれども、もともとこの制度は、民間で形成された郷論の有効性を信ずる立場から発想され、郷論の重層構造の上に、それを前提として制定されたものである、と考えねばならない。

実際に、この制度を作った曹魏政府の大臣陳羣は、漢末における郷論——清議——の世界のまっただなかに育った人であった。その祖父は漢末における天下の名士・潁川の陳寔であって、前節のはじめにふれたように、党錮事件に連坐したが、さいわいに逮捕をまぬかれたため、かれのところは、党人が弾圧されていた時期にも、新しい名士を輩出する中心地になった。陳寔の名声がいかに高かったかは、かれが八十四歳の高齢で死んだとき、各地から葬儀におもむくものが三万人以上に達したと伝えられることからもわかるであろう。党人弾圧下において、純粋に民間で維持されていた郷論環節の重層構造のなかで、陳寔は最も高次の、第三次郷論の場の中心に位置していたのである。このような環境で育った陳羣に、民間の郷論構造が反映されるのは当然なことだろう。

ところで、吉川忠夫氏が『後漢書』の著者范曄の史観を通して理解されるところによれば、漢末におけるこの陳寔の立場は、「政治的立場を旗幟鮮明にかかげて妥協をあくまで排し、自己の正義を貫徹しようとする党人ともちがい、さりとて現実を逃避する逸民ともちがって、陳寔は第三の立場をつらぬきながら身を処した」。それは「就くでもなく就かぬでもない生きかた」であって、その底には「政治におけるかけひき、正道に対する権道」とすら通ずるものがあることを思わせる。陳寔をはじめ、このような生きかたをした潁川の荀氏一族や太原の王允などこそ、後漢末期以後の新しい時代を作りあげた「勝利者」であって、「六朝貴族社会をきりひらいたのは、もちろん逸民ではなかったし、党人でもなかった」。少くとも、それが范曄の考えであった、というのである。(33) 私は前二節において、党人と逸民とに六朝貴族制社会を成立せしめる重要な役割を認めてきた。しからば、吉川氏の見解と私の考えとは、どのように関係するであろうか。

党錮事件をめぐる険悪な時期をのりこえて、陳寔をはじめ、その一族や荀氏一族などは、第三次郷論の中核的位置を長く保ちつづけた、いわば在野の勝利者であった。そのなかの荀彧らは、黄巾の乱にはじまる大混乱のなかで、いち早く曹操の有望性を洞見し、これに積極的に協力して、その傘下に同じグループを結集していった。かれらの生きかたは、玉砕的な党人や暗黙の批判者にとどまる逸民とはたしかにちがって、権謀術数のうずまく世界に「跡を濡らし」、智謀のかぎりをつくして逶迤《いい》たる道をすりぬけてゆくのである。たとえば、一九四年に曹操が兗州で危機におちいったとき、荀彧はこの権謀にたけた曹操の権力基盤を守るために、東阿県の出身者で、その地方に影響力をもつ謀略の策士程昱と力をあわせて、東阿などの三つの県を確保した。東阿にはその地の豪族薛氏がいたのであるが、荀彧や程昱といった智謀をはたらかす知識人が、曹操の権力体と地方豪族の権力体とを結びつける役割を演ずる(四八頁参照)。かれら知識人は自分では武力をもたないにもかかわらず、大混乱期に発生する強弱さまざまの権力体を相互に結びつけ、曹操のもとに整序してゆくことによって権力体相互の間の結節点を握ることになるのである。しかも、かれら知識人は長期にわたる濁流勢力との対決を通して、たがいに横の連帯が準備されていた。権力体相互の結節点を握るこれらの知識人は、横に連帯する権力媒介層としての社会層——つまり「士」の階層——を形成する。かれらは上部権力を背景にもつことによって、下部権力たる地方豪族より優位に立ち、その武人領主化を抑えるとともに、下部権力をバックにしたいわゆる「民の望」として、上部権力を支えながらも、その方向を規制した。「民の望」は郷論に支持されていることを意味している。そのような「民の望」たる知識人が、権力媒介層としての「士」の階層を形成し、曹操政権をもりたてるには、結局その政権の官僚という形をとる以外にないだろう。したがって、曹操政権の官僚層は、党錮以来、純粋に民間で維持されていた郷論の重層構造が漸次移行することによって形成されてゆくのである。

しかしながら、党錮以後、隠逸的イデオロギーに傾斜した知識人一般は、そのままでは漢末の大混乱期をのりきることはむつかしい。さまざまの武装集団が混戦し、掠奪・破壊の横行するなかで、郷邑社会の存立そのものが極度におびやかされた状況では、郷論がその郷邑社会の危機を救う智謀の士に支持方向を向けるのは当然である。曹操の人材登用方針は、徳行の士よりもむしろ智謀の士を重んじた。それは単に曹操個人の性格に起因するのではなくて、大混乱をのりきるための時代の要請でもあったと解さねばならぬ。かくて、曹操政権のなかに郷論の重層構造をもちこみ、九品中正制度の形に制度化した主動力は、知識階級のなかでも、吉川氏のいう「第三の立場」に立ついわば権道派であった。しかし、この権道派もまた、陳寔が党人と目されたように、党人――清流勢力――から出るものにちがいなく、さればこそ、前二節にのべた清流勢力から逸民的人士へとつながる在野の抵抗路線は、このような権道派の主体的な媒介によって、現実の政権のなかに生かされることができたのである。これによって豪族の領主化路線――武人領主の階級形成――は現実に抑えられ、九品中正制の施行によって、文人支配の体制は制度的にも確実に実を結ぶことができた。この過程において主導権を握り、いまや権力者の立場に立った権道派の中核は、この制度によって基層郷論の場から人材をひきあげるにあたって、やはりかれら自身の自己保存と拡大再生産をはかる方向に流れざるをえなかった。また、基層郷論の場たる郷邑社会の多くは、長期の戦乱によって壊滅し、郷論構成の主役たる知識人が大量に「流移」離散して、郷論が断絶または稀薄化しているところも多かった。かくて既成上層の郷論グループ、つまり権道派の中核にとって基層郷論を操縦することが比較的容易になり、その一族や関係者は常に高い郷品と、それに応ずる高い官品を得ることが可能になった結果、家柄の固定によって、かれらが結局は貴族制社会をきりひらく直接の主役になったのである。

司馬懿は荀彧の推挙によって曹操政権に加わり、陳羣ともきわめて親しい関係にあった。そのような権道派の中核にあった司馬懿は、官界と、ことに軍隊のなかに徐々に支持者をふやして、隠然たる勢力を作ってゆく。それに反対する曹爽一派が政権の中枢を占めていた間は隠忍自重していたものの、二四九年、司馬懿は機を見て中央軍によるクーデタを敢行した。これ以後、中央政界は強大な中央軍を握った司馬氏によって動かされ、これに反抗する地方軍は各個撃破されて、やがて二六五年、魏王朝は正式に政権を司馬氏にゆずり、ここに晋王朝の成立を見ることになる。

先にふれたように、司馬懿によって州大中正が設置されたことは、権力者の立場に立った権道派の中核が、郷品授与権を統轄して、基層郷論の操縦を容易にし、上層が基層郷論からの遊離の度を深めて、上層だけの場としての貴族社交界を成立せしめる方向に拍車をかけたのであるが、しかし、それによって上層貴族社交界は、その基盤としての郷論の動向から全く絶縁したわけではもちろんなかった。華北がすでに曹操に統一されて、魏から晋へと、ある程度の安定がつづく間に、かつての大混乱期には郷邑社会の危機をのりきるために智謀の士を支持した郷論が、破壊から再建へと向かう地味な郷村生活に照応して、ふたたび「徳」のある人士――漢末から隠逸的傾向に傾いていた知識人――に目を向けるのは当然のことだろう。この揺れもどしは一般知識階級の風潮にもあらわれる。「清倹」であり、「清素」であることが、大混乱を経て生産力の低下した社会状況のもとにあって、一般知識人、いな上層貴族においてすら、表面にかかげるべき最高の徳目となり、隠逸的気風は貴族制社会の上下を通ずる一般的なイデオロギーとなってゆくのである。

逸民はたしかに貴族制社会をきりひらいた直接の主役ではありえない。逸民と貴族はもともと矛盾する存在だからである。それをきりひらいた主役は、したがって逸民でもなく、また厳しい弾圧の矢おもてに立った党人でもなく、たしかに「第三の立場」をとったいわば権道派であった。しかし、それらはいずれも清流ないし清流からの系譜をひいており、権道派も逸民も、ともに党錮事件の落し子にちがいなかった。したがって、貴族制社会をきりひらき、それを内容的にも充実させていったものは、最も広く把えれば、清流系知識人といってよいだろう。ただ、その清流系知識人の内部には、いわゆる権道派や隠逸派や、そのほかにもやや傾向を異にする派などの別がある。その差異と、差異をもたらしたゆえんと、それらが魏晋貴族社会に与えた役割の微妙な相違とは、なお今後の研究によって明確にされるべきであろう。(34)

さて、魏の末期に、政権を握った司馬氏のもとで蜀はすでに征服されていたが、晋の武帝は二八〇年に江南の呉を征服し、黄巾の乱以来分裂していた中国全土を約百年ぶりに統一した。その機会に、武帝は「まさに干戈をおさめるべき」ときだとして、州郡の兵をことごとくやめる詔勅を出した。おそらくこの州郡の兵備撤廃と関連して、有名な「戸調式」が公布される。その内容は、(1)戸ごとに納付すべき年々の「調」に関する規定、(2)男子には七十畝、女子には三十畝を「占田」させる規定、(3)丁男には五十畝、丁女には二十畝、次丁男にはその半分を「課田」させ、(次丁)女には課しない、という規定、(4)丁・次丁を年齢によって限定区別する規定、(5)「遠夷」などに対する賦課規定、(6)一品官には五十頃、以下五頃ずつ逓減して、九品官には十頃までを「占田」させる規定、(7)官品の高下に応じて親族などをどの範囲まで賦課免除にしてよいか、という規定、(8)官品の高下に応じて所有しうる衣食客・佃客の数についての規定、から成っている。

この戸調式は『晋書』の食貨志と『通典』の食貨の部に見えるだけで、ほかに関連する史料がきわめて少いために、その内容をどう解釈するかは諸説紛々として、学界にはいまだ定説というべきものがないといってよい状態である。ここではもはや、それらの学説を検討する紙数はないが、最近の研究では、「占田」とは「田を申告する」という意味だと解する方向に固まりつつある。そして、藤家礼之助氏が解釈されるように、(6)の官品に応じて申告された田は、政府の公的な承認を受けて、何らかの(おそらくは賦課免除の)特権を与えられたものであって、そのことは(8)の規定に関する河地重造氏の解釈、すなわち(8)で規定される佃客などの数は、佃客の数を制限したものではなく、数を限って佃客に対する課役全免の特権が与えられたものと推定する解釈、と照応する。[35] つまり、(6)—(8)の規定は官僚に対して与えるべき特権についての基準を示したものと見てよいと思われる。他方、(1)—(5)の一般人民に対する規定のなかの占田・課田については、もしこれが実際に施行されたもの、または実施の意図がきわめて濃厚であったものとするならば、私は当時の実情から見て、米田賢次郎氏の説、[36] すなわちこの規定は旧屯田地や政府所有の空閑地などの国有地だけを対象としたものだと解する説、に傾くのであるが、しかし、(2)の占田規定は、(3)の課田民以外の、一般自由農民が申告して所有すべき田地の基準面積を示したにすぎず、自作農民を育成するのに必要なその基準に、実情をなるべく近づけたいとする意図をあらわすものだ、とも考えられる。それは(6)以後の規定においても、現実とは無関係に、官僚たるものの特権の基準を示したにすぎない、というその立法精神と共通するものが感じられるからである。

当時の実情では、官僚になっている貴族や、一般の豪族のなかには、広大な土地を所有し、多数の佃客をかかえているものが多数あった。戸調式の規定における一品官の所有地が五十頃、所有しうる佃客の数が十五戸、ときめられた基準は、当時の実情から考えても、また前後の時代の基準と比較しても、あまりに低いものであることは、諸学者すべてが認めるところである。しかし、そのように定めたこの法文の精神は、あるべき官僚の特権がその線にとどまるべきだとしていることは動かしがたい。私は先に、漢末以来の一般知識人が、たとえ豪族であっても、「産業を営まない」「清」なる生活によって「民の望」となりえたこと、九品中正制度の基本精神はその「民の望」――郷論――の構造を官界にもちこむことにあったがゆえに、魏晋時代になっても上層貴族ですら、「清倹」であり、「清素」であることを少くとも最高の徳目としてかかげねばならないような風潮のなかにいたこと、を注意した。戸調式に規定された官品特権の基準が現実と甚だしく乖離していること――あえてそのような法規定を定めた精神――は、このような魏晋貴族の自己規制的精神――それは党錮以来の清流知識人ないし知識人的豪族の自己矛盾的性格に淵源する――の一つの表現として解釈できるのではないかと思うのである。その精神は、官品のヒエラルキーを郷論にもとづく有徳者のヒエラルキーに対応させようとした九品中正制度の精神と共通する。それは共同体的関係を求める精神を基盤とし、したがって自作農民の育成を必須の要件とする。現実とは甚だしく乖離しているとしても、その精神においては、一般農民の夫婦が百畝の田地をもつことは、自明の基準になるのであり、その表現がすなわち一般庶民に対する占田規定であったと解される。少くとも戸調式の精神は、そのような魏晋貴族の共通のイデオロギーの表現である。したがって、それは晋の皇帝権力の一元的な個別人身支配の発現と解すべきものではなくて、むしろ、豪族共同体的国家としての貴族政権がよってもって立つ一面の理念――共同体的原理――の表現である、と考えられるのである。

しかし、もちろん他方では、豪族を成立せしめる階級原理が、その国家にも働いている。国有地にしばりつけられた課田民は、土地・役牛などの生産手段を所有する国家から、収穫量の半分またはそれ以上を地代として収奪される。国家と課田民との関係は、地方の郷村における豪族と、その私有地の耕作を課せられた佃客との間の階級関係にまさしく対応する。しかし、本稿においてのべてきたように、豪族の郷村支配は、その私有地における佃客支配のみによって成り立つのではなく、そのような私的支配を中核としながらも、なおその階級支配の方向を自己規制して、周辺に存在する自立農民層との共同体的関係を包みこんだ上で——つまり「民の望」となって——、はじめて郷村全体の指導的地位に立つことができたのである。それは、郷村の構造が、豪族を中心にした階級関係と共同体的関係との綜合体になっていたということにほかならない。このような構造を「豪族共同体」とよぶならば、戸調式における課田規定——階級原理——と占田規定——共同原理——の共存は、国家の支配形態がまさしく「豪族共同体」における豪族の支配形態と対応することを示すものであるだろう。九品中正制と戸調式にあらわれる魏晋の国家というものは、豪族共同体の累積型とみられる貴族制社会の国家的表現にほかならず、端的にいって豪族共同体としての国家を表現するものということができると思うのである。

（1）越智重明「魏西晋貴族制論」（『東洋学報』四五巻一号、一九六二）、ことにその九三頁を参照。
（2）谷川道雄「六朝貴族制社会の史的性格と律令体制への展開」（『社会経済史学』三一巻一—五合併号、一九六五。のち『中国中世社会と共同体』一九七六、国書刊行会、第Ⅱ部第三章に収む）。
（3）同右、『中国中世社会と共同体』一五三頁。
（4）矢野主税『門閥社会史』（一九六五、長崎大学史学会油印）、『門閥社会成立史』（一九七六、国書刊行会）など。
（5）『内藤湖南全集』第八・一〇巻（一九六九、筑摩書房）、岡崎文夫『魏晋南北朝通史』（一九三二、弘文堂）、宇都宮清吉『漢代社会経済史研究』（一九五五、弘文堂）、『中国古代中世史研究』（一九七七、創文社）、宮川尚志『六朝史研究——政治社会篇』（一九五六、日本学術振興会）、宮崎市定『九品官人法の研究』（一九五六、東洋史研究会）、など。
（6）鈴木俊等編『中国史の時代区分』（一九五七、東京大学出版会）に収む。
（7）西嶋定生『中国古代帝国の形成と構造』（一九六一、東京大学出版会）、など。
（8）岩波講座『世界歴史』5、古代5（一九七〇、岩波書店）第9章の尾形勇氏の論文、同『中国古代の「家」と国家』（一九七九、岩波書店）参照。

(9) 矢野主税、前掲『門閥社会史』一三頁。
(10) 谷川道雄、前掲書、一五六頁。
(11) 川勝義雄・谷川道雄「中国中世史研究における立場と方法」(中国中世史研究会編『中国中世史研究』一九七〇、東海大学出版会)。
(12) 本書第Ⅰ部第一章参照。
(13) 矢野主税「門閥貴族の系譜試論」(『古代学』七巻一号、一九五八、のち『門閥社会成立史』に増補所収。その二九頁)。
(14) 越智重明、前掲論文、九七頁。
(15) 川勝義雄「六朝貴族制」(『歴史教育』一二巻五号、一九六四)二五頁。
(16) 宇都宮清吉「漢代における家と豪族」(前掲『漢代社会経済史研究』第一一章)。
(17) 宮崎市定「中国における聚落形体の変遷について」(『大谷史学』六号、一九五七、のち『アジア史論考』中巻、一九七六、朝日新聞社、所収)。
(18) R. A. Stein, "Remarques sur les mouvements du taoïsme politico-religieux au IIe siècle ap. J.-C.", *T'oung Pao*, Vol. L, Livr. 1-3, 1963.(スタン・川勝義雄訳「紀元二世紀の政治＝宗教的道教運動について」(『道教研究』第二冊、一九六七、八一―八二頁、および九一頁)。
(19) 谷泰「乾燥地域の国家」(川喜田二郎等編『人間――人類学的研究』一九六六、中央公論社)。
(20) 増淵龍夫「後漢党錮事件の史評について」(『一橋論叢』四四巻六号、一九六〇)。
(21) 『後漢書』列伝六八、宦者列伝の中の単超伝。
(22) 選挙制度に関する研究は多いが、たとえば永田英正「漢代の選挙と官僚階級」(『東方学報』京都、第四一冊、一九七〇)、参照。
(23) 宇都宮清吉「中国古代中世史把握のための一視角」(中国中世史研究会編『中国中世史研究』(前掲))。
(24) 本書第Ⅰ部第三章参照。
(25) 侯外廬等『中国思想通史』第二巻(一九五七、人民出版社)四〇四頁以下。
(26) R. A. Stein, 注(18)論文。訳文九四頁。

(27)　前掲スタン論文および本書第I部第二章第四節参照。
(28)　増淵龍夫、前掲「後漢党錮事件の史評について」参照。
(29)　吉川忠夫「范曄と後漢末期」(『古代学』一三巻三・四号、一九六七)一五九頁。
(30)　上田早苗「貴族的官制の成立」(中国中世史研究会編『中国中世史研究』〔前掲〕)。
(31)　川勝義雄、前掲「六朝貴族制」二六頁。なお「累世官僚家が貧困である場合が多い」(矢野主税『門閥社会成立史』〔前掲〕はしがき)理由も、以上に述べた方向で説明できると考える。
(32)　宮崎市定『九品官人法の研究』(一九五六、東洋史研究会)。
(33)　吉川忠夫、前掲「范曄と後漢末期」一六一―一六三頁。
(34)　勝村哲也「後漢における知識人の地方差と自律性」(中国中世史研究会編『中国中世史研究』〔前掲〕)はその一つの試みである。
(35)　藤家礼之助「西晋の田制と税制」(『史観』七三冊、一九六六)、および河地重造「晋の限客法に関する若干の考察」(『経済学雑誌』三五巻一・二号、一九五六)、参照。なお、藤家氏の論文は、米田賢次郎「晋の占田・課田」(『歴史教育』一二巻五号、一九六四)、とともに諸説の紹介が懇切であり、参照する必要がある。
(36)　米田賢次郎「漢魏の屯田と晋の占田・課田」(『東洋史研究』二一巻四号、一九五八)、および同、前掲論文。

(一九七〇年九月、岩波講座『世界歴史』5、古代5。一九七九年八月補訂)

〔補記の一〕　本稿が発表されたのち、矢野主税氏は「門閥貴族の系譜試論再説」(『史学雑誌』八一編一〇号、一九七二)およびそれをも収載する大著『門閥社会成立史』(一九七六、国書刊行会)において、私の考え方に対する全面的な批判を展開された。私はそれによって本稿の冒頭にしるした氏に対する批判の措辞が行き過ぎたことを悔んでいるが、しかし、私の基本的な考え方を撤回して、氏の寄生官僚制論に従うわけにはいかない。その理由をのべて、氏の批判に反論する義務を感じないわけではないが、それを行なえば、論争が泥沼に落ちこんで、かえって建設的な方向を見失いはせぬかを恐れる。氏の大著については、すでに窪添慶文氏（『史学雑誌』八六編三号、一九七七）や東晋次氏（『東洋史研究』三五巻四号、一九七七）の書評も出ているので、いまは、むしろ第三者としての読者の公正な批判にゆだねる方がよいように思うのである。

ただ、基本的な問題は、中国の官僚あるいは官僚制というものをどう考えるか、というところにあるように思われる。「寄生官僚は正しく国家権力に寄生する官僚」であり、「寄生官僚制成立の、必要にして十分なる条件」は、「幾代にも亘って中央官僚たることをつづけるところにある」、なぜなら「何代も中央官僚をつづけるということは、現実の生活の場が中央にある（つまり土着性を失って完全な俸禄生活者になる――筆者補）ということだけでなく、精神的にも、肉体的にも皇帝の権威に服従する、ということ」にほかならないからである、と矢野氏は簡明直截にいわれる（前掲書、三六一頁）。しかし、後漢から六朝にかけての国家権力がしばしば動揺し崩壊し、皇帝の権威が風前のともしびになることも一再でなかったという事実を顧みれば、貴族はそのような国家権力や皇帝の権威に寄生するだけで家柄を持続できたはずもなく、貴族は国家権力に寄生するだけの官僚として、ただ保身のために諸権力の間を右往左往するほかない存在であったという理解には、とうてい従うことはできそうにない。国家の興亡を越えて、いわゆる「寄生官僚制」が持続したということ自体、官僚制が国家権力に寄生するだけの存在ではなかったことの明証ではないのではなかろうか。

中国の官僚制について大きな関心をいだきつづけたE・バラージュが、その最後の遺稿「中国の官僚君主制 La monarchie bureaucratique en Chine」において、矢野氏とは全くちがう見方に到達していることも、このさいいちおう参考になるだろう。バラージュはいう。

神としての尊厳さをよく表わすために〝天子〟とよばれる君主は、……実は周代封建制下の先王たちがもっていた神権をはぎとられ、宮殿にとじこめられて官僚制の後見のもとに置かれ、その神聖なシンボルではあるが、無力なものでしかなくなるのである。かれが代表する人びとの利益に役立つかぎりにおいては神聖不可侵であるが、ちょっとでも過ちを犯したり、道徳的秩序から少しでも逸脱すれば、ただちに懲らしめを受け、たえず大臣たちの制御と監視を受けながら、法家的＝儒家的な官僚制国家の頂点にいるのである。

そして、バラージュはその例証をいくつかあげたのち、

要するに、中国の独創性は、文人官僚たちが社会集団として、はっきりと国家を支配するような、いわば一党支配体制 régime monocratique の形を創出したことにある。……君主制は正統性のシンボルとして、担保物件として、ついたてとして、預り人として、優位には立っても、実際には二義的なものでしかない……。(E. Balazs, *La bureaucratie céleste*, Paris(Gallimard), 1968, pp. 28 et 32.)

バラージュの結論には、一面を強調しすぎたきらいがないでもないが、中国の官僚は専制君主の手足にすぎぬ、官僚制は専制君主権力の単なる執行機関にすぎぬ、という先入主を反省して、根底から考えなおすべき時期は、とっくに来ているのではないだろうか。貴族制社会の成立という問題は、バラージュのいわゆる「文人官僚の一党支配体制」が、どうして創出されたか、という問題でもあるのである。

〔補記の二〕「(漢代の里共同体は)自立小農民のかなりフラットな共同体関係から成っていた」(本書八〇頁)という考えは、最初に谷川道雄氏との連名で『中国中世史研究』(一九七〇、東海大学出版会)一三頁に発表したために、谷川氏の所論の一つとして批判される向きもあるが、すでに「重田氏の六朝封建制論批判について」(『歴史評論』二四七号、一九七二)の五九、六六頁にもしるしたように、この連名論文はほとんど私が執筆したもので、「文責は私にある」。した

がって、右の考えは私が責任を負うべきものであるので、管見にふれた次の三つの論文に見える批判について、私の考えを簡単に述べておきたい。

① 五井直弘「中国古代史と共同体――谷川道雄氏の所論をめぐって――」(『歴史評論』二五五号、一九七一)
② 鶴間和幸「漢代豪族の地域的性格」(『史学雑誌』八七編一二号、一九七八)
③ 渡辺信一郎「古代中国における小農民経営の形成――古代国家形成論の前進のために――」(『歴史評論』三四四号、一九七八)

①は、すでに②に要約されているように、「漢代の共同体はバラバラに析出された小農民の〃フラットな共同体〃ではなく、氏族共同体の分解の仕方そのものが動産の所有の不均等さに対応して父老的土豪を中心とする階層的な共同体を生み出した」と考える。②は、①の考えに一定の評価を与えながらも、「これだけでは何故に小農経営を基盤にした専制国家権力が形成されてきたのかという問題に答えることはできない」として、漢代における地域別の豪族分布と、前後両漢を通じて系譜をたどることのできる姓氏の地域分布とを精細に調査した結果、「小農民経営は戦国以降国家権力によって新設された新県において支配的生産関係として現われ、一方旧県では副次的生産関係としての豪族経営が邑共同体の崩壊の過程で成長してくると考えるべきであり」、「(邑)共同体の分解→小農民の析出→豪族の成長と把える」べきではない、とする。③は、主として湖北省江陵県鳳凰山漢墓(前二世紀前半)から近年出土した木簡・竹簡の記載によって、そこには貧家層に属する多くの農民家族のほかに、多数の奴隷を所有する「大家富人」がいたことを明らかにし、「初期漢代社会は従来思われてきたようなフラットな無層社会ではなかった」というものである。江陵は②にいう「旧県」に属するから、当面の問題に限れば、③は②の説の一部に含めてよいだろう。

私も、漢初の社会が豪族あるいは「大家富人」と貧家層への分化の全くない「フラットな無層社会」と考えているわけではない。本書四六頁に述べたように、「豪族の存在は確かに漢代を通じての大問題であり、(漢帝国の基盤としての)共同体との角逐は常に存在した」。さればこそ、国家権力は漢初以来しばしば陵邑への徙居という形で関東の諸豪族を関中に強制移住させたのであり、その狙いが地方豪族の勢力をそぐことにあったのは周知のとおりである。しかし、豪族の強制移住が可能であったのは、当時の豪族がまだ国家権力にくいこんでいなかったことを示すと同時に、他方では郷党社会にまだ十分な根をおろしていなかったことを示すのではないか。漢初には、貨幣経済の盛行を背景として、おそらく五井氏のいわゆる「動産所有の不均等」にもとづく「大家富人」的な豪族が多く、前漢末の南陽の豪族・樊重のような不動産所有と荘園的農業生産を中心として地域住民と緊密な関係をとり結ぶ豪族は、まだ少かったように思われる。宇都宮清吉氏が早く指摘されたように(『漢代社会経済史研究』一九五五、弘文堂、一九四頁以下)、武帝の塩鉄専売・抑商政策を転機として商人的土地兼併から荘園主的経営への移行があり、「大家富人」が商業から大土地経営に主眼を移すとき、はじめて本格的な豪族の成長が進むのではないかと考える。

したがって、少くとも武帝以前の漢初には、「旧県」においても「かなりフラットな共同体」が動産所有の商人的「大家富人」と共存できる可能性はあったろう。その共存状態が、果たして「父老的土豪を中心とする階層的な共同体」と定義さるべきものかどうか、私は疑問に思っている。ともあれ、「自立小農民のかなりフラットな共同体関係から成る里共同体」とは、あくまでも漢帝国を支える基盤としてのモデルにすぎないことを諒承されたい。

第Ⅱ部　封建制への傾斜と貴族制

第一章　曹操軍団の構成

はじめに

漢帝国崩壊後につづく魏晋南北朝時代は、その分裂の長期にわたること、またその分裂傾向の細分的なることにおいて特徴的な時代である。いうまでもなく、このような時代においては軍隊は極めて重要な意味をもつ。従来この時代の軍隊については、濱口重國氏や何茲全氏らのすぐれた研究があるけれども、それらは大体において制度史的観点に立ち、濱口氏の兵民分離に関する諸論稿にしても、身分上の区別を重視する点において、またその研究の方法において制度史的傾向が強いと考える。こういった方法は軍隊を把えるのに極めて有力な方法であり、その故にこそすぐれた業績が生まれたのであるが、しかし国家権力がしばしば薄弱となるこの時代には、社会の基本的な団結体から、いわば自然発生的に自衛のために武力集団が発生し、それが次第に統合されて国家の下に制度的に軍隊として組みこまれることが多く、これに対しては制度をはなれて、当時の社会における集団結合の面から、いわば集団社会学的に追跡することも必須の研究方法であると考える。しかしながら、こういった方法は史料の制約から極めて困難を伴うのであるが、最近における漢代社会のめざましい研究成果にもとづき、そして対象をこの時代の創始期にあたる曹操の軍団に限って、この立場から一応の考察を試みたいと思う。

一　民間武力集団の結集

曹操の起兵は、漢帝を洛陽に擁して暴力をふるっていた董卓の軍に対する討伐にはじまる。それは同じ目的をもって一斉に蜂起した山東諸群雄の一環としてであったが、他の諸群雄はみな地方官の職にあり、漢帝国の地方軍を動員しえたと思われるのに対し、(1)曹操は典軍校尉の地位にあったとはいえ、董卓支配下の洛陽から姓名をかえてようやく落ちのびることができたばかりの、いわば徒手空拳の状況において兵を起したのである。洛陽から逃げだした曹操は、陳留に至って友人関係にあった張邈とその部下衛茲の後援のもとに、家財を散じて義兵を集めたが、このとき一族の曹洪や親族の夏侯惇らもいちはやく加わっていたと思われる。(2)曹操の軍隊は先ずこれを母胎として出発するが、この場合それが漢の既成軍隊を基礎とせずに形成されたことは、最初に注意しておくべきことであろう。

以後曹操が次第にその兵力を増強してゆく方法は、すでに濱口氏や何茲全氏が述べられたところであるが、(3)その方法は大別して次の三つに分けられるであろう。(1)招募および亡戸の徴発、(2)自発的に協力ないし帰順した武力集団の使用、(3)投降軍団の再編制、これである。

今ここに注意したいことは、こういった過程を経て形成せられた曹操軍団において、漢末の混乱状態のなかから各地方に起った民間の武力集団が、そのままの形で組みこまれ、それらの力が有効に戦力化されているということである。『三国志』巻一八所載の李典・李通・臧覇・呂虔・許褚らの諸集団――先の区分においては(2)に当る――はそのもっとも典型的な例である。(1)の招募の場合にしても、曹操が部下を派遣して兵を募らせるときは、集った兵をそのまま統轄させて一軍を組織し、とくに編制替えを行なわなかったと思われる例が、まま見られる。(4)さらに、(3)の投降軍団の場合ですら、それを解散して、麾下の各部隊に分散配属することなく、そのままの集団を存続して麾下の一軍を構成せしめることがしばしば見られる(5)。

もとより曹操軍団の中核をなすものは、起兵当初から曹操に直接統率された軍、および曹氏一族・親戚夏侯氏ならびに曹操直属の賓客、たとえば史渙など(6)によって統轄された軍、すなわち曹操直轄軍であることというまでもないが、しかしその外郭に、以上のごとく曹操とは別個に成立した武力集団を多数含んでいること、しかもそれらはいずれも漢帝国の兵制上の遺産としてでなく、無秩序状態に対処して純粋に民間から、いわば自然発生的に生まれた武力集団であることをとくに注意したい。曹操直轄軍すらも、その起兵の手続き、武力結集の仕方だけから見れば、同じく民間の武力集団として発足しているという事情に変りはない(後掲の表1参照)。このように、曹操の軍団が民間の武力集団を基礎として成立しているとすれば、次の問題は、こういった民間の武力集団が何を基盤にして形成されるか、また集団としての結合形態がいかなるものであるかということに進むであろう。

二　民間武力集団の内部構成

曹操麾下に組み込まれたもろもろの民間武力集団のうち、比較的その構成を推しうるものを、『三国志』の記載にしたがって整理すれば次頁のようになる。

今この表を通覧すると、これらの集団を構成するものは、あるいは少年、あるいは家兵、あるいは宗族賓客であることが判明する。家兵については、濱口重國氏が「唐の賤民、部曲の成立過程」(7)の中で、多数の用例をあげて証明されたように、それが私家の賤民の武装化したものであり、つねづね身分的経済的に主家に強く隷属していたものであ

表1

	氏名	個人的性格・関係	集団構成	『三国志』巻数
1	張燕	本来冠蓋ではない。剽悍捷速人に過ぐ。	少年を聚めて群盗となる。遂に黒山賊と号し、その下に小帥孫軽・王当ら各々部衆をもって従っている。冀州平定のとき曹操に降る。	VIII
2	張繡	県吏であったとき、長官のために復讐す。	少年を招合して邑中の豪傑となる。族父済に従い、済の死後その衆を領す。曹操に対して反復常なし。結局降る。	VIII
3	曹仁	曹操の従弟。わかくして弓馬弋猟を好む。	陰かに少年に結び、千余人を得て曹操の別働隊となる。弟純は父の財をつぎ、僮僕人客百をもって数えられた。	IX
4	曹洪	曹操の従弟。	家兵千余人を率い、これに多数の募兵を加える。	IX
5	田疇	読書を好み撃剣をよくす。	初め劉虞の下で、家客と年少の勇壮にして従軍に志願するものを率いて活躍す。後、宗族のほか附従するものを率い、徐無山中に独立集団を作り、太祖の烏丸討伐の先導をなす。	XI
6	鮑信	儒者の家柄。	郷里にて募った兵千余人をもって、これに多数の衆が加わり、曹操に協力す。	XII注
7	任峻	曹操は従妹をもって妻あわす。	宗族および賓客家兵数百人を収めて曹操に従う。	XVI
8	張遼	初め怨を避けて姓を変えていた。武力人に過ぐ。	丁原の従事となり兵を率いる。これに募兵を加え、諸群雄の下に転々としたのち曹操に帰す。	XVII
9	楽進	烈々たる胆気をもって曹操幕下にあり。	曹操の命令で出身郡に帰り、兵を募って千余人を得て、兵団長となる。	XVII

10	李典	儒雅。	従父乾が宗族賓客数千家をもって軍を組織して曹操に従ってより、乾の子を経て典に至るまで三代その軍を率いる。	XVIII
11	李通	俠をもって聞こゆ。	同郡の陳恭と兵を起し、衆多くこれに帰す。	XVIII
12	臧覇	父が逮捕されるや、客数十人を率いてこれを強奪し、亡命す。これより勇壮をもって聞こゆ。	孫観、呉敦、尹礼らとならんで衆を聚め、その統率者となり、曹操の緩やかな統制に服す。	XVIII
13	呂虔	胆策あり。	家兵を率い、これをもって投降兵を撫す。	XVIII
14	許褚	勇力人に絶す。	少年および宗族数千家を合する集団。曹操に帰した後は宿衛に入り、その下の俠客は虎士となる。	XVIII

(註)　曹操の軍団は主として巻九の同族、巻一七のいわば旗本的な諸将軍、巻一八の外様的な軍団によって構成され、それ以外の巻に記されたものは何らかの意味で異質的である。この表の1と2とは曹操とほとんど対等の大集団であり、その帰属は降服を意味し、そのさい集団の大部分は解散または右の曹操軍団に分散配属されたと思われる。そしてせいぜいのところ曹操麾下諸将軍と同列の線まで引下げられたであろう。5は純粋に自衛のために成立したのであって、その地方の秩序回復とともに自然消滅したようである。6は曹操起兵当時に、曹操と対等の勢力をもって、ともに協力したものであり、鮑信の戦死後は、次第に他の諸将軍のもとに組み入れられてゆくと思われる。7は専ら兵站輸送を担当した。

る。したがって家兵集団の長は、平時においてはいわゆる「豪族」であったと考えられる。この「豪族」なるものが、宗家を中心として、その周りに多くの宗族とそれに附庸する賓客および下戸をもって構成されているとすれば[8]、前表中の宗族賓客をもって成る武力集団もまた、豪族がそのまま武装集団に転化したものと考えてよい。

しかしここで注意すべきことは、前表中における少年の集団である。少年とは、すでに増淵龍夫氏が「漢代にお ける民間秩序の構造と任侠的習俗」において指摘されたように、それは単なる若者というよりも、むしろ実際は俠客である。(9) 増淵氏の論稿は、漢代の社会において、任俠的関係という極めてペルゼーンリッヒな、個別的具体的な人間結合の形式が、いかに広汎に習俗化していたか、そしてそれがどのような形で、当時の民間秩序そのものの性格を規制していたかという点に関して、鮮明な影像を我々に与える。純粋な、少年だけの集団は、無頼軽俠の少年の群れの中から、才力あるものがこの人的結合を把握して、集団としてのまとまりを作ったものと見ることができる。がしかし一般には、財力ある個々の家の族的結合が中心となって、その外延に、任俠的習俗による人的結合をもつ形が普通であったと思われる。「漢代の所謂地方豪族の実体は、単にその族的結合と大土地所有にもとづくのみでなく、その一族の外延に多数の游俠刺客を客として集め、以て郷曲に武断していた」との増淵氏の説は、我々の考察の基礎とすべき重要なテーゼであると考える。前述の賓客というものが、任俠的習俗によって主家の外延につながる存在であると理解することに対して私は全く同感である。従来はこういった存在に対して、その族的結合の面を重視して「豪族」なる概念が用いられてきた。そして増淵氏は、こういった存在が他の同様の存在に対して作用する場合、信義をもって結ばれるか、さもなければ深刻な仇讐関係に入るかのいずれかの方向に向うという、その任俠性を指摘されたのである。私の以下の論述においては、こういった存在が武力集団に転化する場合の、対社会的な作用の面を最も重要な対象とするゆえに、以下これをその社会的機能の面よりして「豪俠」という概念で把えることとする。この中には、大土地所有者でもなく、また族的結合も強くないような、純粋な游俠の集団も含まれる。なぜなら、それが社会的機能の面において同一の性格をもつからに外ならぬ。

さて再び曹操の軍団に目をかえせば、曹操自身が「任俠放蕩にして行業を治めざる」人物であり(『三国志』巻一武帝紀)、その起兵当初から、史渙の如き任俠者が客として従軍している(注(6)参照)。その一族には曹仁の如く、少年を結集して千余人を得るものがあるかと思うと、また一方では曹洪の如く家兵千余人をもち、曹純の如く僮僕人客百をもって数えられるものがあり、これらが曹操の直轄軍を構成するとすれば、これはまさしく豪侠の集団である。曹操軍団に組み込まれたもろもろの兵団は、前掲表に示したように、一方ではパトリアルカールな支配に服する豪族集団の面から、他方では純粋な意味での侠客集団の面に至る振幅の、いずれの方向に傾くかの差はあるとしても、いずれも豪侠集団としての性格をもつことに変りはない。しからば曹操の軍団は、武装せる豪侠集団の複合体であるといってよかろう。そこで次に問題とすべきことは、この武装豪侠集団の結合靭帯と、それが複合体をなした場合における上下の統属関係いかんについてである。

三　集団の結合靭帯

豪侠集団の結合靭帯として、族的結合とともに任侠的結合が重要な要素をもつことは、前述の豪侠に関する一般的定義より直ちに考えられることであるが、これが戦時体制をとって武装化した場合、豪侠集団内における侠客者流の比重が飛躍的に大きくなることもまた容易に想像しうるであろう。何とならば、侠は本来春秋末期における封建的秩序の崩壊過程から放出された、浮動的な士の階層を起源にもつ。(10) それは勇を好む剣客であり、私交の信を保つために は死を鴻毛の軽きに比して顧りみない。こういった侠者の性格は、封建的な士の階層が解体し終った後においても本質的には変らない。漢代を経て、ここに問題としている時代においても、少年は侠客であり、またそれは「剣客」であった(『三国志』許褚伝)。戦争はこういった連中にとっては雄飛のチャンスに外ならぬ。また集団の長としても、その戦力を強めるためには、これらの侠客者流に期待するところ大であった。(11) 彼らはその集団内において一隊の長になったと思われるが、集団長と彼らとの関係は一方的な支配＝隷属の関係というよりは、むしろ相互信頼にもとづく弾力的なペルゼーンリッヒな主客関係――任侠的結合関係――においてつながっていたと見るべきである。平時においては、みずからは生業をもたずして主家に寄食し、経済的にはほとんど主家に隷属しているような形のものでさえ、戦時ともなれば、その戦士としての能力のゆえに地位は向上し、支配＝隷属の関係から相互信頼の主客関係へと傾いてゆくのが一般的傾向であろうからである。

こういった傾向が集団内部で優勢となることは、他方、集団長の同族で一隊の長となっているものの性格にも影響を与えずにはおかないものと思われる。これらの宗族は多くの場合、家兵部隊を掌握していたものと考えられるが、この家兵部隊を能率的に動かし、戦闘力を強めるためには、単に奴隷支配の如き統制方式では効果をあげうるか否か疑問である。耕作方式の場合でさえ、奴隷によるよりも、いちおう自家経営を認めるところの小作方式の方が一般に能率的であるとされている。まして常に生命の危険を賭け、異常な苦難に堪えることを要請される戦闘部隊においては、隊員の自発性を必要とすること論を俟たぬ。家兵が本来きわめて隷属度の高い私家の賤民であるとしても、これの統制には必ず手ごころが加えられているものと考える。(12) 一般にこの時代の最も有力な武力集団の在り方が、自発的な相互的信義――任侠的関係を紐帯として結合した侠客＝剣客集団であるとするならば、一般の武力集団が、家父長権力をふるう長でさえも、こういった形態をとろうとして、多かれ少かれその影響を蒙ること必至であろう。

こういった傾向は、その武力集団が募兵・投降者などの異分子を加えて膨脹するにしたがって、いよいよ顕著になると考えられる。族的結合によってつながっている本来の集団員の数は、膨脹するにつれて集団総員に対する割合を減じてゆく。急激に増大する異分子を族的結合の中に組み入れるには、その様式はあまりに窮屈である。よりゆるやかな形としての主客関係の中に包摂されてゆくものと考える。

以上、武装豪侠集団内の結合靭帯としては、任侠的習俗につながるところの信義にもとづく主客関係が優越すること、パトリアルカールな族的結合の優越をもって出発した場合にも、武力集団の戦時下における本質的な在り方および急激に増大する異分子の取扱い方とのために、その結合様式は、当時すでに広汎に存在する任侠的主客関係の方向へ変形させられる傾向をもつことを述べた。次にこれらの武装豪侠集団の複合体における上下の統属関係を考えてみたい。

四　統属関係――質任

まず最初に、もろもろの武力集団がより有力な集団に包摂される形態の典型的な例をあげる。時代は少し下るが、東晋の勢力圏と石勒の勢力圏との中間地帯は、漢末と同様の無秩序状況にあった。そこでは董瞻・于武・謝浮らの十余部が、おのおの数百の衆を集めて、より強力な張平の集団に属し、譙城に拠った張平を中心として数千人の兵団を作っていた。そしてこういった兵団の長と、それに属する小武力集団の長との関係は、謝浮の例に見られるように極めて浮動的であり、そしてそれを支えるものとしてペルゼーンリッヒな恩義関係が重要な要素となっている。(13)すなわち典型的な形においては、大体数百人より成るもろもろの小武力集団はそれぞれに強い独立性をもちながら、より大きい集団に属するのであり、これがさらに一層強力な権力体に帰属して、そこから刺史・太守・将軍等の称号を受けるのである。(14)こういった形は漢末においても全く同様であって、曹操から青徐二州を委ねられた臧覇の下には、孫観・呉敦・尹礼らの集団が属しており、曹操と臧覇、臧覇とその下の集団長との関係は、やはり相互の信義というものを表面に打ち出している。(15)一般に、この時代の武力集団が本来豪侠の集団であり、任侠者流を長に戴くものが『三国志』中に遑ないほど見える以上、それらの複合集団内における上下の統属関係もまた、任俠的結合の要素を多分にもつであろうことは推測に難くない。

ところで、この時代における上下統属関係の重要な形として質任の関係がある。これに関して何茲全氏は注(3)に掲げた論文において、「上下が互に信ずることができず、父兄子姪をもって質任とし、官吏は皇帝に対し、兵士は長官に対して各々質任があり、兵士の家属はみな一緒に聚居して集中管理されねばならなかった」と言っている。しかしながら同じ個所で彼は、父・兄・族弟と三代にわたって曹操に協力した李典が、自ら請願して、自分の一族および部下を、曹操の鎮する鄴に移したことをも質任の例としてあげている。自発的に質を送る例は臧覇伝にも見えるのであって、臧覇はかつて呂布を助けて曹操に反抗したが、呂布敗れた後は曹操に探しだされ、甚だ寛大な処置を受けて青徐二州を委ねられ、ほとんど拘束を受けずに曹操に協力してきた人物である。これが華北平定の見通しのついたとき、自ら求めて自分の子弟および麾下諸将の家属を鄴に行かせた。曹操は「そうまでしなくてもよかろうが、別に拒みはしない」と言った、とある。[16] この二例は、曹操の華北平定が明らかな事実となって現れてきた際に、その下にあったいわば外様の将軍が、今後の身の安全をはかるために、このさい忠誠を再表示すべき必要に迫られたことを示すと考えられる。あるいはこの場合、裏面において曹操側からの強制があったかもしれないけれども、表面的にはそういったことを示す史料は全くない。このように単にそれが表面上だけのことであると仮定しても、なお強制によらず、自発的に質を送付する話が謳われるということ自体、質任関係の本質が単に上下相互の不信からだけで解きうるものかどうかに疑問を投げかけるように思われる。

下のものが上のものに対して不信を懐くならば、理窟として、かような信頼しえないものの前に、自己の妻子眷属を委ねるはずはない。それを圧して、上のものが強制的に力をもってその妻子眷属を質として奪う場合は、もはやそれは質任の関係でなく、劫質であり略奪である。劫質は通常敵対する集団間に行なわれるものであって、劫略する集団と劫略される集団との関係は、それによって和解するどころか、むしろ仇讐関係に進展するであろう。[17]いま問題にしている質任の関係は、複合集団内部の上下の統属形式に関するもの——楊聯陞氏のいわゆる internal hostage[18]——であり、複合体を維持する方向に働くものである。劫質と質任とは質をとるという形は同じであっても、それの荷う人間関係ないし社会関係における作用は異る。そもそも「任」の語は対人関係における保証を意味し、交道に信なることを意味する。[19]質任にはある程度の相互信頼が必須の条件である。[20]すなわち、下のものが上のものに対して、ある程度の信頼をもって自己の妻子眷属を質として差し出すとき、上のものはそれを忠誠のあかしとして受けとるのでなければ質任は成立しない。上からの圧力などの事情によって、下の上に対する信頼が極めて微弱な場合もあり、またそれに応じて、上のものは下のものの忠誠をきわめて疑わしく感ずる場合もあろうが、しかし質任関係という以上は、いま述べた原則の埒外にあるわけではない。自発的に質任関係に入るということは、この信頼度が極めて高い場合と解すべきであろう。

この信頼度が極めて高い場合の質任関係は、游俠の人的結合関係と矛盾するものではないように思われる。游俠はこれと私的な、ペルゼーンリッヒな関係に入るものに対しては、「その言必ず信、その行必ず果、已に諾せば必ず誠、その軀をおしまずして士の阨困に赴く」(『史記』游俠列伝)という倫理性をもつ。それは私的な、ペルゼーンリッヒな結合関係の範囲内では、信義を至上の価値とし、そのためには死をすら蔑視する。こういった信義第一主義が下から上に向う場合、絶対的信義の関係につながれた主のためには、喜んで命を投げ出すのであり、またその信義——上に対する信義としての忠誠——のあかしを示すためには、自己の妻子を主の前に投げ出すことをもあえて辞せぬであろう。もっともこういった考察は、事柄を理想型的に考えたまでであって、実際にはそう簡単に行かぬこと当然であるけれども、しかし質任が信義なしには成り立ちえぬものである以上、それが信義を第一原理とする游俠の人間関係と、全く両立しないものであるとは言えないと思う。この時代に質任が盛行したのは、戦時における人間関係の不安定性のゆえに、上が下を信じえないことから起こるとともに、他方、下のものが上のものに対して忠誠を示すためには質を送るのが当然であると、一般に観念されていてこそはじめて可能である。それは忠誠表現の契りの形式として一般の通念であり、したがって習俗であったというべきである。(21) しかもこの習俗は上述のように任俠の習俗と異質のものではない。

以上、質任が上下不信に起因するという見方は、もっぱら上の立場からのみ見て、事柄の半面しか把えていないこと、下の立場からすれば、それは信義なしには成立しえないこと、そしてこの質任の習俗は個人的信義を生命とする任俠の習俗と必ずしも無縁ではないことを述べた。実際に、曹操の軍団に含まれたもろもろの武力集団が豪俠の集団であり、その長には任俠者が多いこと前述の如くであって、こういった集団の統属関係において盛行する質任が、任俠的習俗を反映することは不思議ではない。すなわち曹操軍団に含まれる多数の武装豪俠集団は、任俠的結合靭帯を極めて重要な要素として集団を構成し、そのまとまりを維持したままで、同じく任俠的な統属関係の中に組みこまれ、以て曹操軍団の一部を構成すると言ってよかろうと思う。こういった事情は曹操の直轄軍、さらにその最も中核となる曹操の禁衛軍にさえも見られるのであって、以下少しくそれに触れてみたい。

五　曹操直轄軍

曹操の直轄軍について、史料に見えるものは左表の如くである。

表2

	軍団又は軍職名	統率者名	職掌
1	領(将・督)虎豹騎	曹純・曹真△・曹休(曹休のみ兼ねて宿衛を領す)	まだ制度が整わないころのもので明確な規定はない
2	将親兵	典韋○	
3	領虎士	許褚○	
4	武衛中郎将(後、武衛将軍)	許褚○	掌禁旅
5	中領軍(領軍)	史渙○・夏侯淵・韓浩・劉曄△・曹休・曹真	掌禁兵
6	中護軍(護軍)	韓浩・曹洪・夏侯淵△・王図・牽招△	掌禁兵
7	中堅将軍	曹休・張遼△・許褚○	後、禁兵を掌るも、曹操の時は未詳

(註)　これは建安末までのものであって、制度的にまだ整っていない時のことであるので、『晋書』職官志等に見える詳細な区分をしなかった。表中の曹姓はみな曹操の同族であり、○印を付したものは史料にはっきりと「任侠」と書かれているものである。漢以来の制にもとづく五校の営は中領軍に属す。洪飴孫「三国職官表」及び何玆全「魏晋的中軍」(『中央研究院歴史語言研究所集刊』十七本、一九四八)参照。△印については後に本文中に述べる。

これらは大体禁兵を主体としているが、「禁兵」といわれるものの中には、曹操の身辺を護衛するものと、征伐に際して曹操の手足として働く最も精鋭なる直属部隊との二種類が含まれていたようである。曹休伝に、休をして「虎豹騎宿衛を領せしむ」と並列して書いてあるのは、虎豹騎と宿衛とが本来は別のものであったような印象を与えるし、また実際に曹真のように、虎豹騎部隊が曹操の所在地から遠く離れて行動している場合もある。中領軍は後に制度が整備してくると、宿衛の禁兵をも統轄するのであるが(『晋書』職官志)、曹操時代においては、だいたい中護軍や中堅の軍とともに征討のための直属部隊であって、護衛を直接目的としていなかったように思われる。このことは右表中に△印を附した諸将軍が曹操から離れて行動していることによって類推できるであろう(各伝参照)。したがって純粋の意味での禁衛軍は2・3・4の例に見られ、具体的には典韋・許褚によって統率されている。

この二人のほかに、上述の曹休を加えて考えてみても、曹操の禁衛軍においては、曹氏ならざる他姓の任俠者が大きな比重をもっていること明白である。ことに曹操と許褚との関係は最も興味がある。許褚は表1に見たように、漢末に少年および宗族数千家をあつめて譙に拠っていた豪俠であるが、これがその強力な集団をもって曹操に帰するや、そのまま曹操の直轄軍に組みこまれ、許褚はその最も親近な宿衛の隊長となる(22)。以後曹操の信任はなはだ厚く、片時も側近をはなれず、その禁衛軍団長としての地位は曹操一代はもとより、文帝・明帝の三代にわたっている。彼がかくも重用された理由は、集団形成の当初においては曹操と全く関係なかったにしても、とにかく曹操の同郷人であり、また彼が「癡」といわれるほどに馬鹿正直であったというような特殊事情も推測されぬではない。しかしともあれ、曹操と許褚とは両者とも任俠者として、信義においてつながっていたことは否定できず、そのゆえにこそ曹操死去のときには、他の諸将軍の伝には見えないような異例の悲歎――「号泣欧血」と史に記述されているのではないかと考える(『三国志』許褚伝)。ともあれ曹操が、側近の禁衛軍に同族よりもむしろ俠客者流を任用し、これを親信したという事実の中に、曹操軍団の最も中核をなすものにおいてさえ、任俠的結合=統属の関係が色濃く存在するということを指摘すれば足りる(23)。

以上において私は、曹操軍団の構成が、漢末の混乱期に民間から自然発生的に形成された、多数の武装豪俠集団の複合体として把えられること、そして各集団内部の結合紐帯も、それが複合体となった場合の上下の統属関係も、ともに任侠的人間結合の形によって支えられていること、しかもそれが曹操膝下においてさえ、なお無視しえないことを述べた。今は詳説する余裕をもたないけれども、こういった構成は曹操以外の他の軍団においても同様であったと思われる。(24)

ところで、このように私的な信義を第一原理としてつながる任侠的結合関係は、その本質において極めてペルゼーンリッヒな関係であり、そこには結合を強制する客観的な規定がなく、もっぱら主観的情的な意欲、ないしはせいぜい信義規範の定言命令によって支えられるものにすぎぬ。生死を賭する危機的状況にあっては、いかに信義を重んずるものといえども、主観における動揺は避けえないのであって、任侠的結合関係は、人間結合の形態としては甚だ浮動的な、むしろ分散的傾向を内包するものとすべきである。曹操の軍団が、こういった遠心的な結合様式によってわずかに統一されているものと仮定すれば、いうまでもなくそれが国家形成の基本的な力となるにはあまりに薄弱である。そこには必ず統制方式として求心的な方策が要請されるのであって、次第に整備されるもろもろの制度・法律は、統制のための客観的規定として中央への権力集中をもたらす作用をもつ。したがってこれの検討は、軍団構成を考える際の必須の問題であるが、ここではただ、一般に曹操の法術主義といわれるものを次に検討してみたいと思う。

六　いわゆる法術主義的統制について

後漢末の思想家たちが、乱離の兆歴然たる現実の社会に対して、伝統的な徳治主義的放漫政策によっては事態を収拾しえないと考え、厳酷な法治主義の必要を力説したこと、および曹操の政策においてそれが具体化されていることについては、すでに岡崎博士の名著が存する。(25) それを整理すれば、曹操のいわゆる法術主義とは、その統制の最大の力を曹操直轄軍の武力にもとづけ、その上に、一に信賞必罰、二に有能者の抜擢、さらにこれにスパイ(校事)による情報蒐集などの方法を加えるものであった。ところで実際に法術的政策を執行するもの、軍団の横暴に対して必罰をもって科法を執行するものは有能なる官僚である。そこで私は、曹操の法術主義を検討するにあたって、それを執行する官僚の性格から考えてゆこうと思う。

一般に官僚になるものは知識階級としての士大夫であり、それが豪族出身であるか貧家の出であるかは、士大夫＝官僚たるの資格には本来なんら関係はない。しかしながら実際には官僚が多く豪族によって占められること、『後漢書』を通覧すれば明らかに看取されるのであって、この時代の官僚を考えるにあたっては、再び豪族から出発しなければならぬ。

すでに周知のごとく、両漢四百年を通じて最大の社会問題は豪族の兼併ということであった。濱口氏のいわれるように、漢代を通じて人口の多数は自由民であり、(26) 後漢末にいたっても豪族とその隷属民とに完全に階級分裂したということはできないにしても、王莽の社会政策の失敗から後漢の放漫政策の下において、豪族の社会的経済的な力は、それが何らかの形で公権に結びつくことによって獲得する政治的な背景と相俟って、漢初とは比較にならぬ強さに成長しているものと考えてよい。これが郷曲に武断する仕方は、経済的な圧迫と、それにかかえられた游侠刺客による暴力的な圧迫とを合せた形をとるのが一般であると考えられるが、しかしこれが公権への結びつき方――この意味での社会的機能――には二通りのタイプがある。一つは公権の末端を買収し、あるいはせいぜい公権の末端たる地方官庁下級職について、それによって自己の地盤を維持強化せんとする、いわば本来民間人に甘んずる「豪侠」であり、第二はその経済力を資本として学問教養を身につけ、官吏となって公権の上で自己の地盤を確保するものとである。

私はこの後者を、その知識人としての性格のゆえに、いま仮りに「豪紳」と名づけ、(27)この中にはまだ実際に官吏となっていなくても、それが有知識者として官吏になり得る豪族をも含める。それは、豪族と非豪族とを含めた知識＝官僚層、すなわち士大夫階級の一部を構成するものである。

このように公権へのつながり方の面から、「豪族」を「豪俠」――先に第三節に規定した概念と相覆う――と「豪紳」とに分ちうるとすれば、曹操の軍団を構成する各集団は「豪俠」の系譜に属する。このことは前掲の表1の諸将軍が、曹氏を除いては、その祖先から官吏を出した形跡がなく、(28)またその人物にも教養あるものがほとんど見えない点から推しうるであろう。(29)一般的に言って、公権のバックを期待しえない無秩序状況にあっては、実力が一切を支配することというまでもなく、そのさい公権にのみ依存するものは全く没落する。豪紳をも含めて、一般に当時の士大夫は、誇大にいえば、「乱弊の後、士の存するものけだしまた殆んどなし」といわれるほどであって、(30)彼らはせいぜいのところ城壁に立てこもってその地の秩序回復をまち、(31)宗族賓客を統率して戦場に馳駆するものはほとんどない。

ところが一方、曹操政府の官僚は、先に本書第I部第一章に述べたように、後漢末における清流勢力を中核として成立した。それは儒家的国家理念をスローガンとし、これを現実に踏みにじる時の為政者打倒をめざして、清節ある士大夫が全国的なレジスタンス運動として結集したものであった。それは広汎なる士大夫の輿論に支持されたものであって、その勢力の構成者は豪紳たると否とを問わず、士大夫のほとんどすべてを含めるまでに拡大して行った。しかしながら学問教養を身につけるには、資力をもつものが有利であることというまでもなく、また漢代における豪族の官界進出のめざましさから考えても、清流勢力の中核は豪紳であったと考えられる。もっとも、当時学問を習うことは、今日から考えるほどには困難でなかったかもしれず、束脩の資を出して一旦師の門に入れば、その家に住みこみ(『管子』弟子職)、以後の謝礼は師家における諸種の労働をもってこれに代えることもできたのではないかと推測される。[32] そしていわゆる清貧なる師家でさえ、こういった労働力ある諸生を多数かかえているとすれば、それはいわば豪紳と同一類型にあると考えてよかろう。しからば清流の社会的勢力は、相連絡する豪紳の力を中核とし、この周辺に多数の豪紳ならざる知識人を含めた一大団結体であるといってよい。

そしてこの清流勢力の団結を支える人間関係として、指導者相互の友人関係およびそれとの直接的な師弟関係のほかに、一般に門生故吏の関係、すなわち一種の主従関係が存在することを、同じく第Ⅰ部第一章において述べた。この主従関係は、人格の確認、それによる官職の斡旋を媒介として成立する極めてペルゼーンリッヒな結合関係であった。一方、任俠的結合関係は、意気投合、または財の無償的な施与を媒介として成立する、[33] これまた極めてペルゼーンリッヒな結合関係である。とすればこの両者は人間結合の様式として同一類型に属するといってよい。このことを一層明確に示すものは、清流勢力における任俠者の重要な役割である。清流の輿論が祭り上げる多くの代表者の中、八廚といわれるものは学識徳行ある代表的士大夫ではなくて任俠者である。[34] このことは輿論構成者の中に俠客者流が多数いたことを示すとともに、諸生の気風における任俠的傾向をも示唆するであろうし、またひいては彼らの人間関係、すなわち門生故吏関係と任俠的関係とが異質のものでないことを示すように思われる。そこでいま、当時の民間における集団結合を理想型的に図式化して

清流指導者――豪紳――諸生(門生故吏関係)

軍団指導者――豪俠――少年(任俠関係)

の二系統とすれば、この両者は文武の差を別として、社会的存在形態から見れば同一の性格をもち、同一の社会構造の中から生まれた存在であるといってよい。そして注意すべきことは、これを支える人間関係がきわめて個別的具体的なものであって、諸生の豪紳に対する関係、少年の豪俠に対する関係は諸生少年にとって絶対であり、他のいかな

る関係よりも優先する底のものである。それは直属の豪紳豪俠を越えて、その上の指導者に直接結びつくものではない。それが上級指導者に結びつくのは、それが直属する豪紳豪俠の、同じく個別的具体的な上級指導者への結びつきを通して、間接的につながるにすぎぬ。したがってそれは本来分散的独立的傾向をもちながらも、一方では共通の儒家的国家理念を基礎とし、濁流政府という共通の排除目標をもつことによって清流指導者＝豪紳が結集し、他方では軍団指導者＝豪俠が曹操と結ぶことによって、他の武力集団を共通の排除目標として結合したと解すべきである。そして曹操はこの両者の上に両足をふまえて立ったのである。

曹操の法術主義を執行する官僚は、こういった清流指導者からの系譜を引くものを中核として成立している。そして法術主義的統制の対象となるものは、この執行者と同じ性格の社会的存在である。そこにはおのずから限界があるのであって、すでに岡崎博士が喝破されたように、曹操の法術主義とは「時にとって宜しきを制するの方法を指すのであって、決して客観的標準を立てて一般秩序を定立する意味合をもつものではない」(注(25)参照)。それは秦の始皇帝の如く、客観的規定としての法を一律的徹底的に励行したのではない。本来法家が国家の蠹毒として最も弾圧したものは儒と俠とであった。(35) いまや儒と俠とが国家形成の基盤とさえなった状況において、法術の鋒先はにぶらざるをえないであろう。両者を隔てる四百余年の間に、社会の様相は一変しているといってよい。

このことは劉邦の集団と曹操の集団との相違にも関聯する。劉邦の集団は「言葉の正しい意味において豪族の構造に連るものではない(36)」。それは游俠の集団としての豪俠集団であり、俠客が豪族構造の内部に定着し包含された形での、すなわち豪族そのものが社会的に俠的性格において働くという意味での豪俠集団ではない。秦漢の交の豪俠集団が一般にかかる性格のものであったとすれば、それが生活集団から離れた政治的戦闘的集団であるがゆえに、その解散は容易であり、劉邦集団のみが優越的に他を支配し、もってパトリモニアルな支配機構を樹立しえたものと考える。

以上、私は曹操軍団の構成に内在する遠心的分散的性格を強調した。それは制度面からの求心的方向を省略した、一面的な見方であるかもしれない。しかしこの一面は、以後六朝の長い分裂時代を招来する先駆的要因として、極めて重要な意味をもつことを指摘するだけに止めたいと思う。

なお、ここで附け加えて注意すべきことは、曹操軍団の構成に内在したペルゼーンリッヒな結合関係――すなわち曹操と軍団指導者＝豪俠との間の任俠関係――が、そのまま持続進展して、そこから昇化した主従関係が曹魏政権下の華北社会をまとめる上での主軸になるといった事態にまではいたらなかったことである。むしろ、清流系指導者＝豪紳の系列、すなわち知識人たちが、横につらなる「士」の階層としての官僚層を形成し、タテにつながろうとする主従関係を横ざまに切断する作用をなしたことである。その点については、第Ⅰ部第二章および第四章に述べたので、その部分を参照していただきたい。

しかし、封建的な主従関係を形成する傾向は、六朝社会に根強く存在した。以下の第Ⅱ部第五章に述べる「門生故吏関係」も、その特殊なあらわれ方を示すものであるが、まず曹操と同時代、三世紀の孫呉政権下における江南社会において、その傾向がより強く見られるので、次章においてその考察を試みることにしよう。

(1)　漢制では、中央からもたらされる虎符を地方の太守のもとで契合して、はじめて発兵が許可される(程樹徳『漢律考』五、擅発兵条)。しかし非常の際、ことに漢末黄巾の横行するような無秩序状態では、それが忠実に励行されたかどうか疑なきを得ない。

(2)　『三国志』巻一武帝紀および巻九曹洪伝参照。曹操は起兵当初、友人の陳留太守張邈の部下衛玆の応援を得、そして衛玆は曹操のために積極的に働いた(『三国志』巻一武帝紀および巻二二衛臻伝)とあるが、衛玆の軍の統轄権はやはり張邈にあったと考える(同、巻七張邈伝)。したがって衛玆軍が太守の軍の一部として、漢の既成軍隊であったとしても、曹操軍には属さない。

(3) 濱口重國「後漢末曹操時代に於ける兵民の分離」(『秦漢隋唐史の研究』上巻、一九六六、東京大学出版会、所収)および何玆全「魏晋南朝的兵制」(『中央研究院歴史語言研究所集刊』十六本、一九四八)。

(4) 曹操は楽進をして本郡に帰って兵を募らせた。その兵千余人は、同郷人の集団として楽進に統轄させるのが最も有効な方法であったろう(『三国志』巻一七楽進伝)。なお一般例として同じく巻一七張遼伝参照。

(5) 「太祖既平冀州。遣(朱)霊将新兵五千人……太祖戒之曰。冀州新兵数承寛緩。暫見斉整。意尚怏怏。卿名先有威厳。善以道寛之。」(『三国志』巻一七徐晃伝注引『魏書』)。また、「初黄巾降。号青州兵。太祖寛之。故敢因縁為略。」(同、于禁伝)。また、「会太祖崩。(臧)覇所部及青州兵以為天下将乱。皆鳴鼓擅去。」(同、巻一八臧覇伝注引『魏略』)などがその例である。

(6) 史渙については『三国志』巻九夏侯惇伝の末の注に引く『魏書』参照。

(7) 濱口重國『唐王朝の賤人制度』(一九六六、東洋史研究会)所収。

(8) 宇都宮清吉「漢代における家と豪族」および「僮約研究」(『漢代社会経済史研究』一九五五、弘文堂、所収)参照。

(9) 増淵龍夫「漢代における民間秩序の構造と任俠的習俗」(『中国古代の社会と国家』一九六〇、弘文堂、所収)。

(10) 宮崎市定「遊俠に就て」(『アジア史研究』第一、一九五七、東洋史研究会、所収)。および増淵氏、前掲論文参照。

(11) 『三国志』巻二八諸葛誕伝、『晋書』巻一〇〇蘇峻伝参照。彼らは自己の戦力を強化するために、盛んに軽侠亡命を集めている。

(12) 濱口氏も「唐の賤民・部曲の成立過程」(前掲書所収)の中で、部曲が後に上級賤民の呼称となった理由を、他の賤民に比して平素の待遇がよかったことを一つの理由とされた。

(13) 「初北中郎将劉演距于石勒也。流人塢主張平・樊雅等在譙。演署平為予州刺史。雅為譙郡太守。又有董瞻・于武・謝浮等十余部。衆各数百。皆統属平。……(樊雅ら祖逖を攻む)蓬陂塢主陳川自号寧朔将軍陳留太守。逖遣使求救於川。川遣将李頭。率衆援之。……李頭之討樊雅也。力戦有勲。逖時獲雅駿馬。頭甚欲之。而不敢言。逖知其意。遂与之。頭感逖恩遇。毎歎曰。若得此人為主。吾死無恨。川聞而怒。遂殺頭。頭親党馮寵率其属四百人。帰于逖。」(『晋書』巻六二祖逖伝)。

(14) 「時塢主張平自称予州刺史。樊雅自号譙郡太守。各擁一城。衆数千人。帝以(桓)宣信厚。又与平・雅同州里。転宣為得参軍。使就平・雅。平・雅遣軍主簿。随宣詣丞相府。受節度。帝皆加四品将軍。」(『晋書』巻八一桓宣伝)。

(15) 「黄巾起。覇従陶謙撃破之。拝騎都尉。遂収兵於徐州。与孫観・呉敦・尹礼等並聚衆。覇為帥。屯於開陽。太祖之討呂布也。

覇等将兵助布。既禽布。覇自匿。太祖募索得覇。見而悦之。使覇招呉敦・尹礼・孫観・観兄康等。皆詣太祖。太祖以覇為琅邪相。敦利城。礼東莞。観北海。康城陽太守。割青徐二州。委之於覇。太祖之在兗州。以徐翕・毛暉為将。兗州乱。翕・暉皆叛。後兗州定。翕・暉亡命投覇。太祖語劉備。令語覇送二人首。覇謂備曰。覇所以能自立者。以不為此也。覇受公生全之恩。不敢違命。然王覇之君可以義告。願将軍為之辞。備以覇言白太祖。太祖歎息。謂覇曰。此古人之事。而君能行之。孤之願也。乃皆以翕・暉為郡守。」(『三国志』巻一八臧覇伝)。

(16)「太祖破袁譚於南皮。覇等会賀。覇因求遣子弟及諸将父兄家属詣鄴。太祖曰。諸君忠孝豈復在是。昔蕭何遣子弟入侍。而高祖不拒。耿純焚室輿櫬以従。而光武不逆。吾将何以易之哉。東州擾攘。覇等執義征暴。清定海岱。功莫大焉。皆封列侯。覇為都亭侯。加威虜将軍。」(『三国志』巻一八臧覇伝)。

(17)劫質の関係に入った二つの集団は、依然として対立抗争をやめない。『三国志』巻九夏侯惇伝に曹操の軍令が載せられているが、それは「自今已後。有持質者。皆当幷撃。勿顧質」という如く、集団結合をもたらさず、破壊的に作用するものである。

(18) Yang Lien-shêng, "Hostages in Chinese History," (*Harvard Journal of Asiatic Studies*, XV, 3-4, 1952).

(19)『説文解字』段注。増淵氏、前掲論文参照。

(20)加藤繁「支那と武士階級」(『史学雑誌』五〇編一号、一九三八)にも、質任は部曲をかかえる際の保護奉仕の契約であると説かれている。

(21)濱口重國「晋書武帝紀に見えたる部曲将、部曲督と質任」(前掲『唐王朝の賤人制度』所収)においては、質任が制度的に把えられている。しかし、それは習俗が慣習法化したものと見るべきであって、単に上からの制定法と考えるべきものではないと思う。

(22)「許褚字仲康。譙国譙人也。……漢末聚少年及宗族数千家。共堅壁以禦寇。……由是淮汝陳梁間。聞皆畏憚之。太祖徇淮汝。褚以衆帰太祖。太祖見而壮之曰。此吾樊噲也。即日拝都尉。引入宿衛。諸従褚俠客。皆以為虎士。」(『三国志』巻一八許褚伝)。この虎士は虎豹騎と応じて曹操の直轄軍に属することは疑ないが、虎士が常従の護衛兵であったかどうか、すなわち許褚が自分の手下の俠客を引きつれてそのまま禁衛軍になったかどうかにはいささか疑がある。しかし何茲全氏は宿衛隊長としての許褚がこれを率いたと解釈している(表2の註に引く「魏晋的中軍」参照)。

(23)　「初(許)褚所将為虎士者従征伐。太祖以為皆壮士也。同日拝為将。其後以功為将軍封侯者数十人。都尉校尉百余人。皆剣客也。」(『三国志』巻一八許褚伝)。こういった侠客＝剣客が魏軍の中堅として活躍したことはその性格を考える上に無視しえない。

(24)　漢の帝国軍隊の中においてさえ、すでに孫堅の游侠集団の如きものが重要な役割を果している(『三国志』巻四六孫堅伝)ことは、この時代の軍団が一般に豪侠集団の複合体であることを示す端的な例であるように思われる。なお、次章をも参照されたい。

(25)　岡崎文夫『魏晋南北朝通史』(一九三二、弘文堂)外編第一章第三節、第四節。

(26)　濱口重國「中国史上の古代社会問題に関する覚書」(前掲『唐王朝の賤人制度』所収)。

(27)　当時の文献には豪紳という言葉はない。これに当るものに冠蓋という語があるが(例えば『三国志』巻八張燕伝における用法)、これは余りに官吏そのものを指すようなニュアンスをもつので、言葉の選択に迷ったあげく、かりに豪紳と命名した。近世のそれと概念混淆をきたすことを恐れるが、より適切な表現が見つかるまで使用を許されたい。

(28)　鮑信は曹操と対等の、漢廷の官吏であった人であり、一般の諸将軍と同列に見るよりは、漢末の群雄の一人とみる方がより適切である。

(29)　李典は儒学を好み、『左伝』その他の群書を読んだといわれる。しかし太祖はその学問好きをほめて「試以治民之政」と書いてあるのを見ると、試験的に地方官をやらせる程度のものであったのかもしれない。「敬賢士大夫、恂恂若不及」とあるのも、彼が士大夫階級でなかったような響きをもつ(『三国志』巻一八李典伝)。

(30)　『三国志』巻二一劉廙伝注引『廙別伝』。

(31)　『水経注』巻七済水のところに鍾繇塢の存在が記されている。鍾繇の家は、代々清流勢力の代表者を出した。

(32)　『世説新語』徳行篇に、華歆と管寧がともに園中に鋤菜し、またともに読書していた話がある。二人が一緒に異国に游学していた時のこと(『三国志』巻一一管寧伝)ではあるまいか。また諸生が師の王裒のために麦を刈ったが、裒はこれを嫌った話がある(『三国志』巻一一王脩伝注引『王隠晋書』)。これも師のために麦を刈ることがよく行なわれたことを示すのではなかろうか。

(33)　史はこの時代の任侠者に対して「軽財好施」という表現を最も多く与えている。

(34)『後漢書』列伝五七党錮列伝序に「廚者言能以財救人者也」とあり、その八人の中、伝のある度尚と張邈はともに「軽財好施」として任俠者流である。
(35) 木村英一『法家思想の研究』一九四四、弘文堂。
(36) 守屋美都雄『中国古代の家族と国家』一九六八、東洋史研究会、一七七頁。

(原題「曹操軍団の構成について」一九五四年一一月『創立廿五周年記念論文集』京都大学人文科学研究所。一九七九年八月補訂)

第二章　孫呉政権と江南の開発領主制

は じ め に

曹魏政権の正式発足(二二〇年)につづいて、二二二年、孫権は建業を首都として呉の国を立てたが、この孫呉政権が割拠した江南の社会は、地理的風土的にはいうまでもなく、そこに残存した原住民族の問題からしても、華北とはかなり異った環境と歴史を背景にもっている。

遠いむかし、春秋から戦国時代にかけて、江南には呉・越の国ぐにが興ったが、越国はいうにおよばず、呉の国においても異民族の要素は強かったし、漢代になっても前二世紀後半までは、なお越族の半独立国が存在していた。その後の江南の異民族の状況は、史料面では漠としたものにはなるけれども、その系譜を引くと思われる山越の活躍は、後に詳述するように、三世紀の孫呉政権における最大の問題であった。このような事情を考えるならば、三世紀の江南は孫氏の呉国が建設されたことによって、はじめて漢民族による本格的な開発が強力に押し進められたといっても過言ではない。江南は漢民族にとっては、いわば辺境地帯であり、開発途上にある植民地にほかならなかった。三世紀の孫呉政権の支配下に、それは急速に開発されていったと思われるが、先進地帯としての華北とは、かなり様相を異にする社会であったことを、十分に認識しておく必要があるだろう。

私は本書の第I部において、華北の貴族制社会が二、三世紀の交における華北の大混乱をくぐりぬけて、いかにして形成されたかを問題とし、それを生みだした基本的な要素として、一つには豪族の力の伸張が広汎な範囲におこっていたということと、二つにはそれのストレートな伸張を妨げた郷論の広汎な存在――自立農民の主体的な力の盛り上がり――という二つの条件があったこと、したがって両者の間の激突が見られることを指摘した。これから問題にしようとする江南の社会にも、もし同じ時代に同様の条件がそろっていたならば、そこには独自の貴族制社会が生まれていたはずである。

ところが、やがて四世紀の初頭、八王の乱から永嘉の乱へとつづく華北の大混乱の中で、支配階層であった貴族の多くは、固有の基盤たる華北の地を離れ、江南の新天地に亡命して、そこで一部の江南一流豪族たちをくみこみつつ、彼ら華北貴族が主導する支配体制を新しく再生させ、維持していった。そのさい、もし江南に独自の貴族制社会が成立していたならば、華北から亡命してきた貴族たちを主体的に受け入れることはあっても、指導権まですべてそれに委ねることはありえなかったにちがいない。事態がそのように進展しなかったということは、三世紀における孫呉政権下の江南に、独自の貴族制社会を生みだす基本的な条件が欠けていた――すなわち、豪族の力の伸張も、自立農民の力の盛り上がりも、総体的に見て、いまだはるかに未熟な段階にあったのではないであろうか。このような問題関心は、四世紀初頭に華北から江南へ亡命してきた貴族たちが、固有の成立基盤を失った浮草のような存在でありながら、異った基盤をもつこの新天地に、何故にその支配体制を再建することができたのか、という問題と密接に関連する。私はこのような問題をも含めて、まず三世紀の江南社会の状況を考えてみようと思う。

一　孫呉政権の成立

まず検討すべきことは、呉郡富春(杭州西南)の孫氏が創建した呉の国の性格である。それは従来しばしばいわれてきたように、富春の豪族孫氏を中心とする江南土着豪族たちの政権として、単純に規定できるのであろうか。

確かに呉県(蘇州一帯)と会稽(紹興一帯)を中心とする豪族の伸張には著しいものがあったけれども、富春の孫氏自体は呉の顧氏や陸氏に比せられるほどの有力な豪族であったとは思われない。そもそも富春という土地は、江南における漢民族の植民地としては、当時最前線に位置する町の一つであって、蛮族たちの襲撃をうける危険に常にさらされていた。孫策が揚子江下流デルタ一帯の江南を大体制圧して、二〇〇年に死んだときでさえ、富春の町の役人たちが孫策の葬儀にかけつけようとすると、「鄰県の山民が奸変を起こすかもしれぬ。城郭をすてて遠くに出かければ、必ず不測の事態を招くであろう」との危惧があったため、彼らは町に留まって喪に服した、という。(1) また、富春の東南にあたる会稽の剡県においては、豪族の斯従という男が県の役人になっていたが、これが周辺の山越と気脈を通じて不法を働き、「今日それを治《こら》しめれば、明日にも寇《あだ》の至る」さまであって、事実その役人を死刑に処したところ、その一味千人あまりが剡県を襲撃してきた。(2) 山越は後に詳述するように、江南の原住民であって、それはまさに西部劇に出るフロンティアの第一線基地を彷彿させる状況である。そのような地方では、インディアンにも似た山越に対処するのが精一杯であって、孫氏のごときそれほど大きくない豪族が、その地の民衆を結集して、江南一円に独立政権をうちたてる余裕はなかったと思われる。孫堅・孫策父子の鋒起は、このような状況の富春からではなく、それとは遠く離れた揚子江の北においてであったことを注意しなければならない。

孫堅は若いときから、そのような辺境の町の顔役の一人であった。人々からはむしろ、あんな男に娘をやりたくないと思われるような「軽狡《わる》」であった。(3) しかし戦争にはめっぽう強く、その功績によって、漢政府から江北の塩瀆県の次官に任命され、それを振り出しに江淮の間の諸県の次官を次々に務めるようになったのである。たまたま一八四年、黄巾の乱が起こったとき、下邳県の次官であった孫堅は、漢帝国の将軍朱儁の下で一部隊を組織し、それを指揮して従軍した。その部隊は孫堅に従って下邳に来ていた江淮の間の「少年《ちんぴら》」や「淮泗の精兵」など、合わせて千人ばかりからなっていた。[4] つまり、それは富春における豪族としての力を結集して、それを中心に軍隊を編制したのでは全然なく、故郷から遠く離れた江淮の間で、無頼の流れものを狩り集めて編制した軍隊であった。孫堅はこのような、いわば無頼任俠者集団の長として、これを自己の勢力の中核としながら、一九二年に戦死するまでの約九年間は、主として揚子江の北で活躍する。ただそのうち、一八七年の後半から一八九年いっぱいまで、約二年あまりの間は、長沙太守として今の湖南省で活動するが、そのときでもなお江南に割拠する意図は持たず、故郷富春との関係もまたほとんどない。ただ、富春では、孫堅の壮挙を聞いた弟の孫静が「郷曲および宗室五、六百人を糾合して、もって保障をなし(恐らく砦か何かを作って立てこもり)、衆はことごとくこれに附いた」[5] というが、これも孫氏の江南制圧と直接関係するほどの意味はもたない。

　孫堅が湖北省で戦死すると、右に述べたような性格の彼の中核部隊は、孫賁に率いられて袁術に帰属し、その直接指揮下に接収された。一方、孫堅の子の孫策はそのときわずか十七歳であったが、江北の寿春から舒県にかけて、独力で作りあげてきた個人的な人間関係を結集し、母方の叔父にあたる丹陽郡長官呉景の協力を得て兵士数百人を募集する一方、袁術から父の「部曲」千人あまりを返還してもらうことによって、自己の兵力の中核を形成した。孫策もまた父と同様に、江淮の間における無頼任俠者の集団を自己の中心勢力としたということができる。

　孫策はこのような勢力を基礎にし、江南に割拠して、袁術から離脱する意図を固めていった。一九五年に始まる本格的な江南進出作戦では、軍規整然として「一も犯すところなく」、「降服するものは前歴を一切不問に附す。従軍希望者が一人あれば、その一家は賦役を免除する。従軍を希望しないものには強制しない」との布告を諸県に出したため、「旬日の間に四方から雲集して、現有兵力二万あまり、馬は千頭を越え、威風は江東を震わせて形勢いよいよ盛んであった」という(6)。それは江南在地の住民を掌握して、これを自己の地盤とするための具体的な最初の施策であった。そして、この線に沿って呉や会稽などの有力豪族を自己の陣営に引き入れる工作も進められる。江南の土着豪族にとってもまた、江南の各地に弱小権力が割拠する状況よりも、江南全体をうって一丸とする強力な政権の樹立を望んでいた。なぜなら、後に述べるように、当時の江南は開発途上にある植民地にほかならなかったからであり。開発を強力に進めるための権力をうち立てることが、彼らの共通の課題となりえたからである。このことを理解するためには、当時の江南における原住民たる山越問題を概観する必要があるが、以上に述べてきたことを、ここでまず要約しておこう。

孫呉政権は江北の任俠無頼者集団を中核とする軍事勢力が江南に渡り、それが江南の在地豪族と協力することによって、はじめて独立の政権を樹立することができたのであった。すでに大川富士夫氏が指摘されたように、孫呉政権の人的構成は江北系と江南系とがほとんど相半ばする(7)。このことは、江南在地の豪族勢力だけでは、いまだ自立的な軍事政権を樹立できなかったことを示すものであり、ひいては呉と会稽以外の江南一般では、在地豪族の成長が未熟であったことを示唆するように思われる。なお、孫呉政権の中核的形成力が無頼任俠者たちであったということは、孫堅父子と諸将軍との関係の任俠的性格を示すであろう。

では次に、当時の江南が開発途上にある植民地的な社会であり、従ってここに成立した孫呉政権の性格が、そのような植民地的社会のありかたから深く規定される面を理解するために、先般来ときおり触れてきた江南の原住民——山越——の問題を概観しておこう。

二　山越問題

山越は孫呉政権にとってきわめて重要な問題であった。『三国志』の著者陳寿はいう。「山越は好んで叛乱をなし、安んじがたく、動きやすい。さればこそ孫権は外への防禦にいとまなく、魏に対して辞を低くしたのだ」と。(8) 実際に、孫権は張温を蜀に使節として派遣するとき、「もし山越がすべて除かれれば、そこで大いに蜀に対して事を構えるであろう」と告げている。(9) それは孫呉政権の行動を内部から大きく制肘するものであった。さきに富春や剡県の例に見たように、山越の活動する地域に近接した町々は、大きな不安にさらされていた。しかもその地域の広大さは、左にのせた山越分布図によって容易に了解されるであろう。では、その山越とはいかなる民族であり、その文化や社会はいかなるものと考えられるであろうか。

山越が春秋戦国時代にこの地方に国を立てた「越」族の後であろうということについては、諸学者の間に異論はない。いわゆる「文身断髪」と記されるこの越族、少なくとも戦国時代の越国を立てた部族は、前漢時代に、左の分布図でいえば臨海郡にあたる一帯に東甌王国を、建安郡にあたる一帯に閩越王国を立て、漢帝国の保護下にはあったが、事実上、独立を保っていた。呉楚七国の乱のとき、敗走してきた呉王濞が東甌国の兵によって丹徒(南京の東)で殺されているのを見れば、そのときには南京あたりまで越族の勢力が伸びていたらしい。そのご東甌国は前一三八年に、閩越国は前一一〇年に、漢帝国によって独立を奪われたが、もとより越族がそれによって雲散霧消したわけではない。前漢・後漢の両政府とも、この地方に都尉などを置いて越族の鎮撫に当らせ、漢人が次第にこの地方に入るとともに、越族もまた漢文化を受容していったであろう。しかし、かつての東甌国にあたる臨海郡には、越族のもっとも原型に

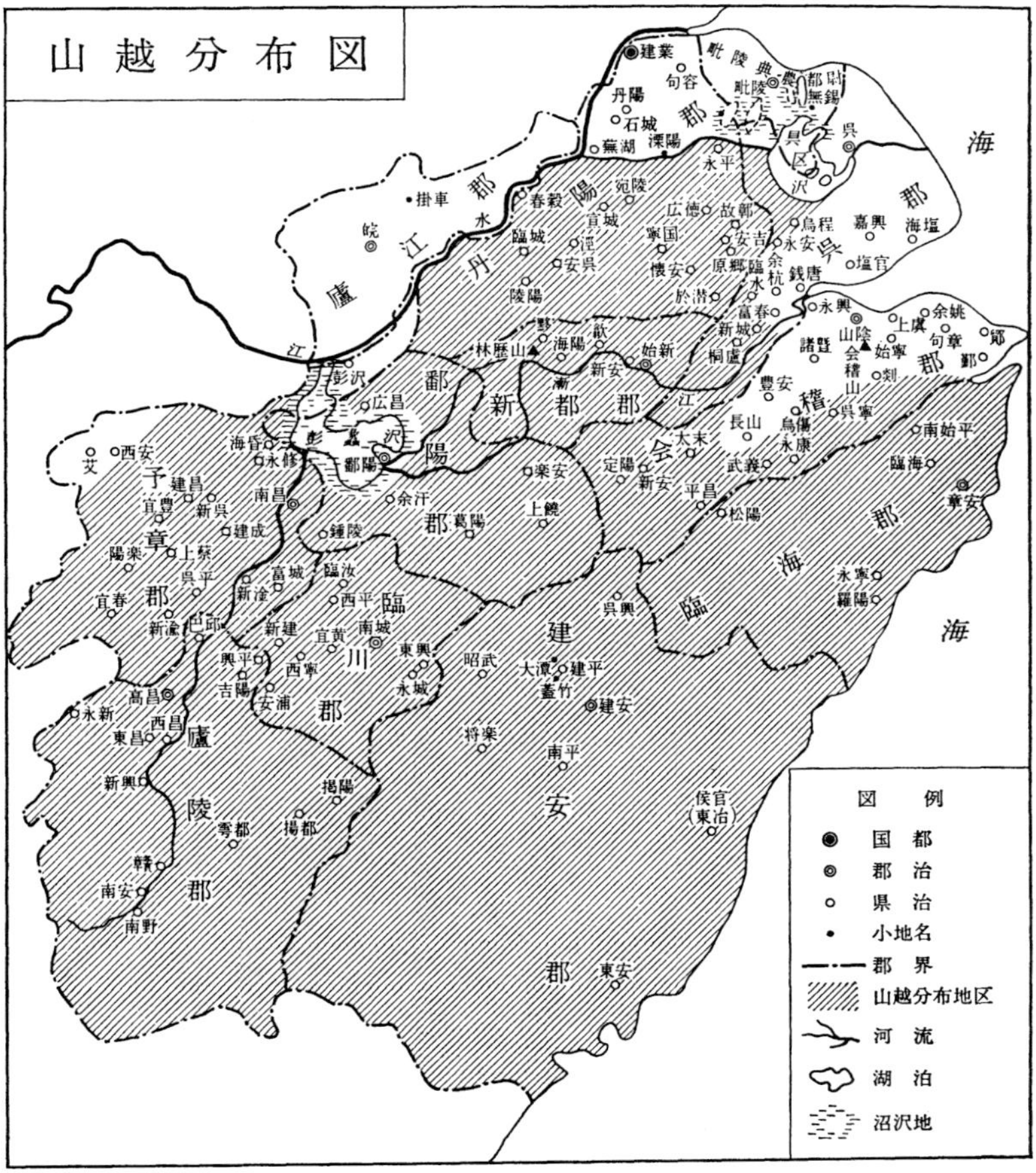

陳可艮「東越，山越的来源和発展」(『歴史論叢』第1輯，1964，北京)にのせられた地図を借用した．この図の西と南は郡界を境にして白地になっているが，実際は西と南にも分布していた．ただし，西の方は武陵蛮などの異種に漸次移行するらしい．

近いかと思われる種族が、かなり後まで残存し、それに関する記述が、いま問題にしている呉の時代に、沈瑩(?—二八〇)によって書き残されている。それは『臨海水土志』[10]などと呼ばれる当時の地方志で、現在は断片としてしか見られないが、その記述を意訳すると、次のようである。

「安家の民」というのは、みな深山に住み、「桟格」の上に組み立てられた屋舎は楼のような形である。衣食住や被飾は「夷洲」[11](台湾)の民に似ている。父母が死ぬと、犬を殺して祭る。四角の箱を作って死体を入れ、飲酒歌舞しおわると、高山の岩のあたりに吊りかけ、土葬して塚墓を作ることはしない。男女はすべて、はき物をつけない。いまの「安陽・羅江県」あたりの住民はその子孫である。彼らはみな猿の頭のスープを好む……

「いまの安陽・羅江県」というのは、現在でいえば、浙江省南部の瑞安(温州市の南)から福建省北部の連江(福州市の北)にかけての海岸一帯である。沈瑩によれば、そのあたりの住民は「安家の民」の子孫である、というが、呉の時代に右の記述を残しうるような習俗が、この一帯で実際に行なわれていたのであろう。「安家の民」に似るという「夷洲」すなわち台湾の住民について、沈瑩はさらにいう。

夷洲は臨海の東南にあり、郡役所から「二千里」離れている。土地には雪も霜も降らず、草木は枯れない。四方は山と谷で、「山夷」が住んでいる。山頂に越王の射的というまっ白なものがあるが、それは石である。この「夷」はそれぞれ王と称し、土地人民を区分けして、各自別々になっている。人民はみな頭を髡《そ》り、耳に穴をあけている。女は耳に穴をあけぬ。室を作って住み、荊を植えて蕃鄣《かきね》にしている。土地は肥沃で、すでに五穀を生《そだ》てている。また魚肉が多い。舅姑《おじおば》・子婦《むすこよめ》・男女が寝るときは大きな牀《ベッド》をいっしょに使い、交わるときにもそれぞれ避けあうことはない。「細布」も作れるし、「斑文布」も作れる。其の内に刻画し、文章《もよう》をつけて飾好《かざり》にしている。その地に銅・鉄が出るが、もっぱら鹿のつので矛を作って戦闘し、「青石」を磨いて「矢鏃《やじり》・刃斧・鐶貫・

珠瑠」を作るだけである。飲食は「不潔」で、生の魚肉を取り、いっしょくたに大きな器に貯えて塩漬にし、一月以上たって食う。これを「上餚《ごちそう》」だと思っている。人民のことを「弥麟」と呼ぶ。召集する場合には、十丈以上もある大きな中空の材木を「中庭《ひろば》」に著《す》え、一方、そばから大きな杵でこれを突くと、太鼓のような音がして「四、五里」にも聞こえる。人民はこれを聞いて集会にかけつける。飲食にはみな「踞」して向きあい、木をえぐった「豨槽《ぶたおけ》」のような形の器に「魚肉腥臊《なまぐさ》」の入ったものを「十十五五」いっしょに食う。「粟」で酒を作って木槽に貯え、七寸ばかりの大きな竹筒で飲む。犬が吼えるような歌をうたって楽しみあう。人の頭《くび》を手に入れると、脳をえぐりとり、顔の皮を剝いで骨を残し、犬の毛を染めたもので鬚・眉・髪を作り、「貝歯」を編《つら》ねて口を作り、戦闘にのぞむときに使う。仮面のような形である。これは「夷王」が身につける。戦争で人頭を手に入れると、首につけて帰り、「中庭」に高さ十丈あまりの一本の大きな材木を立て、手に入れた頭をたがいちがいにかけて、年がたってもおろさない。その勲功を顕示するのである。また、甲の家に娘がおり、乙の家に男がいると、そのまま父母をすててそこに行って住みつき、夫婦になっていっしょに暮らす。女がとつぐときは、みな上側の前歯一本を欠去する。

右の記述からすれば、「夷洲の民」とそれに相似るという「安家の民」の生活慣習・文化様式は、凌純声氏が整理していうように、(1)高床式住居、(2)崖葬(12)(洗骨葬ともいう)、(3)首狩り、(4)欠歯、(5)木鼓、(6)犬祭り、などの特徴をそなえており、このような特徴をもつ文化はシノ＝タイ語族、マレイ＝ポリネシア語族の区別を越えて、中国南部から東南アジア、太平洋諸島(日本をも含む)にまで広く跡付けられる。(13) それは両語族の関係について大きな問題を投げかけるものであり、両語族が分化する以前の、未分化のシノチベタン＝オーストロネジアン複合群 Undifferentiated Sinotibetan-Austronesian Complex を設定する仮説さえ提示されているが、(14) いまそのような問題はさておいて、我々は呉の時代の山越の、少なくとも最も原始的な種族のイメージとして、かの台湾の「生蕃」——あえて古い言葉のもつ印象に頼る——を思い浮べれば、当らずといえども遠くないように思われる。

もちろん戦国時代の越族の文化は、現在の考古学でいう「幾何形印紋陶器」の文化に比定され、そこには銅器の相当広汎な使用と小規模な鋳造が見られる。(15)ところが、右の沈瑩の記述する台湾の住民は、なお石器を主とする段階にあるようであるから、浙江から福建にかけてのいわゆる「安家の民」は「夷洲の民」に似るとはいうものの、当時の台湾人よりいくらか進んだ段階にあったかもしれない。

ところで、現在の東南アジア考古学や民族学から想定される原《プロト》マレイ＝ポリネシアンの社会では、焼畑農耕によってイモなどの根茎類や果物の栽培を行なうほか、稲と粟をも植えており——沈瑩のいう「五穀を生ず」に応ずる——、部落単位に限られたその各部落——沈瑩のいう「荊を植えて蕃鄣となす」——では大体内婚制をとって、他の部落とはほとんど行き来しない。部落のなかには部落の長——沈瑩のいう「王」——がいるが、実際には家族の長たちの会議による、いわゆる長老政治 gerontocracy が行なわれていた、という。(16)

以上に想定した越族の文化と社会は、そのなかでも恐らくは最も原始的な「安家」種族にある程度妥当するに過ぎないものであって、漢民族の文化に接触する程度が深まるにつれて、もちろん状況は変質するであろう。ことに各部落の閉鎖性という点は、戦国時代からすでに越王国を形成し、また後に触れるように、三国呉の時代に「宗部」と呼ばれる大きな組織を作りえたことからすれば、かなり割引いて考えねばならぬ。また、焼畑農業の段階はすでに超克されて、定着した稲作農耕が行なわれていたであろう。(17)しかし、右に想定した越族の純粋型に類似する慣習は、漢民族と接するところでも、そして三国呉のころでも、なおかなり保存されていたように思われる。

『後漢書』の劉寵伝によれば、後漢も終りに近いころ、会稽郡長官の劉寵が都に召還されるとき、その任期中に淳朴な「山民」に善政を施したというので、「眉は半白、髪はまっ白な五、六人の老人が若邪山谷の間《あたり》から出てきて、各人が百銭づつ携えて劉寵を送りにきた。……そしていう。『山谷のしがない私らは、郡のお役所を目にいたすのも今がはじめて。他の長官の時には役人どもが私らのところへ徴発にまいり、夜になっても絶えぬありさま。犬が夜どおし吠えることもあって、民はおちおちできませなんだ。明府《との》が着任なされて以来……大いに治まりまして』と」。これは後漢時代からすでに開発が大いに進んでいた会稽山陰(紹興)でのことであって、漢の貨幣が入っている「山民」の部落でも、なお長老政治の名残りがあったように感じられる。

また、呉から西晋にかけて活躍した周処の『陽羨風土記』には、「越の俗」として、交誼を契る儀礼に白犬をもって祭ることが記され、また酒宴のときには「槃を鼓《たた》いて音楽を演ずる。幅一尺六寸の円槃をとり、抱いて腹につけ、右手の五指でかわるがわるこれを弾じて節をとり、舞うものは節に応じて挙動する」という。[18] 前者は「安家」種族の犬祭りと関連し、後者は「夷洲の民」の木鼓[19]に通ずるものを思わせる。陽羨は今の宜興で、太湖の西岸にあり、山越分布の北限に近い。周処はその地の産で[20]、その『陽羨風土記』は必ずしもこの地方の風俗だけを記したものではないが、そこにいう「越の俗」は少なくとも彼が実際に見聞したものであろう。

このような「山越」は、もちろん言語の上でも漢民族とは異なっていた。後漢の末期に近いころ、丹陽郡宣城県(前掲分布図参照)の長官となった抗徐は「深林遠藪にいる椎髻鳥語の人をすべて移して県の附近に住まわせた」[21]。漢人から見て、鳥がさえずるような言語とは、例えば晋の郭璞の『方言注』にいう「江南の山夷は虎を呼んで䖘となす。音は狗竇 koutou」のような言葉であった。松本信広氏の指摘によれば、タイ語系統の言語では ku は一種の接頭辞であり、虎を意味する音は tou であって、これは苗語の t'ó'u、猓族の dié、獞族の ku-tailah、さては日本語の tora とさえ同系統に属するであろう、という[22]。もちろん言語学的には、このようなわずかな資料だけで決定的なことはいえないが、現在の蘇州語に、代名詞の近称・中称・遠称の三系列が存在すること、[23] そしてこのような三系列の存在が南方系諸語の特徴であること、をも合わせて考えるならば、戦国時代の越族から山越にいたる南方系民族が、江南に対して及ぼした影響の深さをあらためて思わざるをえないのである。

私は以上、長々と山越の未開性および漢民族との異質性を述べてきた。しかし、だからといって、広大な地域に分布する呉の時代の山越が、すべて漢民族と異質な南方系未開民族であると一括してしまうには、なお検討すべき問題が残っている。それは漢民族と越族との混血、後者の前者への同化の問題である。いうまでもなく、漢代から県や都尉の設置と相応じて漢人の入植者は次第に増加していたはずであり、「逋亡宿悪」[24] つまり賦役を免れるために亡命したものや罪を犯した連中が、丹陽郡その他の地勢険阻な山越居住区にかなり多く逃げこんでいた。混血と同化は必然的に進行する。しかし、同化の具体的な状況を示す資料がない現状では、同化の進行度をどう評価するかは、学者の主観に左右されるところがかなり大きいように思われる。中国の学者のなかでは、呂思勉・唐長孺といったすぐれた学者ほど、漢民族の同化力を高く評価する傾向が見られるのは、私には興味深く感じられる。呂思勉氏のごときは、先に引用した「椎髻鳥語の人」さえもすべて漢人と解釈し、このような表現を使った『後漢書』の著者范曄の措辞を非難して、「妄飾の譏りを免れがたい」と決めつけている。[25] 呂氏によれば、「三国時代の山越は、越の地に入居した中国人である」ということになるが、唐長孺氏も大体呂氏の考えを継承し、「山越は名称からすれば一種の種族を表示するものではあるが、実質上は、福建・江西など二、三の辺鄙な地域を除けば、ただ山地にいる南方土着民と見るほかなく」、「山に居た越人はすでに漢族と区別しがたくなっていた」と述べている。[26]

しかし、興味あることに、呂・唐両氏ほど有名でない諸学者は、山越を蛮族として扱うのが一般である。[27] 清朝の有名な学者である何焯さえ、「宗部」「宗賊」などの「宗」という字は四川省東部にいた蛮族の「賨」と同義かと疑った。[28]

何焯の説は唐氏がいうように成立しがたいと思われるが、[29] しかし、正史における山越・山民・宗部・宗賊などの記述は、平心に読めば、何焯をして蛮族の賨かと疑わしめ、一般の学者をして容易に蛮族とみなさしめるに充分な印象を与えるのである。

私はこの際は、碩学の呂・唐両氏よりも、むしろ一般学者の素朴な印象に同調する。ただし、山越がすべて「安家の民」のような未開な蛮族であったというのでは決してない。漢民族による同化が着々と進んでいたことはもちろん認めねばならない。しかし、山越がときに山民と書かれているとしても、そしてまた、かなりの漢人がそのなかに確かに入っているとしても、それが蛮夷的性格をもつことは何としても否定できない。孫呉政権による山越討伐は、日本史上でいうならば、まさしく源氏の蝦夷征伐に比せられる。関東北部から東北地方にかけての蝦夷地では、いうまでもなくすでに日本民族への同化が大いに進んでいた。阿倍氏や清原氏はもちろん早くから蝦夷討伐に入った旧族であろう。これらの豪族や、王朝文化を取り入れて、それ自身日本人の骨格をもつ藤原秀衡・泰衡らの豪族は、すでに入植していた日本人や日本人化しつつある蝦夷をひきいて、そこに源氏に対する隠然たる一敵国を形成していた。しかし、山民を統率する「旧族名帥」[30] のなかに、漢人がまじっていたとしても、彼らが陸奥藤原氏ほどに開化していた形跡はみられない。が、ともあれ、孫呉政権時代の山越と、それをめぐる歴史的境位は、平安末期から鎌倉時代にかけての蝦夷と東国の状況を想像するならば、我々にとってかなり理解しやすくなるように思われる。

以上、私は山越問題について多くの紙数を費やしてきたが、山越を蛮夷的性格の強いものと見るか、唐長孺氏のように「一般人民と何らの区別もない」ものと見るかということが、実は孫呉政権下の江南社会に対する理解に大きく関連するからである。私のように、山越の蛮夷的性格を重く見るならば、当時の江南は未開発の場所を多く残した植民地的社会として理解され、孫呉政権が山越討伐を進めながら、その支配基盤を固める過程は、軍政的な植民地支配の貫徹という形で理解される。しかし唐長孺氏のように見るならば、その植民地的性格は稀薄化する。むしろ、華北の社会と同質のものとして理解されるのである。実際に、唐長孺氏の理解に従えば、山越は一般人民と何ら区別はない故に、それの形成する「宗部」とは、山民が大族の下に結成した宗族集団であり、それは当時の華北や江南の漢族社会に普遍的に見られるところの「宗族・郷里を中心とする武装組織」と同じである。従って、孫呉政権が山越の宗部の抵抗を粉砕しながら江南に国を建てたことは、「孫氏を頭《かしら》とする若干の宗族の、その他各個の宗族集団すなわち宗部に対する勝利」であり、それは「曹魏の建国が、若干の宗族連盟の、敵対する宗族連盟に対する勝利であるのと同じ(31)」ことになるのである。

しかし、宗部を組織して抵抗する山越の集団は、例えば曹操に敵対する袁紹の豪族集団と同じ性格をもつと、はたしていいきれるのであろうか。宗部のなかには、漢族社会における豪族集団とはかなり異質の、例えば部落連合といったものもありうるのではないであろうか。「宗部」の実体をさぐりうる資料はきわめて乏しい。唐氏が自説の根拠とする会稽剡県の「大族」斯従の例(一四五頁参照)は、その一つの形ではありえても、それをもって他の形の存在を否定することはできないであろう。

かくて江南社会の究明は、山越ないし山越の形成する宗部の分析からするのみでは決定的なことはいいがたい。むしろ孫呉政権が山越を征服し、宗部を崩壊させながら、うち立てていった支配体制のなかから、江南社会の当時の実体をさぐることはできないであろうか。次にその方向から、孫呉政権の性格とその支配下の社会の姿を考えてみよう。

三　孫呉政権下の開発領主制的社会

孫呉政権には、周知のように当時の華北ではみられない特殊な制度が存在する。その最も顕著なものは、いわゆる「世兵制」であって、呉国の将軍たちは父子兄弟の間で麾下の軍隊を世襲的に継承することができた。それが呉一代を通じて、半世紀以上もの長い間、制度として認められていたのである。将軍が自己の率いる軍隊を世襲的に継承すれば、その軍隊が将軍の私兵的性格を強め、それぞれの軍団が強い独立性をおびて行くことはいうまでもない。制度としてそれが認められたということは、武力を基礎とする呉の国家というものが、私兵集団の連合体という性格をおびることを意味するであろう。

当時の華北では、世襲的な軍団は制度としてはなかったが、事実としては一時的にないでもなかった。乗氏県の豪族たる李乾——李整——李典へと継承された私兵部隊がそれであり、第I部第二章で私はこれを「豪族の領主化傾向」を示すものとして把えた。しかしその李典は、曹操の華北平定が明らかになってきたとき、この実績をみずから放棄した。それはすでに指摘したように、華北では豪族の武人領主化をはばむ力が強く働いていたからであった。しかし江南では、世襲的軍隊が制度として公認されたということは、武人領主化をはばむ力が華北よりも遙かに弱かったこと、孫呉政権自体がむしろ武人領主化の傾向を推進する性格をもっていたことを示唆する。江南は華北とはかなり様相を異にする。

以上のような、呉の諸将軍のもつ世襲軍団を支える経済的な基盤として、まず挙げられるのは「奉邑制」である。すでに先学によって明らかにされているように、奉邑は「孫氏が将領の主なるものに対し、麾下の軍隊の給養費として一県ないし数県を与えた」ものであって、その将軍は「奉邑から上る租賦をおのが自由に使用し得たのであろう」(32)。そしてまた、その将軍は、奉邑として与えられた県の「長吏」、つまり令・長・丞・尉を自由に任命する権限を認められていた(33)。与えられた奉邑を、このようにほぼ十全に支配する権利を認められた将軍は、事実上もはやその地域の武人領主的存在と考えてよいだろう。

　しかし、奉邑を与えられた将軍は、『三国志』の「呉書」に記されている限りでは、呉の諸将軍のなかの一部に過ぎなかったらしい。その出自を調べてみると、孫氏の一族を除けば、ほとんど江北の出身者であって、江南出身者は巴郡臨江(四川省忠県)の甘寧を加えても、丹陽故鄣出身の朱治との二人に過ぎない。このことは、軍団を給養するための奉邑を与えるに際して、江北から移動してきた流れもの的無頼集団の安定が、優先的に考慮されたことを示唆するように思われる。実際に、朱・張・顧・陸のいわゆる呉郡の四姓や、虞・魏・孔・賀の会稽四姓など、江南の在地豪族で呉の将軍になったものは、奉邑を与えられるまでもなく、自己の私兵部隊を充分に給養できる経済的基礎をもっていたはずである。「牛羊が原隰を掩い、田池は千里に布く」その広大な所有地では、彼らの「僮僕が軍を成し、門を閉じて市《いち》を為す[34]」ありさまであって、彼らが「兵を陳《つら》ねて帰ると、兵器庫は内に設備が整っている[35]」のであった。彼らのもとにある多数の佃客は、いつでも私兵に転化できたし、私兵は平時には佃客に転じえたのである。そして、法的には官兵であっても、それが事実上、これらの豪族の私役に使われることが避けられない状況であった[36]。在地豪族の領主化傾向は、江南では華北よりもはるかに強かったと考えてよいと思う。

　なお、奉邑制に関してもう一つ気のつくことは、その所在地が、(1)首都建業の東部一帯、(2)荊州一帯(現在の武漢以西の揚子江と漢水沿線)と武漢以東の揚子江中流沿岸、(3)当時の丹陽郡、つまり安徽省南部山地への入口附近、を中心に分布していることである。それは奉邑とそれによって養われる軍団が、(1)首都の護衛と東部へのにらみ、(2)魏・蜀に対する防衛　(3)江南奥地の山越に対する制圧、を主目的として設置されたことを示唆する。

　ところで、濱口重國氏が説かれるように、呉の王朝が成立して以後は「奉邑制」が廃止され、将軍個人の栄誉と将軍一家の経済を顧慮する「封爵制」にきりかえられた[37]とすれば、奉邑制によって養われていた軍団は、その廃止後は何によって給養されたのであろうか。それが国家財政から支出されたとしても、それはどんな形であったろうか。
最も普通に行なわれた軍団給養の方法は、軍団自身による屯田であったろう。かつて首都東辺の奉邑であった毗陵には、赤烏年間に諸郡から「部伍を出し、新都都尉の陳表と呉郡都尉の顧承は各おの所領の人を率いて毗陵に会佃し、男女おのおの数万口」に上った。[38] このような屯田は、単に毗陵一県に限らない。万縄楠氏が指摘するごとく、首都周辺の丹陽・晋陵一帯は孫呉政権下では大規模な屯田地域であった。[39] そのほか、今の江西省にある尋陽では、もともと屯田が置かれ、廬江郡長官であった将軍の呂蒙にその屯田の六百戸が与えられたのち、この尋陽自体が奉邑として呂蒙に与えられている。[40] つまり、屯田は丹陽・晋陵一帯に限らず、各地に存在しうるのであり、屯田地域と奉邑とは互に移行しやすいものであった。

そもそも呉においては、唐長孺氏が指摘するように、孫権時代の「戦士は他の役使に給《あ》てず、春には惟だ農を知し、秋には惟だ稲を収めるのみで、江渚に事があれば、その死効を責めた」のであって、彼らは「もっぱら戦闘に従事するだけの戦士では決してなく」、「孫呉の兵士は農耕の任務を負うものであった」[41]。ということは、諸将軍の率いる私兵的色彩の濃厚な各世襲軍団は、原則として屯田形式をとりながら、それぞれ自給に努めることを建て前としていたことになる。

もちろん各自がすべて屯田によってまかなうことができたかどうかは問題であり、また各軍団の事情によって自給度に差異があったであろう。『三国志』巻五七の朱拠伝によれば、嘉禾五年(二三六)に呉の政府が大型の五百銭銅貨を鋳造したのち、当時左将軍として恐らく湖熟に駐屯していた朱拠の軍隊は、軍費として「三万緡」を支給されるはずであったが、「工」――恐らく造幣局技師――がそれを横領してしまった。犯人不明中に、朱拠軍団の出納責任者が取調べられ、杖刑をうけて死んだうえ、「典校」つまり監察官が朱拠自身にも嫌疑をかけて、朱拠は「罪を待つ」

身となった。しかし幸いに真犯人が見つかって、逆に監察官が処罰されたという。この事実は、必要な軍団に国家財政から多額の軍費が支出される場合があったこと、そして、そのような支出に監察官が絶えず目を光らせていたこと、を示している。軍団によっては、孫氏の中央政府から財政的行政的にこのようなかなり強い拘束をうけるものもあったが、しかしこれがすべての軍団に通用するかどうかは疑問である。なぜなら、朱拠の場合は、呉の中央政府の官僚から将軍として転出した経歴をもち、その軍団が比較的新しく組織されたらしく思われるからである。ともかく、各軍団は屯田による自給を建て前としながら、その不足分または不時の必要分は国家財政から補塡される。補塡の程度は各軍団の事情によって差異があろうが、補塡量が増すにつれて、中央からの統制力は当然強まると考えてよいであろう。

各軍団が屯田による自給を建て前としていたとすれば、それが可能なためには広大な荒蕪地・未開墾地がいたるところに存在していたと考えねばならぬ。首都近辺の丹陽地区などでは、実際にクリークの掘鑿による「湖田」の干拓造成も試みられている。[42] 蘇州一帯や紹興近辺は早くから開発が進んでいたが、当時の江南では一般になお多くの未墾地が開発を待っていたと考えられる。各地に配置された屯田軍は、むしろ土地開発の面において大きな役割を果たし、いわば開発の尖兵と考えてよいものであった。

孫呉政権下の兵士は、かくて開発のための労働力という性格を強くもつ。いうまでもなく、開発のためには多大の労働力を必要とする。未墾地の多いときに最も必要なものは労働力である。しからば労働力はどこに求められるか。それがまさしく山越地区にほかならない。唐長孺氏はいう。「孫呉一代の山越地区経営の目的は、疆土を開くことにあるのではなくて、労働力に対する支配を拡大するところにあった」[43]と。唐氏のこの指摘を、私は最も高く評価する。山越討伐は直接には植民地獲得戦争ではなく、平俗な言葉を使えば、人狩り戦争であり、極端な表現を使えば、奴隷獲得戦争であった。征服されたり降服した山民は征討将軍や部将たちに分給され(44)、その「彊《つよ》き者は兵となし、羸《よわ》き者は戸に補した」。呉郡の名族陸遜は丹陽の山越を討って数万の精兵を獲得し、また会稽郡長官からは「民人を枉取するもの」として告発されている(45)。人狩り戦争には、江北から移ってきた将軍だけでなく、むしろ江南の在地豪族たちもきわめて熱心であった。

いま述べたように、山越討伐を労働力獲得戦争であるとする唐長孺氏の理解に私は全面的に賛成する。しかし、この理解は、先に述べた唐氏の説、すなわち孫呉政権の、宗部組織をもった山越に対する戦いが、「孫氏を頭《かしら》とする若干の宗族の、他の宗族集団＝宗部に対する勝利」を意味し、宗部＝宗族集団を漢族の豪族集団と同質のものと解する説にいささか抵触するのではないであろうか。なぜなら、漢族社会の内部における豪族集団の間の戦争には、右のような人狩り的な様相は、絶無とはいえないとしても、もはやそれほど顕著ではないからである。唐氏の「労働力獲得戦争説」は、江南社会を華北と等質の社会と見る立場とはむしろ抵触し、江南社会を後進的な辺境地域の社会と見、山越の未開な面を重視する立場とむしろ整合的に結びつくように思われるのである。

さて、獲得された山民は、強健なものは兵士にされ、屯田軍に繰りこまれる。江西省の鄱陽郡長官であった周魴の指揮する軍隊には、「山兵吏民」がいたといい、潘濬には「夷・民」を召集させて兵にしたという(46)。それは漢族・蛮族混成部隊であったろう。そして注意すべきことは、屯田軍を率いる将軍が、その駐屯地における「督」——司令官——に任ぜられるのは当然としても、周魴のように、一般の郡県長官に任ぜられる場合がかなり多いことである。その場合の郡県支配とは、実は屯田軍を中核とする軍政支配の性格をおびる。

郡県の一般農民がどのような形で支配されていたか詳細は不明であるが、郡県の戸籍にのせられた「正戸」といえども、私家に隷属する佃客と全く同じ状態にあったものが存在する。『三国志』巻五五の陳表伝を見ると、かねて「復人」つまり佃客として二百戸を給与されていた将軍陳表は、山越を討伐するにあたって、その佃客のなかの兵士たるに堪える「勁鋭なものを、空しく僮僕としておくことは自分の志でない」とし、これを選び出して「官に還す」、つまり国軍の兵士として返還することを願い出た。実際は「部伍に充つ」、つまり自分の指揮下の軍隊に編入するのであろうが、この願い出を嘉納した孫権は、「郡県に下し文をまわして、正戸の羸民を料《はか》って、以てその処に補った」という。すなわち、郡県の正戸といえども、その「羸民」――山越の「羸者は戸に補す」という羸者と相応ずるであろう[48]――は容易に私家の「復人」――佃客――に移行できたのであり、それらはともに「僮僕」的状況におかれていたのであろう。それと同時に、私家の佃客は容易に兵士に編入されうるものであった。兵士は先に述べたように、平時には屯田で農耕に従事する。従って、郡県の正戸(少なくともその羸民)と、私家の佃客と、屯田軍の兵士と、この三者は実際には相互に移行しうる相似た存在であった。そしてまた、その統率者・支配者が、この三者の実体をほとんど区別なきものと認めていたのである。

このことは第一に、郡県の正戸という公的支配の対象と、私家の佃客という私的支配の対象の混同を示す。公私の混同は、先にあげたところの、呉郡の在地豪族が官兵を私役に使った例にも見られるが、そもそも兵士そのものが将軍に世襲的に統領せられるごとき私兵的性格の存在であった。郡県制という公的支配の体系も、このような状況では私的支配の色彩をおびざるをえない。その長官が将軍の場合には、私兵的性格をもつ屯田軍の武力と財力を基礎にして、管下の郡県に附籍された羸民を屯田地での農耕に緊縛するのはもちろんのこと、私役に駆使することも当然ありえたはずである。公的な郡県制が、実は私的軍団の軍政支配に傾かざるをえない場合が多かったと想定することができるであろう。

陳表伝や今までに引いた諸資料から看取される第二の点は、屯田兵・正戸の羸民・佃客などに対する支配を中核とするこのような軍政支配の厳しさである。兵士――羸民――佃客相互の配置転換が支配者側の意図一つで容易に可能であったことも、その証左となるだろう。屯田軍政が、労働力獲得戦争を通して被征服民を繰りこみながら開発を進めることを目的とするかぎり、支配下の農民が「僮僕」的状況に追い込まれるのは避けがたい。そのような社会は、自立的小農民の広汎に存在する華北とは、かなり様相を異にする。

開発途上にあった江南の多くの地域では、このように、将軍たちがそれぞれの私兵的性格をおびた屯田軍を統率しながら、その武力と財力を基礎として各個に軍政的支配を行なっていた。その中には、歩隲――歩協――歩闡父子のごとく、西陵督としての「業を継ぎ」ながら、半世紀近く代々西陵に君臨していたものもあった。歩闡は鳳凰元年（二七二）に中央の官に召されたとき、その「職を失う」恐れが大きな原因となって、一族郎党もろとも西晋に寝がえった。[49]「職を失う」というその「職」には、西陵一円におよぶ支配の諸権利が含まれていたと考えてよいだろう。とすれば、それは我が中世の「職《しき》」に似た意味を帯び、領主的支配に近いものと考えられるのである。歩隲一家のような例は呉ではむしろ稀である。しかし、開拓屯田軍をひきいる将軍たちに開発領主的傾向が存在することは否定できないと思われる。ただそれが、在地豪族の開発領主化としてあらわれるのは、呉や会稽などの先進的開発地域にわずかにその傾向が見られるだけで、一般には、それぞれの未開発地に、外から、上から君臨する形をとる。それは日本史に比較を求めるなら、辺境における先進開発地域たる東国では在地豪族の開発領主化が進んだのに対して、陸奥出羽の阿倍氏や清原氏が外からの君臨者として入ったのに比定されるかもしれない。

孫呉政権は、かくて開発領主的傾向を内包した諸将軍より成る純軍事政権である。各自がかなりの独立性をもった軍団を率いる諸将軍と、それを統轄する孫氏との関係は、任侠関係から昇化した人格的な主従関係によって支えられる。[50]従って孫権の死後、この人格的主従関係が破綻すると、それが孫呉政権にとっての致命傷の一つにならざるをえなかったのである。

孫呉政権を崩壊に導いた要因は、もちろんそのほかにもいくつか存在する。それらは以上に述べてきた孫呉政権下の社会のありかたと深く関連する。そして江南の社会は、このような政権による直接の規制を脱した後に、華北の貴族層と具体的な出会いに入るのである。江南における貴族制の定着までには、まだ多くの考察すべき問題が残っているといわねばならない。しかし、その考察は次章以下にゆずり、以上の論旨をまとめながら、今後の見通しを最後につけ加えておこうと思う。

おわりに

私は三世紀の華北において成立した貴族制が、四世紀の江南で何故に再生することができたかという問題関心をも含めて、以上に三世紀の江南の状況を考察した。南北を比較するために、まず三世紀の華北における貴族制社会の構造を要約すれば、第Ⅰ部第三章に述べたように、それは郷論環節の重層構造として把えられるであろう。そして、その郷論各層のありかたとその重層のされかたを規定する二つの基本的な社会条件として、一つには豪族の伸張による社会の階層分化の方向と、二つには、それにもかかわらず豪族の領主化を阻止しようとする自立小農民の根強い共同体的関係冀求力とがあった。郷論の盛りあがりということは、郷邑における豪族の支配力の伸張と、それに触発される中小農民の反発抵抗なしにはありえないのであり、後者の共同体冀求が結局は郷論の本質的性格を深く規定して、それが豪族をして武人領主ならざる文人的貴族化の方向をとらしめたのであった。

しかし、同時に、このような方向をとる豪族の側から郷論を操縦しうる可能性は残っていた。それは高次の郷論環節を形成した上層グループが、政権の重要な構成メンバーとなって規制力を強めた場合に、より明らかにあらわれる。下層郷論とのパイプの役割を担った九品中正制度も、彼らが現実に下層郷論の場から遊離の度を深めるにつれて、自己保存と自己の再生産のために利用されざるをえなかった。かくて郷論環節の上層グループは貴族層を形成し、三世紀の百年を通じて、それ自身の社会的権威を打ち立てていったのであった。しかし、ともかくも、このような体制を作りだした華北の社会は、豪族の伸張と同時に、これに反発抵抗して郷論を盛りあげうるだけの力を備えた自立小農民の成熟を想定しなければ理解できないのである。

これに対して江南では、三世紀には開発領主制的傾向をおびた軍事政権が成立する。それは当時の江南の社会が、漢民族による開発の途上にあったというその後進性と照応する。在地豪族の領主化傾向は、呉と会稽を中心とする地域、つまり比較的早く開発の進んだ地域で見いだされるにすぎず、江北から入ってきた武将たちが、屯田軍を中核とする開発領主的支配を行ないえたのは、むしろ江南一般における在地豪族の未成熟を示唆するであろう。同時にまた、武将たちによる厳しい軍政支配は、自立小農民の未成熟という社会的条件の上においてはじめて可能であり、またその成長を妨げる方向に働いた。そこでは郷論の盛りあがりは期待できるはずもなく、やはり江南での先進地帯たる呉や会稽で、それはわずかに見いだされるにすぎないのである(51)。

かつて、大川富士夫氏は、孫呉政権下における士大夫の役割を華北の社会におけると同様に高く評価されたが(52)、全般的にみて、以上に述べたような後進的な社会では、士大夫層の厚さは望むべくもないであろう。私の理解では、孫呉政権はむしろ武人領主制的色彩をかなり濃厚におびた純軍事政権であり、士大夫はそこでは北から来た張昭のごとき極めて限られた数の顧問と、若干の事務官として必要とされるにすぎなかったように思われる。呉郡の豪族たる顧氏や陸氏も文化人的教養を積みながら、なおその多くがむしろ武将として活躍するのは、かの華北の在地領主李典が賢士大夫の前に膝を屈したのと対照的である。江南では教養人さえもむしろ逆に武人であろうとするのである。

一般に、古代帝国の崩壊期にあって、封建的領主制への傾斜を強く示すのは帝国周辺の辺境地帯、後進地域においてである。わが平安末期にも、それは先進地域たる畿内においてではなく、むしろ開発途上の後進地域たる東国において、よりいっそう明確に顕在化する。開発途上にあった三世紀の江南は、まさにこのような東国に比して考えることはできないであろうか。広大な畿内ともいうべき華北では、自立農民の抵抗によって武人領主制は容易に形成されうるものではなかった。それは結局は、郷論を反映させるところの貴族制の形にならざるをえなかった。これに対して、自立農民がそれほどの抵抗力をもつに至っていない江南では、むしろ領主制的傾向がより顕著にあらわれる。封建領主制は古代を超克する場合のメルクマールとされるのが一般である。日本史においては、貴族支配の荘園制はむしろ古代的遺制として把えられるのがしばしばである。しかし、それを「温存した」といわれる畿内は、当時ではいうまでもなく先進地域であった。そこでは後進地域における領主制の出現を待つまでもなく、独自に古代の超克が進んでいたはずである。中国の畿内ともいうべき華北において創出された貴族制は、遙かに遅れた江南における開発領主制的体制よりも、古代社会の超克において一歩先んじた形として理解してよいと思うのである。

しかし、江南の開発領主制的体制が何ゆえに十分な開花を見ることなく、華北の貴族制に圧倒されたかは、次章において考えてみたいと思う。

（1）『三国志』巻五七虞翻伝。
（2）『三国志』巻六〇賀斉伝。
（3）『三国志』巻五〇孫破虜呉夫人伝。
（4）『三国志』巻四六孫堅伝。
（5）『三国志』巻五一孫静伝。

（6）以上については『三国志』巻四六孫策伝および注に引く『江表伝』を見よ。
（7）大川富士夫「孫呉政権の成立をめぐって」(『立正史学』三一、一九六七)。
（8）『三国志』巻六〇末の評語。
（9）『三国志』巻五七張温伝。
（10）この書は『臨海水土物志』『臨海異物志』『臨海水土記』などともしるされ、『太平御覧』六九八、七八〇、八六一、九四六および『後漢書』東夷伝注などに引用されて残っているにすぎない。書かれた時期は二六四―二八〇年の間。詳細は凌純声「古代閩越人与台湾土著族」(『学術季刊』一―二、一九五二、台北)参照。訳のテキストは宋本『御覧』七八〇を用いるが、『後漢書』注なども参照する。訳文中に原語を残した方がよいと思うものには「　」またはルビをつけた。
（11）夷洲が台湾であることは、市村瓚次郎「唐以前の福建及び台湾に就きて」(『東洋学報』八巻、一九一八)に考証され、そこに『臨海水土志』がすでに引用されている。
（12）後に道教で神々や仙人の所在とされる福建省の武夷山は崖葬の一つの中心地であった。『太平寰宇記』巻一〇一・建州建陽の条および凌氏、前掲論文、四六頁参照。
（13）元来、苗族など中国南部少数民族の言語・習俗を研究していた凌純声氏は、戦後台湾に移住してから、台湾原住民が中国南部の少数民族と生活様式がはなはだ類似しているのに驚き、両者の比較研究についてきわめて興味ある多くの業績を発表している。
（14）張光直「華南史前民族文化史提綱」(『民族学研究所集刊』七、一九五九、台北)。
（15）同右、前掲論文および水野清一「中国先史時代研究の展望」(『東洋史研究』一六―三、一九五七)三六頁参照。
（16）張光直、前掲論文参照。
（17）インドネシア諸民族の焼畑農業は著しく定着性を帯びている点が特色とされる。定着性は灌漑農業、水田耕作に発展する(古野清人『原始文化ノート』一九六七、紀伊国屋新書、四〇頁)。司馬遷の記述に出てくる江南の「火耕水耨」とは、確たる証拠はないけれども、江南越族の一般的な農法ではなかったかと私は推測している。
（18）守屋美都雄『中国古歳時記の研究』(一九六三、帝国書院)二九九頁参照。
（19）木鼓は夷洲の民の場合のように、部落民を召集するときのほか、神を祭るときにも使われ、歌舞がこれに伴う(凌純声、前掲論文、四九頁参照)。なお、嶺南の西南夷に普遍的に分布する銅鼓も、神を祭るときに使うほか、族人を集め指揮するときにも使われる(呉越史地研究会編『呉越文化論叢』一九三七、江蘇研究社、一一九—一二〇頁)。

(20) 戦後、周処の墓が宜興で発掘された(『考古学報』一九五七—四期)。そこからは見事な越窯の陶器が出ている。

(21) 『後漢書』列伝二八度尚伝。

(22) 松本信広『印度支那の民族と文化』(一九四二、岩波書店)二九八頁。

(23) 代名詞の三系列とは、日本語でいえば、コ・ソ・アの系列(コノ・コレ・ココは近称、ソノ・ソレ・ソコは中称、アノ・アレ・アコは遠称)を指す。小川環樹教授の御教示によれば、中国語には中称がないが、蘇州語には該葛 gégeq(コレ)・葛葛 geqgeq(ソレ)・帰葛 guégeq(アレ)や該搭(ココ)・葛搭(ソコ)・帰搭(アコ)のように、三系列が見いだされる(趙元任『現代呉語的研究』一九二八、清華学校研究院、九八—一〇〇頁参照)。なお、これが南方系言語の特徴であることについては、簡単には大野晋『日本語の起源』(一九五七、岩波新書)参照。

(24) 『三国志』巻六四諸葛恪伝。

(25) 呂思勉「山越」(『燕石札記』一九三七、上海商務院書館)一〇三頁。

(26) 唐長孺「孫呉建国及漢末江南的宗部与山越」(『魏晋南北朝史論叢』一九五五、三聯書店)一一頁。ただし、唐氏は『三至六世紀江南大土地所有制的発展』(一九五七、上海人民出版社)の第二章においては、氏の前稿に若干訂正を加えて、むしろ華北社会との差違を問題にしている。それは山越の理解についても微妙な訂正を加えたように見える(同書、一八頁参照)。

(27) 葉国慶「三国時山越分布之区域」(『禹貢』二—八、一九三四)、高亜偉「孫呉開闢蛮越考」(『中法大学月刊』八—一、一九三五)、李子信「三国時孫呉的開発江南」(『食貨』五—四、一九三七)、傅楽成「孫呉与山越之開発」(『文史哲学報』三、一九五一)。

(28) 何焯『義門読書記』の「後漢書巻三劉表伝」の項。

(29) 唐長孺、前掲論文、三—六頁。ただし井上晃「三国時代の山越に就て」(『史観』一七、一九三八)は何焯説に傾く。

(30) 『三国志』巻六〇周魴伝。

(31) 唐長孺、前掲論文、二六—二七頁。

(32) 濱口重國『秦漢隋唐史の研究』上巻(一九六六、東京大学出版会)四三五頁。

(33)　陶元珍「三国呉兵考」(『燕京学報』一三、一九三三)八四頁。
(34)　『抱朴子』呉失篇。唐氏、前掲論文、一二頁。
(35)　左思「呉都賦」。唐氏、前掲論文、二二頁。
(36)　『世説新語』政事篇の賀太傅の条に、呉郡の豪族たる顧氏・陸氏が「官兵を役使し、逋亡をかくまっていた」ことが見える。唐氏、前掲論文、二四頁。
(37)　濱口氏、前掲書、四三六—四三七頁。
(38)　『三国志』巻五二諸葛瑾伝注引『呉書』。
(39)　万縄楠「六朝時代江南開発問題」(『歴史教学』一九六三—三)。
(40)　『三国志』巻五四呂蒙伝および濱口氏、前掲書、四三六頁。
(41)　唐氏、前掲論文、一八頁および『三国志』巻六一陸凱伝の「諫二十条」中の第十五条。
(42)　『三国志』巻六四濮陽興伝。
(43)　唐氏、前掲論文、一七頁。
(44)　『三国志』巻六四諸葛恪伝に、老幼相携えて出てきた山民のうち、恪自身は万人を領し、残りは諸将に分給した、とある。
(45)　『三国志』巻五八陸遜伝。
(46)　『三国志』巻六〇周魴伝。
(47)　濱口重國『唐王朝の賤人制度』(一九六六、東洋史研究会)四七七—四七八頁。
(48)　濱口氏は前掲個所で「羸民」を「貧困な戸」と解しておられるが、実体はそうであるとしても、羸は弱の意味であり、征服された山越の中の「羸者」が戸に補されて民として戸籍につけられたものであろう。
(49)　『三国志』巻五二歩隲伝。もちろん「職」がこのような意味をもって使われることは、古い時代にもある。例えば『漢書』高帝本紀下にのせる漢五年春二月の詔に、亡諸を閩越王に立て「勿使失職」という。
(50)　『三国志』巻四七呉主伝の赤烏元年の条に、孫権が諸葛瑾以下の諸将に与えた詔勅があり、その中に「今日諸君与孤従事。雖君臣義存。猶謂骨肉不復是過。栄福喜戚。相与共之。……同船済水。将誰与易」という。「恩は骨肉の如し」の語は孫権がほかでもしばしば用いている。

(51)『三国志』巻五七虞翻伝の注に引く『会稽典録』に、虞翻の会稽人物論が朱育によって紹介されている。民衆に人気のあった高岱(『三国志』巻四六孫策伝注引『呉録』)も呉郡の出身で、会稽余姚に隠棲した人である。

(52) 大川富士夫「孫呉政権と士大夫」(『立正大学文学部論叢』三三、一九六九)。

(原題「貴族制社会と孫呉政権下の江南」一九七〇年三月、中国中世史研究会編『中国中世史研究』東海大学出版会、所収、の後半部。一九七九年八月補訂)

第三章　孫呉政権の崩壊から江南貴族制へ

はじめに

四世紀の初頭に、八王の乱から永嘉の乱へと続く大混乱期に際会した華北の貴族層は、その多くが華北における固有の成立基盤から全く離れた江南の新天地に流寓しながら、江南土着の豪族たちをむしろ自己の掌中にとりいれて、どうしてそこにかれらの支配体制を再生させることができたのか、という問題関心をも含めながら、私は前章において、その前提として、三世紀の孫呉政権下における江南社会の構造を明確にとらえようと試みた。しかし、そこでは結局、三世紀における華北の社会とはかなり異なった江南の社会の様相を示すにとどまって、はじめに提示した問題を解決するための前段階に足をふみいれただけに終ってしまった。

したがって、残された問題の第一は、前章で見たような三世紀における江南社会の構造が、華北からの亡命貴族たちと出あう四世紀の初頭までに、いかなる変容をとげるかを明らかにすることであろう。そのことは、やがて残された問題の第二点、すなわち、華北からの亡命貴族たちが、そのような変容過程を経た江南社会に、どうしてかれらの支配体制を再生しえたかの理由を問うことにつながるはずである。本章では、このような問題を追跡しようとするものにほかならない。

さて、行論の都合上、まず孫呉政権下における江南の社会に関して、私が前章で到達した結論をのべておきたい。

三世紀の前半に、孫呉政権が定立されたころの江南は、まだ未開地を多く残した後進地域であり、漢民族による開発が強力に進められつつある植民地的な社会であった。呉や会稽を中心に発展しつつあった江南の在地豪族は、単独でかれら自身の政権を樹立しうるほどには強力でなく、江北から入ってきた孫氏統率下の武将たちの屯田軍と協同して、開発領主制的な体制をつくりあげたのであった。したがって、孫呉政権は、呉や会稽において成長する在地豪族の開発領主化傾向と、未開地に上から君臨する開拓屯田軍将たちの基盤確保に対する欲求とが協同して、かれらの支配を保証するために打ち立てた権力体制であった。私はこのような体制を、広い意味での開発領主制的体制とよぶことにした。かれらは、このような体制のもとで、厳しい軍政支配を行なったが、それを可能にした要因は、呉や会稽など比較的早く開発の進んだ地域以外の江南では、一般に豪族の力の伸長が未成熟であったということと、同時に自家経営農民の成長が、江南では総体的に見て、華北よりもはるかにおくれていたことにあると考えた。そしてまた、このような体制による厳しい軍政支配は、逆に自立農民の成長を阻んだであろう。そのような江南社会の状況は、先進的な華北の社会において、豪族の力が大きく伸びつつも、広汎に存在する自家経営農民の成熟が、共同体志向を本質とする郷論をもりあげることによって、豪族の領主化傾向に抵抗し、これを武人領主ならざる文人的貴族化の方向にむかわしめたのとは、大きく異なっていたのである。江南では、自立農民の全般的な未成熟が、一方において在地豪族の開発領主化を許し、他方では外来の武将たちに、屯田軍を中核とする開発領主的支配を可能ならしめたのであった。

では、このような開発領主制的体制は何ゆえに十分な開花を見ることなく、孫呉政権はやがて崩壊に向かわねばならなかったのであろうか。その体制が孫呉政権としてまとまりえた理由の第一は、かなりの独立性のある世襲軍団をひきいた諸将軍が、それぞれ孫氏に対してつながれていた主従関係にあったと思われるので、まずこの主従関係の性格と、関係の変化を手がかりにして、開発領主制的体制の変容と解体過程を探ってみようと思う。

一　孫呉政権における主従関係の瓦解

孫呉政権下の江南社会をまとめていた主軸としての主従関係は、がんらい孫堅・孫策・孫権父子と諸将軍との間に存在した任侠関係から昇化したものだと考えられるが、その性格について注意すべきことは、臣下としての諸将軍からいうならば、その主従関係とは、あくまでも主と仰ぐ個人に対して忠節をつくすことであって、主家としての孫氏一族に対する関係にまでは、必ずしも拡衍されないということである。たとえば、孫権の従弟である孫皎は、かつて小さなことで将軍の甘寧と忿争していた。ある人がそのことで甘寧に忠告すると、甘寧がいった。

臣と子は同じ立場である。征虜将軍（＝孫皎）は公子だけれども、かってに人を侮辱してよいものか！　わしは、明主に値った以上、ひたすら力命をいたして、天の与えためぐりあわせに報いるばかりだ。俗流に従ってちぢこまるなど、まっぴらごめんだ。

これを聞いた孫権は、私憤によって行動してはならぬとの叱責の手紙を、甘寧に対してではなく孫皎に対して書いたという(1)。

孫権は諸将軍とこのような個人的な信頼関係を維持するために、細心の注意をはらっていた。それはたしかに、孫呉政権の支配体制と、そのもとにまとめられた社会を維持するための一つのキー・ポイントにちがいなかったからである。このような主従関係は、主従ともども一致して困難をきりひらきつつ、事にあたらねばならないような外的条件が存在するとき、たとえば草創期や外圧の強いときなどには、強固に保たれるであろう。しかし、やがて草創期がすぎて、事態が安定に向かうにつれて、それが微妙に変化することは避けられない。いうまでもなく孫権としても、そのようなうつろいやすい人格的主従関係だけに頼っていたわけではない。他方で、臣下を監視する措置が講じられた。中書典校または校事とよばれる制度がそれである。

孫権は、側近たる中書の呂壹や秦博を信任して、かれらに「諸官府および州郡の文書を典校させ、……罪を挙げ、奸を糾し、繊介すら必ず聞《もう》す」ようにさせた。(2) かれがこのような手段によって臣下一般の動向を探知しようとしたのは、単に臣下に対する不信だけからくると考えてはなるまい。すばやく集められる詳細な情報によって、臣下の不満を早めにキャッチし、機を見て適宜の対策をとれば、むしろその情報は臣下との信頼関係の再生強化にも役立てられたろう。しかし、情報蒐集の目的が、もっぱら臣下の「罪を挙げ、奸を糾す」ことだけに向かうとき、そして主君の信任がこの密告者ともいうべき校事にのみ置かれるとき、この制度は主君と臣下との信頼関係に対して破壊的な作用を及ぼすことになるだろう。呂壹らが孫権の信任をかさにきて、無実の左将軍・朱拠を告発し、(3) 丞相の顧雍を禁足処分にあわせて、丞相のすげかえまで策するに至っては、諸将軍のあいだに切歯扼腕するものさえあらわれる。(4) やがて二三八年に、呂壹の悪事が露見して、孫権は呂壹を誅殺すると、ただちに中書郎の袁礼を使者として諸大将に詫びた。その親書には「君臣の義は存すと雖も、猶お骨肉も復た是れ過ぎずと謂《おも》う」旨がのべられて、時事に関して損益すべき問題を意見してくれるようにと、諸大将に求めている。(5) それは校事の行きすぎを反省し、主従間の人格的信頼関係を第一義として再確認したものにほかならない。

呂壹の事件はこのようにしてきりぬけられ、この段階では孫権と大臣や諸将軍との間の主従関係にひびは入らなかったが、二四一年に太子の孫登が病死して、二四二年に孫和が太子に立てられると、やがてその弟の魯王・孫覇との関係をめぐって、事態は危険な様相を呈してくる。それは、孫権が魯王覇を寵愛して、太子和との間に明確な待遇の格差をつけなかったからであるが、そのために魯王をもりたてようとする一派が策動を開始して、二四四年には魯王党が太子の座を脅やかし、太子に親しい顧譚らは流罪、太子太傅の吾粲は獄死の憂き目にあい、太子を擁護して孫権に諫言しても聞きいれられなかった丞相の陸遜は、その翌年に憤死するという状況になった。(6) 太子党と魯王党の争いは十年近くもつづき、その間、この問題によって「中外の官僚・将軍・大臣は国を挙げて中分した」といわれる。(7) このような国を挙げての分裂状態は、ようやく二五〇年に、太子孫和は廃位となり、魯王孫覇には死を賜うという喧嘩両成敗の形で結着がつけられて、わずか九歳の末子・孫亮があらためて太子に立てられた。しかし、このように群臣の間をまっ二つに分けるほどの、しかも長期にわたる内部分裂は、孫呉政権を支える主従関係に大きな亀裂のあとを残したにちがいない。そして、喧嘩両成敗となった二年のち、二五二年に孫権は死ぬ。わずか十一歳の孫亮がそのあとを承けて皇帝になったとき、まだ癒えやらぬ亀裂の傷痕は重大な結果となって顕在化するだろう。

そのことは、孫権の遺詔をうけて幼主を輔佐することになった顧命の重臣たちの顔ぶれと、かれらが行なった政治過程をたどることによって判明する。顧命の重臣と、かれらが二年前に分かれていた所属党派とを表示すれば次のとおりである。(8)

大将軍	諸葛恪	太子和の党
太　常	滕　胤	
将　軍	呂　據	魯王覇の党
中書令	孫　弘	
侍　中	孫　峻	

このうち、「諸事を一《もっ》ぱら相い委ねられた」(9) 諸葛恪は、『三国志』呉志の本伝にいうように、中書令の孫弘が詔を矯めて恪を除こうと謀ったのを察知して、これを斬った。そして、「視聴《スパイ》」の制度をやめ、中書系統の「校官」を廃止

する一方、滞納税と関税の徴収をやめたので、最初は非常な人気があったが、その年の冬に魏との戦いで大勝利を博したのに乗じて、姻戚にあたる滕胤をはじめ、多くの反対があったにもかかわらず、翌二五三年に大挙北伐を敢行した。無理な北伐は大敗に終った。その失敗にもかかわらず、かれは強硬な姿勢をとって「いよいよ威厳を治め」、「曹所奏署、令長職司から宿衛まで更迭し」、「復た兵に厳にすること(出征用意)を勅して、青・徐に向かおうとした」。

このような強引な政治姿勢は、一つには顧命の重臣群における孫峻・呂拠との間のしこりを顧慮して、かつての反対派を威圧しようとする志向からくるだろう。さらに一般的には、孫権死後の、きわめて不安定な状況が背景に存在する。当時の呉の状況を外から観察していた魏の鄧艾は、その状況を次のように指摘する。

孫権は已に歿して、大臣は未だ附せず。呉の名宗大族は皆な部曲を有し、兵を阻《たの》み勢いに仗りて、以て命に違うに足る。[10](諸葛)恪は新たに国政を秉りて、内には其の主を無《なみ》し、上下を撫恤して以て根基を立つることを念《おも》わず。外事に競いて、其の民を虐用す。(『三国志』巻二八・鄧艾伝)

それぞれの世襲軍団を擁して、中央の命令にそむくに足る力をもった各地の「名宗大族」――つまり私の用語でいえば開発領主たち――は、今まで主君孫権に対する主従関係を中心として、かれらのまとまりを維持してきたが、今やその中心の喪失によって、現実に「命に違い」かねない姿勢を示す。そしてまた、顧命の重臣たちを主とする「大臣」も、近年まで党派に分かれて争ってきた傷痕が尾を引いて、「未だ附せざる」不安定な状況である。このような解体の危機に直面して、「諸事をもっぱら委ねられた」諸葛恪は、何を置いてもまず中央政府の権威をふたたび確立し、その権威によって分裂の危機をくいとめねばならなかった。有能な軍略家でもあった諸葛恪は、「其の民を虐用して」までも「外事に競う」政策をとった。中央政府の威信をふたたび確立するために、北伐による一発の大勝利を狙ったのである。「大臣は未だ附せず」、各地の「名宗大族は、……以て命に違うに足る」状況において、諸葛恪にはそれ以外に権威を再確立するための方策が見いだせなかったのであろう。その狙いがはずれて、結果が裏目に出たときにすら、かれはあえて「復た兵に厳にすることを勅して、青徐に向かおうとした」。その強引な姿勢のなかに、かれの執念と権威確立へのあせりを、われわれは読みとることができるであろう。しかし、権威確立のために、無理をかさねればかさねるほど、それはかれ自身の墓穴を掘ることにほかならなかった。かれに対して急速に増大してゆく一般の反感に乗じて、がんらい反対派であった孫峻は、二五三年十月に諸葛恪を殺害した。

孫峻は二五三年から二五六年まで、その死後をついだ従弟の孫綝は二五六年から二五八年まで、中央政府の実権を掌握する。いうまでもなく、中央政府の権威は失墜したままであり、かれらは当局者として権威の再確立を要請されるという客観情勢にかわりはない。諸葛恪ほどの才能をもたないこの二人が、不安定な政局のなかでその立場に立たされるとき、もはやかれらは権威を確立するための有効な方策を見いだすすべもないままに、ただ権力意志だけが個人的な情緒の動きにつれて恣意的に表現されるほかない状態になるだろう。『三国志』呉志の二孫伝に孫峻は「驕矜陰険で、刑殺する所多し」といわれ、呉主孫亮を廃位するほどの権勢をふるった孫綝は「貴を負いて倨傲、多く無礼を行なう」としるされるのは、そのような盲目的な権力意志が無意味な自己顕示としてあらわれる姿を示すものにほかならない。

横暴な孫綝を誅殺した三代目の君主・孫休(二五八—二六四在位)は、政治からむしろ逃避して、読書学問に向かったが、そのもとで実際に権力をふるうことのできた張布らの当局者は、史書の残した記述において評判がよろしくない。ついで即位した孫晧(二六四—二八〇在位)は、もはや周知のとおり、この上ない乱暴な天子であって、以後の六朝、ことに宋・斉時代に集中的にあらわれる暴君タイプの先駆である。それらは、先にのべたように、領主的存在が各地に割拠して分裂しかねまじい客観情勢と、きわめて不安定な政局の中にあって、しかも権威の確立を要請される立場に置かれた当局者が、なんらの有効な施策をも見いだせないままに、せきたてられるような権力意志を、ただ盲目的恣意的に発動させた姿にほかならない(11)。

以上に見てきたように、孫権という主従関係の中心が失われたことと、その晩年における群臣間の分裂によって主従関係に亀裂が生じたこととは、開発領主制に本来内在する分立化の傾向を触発し、分立をくいとめようとする中央政府の当局者に無理な姿勢をとらせた。その無理は、こんどは逆に主従関係を一層悪化させ、その解体を促進する。それはいわば悪循環を開始して、孫呉政権を支える人間関係の全面的な崩壊へと進んでいった。呉の滅亡の基本的な要因の一つとして、陸機が「弁亡論」(『文選』巻五三)で指摘する「人の和」の壊滅は、以上のような過程を経てもたらされたものだと思うのである。

では次に、政治的側面から見てきた以上の考察を手がかりにして、それが江南の基層社会の動きにどのように照応するかを考えてみよう。

二　孫呉社会の不均等化と流動化

孫権の死が、世襲軍団をもって各地に存在する開発領主的な諸将軍の分立傾向を触発し、中央の当局者はそれをくいとめるために権威の確立をあせったこと、前節にのべたとおりである。あせることによって、冷静さを欠いた戦争指導が行なわれ、それによって避けられるはずの損害まで蒙り、これを補うために無理な徴発が行なわれ、また孫晧のように自己顕示のためだけの無用な土木工事がおこされるとき、そのような無理は、ただちに中央政府の威令の及ぶ地域に対する収奪の強化となってあらわれる。中央政府の権威を確立するための措置が、どのようにして収奪の強化につながるか、収奪の対象とされる地域は主としてどのようなところかを調べてみよう。

陸凱が二六九年に死ぬ前、早くても二六六年以後の時期に、暴君の孫晧を諌めた言葉の中に、次のような一節がある。

孫弘が義兵を造ってより以来、耕種は既に廃せられ、所在に復た輸入するなし。而して一家を分かちて父子は役を異にし、廪食は日に張りて、蓄積は日に耗す。民に離散の怨あり、国に露根の漸あれども、之を恤む莫し。民力困窮し、児子を鬻売し、調賦相い仍り、日に以て疲極す。所在の長吏は隠括を加えず。加うるに監官ありて、既に民を愛《いつく》しまず、務めて威勢を行ない、所在に搔擾して、更に煩苛を為す。民は二端に苦しみ、財力再び耗す。

（『三国志』巻六一陸凱伝）

ここではもちろん孫晧の治世について強調しているのであるが、しかし、右のような状況が孫弘による義兵制度創設以来の現象だといわれていることに注意する必要があるだろう。

中書令孫弘は先にふれたように、二五二年、孫権が死んだその年のうちに諸葛恪に殺されている。したがって、この制度は孫権治世の最晩年、おそらくは太子和と魯王覇の二つの党派争いが結着をつけられた二五〇年か、その翌年に設置されたのであろう。「義兵」に関する記事はこの一個所にしか見られないので、その正体は全くわからないが、「義兵」とは義に馳せ参ずる兵の意味であるから、名目は少くとも志願兵であったろう。ところが、右の記事によると、実際は地方にあって本来耕種の任務を負う屯田民から強制的に徴発され、義兵となった本人は首都建業か、あるいは指定された軍営につれてこられて、中央政府から廪食を給与されるものであった。屯田民から徴発されたと推定する理由は、「父子役を異にし」という「役」が、義兵の役と、それに相当するようなかなり負担の重い役を意味するらしいことと、かれらが本来は「耕種」していたことによる。義兵の徴発が原因となって「耕種は既に廃せられ、所在に復た輸入するなし」という以上、義兵に徴発された屯田民の数はかなり多かったのであろう。そして、この制度の創設者が中書令の孫弘だということは、義兵が中央に直属する軍隊であることを暗示する。それはおそらく、孫権がもはや耄碌して、病いにふせりがちなとき、失墜せんとする中央政府の権威を高めるために、禁衛軍および中央直属軍を補強する目的でとられた強引な措置であったと思われる。

また、右の陸凱の言葉からすれば、この制度は創設者の孫弘が殺されたのちにも、ひきつづき存続した。諸葛恪以後の当局の姿勢は前節に見たとおりであるが、実際に華覈がいうように、[12]「大皇帝（孫権）は早く万国を棄てられ、是より後、（諸葛恪・孫峻・孫綝らの）彊臣が政を専らにし、上は天の時を詭《あざむ》き、下は衆議に違いて、安存の本を亡《うしな》い、一時の利を邀え、数しば軍旅を興して、府蔵を傾け竭くす」状況の中で、この義兵はもっとも使いやすい軍隊として駆使されたことであろう。駆使されるのはもちろん義兵だけではない。一般に、「兵は労し、民は困しみ、時として安きを獲るなき」状況がつづいていったのである。[13] 永安二年（二五九）三月、孫休が即位して約半年後、横暴な孫綝を誅殺して三ヵ月後に次のような詔勅が発せられた。

頃年より以来、州郡の吏・民および諸営の兵は多く此の業（＝本業）に違い、みな船を長江に浮かべて、賈作上下す。良田は漸やく廃れて、見穀は日に少し。大定を求めんと欲するも、豈に得べけんや。亦、租入過重にして、農人は利薄きに由って、之をして然らしむるか。いま広く田業を開き、其の賦税を軽くし、彊と羸とを差料して、[14]其の田畝を課し、務めて優均にして、官私所を得しめんと欲す。（『三国志』巻四八三嗣主伝、永安二年条）

この詔勅は、いうまでもなく孫休即位以前の強引な支配者たち——諸葛恪・孫峻・孫綝——が、上来のべてきたような無理な姿勢から、一般の兵・民に対して過酷な負担をかけてきたのを是正しようとするものであった。しかし、この勅令が期待した効果をあげえなかったことは、先に引いた華覈の上疏——これは二六七年に提出されたもの——に、前引の文につづいて、「今の存する者は乃わち創夷の遺衆、哀苦の余民のみ」といい、また同じく先に引いた陸凱の言葉に、義兵を中心にしてではあるが、孫晧の時代まで同じ状況の継続をいうのに徴しても、明らかであろう。

ただ、この詔勅において注意すべきことは、そこに言われていることが、単にほかの時代にも見られるような、自由な農民の商業への自発的転業と、それに対する対策だけを意味するものではないらしいことである。というのは、「彊と羸とを差料して、其の田畝を課し」とある「彊・羸」とは、孫呉の諸将軍が山越ないし山民を討伐して獲た投降者または被征服民について、「彊き者は兵と為し、羸き者は戸に補した」という場合の「彊者」「羸者」と関連する表現だからである。前章（一六一―一六二頁）で考察したように、兵士とされた彊者は、屯田軍――右の詔勅にいう「諸営の兵」（ただし、禁衛軍や先の義兵など屯田しない営もあったことはいうまでもない）――にくりこまれ、戦時にはもちろん出征するけれども、平時には農耕の任務を負うものであった。戸に補された「正戸の羸民」は、右の詔勅に「其の田畝を課す」という以上、屯田民として国有地に緊縛されたと考えてよい。詔勅にいう「州郡の吏・民」の「民」には、このような「正戸の羸民」またはそれに類似する隷民がかなり多数を占めていたと思われる。そのことを明確にするために、ここで屯田兵と屯田民と一般の庶民との関係について、私の理解するところを提示しておきたい。

孫呉の屯田のうち、もっとも明確なものは、まず第一に、広大な区域全体を屯田地帯として、郡県とは別に典農都尉または屯田都尉を置いて管理させる大屯田区がそれである。呉郡の無錫以西に置かれた毗陵典農都尉の管轄する大屯田区をはじめ、このような明確な屯田区が各地に存在する。そして、この大屯田区の中には軍屯と民屯は混在していた形跡がある。(15) 第二に、前章でのべたように、孫呉の諸将軍がそれぞれ世襲する各軍団は、屯田による自給を建前としていたと思われるから、軍団の駐屯地は大体、軍屯地であったと考えてよいだろう。無難督・濡須督などの下にはこの形の屯田があったろう。第三には、このような諸将軍が郡県の長官に任命される場合がかなり見られるが、その場合は、各郡県の内部に軍屯地があったにちがいない。そして、ここに給附される「正戸の羸民」は「其の田畝を課せられ」て、民屯を作っていたであろう。郡県の長官が軍団をもたない場合には、もちろん軍屯はなかったであろうが、『三国志』巻五五の陳表伝に、「郡県に下して、正戸の羸民を料りて以て其の処に補わしむ」という一般的な表現が見えるから、郡県には「正戸の羸民」から成る民屯地があるのが、普通の形ではなかったであろうか。とすれば、郡県の長官は、これらの軍屯や民屯を基盤として、それ以外の一般庶民を支配していたと想定される。以上のような考えを、いちおう表にまとめると、孫呉政権支配下の領域は次の三つに分かれる。

(1)	典農(屯田)都尉	軍　屯	兵(彊)	
		民　屯	民(羸)	
(2)	督	軍　屯	兵(彊)	
(3)	郡県長官	(軍　屯	兵(彊))(軍屯がある場合と、ない場合とがある)	
		民　屯	民(羸)	正戸
		一般庶民居住区	民	正戸

陸遜は、『三国志』巻五八の本伝によれば、はじめ「海昌屯田都尉と為り、並びに県の事を領した」。つまり、海昌の地方で(1)と(3)を兼ねた。最初はおそらくこのような形で(1)と(3)の系統が明確に分けられていたのが、やがて地方の郡県では、(1)を(3)の中に統合したのではないであろうか。

このように、軍屯と民屯が各地で併存し、屯田兵と屯田民との区別があいまいになったればこそ、永安二年(二五九)には「彊と羸とを差料して、其の田畝を課し、(その負担を)務めて優均ならしめる」必要が感じられたにちがいない。そしてまた、このときの詔勅が、一般に広く「州郡の吏・民」をも対象としているけれども、「彊・羸」の差料をのべる後半の措置から考えれば、詔勅が主として関心を置く対象は、郡県の一般庶民よりもむしろ屯田兵と屯田民を中心にすえているように感じられる。常識的に考えても、中央政府の収奪は、もっとも搾取しやすい屯田地域にまっさきに向かったはずであり、そこでの問題がもっとも強く意識されたのは当然であろう。

したがって、このような隷属度の強い兵・民は、各自が自由に商販行為に従事できるはずはない。むしろ、屯田体制内におけるある単位の統率者層が、指揮下の兵・民を駆使して、その管轄下の生産物を輸送させ、商販行為に労役奉仕をさせたにちがいない。それはおそらく、中央政府からの収奪強化――「租入過重」――に対応して、「利薄き」屯田農業を商販によって補い、屯田農民の最低生活を維持するという意味もあったであろうが、屯田内部においては、直接生産者に対する労役過重を強いる結果となり、一方、屯田統率者層のピンハネを増加させたにちがいない。すでに孫権の時代から、きびしい収奪を受けていた兵・民が、孫権の死後いよいよ惨憺たる状況に追いこまれていったことは、先にあげた陸凱・華覈らの上疏において見られるとおりである。

それにしても、このような商販行為の活潑化は、当然に自給を建て前とする屯田体制を解体にみちびくであろう。がんらい屯田地に緊縛された兵士や農民が、労役としてでも商販行為に従事する機会が多くなれば、市場で得られる他の地域に関する情報や、逃亡の機会の増大によって、かれらは負担のより軽い地域に流亡しはじめる。左思の「呉都賦」に見るように、首都建業ではすでに人口集中による雑踏と繁栄がはじまっていた。建業以外にも、かれらを受け入れる地域はかなりあったはずであり、必ずしも中央政府の威令が及びがたい遠方にまで逃亡する必要はなかった。少し時期はおくれるが、鳳皇三年(二七四)に病あらたまった陸抗の上疏にいう。

又、黄門豎宦は占募を開立し、兵・民は役を怨みて逋逃入占す。乞う、特に詔して簡閲し、一切料り出だされん

ことを。（『三国志』巻五八陸抗伝）

臨終の床におけるこの上表は、すでに末期的混乱状態にあった孫晧の耳には、とうてい聞き入れらるべくもなかったであろうから、この上疏は、過重な負担からのがれる兵・民の受け入れさきが、中央にもっとも近い宮中関係者の膝もとに、ポッカリとあいていたことを示している。そこは屯田地にくらべて負担が軽く、生活はまだ楽であったのだろう。少くとも、それを期待して、屯田地にしばられていた兵・民は「入占」したのである。では、この「占募」とはどういうものであったろうか。

呉の時代の「占募」については、右の記事のほかに、次の資料しか存在しない。『三国志』巻五七の駱統伝によると、かつて孫権のとき、駱統が上書した問題の中に、「占募の民間に在るは、悪を長じ俗を敗り、離叛の心を生ず。急ぎ宜しく絶置すべし」というのがあった。孫権は駱統と手紙のやりとりをしたのち、結局、占募禁止の措置をとった、という。唐長孺氏もいうように、この二つの資料からでは、占募に応じて入占した兵・民がどんな義務を負ったかということは全くわからない。[16] しかし、占募が呉の体制——兵・民を地着させておく屯田体制——に対して破壊的作用を及ぼすこと、唐長孺氏の用語を使えば、「豪門地主」の利益にそれが関係することは疑いない。そして、民間における一般の「豪門地主」の占募は、中央政府の威令によって、はじめはある程度抑えられたであろうが、しかし、呉の末期に近くなれば、むしろ皇帝の側近が先頭に立って占募を行なう状況であった。

このような情勢は、『抱朴子』の呉失篇に、葛洪(二八三—三四三)の「師の鄭君が具さに親しく悉《つく》す所」として誨えられたことを、次のようにいうのと無関係ではないだろう。

呉の晩世に、尤も劇しき病あり。賢者は用いられず、滓穢は序に充つ。紀綱弛紊し、呑舟漏ること多し。貢挙は貨に厚き者を以て前に在《お》き、官人は党の強き者を以て右と為す。……主は上に昏く、臣は下に欺き、……背公の俗は弥いよ劇しく、正直の道遂に壊る。……維を秉るの佐、民を牧するの吏は、母后の親に非ざれば則ち阿諂の人なり。進んでは過を補い遺ちたるを拾うの忠なく、退いては訟を聴くの幹なく、……勢利は邦君を傾け、儲積は公室より富み、……僮僕は軍を成し、門を閉じて市を為す。牛羊は原隰を掩い、田池は千里に布き、……商販は千艘、腐穀は万庾、園囿は上林に擬し、館第は太極を僭《しの》ぐ……。

この記述について注意すべきことの一つは、通常、呉の時代における豪族の大土地所有状況を示すものとして、しばしば引用される「僮僕成軍、閉門為市、牛羊掩原隰、田池布千里」の句が、『抱朴子』の原文のコンテキストでは、「呉の晩世」の状況をさすことであり、第二には、そのような大土地所有者が、とくに「母后の親に非ざれば則ち阿諂の人」ともいうべき「秉維之佐、牧民之吏」だと意識されていることである。それはもちろん、一般に官僚層の腐敗をいうのであり、「母后の親」とは、おそらく孫皓を坿育した何姫、尊号を昭献皇后とよばれた何氏の一族をさすであろうが、(17)そのような大土地所有者の中には、「阿諂の人」の最たる「黄門豎宦」を含めてよいだろう。とすれば、かれらが開立した「占募」とは、右のような広大な占有地を設定して、その耕作・経営に必要な労働力を募集したものだと解して、おそらく誤またない。

先にあげた二七四年の陸抗の上疏によれば、「兵・民は役を怨み」、このような「占募」に応じて「入占」した。実際に、兵・民に対する過酷な収奪は先にもふれたが、陸抗の上疏とほとんど同じころか、おそらくは二七五年に惨殺される直前の賀邵の上疏によれば、「孫皓の登位より以来、法禁は転《いよ》いよ苛しく、賦調は益ます繁く、中官内豎は州郡に分布して横《ほしい》ままに事役を興し、競いて姦利を造《いた》して、百姓は杼軸の困しみに罹り、黎民は已むなき求めに罷《つか》れ、老幼は饑え寒《ここ》え、家戸は菜色なるに、所在の長吏は罪負に迫畏せられて、法を厳にし、刑を峻くし、民を苦しめて辦ぜんことを求む。是を以て人力堪えず、家戸離散し、呼嗟の声、和気を感傷せしむる」状況であった。(18)黄門豎宦は一般庶民をも極度に搾取することによって、自分たちの開立する荘園に、かれらを駆りたてたということができる。

　このような大土地所有が、阿諂によって特権を許されやすい黄門豎宦のみならず、『抱朴子』が示すように、「紀綱の弛紊」によって一般の官僚層にまでかなり広くゆきわたった傾向だとすれば、中央政府の威令が及ぶ地域の中でも、屯田区以外のところでは、大小さまざまの私的な荘園が各地に出現しつつあったと考えてよい。それは、先に指摘した中央政府の無理な姿勢と、そこからくる収奪の強化によって打撃をうけてきた屯田体制の解体過程に、他の側面から強い拍車をかけるものであった。

　以上にのべてきたように、中央政府の威令が及ぶ地域では、軍屯・民屯を含めた屯田地域とそれ以外の地域との間には、時代が進むにつれて、社会的不均等が生じ、その格差が甚だしくなっていった。一般庶民の居住区でも、そこに大土地所有が進展することは、内部の格差をひろげていった。そのような地域的不均等と商販行為の拡大とが相まって、兵・民は負担の軽いところ、最低生活の保証されそうなところに向かって流亡を開始した。それはつまり、屯田体制の崩壊にほかならず、やがてその体制を最大の支柱とする孫呉軍事政権そのものを、内部から、しかもその威令のもっとも及びやすい膝もとから崩してゆくことにほかならなかった。そして『抱朴子』の呉失篇に描写するような「背公の俗」と「紀綱の弛紊」は、かつて見られた主従間の信頼関係が全く消滅した姿にほかならず、阿諂によって特権を得た大土地所有者の行為は、かれらがよってもって立つ孫呉政権そのものの権力基盤、つまり自己の基盤そのものを、みずからの手で掘りくずすことにほかならなかったのである。

　中央の威令の及ぶ地域における以上のごとき固定的社会の流動化現象と商業の活潑化、それに伴う奢侈の風の拡大は、(19)ただちに他の地域にも波及する。開拓屯田軍をひきいて、上から君臨した将軍たちの支配地域——その中には中央の「命に違うに足る」力をもっていて、中央の威令が実際には及びにくい地域もあったろう——でも、程度の差はあったかもしれないが、一般的にはそれと似たような固定的社会の流動化が進行したと思われる。つまり、屯田体制の崩壊と、他方では、大小さまざまの特権的大土地所有の進展とが、固定的社会の流動化の波の中で行なわれたと思われるが、そのことは開拓屯田体制を一方の支柱とする開発領主制的体制の基盤が、内部から崩されてゆくことにほかならない。

ただ、呉や会稽など、土着の「名宗大族」による支配力が強い地域では、かれらの基盤はそう簡単には崩れない。かれらは開拓屯田軍将と協力して孫呉政権を支え、その開発領主制的体制を利用しつつ、自己を開発領主化したわけであり、他の地域における一般的な大土地所有の進展は、そもそもかれら自身の路線にほかならず、むしろそのような一般的情勢は、かれらにとって好都合でさえあったからである。しかし、他の地域では固定的社会の流動化の波に乗って大土地所有が進展するのとは反対に、ここでは、かれらにとって脅威を感じさせるものは、当の社会的流動化の波がかれらの地域に波及して、安定したかれらの基盤を揺さぶることにほかならなかった。呉郡の陸氏一家や会稽の賀氏が、最後まで孫呉政権の旧体制護持にもっとも熱心であったことの一つの理由は、屯田体制の全面的崩壊によって社会的流動現象が激化し、その大波がかれらの基盤たる呉や会稽に押しよせることに対する危惧の念であったろうと思われる。かれらが欲したことは現状維持であり、江南社会の安定そのものにほかならなかったのである。

以上、孫呉政権のよって立つ社会機構が内部からくずれていった過程を、私なりに見てきたが、いうまでもなく、この崩壊過程に最後のとどめをさしたのが、二八〇年における西晋軍隊の江南征服、孫呉政権の滅亡にほかならない。そこで次に、西晋の支配下において、以上にのべてきた江南社会の諸傾向がどのように推移するかをのべてみたい。

三　西晋支配下の江南

西晋による孫呉政権の打倒は、いうまでもなく、前節で見たような孫呉政権と、世襲軍団をもつ諸将軍とのきびしい軍政支配の終焉を意味し、ことにその解体過程に生じた一部特権階層の酷烈な収奪の撤去をもたらした。孫晧が降伏した直後、西晋政府はとりあえず「其の牧守已下は皆、呉の置く所に因る」が、「其の苛政を除き、之に簡易を示す」措置をとったので、「呉人は大いに悦んだ」[20]。たしかに、前節で見たような極度にしいたげられてきた一般民衆にとって、孫呉政権の消滅は悦ぶべきことであったろう。しかし、かつて孫呉政権のもとで、何らかの形で権力に依附しつつ利権を拡張してきたものにとっては、もちろん多くの不満があったにちがいない。

太康年間(二八〇―二八九)、父祖代々呉に仕えた華譚が秀才に挙げられたとき、晋の武帝はみずからこれに策問した。

……蜀人は化に服して攜弐の心なきに、呉人は趑趄として屢しば妖寇を作す。……今、将に新附を綏静せんと欲す。何を以て先と為すや。(『晋書』巻五二華譚伝)

実際に、呉が平定された翌年、秣陵に移鎮した揚州刺史の周浚は、「屢しば逃亡する者があった――実は、呉民の未だ服せざる者が屢しば寇乱をなした――ので、頻りに之を討平し」なければならなかった[21]。そのような反乱の最大のものは、二八二年に、「呉の故《もと》の将の莞恭と帛奉らが兵を挙げて反し、攻めて建鄴令を殺害して、遂に揚州を囲んだ」事件である。この反乱は徐州刺史の嵇喜の応援を得て平らげられたけれども[22]、武帝の華譚に対する策問は、このような江南の状況を背景にして下されたものであった。

武帝の問いに対する華譚の答えは右に引用した『晋書』本伝に見えるように、まず江南の人士を銓衡登用して、賢才には異礼をもって待遇すること、威風を立てるに足る牧伯をよく選んで任命すること、賦斂を軽くすること、という一般的な指摘にとどまるが、同じころ淮南国相の地位にあった劉頌は、江南社会の状況と、それに対してとるべき施策について、もう少し具体的にのべている。

　呉の平らぎてより以来、東南六州の将士は更ごも江表を守る。此れ時の至患なり。又、内兵外に守れば、呉人に自ら信ぜざるの心あり。宜しく壮主を得て、以て之を鎮撫し、内外をして各おの其の旧に安んぜしむべし。又、孫氏の国を為《おさ》むるや、文武の衆職は数しば天朝に擬せしに、一旦にして堙替して、編戸に同じ。蒙る所の更生の恩を識らずして、災困身に逼り、地を失えりと自ら謂《おも》いて、用って不靖を懐く。今、長王を得て以て其の国に臨み、才に随いて任を授け、文武並びに叙し、士卒百役は其の郷を出でず、富貴を求むる者は之を国内より取らば、内兵は散ずるを得て、新邦乂安ならん。（『晋書』巻四六劉頌伝）

つまり、劉頌の指摘する問題の第一は、江北出身の晋軍兵士がいつまでも江南の警備にあたって、いわば占領体制をとりつづけることからおこる弊害である。右の文につづいて劉頌が述べるところによれば、かれら兵士は「江表を戍守する一方では、京城への運漕に給《あ》てられて、父は南、子は北にと、室家分離」の苦しみをなめているが、そのことがむしろ江南の人々に自信を喪失させるというマイナスの効果しか生んでいない。第二の問題点は、孫呉政権のもとで支配階級にあったものが、今や編戸と同じ立場に落とされたために、かれらの不満が江南社会の不穏な空気の原因になっていることである。この二つの問題を解決するために、劉頌が出した提案は、しっかりした王族の一人を江南に封建し、その王国の役職に江南の人材を登用することによって第二の問題点を解消し、王国内の兵役や徭役も江南の人民に負担させて、「内兵」を撤兵することによって第一の問題点を解決しようとするものであった。つまり、かれの江南封建論は、江南にある程度の自治を許す方策であった。

劉頌の献議は、そのとおりには実施されなかったけれども、陸機・陸雲兄弟をはじめとする江南の名士たちが、太康の末年(二八〇年代の末ちかく)に中央に召し出され、江南人士の登用が行なわれた背景を、この上疏は示している。それと同時に、江南の警備が北方の晋軍兵士にとって甚だしい重荷であったことをこの上疏は示しているが、そのことは、警備体制が時とともに弛緩していったであろうことを推測させる。そして、二八〇年代に揚州刺史であった周浚が、江南士人たちに惜しまれて死に(23)、そのあと三世紀を終るまで、性沈毅といわれて部下から慕われた淮南王・司馬允が都督揚江二州諸軍事であったということは(24)、劉頌が提案したような自治的な江南王国こそできなかったけれども、江南に対する西晋の統治が、実質的には大体劉頌の示したような方向で行なわれたことを示すであろう。

すなわち、呉が滅亡した二八〇年から三世紀を終る約二十年の間は、江南の社会は呉の「苛政」から解放されて、それよりもはるかにゆるやかな西晋の支配に服していたと考えてよい。むしろ西晋は、江南の優秀な人材を若干中央に吸い上げただけで、あとは無策のままに江南を放置しておいたといってよいだろう。したがって、呉の時代に極度にしいたげられていた民力は、ようやく回復に向かったであろうが、しかし、政府権力による規制がそれほど強くないだけに、前節で見た呉の末期の社会の基本的な動きは、そのまま西晋支配下にも受けつがれていったと思われる。

呉の末期には、一方で屯田体制の解体過程の中から、それまで屯田地域に緊縛されていた農民の流動現象がしだいに激しくなっていた。他方では同時に、大小さまざまな特権所有者による大土地所有が進行していた。孫呉政権の消滅は、一つには屯田軍政の完全な解体によって、大部分の旧屯田地域に解放をもたらしたはずであり(25)、二つには、孫呉政権に密着していた特権階級——とくに呉の末期に問題になった黄門豎宦など——の所有した広大な土地もまた、没収されたか解体したかにちがいない。それらの土地に緊縛されていた隷属農民がどうなったかわからないが、あるものはその土地において自立農民としてしだいに育ちはじめたであろうし、あるものは、よりいっそう楽な生活を求めて他の地方に流れていったであろう。つまり、自立農民がようやく広汎に育ちはじめる一方では、呉の末期からはじまっていた社会の流動化現象は、強まりこそすれ、弱まることはなかったと思われる。

他方、大土地所有についていえば、黄門豎宦など孫呉政権そのものに存立基盤を置いたものは、政権の消滅と運命をともにしたにちがいないが、政権への依存度が少なかったものは、西晋支配下においても存続したこと、呉や会稽の名族たちの場合と同様であったろう。先にふれたように、西晋政府は呉の滅亡直後の措置として、とりあえず「其の牧守已下は皆、呉の置く所に因った」から、旧呉国の地方官クラス以下は、呉国滅亡の変動期に際しても、少くとも対応策を講ずる余裕は与えられたわけであり、やがて「一旦にして編戸と同じ」身分に落とされたとしても、それまで民間に築いてきた利権のすべてを失ったとは思われない。大土地所有への動きは、政権交替による多少の影響を受けたとしても、その後は規制のゆるやかな西晋治下において、そのまま、というよりむしろ、より強く進んでいったと考えてよいだろう。

かくて、呉の末期に見られた江南社会の動き、すなわち社会の流動化現象と大土地所有への動きは、三世紀を終るまでの西晋治下において、強い規制をうけることなく放置され、自然の動きのままに受けつがれていった。ただ、新しい一般的な現象として、自立農民がようやく広汎に育ちはじめたわけであるが、かれらの基礎はまだまだ薄弱なために、比較的小さな打撃によっても流動しやすく、また抵抗力の弱さによって、比較的簡単に大土地所有に吸収されたであろう。つまり、孫呉政権の消滅によって基礎薄弱な自立農民が広汎に生じたこと、そして、かれらに対する適切な保護措置もなく自然のままに放置されていたことが、社会的流動現象と大土地所有への動きを継続させる原因となっていたのである。

三世紀末の二十年間における、このようないわば放置された自然的展開は、四世紀に入って、流動現象の激化から、混乱状態ないし無秩序状況への傾斜を深めてゆく。その方向への最初のショックを与えたものは、三〇三年の石冰の乱であった。

その年のはじめ（『通鑑』は三月にかける）、湖北省において張昌が亡命兵士と流民を糾合して反乱をおこすと、この動乱は一般的に進行しつつあった社会的流動現象に火をつけて各地に波及し、その部下の石冰がひきいる流民反乱軍は長江下流域に流れこんで、江南を混乱にまきこんでいった。この大波の波及に脅威を感じ、社会の安定を欲する江南の豪族たちは、呉国以来の名族である呉郡の顧秘を推戴し、陽羨の大豪族・周玘らを中心として石冰討伐に立ちあがった。かの『抱朴子』の著者葛洪もまた、数百人を集めて一軍を組織し、江南防衛のための豪族連合軍に参加する。これらの豪族連合軍は、江北にいた晋朝の軍隊と協力して、その翌年、三〇四年三月に石冰の領導する流民反乱を平定した。乱がいちおうおさまると、かれらは「功賞を言わず(26)」、「戦功を論ぜず(27)」、ただちに連合軍を解散して、それぞれの故郷にひきあげた。この段階では、かれらは故郷におけるその存立基盤の安定に最大の関心を向けており、戦功を手がかりにして政治権力を得ようとする方向には、ほとんど向かわなかった。社会的流動化の大波さえいちおう静まれば、あとは各自の基盤に安住し、それぞれの関心するところに従って行動したのであろう(28)。つまり、かれらは一般に、二十年来の自然的発展状態に馴れて、この段階ではまだ楽観的であったように思われる。

ところが、社会的流動化の大波は、はるかに巨大な震源地から押しよせてきた。八王の乱から永嘉の乱へとつづく華北中原の大陥没である。その第一波は三〇五年の陳敏の反乱となってあらわれる。石冰討伐に大功を立てた晋の下級官吏・陳敏は、江南の豪族とはちがって、その功を手がかりに広陵国の相から右将軍仮節前鋒都督の肩書きを得ていたが、八王の乱による中原の大混乱を見て晋朝に反旗をひるがえし、江南に割拠する姿勢を示した。かれは江南の豪族たちに協力を要請した。会稽の賀循など少数の人は、その要請を固く拒絶したけれども[29]、呉郡の名族「顧栄ら竝びに江東の首望は悉く陳敏の官爵を受けた」[30]。「六品の下才」にしかすぎない陳敏に対してすら、ともかくかれらが示した最初の協力的な姿勢は、石冰による混乱を経験した江南豪族たちにとって、またより直接的には、十年以上まえから中央に出て、そこでの江南人に対する蔑視と八王の乱を経験した顧栄にとって、「若し江東の事済《な》る可くんば、当に共に之を成す可し」という考え方(次の頁の引用文参照)、つまり、もし可能ならば江南一円に独立政権をうち立てて社会的流動の激化を防ごうとの考え方が、ないではなかったことを示している。しかし、陳敏がかれらの期待にそわないことが判明したとき、かれらは一転して、これを打倒するために協力した。かれらによって指揮下の軍隊を潰滅され、単騎で北に逃げた陳敏は、三〇七年三月に殺された。

陳敏を倒した江南の豪族たちは、もしも江南社会の安定のために、かれらだけで積極的に政権を樹立しようとするならば、その機会は、かれらの協力一致がもっとも成功した陳敏打倒直後のこの時期を措いてほかになかったはずである。しかるに、かれらはそうしなかった。江南豪族の指導者であった顧栄は、このとき大混乱の渦中にあった西晋政府から侍中として召聘され、それを受けて、同じく尚書郎に迎えられた秣陵の名族・紀瞻とともに、江南を捨てふたたび中原にむかって出発する。彭城まで行ったかれらは、結局、大混乱のために急遽江南にひきかえすのであるが、このときの顧栄らの行為の中にこそ、その直後、三〇七年七月、安東将軍・都督揚州江南諸軍事に任命され、その年の九月、王導とともに建鄴にのりこんできた琅邪王・司馬睿の政府の前に、江南豪族たちが抑えられねばならなかったゆえんを理解するための鍵がひそんでいると思われる。顧栄らは中原の混乱を十分承知していたはずであるのに、敢えてこの時機に、どうしてそのような行為を選んだのであろうか。

顧栄はかつて陳敏に協力していたとき、陳敏とともにもっとも熱心に「縦横の計――つまり江南割拠計画――を図っていた」江南出身の武将・甘卓に、次のように言っている。

> 若し江東の事済る可くんば、当に共に之を成す可し。然れども卿、事の勢いを観るに、当に済るの理ありや不《いな》や。敏は既に常才にして、本より大略なし。……其の敗るるや必せり。而るに吾等、安然として其の官禄を受く。事敗るるの日、江西の諸軍をして首を函にして洛に送り、題して逆賊顧栄・甘卓の首と曰わしめば、豈に惟に一身顛覆するのみならんや。辱、万世に及ばん。之を図らざる可けんや。（『晋書』巻六八顧栄伝）

「素より栄に敬服していた」甘卓は「良や久しうして乃ち之に従った[31]」。この時点では、甘卓はもちろん顧栄にも、可能ならば江南に割拠しようとする気持がないではなかった。しかし、「事の勢いを観るに、済るの理」はないと、かれらは判断したのである。「事の勢い」の中の第一は、陳敏に「大略のない」ことであった。だからこそ、かれらは江南の諸豪族と協力して陳敏を討った。その作戦中、江南諸豪族の一致協力は、おそらく顧栄の予想以上にうまくいったろう。かれが白羽扇をもって指揮したとき、対岸にいた陳敏麾下の万余の兵は潰散した。かれの颯爽たる姿を思わせるような史書の記述である。にもかかわらず、「常才」にしかすぎぬ陳敏を葬ったのちにも、なお「事の勢い」としてかれらの独立は「済るの理」なしと判断したにちがいない。顧栄は「数しば危亡の際を践み、恒に恭遜を以て自ら勉めた」人柄であり、決して調子にのることなく、慎重に最悪の事態を考えて行動したと思われるからである。では、なおかれらの独立を不可能にする「事の勢い」とは何であろうか。

先に顧栄が甘卓にささやいた言葉からすれば、それは直接には「江西の諸軍」の力であったにちがいない。当時、寿春には鎮東将軍・都督揚州諸軍事たる周馥がいた。顧栄らが陳敏の軍隊を潰滅させたあと、単騎で逃げた陳敏を最後に斬ったのは、この周馥にほかならない[32]。また、周馥と親しい廬江内史・綏遠将軍の華譚は、「顧栄ら並びに江東の首望が悉く陳敏の官爵を受けた」ことの「非を極言し」、その旨を「遠近に露檄していた[33]」。顧栄ら江南豪族たちに対する警戒心は、晋朝に忠実な周馥らの「江西諸軍」に、すでに公然と行きわたっていたのである。江南の豪族たちは陳敏を潰滅させたけれども、それだけで果たして江西諸軍の警戒心を解くことができたろうか。ましてや、かれらが江南独立の行動をおこせば、その江西諸軍との対決は避けられず、晋朝に対する「逆賊」の汚名を喧伝されることは必至であった。そのような予想されるもろもろの困難に対抗して、かれらだけで江南の独立を確保し維持しうる能力があるかどうかを自問するとき、「恭遜を以て自ら勉める」顧栄としては、この際は「一身顚覆する」のみならず、「辱の万世に及ぶ」危険を賭けるよりは、ともかく晋朝への忠誠を態度で示して、江西諸軍の警戒心を解く方が、自分一身のみならず、江南諸豪族のためであり、江南をよりひどい混乱に陥れない上策だと判断したにちがいない。かれが江南を捨て、大混乱の中原にむかって、紀瞻とともに北への旅に出たことは、江西諸軍の警戒を解くためのデモンストレーションであったと、私は解釈するのである。

顧栄らの以上のような行為は、いうまでもなく江南諸豪族の弱さに起因する。その弱さが具体的にどういう諸条件にもとづくか、それこそ次の司馬睿を中心とする北来亡命貴族政権が江南社会を支配しえた諸条件にほかならない。私は節をかえて、その問題を考えたいと思うが、ただここで指摘しておきたいことは、以上に見たように、四世紀に入ってからの江南には、石冰の乱に端を発する社会的流動化の大波が、中原の大混乱に拍車をかけられて、幾波にもなって波及してきたことであり、大土地所有者たちは、この大波に対処して、江南社会の秩序をどう保つかに苦慮せねばならなくなったということである。

四　東晋政権成立の背景

三〇七年七月、東海王・司馬越が実権を握った西晋の政府から、安東将軍・都督揚州江南諸軍事に任命された琅邪王・司馬睿は、王導とともに、その年の九月に建鄴にのりこんできたが、「呉人は附せず、居ること月余なるも、士庶の至る者は全くない」状況であった。王導らは「たまたま三月上巳に、帝が親しく禊を観られるとき、肩輿にお乗せし、威儀を具えて、導および諸もろの名勝が皆な騎従した。呉人の紀瞻・顧栄は皆な江南の望であるが、窃かに之を覘って、其の此くの如きを見、咸《こと》ごとく驚懼して、乃ち相い率いて道左に拝した」[34]。これは今さら引用するまでもない有名な話である。この話をどこまで信用できるかについては問題があるが、『資治通鑑考異』に従っていちおう右のように補正すれば、「これによって当時の事情を想像することは可能であろう」[35]。これを手がかりにして司馬睿・王導と江南豪族との関係をさぐってみよう。

この話が投げかける問題は、前節で見たように、晋朝への忠誠を顧慮して、つい先頃、大混乱の中原さして出かけたほどの顧栄と紀瞻が、江南の中枢に来た晋の王族・司馬睿を、かなり長い間――もし右の話を信ずるなら、少くとも前年の九月から三月までの半年間も――無視しつづけたように見えるのは、なぜかということである。そのことを理解するには、やはり顧栄らの関心の重点が「江西の諸軍」にあったことを想起する必要があるだろう。

「江西の諸軍」のうちの最大のものは、前節であげたように、鎮東将軍・都督揚州諸軍事として寿春に坐鎮していた周馥の軍隊であった。周馥は、かつて呉が平定された直後に揚州刺史として江南の人士に人気のあった周浚の従弟であり、また陳敏の反乱に際して顧栄らともっとも関係のある晋の将軍であった。ところが、この周馥は「毎に朝廷を維正せんと欲して、忠情懇至」な人であり、「東海王・越は臣節を尽くさざるを以て、毎に言論厲然」としていたので、「越は深く之を憚かっていた」(36)。これに対して、司馬睿は東海王・越が周馥に対する対抗馬として、周馥と少くとも対等の安東将軍・都督揚州江南諸軍事に任命し、周馥の統轄範囲から江南をもぎとったのであるから、両者の関係は甚だ微妙なものであった。司馬睿が建鄴に来た当初、江南の豪族としては、当然、両者の関係を十分観察して、比較考量を加えねばならなかったのである。それにしても、晋の王族・司馬睿が江南の中枢に入ったにもかかわらず、その地の豪族たちは江北の寿春に駐屯する反対派の軍隊を顧慮して、かなりの間、司馬睿を無視しつづけたということは、そのとき司馬睿の兵力がいかに貧弱であったかを示している。

江南の豪族たちは前節で見たように、流動現象があまりにも激化しつつある江南社会の安定を熱望していた。可能ならば、かれらだけで協力して江南に独立政権を樹立することすら考えないではなかった。しかし、陳敏の反乱の経験から、江西の晋軍などに対抗しうる軍事力について多少の不安があったことと、何にもまして「逆賊」の汚名を受けて周辺の晋軍から袋たたきにあうことを、もっとも恐れていた。つまり、かれらに欠けていたものは、「江西の諸軍」と対抗するのにもう少し必要な軍事力と、何にもまして逆賊にならないための名分であった。そのための名分としては、かつて陳敏が都督江東軍事・大司馬・楚公を自称したような形では全く効果のないことを、かれらは熟知していた。偉大な社会的効果を発揮する名目とは、どうしても伝統的権威たる晋朝——権力体としてはすでにゼロに等しい——から与えられる将軍号と、それに伴なう江南一円の秩序維持に関する権限の名目でなければならなかった。それは江南の豪族に直接与えられるはずがない。とすれば、そのような名目をもつ人物を推戴し、それによって形式的に「逆賊」の汚名を避けながら、実質的にはその権限を手に入れるしかないだろう。また、その名目と、それに伴なう権限の共同利用によって、ともすれば分裂するかもしれない江南諸豪族も、協力一致しやすくなるであろうし、それによって、かれらの軍事力は強化されること疑いない。当時、江南一円の秩序維持に関する権限と名目とを、晋朝から与えられていたのは、先に見たように周馥と司馬睿との二人であった。江南の豪族たちは、すでに周馥からは警戒の眼で見られていた。これを推戴して、実質的にその権限を手に入れることなど考えられないことである。新しく入ってきた司馬睿は、ほとんど兵力もない上に、周馥との関係が微妙である。江南の豪族たちは、その動向をしばらく観察しつづけて、司馬睿が周馥と妥協する意図をもたず、むしろ江南の諸豪族に好意的であること、側近の王導らが信頼できることを見とどけた上で、ついにこれを推戴して、江南の秩序安定にあたろうと踏みきった。その推戴の姿勢を象徴するのが、すなわち「道左に拝す」という表現にほかならない。

司馬睿を推戴して名分を得た江南豪族たちは、かれらの政権を安定させるために積極的に活躍した。顧栄は三一二年に死ぬまで、軍司となって、あらゆる計画に参与した。実際に、ほとんど軍事力をもたなかった司馬睿らは、当初は江南豪族たちの戦力に全く依存していたように見える。三一〇年の呉興の銭璯の反乱には、陽羨の大豪族・周玘の戦力がこれを平定した。(37) 三一一年正月、江南豪族たちにとって、かねてから目の上の瘤であった鎮東将軍・周馥との戦いで、活躍した中心は甘卓や紀瞻らの南人であった。これによって周馥の軍は潰滅した。(38) しかし、その年の六月に晋の首都洛陽が陥落し、司空・荀藩らが檄を天下に飛ばして、司馬睿を盟主とするにおよんで、(39) 司馬睿の権威は格段に高まったと思われる。その檄に従わなかった江州刺史の華軼に対する討伐戦では、北人の左将軍・王敦が甘卓らをはじめとする南人諸将軍の総指揮をとることになる。そして、権威を高めた司馬睿の威令は、華軼の部下の予章太守・周広の内応をも誘発する。(40) それは今まで司馬睿を支えてきた江南諸豪族の比重が、相対的に低下してゆく姿を示すものにほかならない。石冰・陳敏・銭璯と「三たび江南を定めて、王略を開復してきた」周玘が、建興の初め、すなわち三一三年ごろには、すでに「中州の人士が王業を佐佑し」、「多く顕位に居て、呉人を駕御する」のに対して

「内に怨望を懐き」はじめるのは、わずか三年まえの銭璯の乱に際して、なすすべもなかった王敦の姿を知っているだけに、踏み台にされたくやしさを、よりいっそう強く感じたからにちがいない(41)。

以上のように、最初、江南の豪族たちは司馬睿の名分を表にかかげ、実際はかれらがかなり実権を握って政権を構築しようと意気ごんでいた。しかし、司馬睿の権威が高まるにつれて、その「謀主」の王導は、続々と集ってくる「中州の人士」——周顗や祖逖ら——の力を背景にして、江南の人々が名分に対してもつひけめを利用しながら、自分たちの側に実権を回収しはじめたように思われる。そのさい、江南人士の指導者として、北来貴族にも一目おかれたはずの顧栄が三一二年に死んだことは、江南の人々にとって大きな打撃であったろうが、しかし、江南の豪族たちのかかえる弱さを考えれば、名分を逆手にとられてかれらが抑えられてゆく大勢はいかんともしがたかったであろう。

かれらの弱さとして考えられることの第一は、前節にのべたとおり、中原の大陥没によって幾重にも押しよせる流民の流れ、つまり私のいう社会的流動現象の激化がもたらす影響である。それは大土地所有者としてのかれらにとって、労働力のたえまない供給という利点をもたらしたであろうが、あまりにも激しい流れは、かえってかれらを防衛的姿勢に追いこまざるをえない。かれらが協力して石冰に対決し、陳敏や司馬睿のもとに集ったのも、社会的流動の大波がもはや個々の対応では抑えきれなかったからであり、協力して社会秩序の安定にあたらねばならなかったからである。したがって、かれらは一方でそれぞれが所有する大土地の防衛と経営にあたると同時に、他方で全体の秩序の安定のために、多大の労力と出費を負担しつつ故郷を離れて活動しなければならない。いわば、かれらは長期にわたる両面作戦を強いられる。そして、そのような公的な面での努力がいつまでたっても報いられないのに反して、北来亡命者たちが労せずしてかれらの上に立つとき、先に見た周玘のような不満が表面化するのは当然だろう。憤死した周玘の子の周勰が、三一四年に父の遺言に従って北来貴族に対する復讐に立ち上ったとき、同じ不満をもつ江南の

「豪俠」は「翕然として之に附き、王導・刁協を討つことを以て名とする」反乱に加担した。しかしそのさい、かれらにもっとも近い周玘の弟の周札すら、これに加担しなかったことを注意しなければならない(42)。つまり、江南豪族の第一の弱点とは、大土地所有者たるかれらが、社会的流動現象の激化によって、土地経営者と政治家との両面に引き裂かれ、両方に足をとられて、しかも、どちらにも効果的に対処しにくいことであった。

かれらの弱さの第二は、江南豪族の間におけるまとまりが基本的に確立していないことである。呉の末期に、会稽の賀邵が呉郡太守になったとき、呉郡の顧氏や陸氏の一党はこれを馬鹿にして、「会稽の鶏は啼く能わず」とからかったので、「啼く可からず、(啼けば)呉児を殺さん」とやりかえした賀邵は、顧・陸一党の不法を摘発したという話が『世説新語』政事篇に見える(43)。これは、呉郡の豪族たちと会稽のそれとの間の対抗意識ないし不協和を示す話であるが、石冰・陳敏・司馬睿に対して呉郡の代表的存在である顧栄のとった対応の仕方と、会稽の代表的存在たる賀循のそれとを比較すれば、たしかにわれわれはそこにニュアンスの差があることを感ずるであろう。賀循は石冰の乱が会稽郡に波及したとき、その郡の安定のために立ち上ったが、それが安定すると、「即《ただ》ちに兵士を謝遣して、門を杜じて出でず」、陳敏の招きは最後まで拒絶し、司馬睿に対しても今、問題にしている時期まで一貫して招聘をことわり続けている(44)。このような姿勢は、もとよりかれの個人的理由にもとづくところも多いであろうが、一般に会稽の豪族たちは、江南全体の安定ということよりも、むしろかれらの土地ないし地域の安定に、より切実な関心をむけていた傾向を示すと思われる(45)。これにくらべれば、顧栄を代表とする呉郡の豪族は、一般に江南全体の安定という政治的行為に、より熱心な傾向をもつ(46)。いわば、豪族の土地経営者的性格と政治家的性格とへの分裂が、地域差となってあらわれ、それによって江南豪族全体のまとまりの弱さを生じているともいえるだろう。

そのような二つの方向への分裂は、先に見た義興郡陽羨の周氏の場合、政治的不満を爆発させる方向は周勰においてあらわれ、土地経営者的方向は「性として利を好み」、「惟だ業産を以て務めと為した」周札においてあらわれる。さらに注意を惹くことは、司馬睿が周勰らの反乱を討伐しようとしたとき、その謀主たる王導は「兵力が少なければ寇を制するに足らず、多く派遣すれば根本が空虚となる」状況を考慮し、周札の兄の子、つまり周勰の従兄にあたる「黄門侍郎の周筵が忠烈きわまりなく、義興一郡に尊敬されているから、ただ周筵を派遣すれば十分だ」と献議して、これに力士百人を給与するだけで、同族の反乱を鎮定させたことである。(47) 老獪な政治家・王導が、江南豪族のまとまりの悪さと族内分裂という弱点を、いかに巧妙に逆用したか、軍事力なしに、いかにかれらを支配しうるかを、この事件はまざまざと示している。

かれらの弱点の第三は、最初にのべたところの、名分に対する江南豪族のひけめと密接に関連する。それは伝統的権威に密接する高貴性、あるいは文化的先進性に対するひけめである。それは、軍事力のほとんどない司馬睿と王導らの「諸名勝」の「威儀」に対して、顧栄と紀瞻が「驚懼して道左に拝した」というあの話に象徴されているが、やがて華北の多くの「名勝」たちがさらに続々と司馬睿・王導を頼って江南に集ってくるにつれて、その「威儀」のもつ無言の圧力はいよいよ大きくなる。それらの華北貴族は、三世紀の百年間に積みあげてきた社会的文化的権威を背景にして、かれらの社交界を再生させてゆくと同時に、かれらが魏晋の間の複雑な政局の中で鍛えた政治的能力を駆使しつつ、江南豪族相互間の微細な裂け目を突き、権威に対するひけめを逆用しながら攻めてくるとき、江南の豪族たちは、最初に司馬睿のもとで占めていた地位をしだいに浸蝕され、その分断作戦にかけられて、一流豪族と中小豪族との間はしだいに離れてゆかざるをえなかった。かくて、三一四年の周勰の反乱のころまでには、「中国の、官を亡《うしな》い守りを失いし士の、乱を避けて来たれる者は、多く顕位に居て呉人を駕御する」形勢が大体できあがっていたのである。

ところで、事態が政治の面でこのような方向に進むについて、『抱朴子』のいわゆる「京洛の法」、つまり華北中原風のモードや制度が滔々として江南社会に入ってきたという一般的な社会の傾向を無視することはできない。(48) もちろん呉の滅亡後、西晋の支配に入るとともに、その傾向がはじまっていたはずであるが、司馬睿が建鄴に来て、北人が続々と江南に流入するとともに、それが文化の尖端をゆくものとして急速に江南社会を風靡していった。九品中正制度とそれを支える郷論主義とでもいえるもの――郷論の場における人物評価によって政治的社会的ヒエラルキーを構成するという考え方――も、またその一つ、というよりむしろ、華北中原風先進文化の中心的イデオロギーにほかならなかった。もちろん制度としての中正は西晋の江南支配とともに設置されたであろうが、西晋時代には何といっても全国的規模におけるヒエラルキー構造の中に、江南人士の入る余地は少く、しかもかれらには旧敵国人という制約があったために、郷論主義は江南ではそれほど身近なものとは感じられなかったであろう。しかし、司馬睿が三〇七年に安東将軍府を建鄴に開いて以来、鎮東大将軍(三一一年)→丞相(三一三年)→晋王(三一七年)→皇帝(三一八年)と順次地位を高め、そのもとに丞相府のいわゆる「百六掾」など、しだいに多くの人材を登用して、江南での新しい政治的社会的ヒエラルキーを作りはじめると、司馬睿が新しい中正をいつから任命しはじめたかは別として、おそらくそれより前から、先進的体制を支えるイデオロギーとしての郷論主義が正面の旗じるしとしてふりかざされることになったろう。それは、戦後の日本における民主主義の旗じるしを思いうかべれば理解しやすいと思うが、その民主主義がいつのまにか形式化して歪曲され、上からの民主主義に変質したように、郷論主義はすでに魏から西晋の間に、上からの郷論主義に変質していったことは第Ⅰ部第三章にのべたとおりである。今やその、すでに形式化した郷論主義を旗じるしにして、西晋以来のその荷い手たちが、これを後進地域たる江南で鼓吹するとき、江南の一部有識者はそのからくりに切歯扼腕するとしても、大勢はその先進的イデオロギーの前に脱帽することになるだろう。華北的貴族社交界が、固有の基盤をもたない江南において再生しえたのは、中原風文化と郷論主義的イデオロギーの一般的流行という背景を最も有力な原因とするように思われる。

このような北方文化の流行、郷論主義のごまかしに対して、痛烈な批判を加えたのは、周知のように葛洪である。これについては、すでに吉川忠夫氏のすぐれた分析があるが[49]、三一七年に書かれた『抱朴子』自叙の次の文は、ここであらためて検討するに値するであろう。

> 郷論を持する者は則ち選挙を売りて以て謝を取り、威勢ある者は則ち符疏を解して以て財を索む。或いは罪人の賂を受けて有理の家を枉げ、或いは逋逃の藪と為りて亡命の人を饗す。或いは民丁を挾使して以て公役を妨げ、或いは銭物を強収して以て貴価を求む。或いは市肆を占錮して百姓の利を奪い、或いは人の田地を割きて孤弱の業を劫やかし、(或いは)官府の間に惚恫《ウロチョロ》して以て掊克の益を求む。

これは葛洪が三〇五年から数年間、広州に滞在したのち、故郷・丹陽郡句容県に帰ってから、かれが三一七年にこれを書くまでの間に、故郷および首都建鄴の近辺で経験した事情をしるしたものである。

ここでその悪行を暴露された「郷論を持する者」とは、ちょうど司馬睿が晋王になったこの三一七年に、給事黄門侍郎・領丹陽郡大中正に任命された張闓をさすわけではないだろう[50]。むしろ、その前任者、あるいは中正の官がこれ以前にはまだ司馬睿によって任命されなかったとすれば、政府の要路にある江南出身者をさすであろうし、さらに広く「威勢ある者」を含むとすれば、江南出身者とは限らないかもしれない。いずれにしろ、この「郷論を持する者」の中には、江南の一流豪族が含まれる。それは、おそくとも三一七年には呉郡大中正に呉郡の名族・陸曄がいることからも明らかである[51]。

江南の一流豪族は、かくておそらく三一〇年代の初めごろから、すでに上からの郷論主義の荷い手となり、葛洪のような中小豪族に対しては「選挙」権をたてにとる抑圧者・搾取者となってあらわれる。つまり、中原から亡命してきた貴族たちは、進歩的郷論主義を鼓吹することによって、江南の一流豪族と中小豪族とを分断し、前者をかれらの走狗としつつ、これを通して中小豪族に対する支配を進めていった。中小豪族は、それぞれがバラバラに一流豪族あるいは「威勢ある者」に屈服することによって下級職または武官の職を与えられ、利権獲得の分け前にあずかる一方で支配者層に奉仕する。(52) かくて文人支配による明確な階層社会への歩みがはじまるのである。その方向はすでに三一〇年代の中ごろ以前に決定されていた。

『抱朴子』自叙の文が示すもう一つのことは、一流豪族たちが「逋逃」「亡命」の存在という社会的流動現象を背景にして、大土地所有その他の利権の獲得を追求していることであるが、これについては前節までに本稿を通して、そのよってきたるゆえんを追求してきたところであった。それは江南の社会における自立農民の未成熟に伴う必然の経過であった。そして、このような自立農民の未成熟と、それに伴う共同体冀求の弱さという基礎条件があったればこそ、本節においてのべたところの、江南諸豪族群の連帯性の欠如が生じたわけであり、したがって上からの郷論主義による北来亡命貴族の支配が可能であった、と私は考える。

おわりに

私は以上において、三世紀中葉以後、四世紀初頭にいたるまでの間に、江南社会がいかに変容したかを追跡し、華北から四世紀のはじめに亡命してくる貴族たちが何ゆえに江南社会を支配しえたかを解明しようと試みた。私が理解したところでは、開拓屯田軍による軍政支配と、呉や会稽などの土着豪族の領主化傾向とを二本の柱として形成された孫呉の開発領主制的体制は、そのうちの一本の柱すなわち屯田体制が、そこに緊縛されていた隷属農民の流動化によって崩壊し、そのために全体の体制が顚覆したあとには、社会的流動現象と、豪族による大土地所有とが残った。そして、屯田体制の束縛から解放された農民が、まだ基礎を固めないうちに、華北の動乱による社会的流動の大波がおしよせた。流動現象の激化は江南豪族たちの足もとを脅やかした。かれらにとって、江南社会を安定させるためには、江南一円に規制力を及ぼす政治権力が必要となった。できるならば、自分たちだけで独立政権を樹立しようとの意図を、かれらはもたないではなかったが、しかし四世紀初頭の周囲の軍事情勢と、必要な名分の欠如とを考慮して、ほとんど無防備に等しい晋の王族・司馬睿を推戴し、その名分のもとに、事実上、政権をかれらの手に掌握しようとの方策にふみきった。三〇八年から数年間、かれらは司馬睿政権の基礎を固めるために積極的に努力した。しかし、その努力の果実は、かれらが期待したとおりには手に入らなかったのである。

司馬睿の「謀主」王導は、かれらの積極的努力を利用することによって晋王室の伝統的権威を高める一方で、江南豪族相互間のまとまりの悪さと、豪族自体のもつ内部矛盾を冷静に観察していたらしく思われる。そして、続々と亡命してくる華北貴族たちの影響によって、華北風先進文化と郷論主義的イデオロギーが江南社会を風靡してゆく状況に乗じながら、王導は江南豪族のもつ矛盾と弱みを突いた。かくて江南の一流豪族は華北風先進文化と郷論主義の荷い手として、その枠内にとりこまれ、かれらだけがその積極的努力の果実を手に入れた。王導の分断作戦にかかって、その枠外に締めだされた陽羨の大豪族・周氏などは、顧・陸など江南先進地帯たる呉の一流豪族からすれば、単に腕っぷしが強いだけの田舎豪族としか見られなかったのであろう。無駄骨を折らされただけの周玘の憤懣は察するに余りあるが、しかしこの周氏の反乱は、先に見たように、これまた王導の分断作戦によって簡単に抑えられた。三一四年のこの周勰の反乱鎮定は、江南の豪族が華北からの亡命貴族に抑えられた最初の明証といわねばならない。つまり、三〇八年から三一四年までの間に、江南豪族たちの優位は、華北からの亡命貴族の優位へと、しだいに推移していったのである。

華北の基盤を喪失して江南に亡命してきた貴族たちの、社会的経済的な実力たるや、最初は全く微々たるものであった。さまざまの弱みをかかえていたとはいえ、江南豪族群の方がその点ではるかにまさっていたこと、いうまでもない。しかるに、この両者の力関係がわずか数年で逆転する方向に進みだしたゆえんは、もはやいわゆる社会経済史的観点からだけでは説明しえない伝統的権威、ないし文化的先進性を背景にした政治的文化的能力による、というほかないのである。

もちろん北来貴族群は、単にその政治的文化的能力だけに頼りつづけたわけでは決してない。北方からの流民集団を組織して自己の武力的基盤を固め、(53)さらに江南の新しい土地を自己の荘園と化して経済的基盤を形成しようとも試みた。しかし、それらの努力が実を結ぶためには、かれらが江南豪族に対する優位を最初に示した三一四年の周勰の反乱鎮定以後、なお長い年月にわたる苦しい努力を必要としたのである。

かくて、私の考えでは、北来貴族群のリードする江南貴族制は、きわめて先進的な郷論主義的イデオロギーと、自立農民がまだ弱く、したがって共同体冀求力もまた弱く、大土地所有が作られやすい後進的な、いうならば古代的遺制の残った基層社会との過渡的な接合の上に成り立った。日本史上に比較を求めるならば、頼朝政権の断絶直後、宮将軍ないし摂籙将軍を推戴する機運のあるときに、王朝貴族が大挙して鎌倉に亡命し、伝統的権威を背景にした政治的能力をフルに発揮して、北条・和田・三浦などの土着諸豪族を分断支配したと仮定すれば、その状況にある程度似るかもしれない。江南において自立農民が広汎に成熟し、それをふまえた江南の土着豪族層が、上に乗っかる支配貴族層を脅やかしはじめるほどの実力を蓄えるためには、なお東晋一代、すなわち四世紀一ぱいを必要とした、と私は考えるのである。

（1）『三国志』巻五一宗室孫皎伝「嘗以小故与甘寧忿争。或以諫寧。寧曰。臣子一例。征虜雖公。何可専行侮人邪。吾値明主。但当輸効力命。以報所天。誠不能随俗屈曲矣。権聞之。以書譲皎曰。……」。
（2）『三国志』巻五二顧雍伝。
（3）『三国志』巻五七朱拠伝。
（4）『三国志』巻六一潘濬伝。
（5）『三国志』巻四七呉主孫権伝、赤烏元年条。
（6）『三国志』巻五八陸遜伝。
（7）『三国志』巻五九孫和伝の注に引く殷基の『通語』。
（8）『三国志』巻五九孫和伝の注に引く殷基の『通語』に「丞相陸遜・大将軍諸葛恪・……会稽太守滕胤……等奉礼而行。宗事太子。驃騎将軍歩隲・……左将軍呂拠・中書令孫弘等附魯王」とあり、孫峻については同じ個所の注に引く『呉書』に、太子孫和を廃したのちのこととして「（孫）権寝疾。意頗感寤。欲徴（孫）和還立之。全公主及孫峻・孫弘等固争之。乃止」という。
（9）『三国志』巻六四諸葛恪伝注引『呉書』。
（10）原文は「足以建命」とあるが、『資治通鑑』巻七六、嘉平五年の条には「足以違命」と作るのに従って、「建」の字を「違」に改める。
（11）なお、孫皓については『世説新語』排調篇に「晋武帝問孫皓。聞南人好作爾汝歌。頗能為不。皓正飲酒。因挙觴勧帝。而言曰。昔与汝為鄰。今与汝為臣。上汝一桮酒。令汝寿万春。帝悔之」という話があって、正常な、むしろ鋭い人物のように伝えられている。権力の座から解放されたときには、平静にもどりうることを示すのではないだろうか。
（12）『三国志』巻六五華覈伝。
（13）同右。
（14）「差料」は原文は「差科」に作る。「差科」は役法の用語として後世には頻出するが、三国時代では少し早すぎると思うので、ここでは盧弼の『集解』の説を参照して「料」の字に改める。
(15) 唐長孺『三至六世紀江南大土地所有制的発展』(一九五七、上海人民出版社)二七―二八頁参照。
(16) 同右、二七頁参照。
(17) 『三国志』巻五〇孫和何姫伝参照。
(18) 『三国志』巻六五賀邵伝参照。賀邵は、江辺を守る兵にあっても「父子相棄。叛者成行」の状態であったことを伝える。
(19) 『三国志』巻六五華覈伝にのせる上疏参照。
(20) 『晋書』巻三武帝紀、太康元年条。
(21) 『晋書』巻六一周浚伝に「時呉初平。屢有逃亡者。頻討平之」とあるが、『資治通鑑』巻八一、太康二年条には「呉民之未服者。屢為寇乱。浚皆討平之」と書いているのが実状に近いであろう。
(22) 莞恭らの反乱については『晋書』巻三武帝紀、太康三年条参照。
(23) 『陸士龍文集』巻一〇「与戴季甫書」の中に「周安東昔奄薨徂。追慕切剝。不能自勝。勲業有究。早爾背世。遺恵鄙州。民物同哀。……」という。
(24) 『晋書』巻六四淮南王允伝。
(25) 大部分というのは、一部は西晋の江南警備軍のために、依然として屯田地域が確保されたかもしれないからである。東晋にはたしかに屯田があった。
(26) 『晋書』巻五八周玘伝。
(27) 『抱朴子』自叙。
(28) たとえば、葛洪は首都洛陽に書物をさがしに行く(『抱朴子』自叙)。
(29) 『晋書』巻六八賀循伝。
(30) 『晋書』巻一〇〇陳敏伝。
(31) 『晋書』巻七〇甘卓伝。
(32) 『晋書』巻六一周馥伝。
(33) 『晋書』巻五二華譚伝。

(34)『晋書』巻六五王導伝。
(35)岡崎文夫『魏晋南北朝通史』(一九三二、弘文堂)一六四頁参照。このとき王敦はまだ建鄴に来ていなかった。したがって軍事力はゼロに近かったと思われる。次章参照のこと。
(36)『晋書』巻六一周馥伝。
(37)『晋書』巻五八周玘伝。
(38)『晋書』巻六一周馥伝。
(39)『晋書』巻六元帝紀。
(40)『晋書』巻六一華軼伝。
(41)『晋書』巻五八周玘、周勰伝。
(42)『晋書』巻五八周勰伝。
(43)なお、この不法とは、「諸もろの顧・陸が(その屯邸において)官兵を役使し、及び逋亡を蔵して」、「屯邸」を置いていたことであるが、呉の中ごろの逋亡の存在と大土地経営との関係を示している。
(44)『晋書』巻六八賀循伝。
(45)もう少し後のことであるが、『晋書』巻四三山遐伝に、会稽余姚の令となった山遐がその県の豪族虞氏らの戸口蔵匿を摘発しようとして、逆に辞職に追いこまれたことをのせる。この話も会稽の豪族が土地経営に熱心であったことを示唆する。
(46)北方からの流民の正面にあたる呉郡では、社会的流動現象の影響が会稽よりもより直接的であるから、強い権力によって全体の社会の安定をもたらそうとして、より政治的に動くという理由があったと思われる。
(47)『晋書』巻五八周札、周筵伝。
(48)吉川忠夫「抱朴子の世界」(『史林』四七巻五・六号、一九六四)参照。
(49)同右。
(50)『晋書』巻七六張闓伝。
(51)『晋書』巻七七陸曄伝。なお宮川尚志『六朝史研究』政治社会篇(一九五六、学術振興会)三一六―三一七頁参照。陸曄が呉郡大中正であったのは三一一年―三一八年であったと、宮川氏は解しておられるが、三一一年からすでにその地位にあったかどうか疑わしいと思う。

(52)　武将として支配者層に奉仕するのは中小豪族にかぎらない。「今江東之豪。莫彊周・沈」(『晋書』巻五八周札伝)といわれるほどの大豪族、義興陽羨の周氏および呉興武康の沈氏が支配貴族層に抑えられていった過程については、次章を参照されたい。

(53)　次章および第Ⅲ部第一章「劉宋政権の成立と寒門武人」参照。

(一九七三年二月『東方学報』京都、第四四冊。一九七九年八月補訂)

第四章　東晋貴族制の確立過程

——軍事的基礎の問題と関連して——

はじめに

東晋時代は、華北から亡命してきた貴族たちを中心として、これに若干の江南土着の名門豪族が加わり、それらの貴族階層が本質的に文人的性格をもちながら政治・経済・文化はもとより軍事の面にいたるまで、社会のあらゆる面においてヘゲモニーを握ることができた時代であった。その意味で、まさしく典型的な貴族制社会の時代であったが、しかしそもそもの当初、四世紀はじめの華北におけるあの大混乱の中から江南に亡命してきた貴族たちが、固有の地盤を全く失ったにもかかわらず、この新天地でどうしてそのような支配体制を再生させることができたのか、という問題は、いわば奇蹟にも似た現象をどう解明するかの問題として、かねてより私の前にたちはだかっていた。この問題について私が前章までに試みた考察の結論は、当時の江南土着豪族が、華北からの亡命貴族よりもはるかにまさる実力をそなえていたにもかかわらず、江南の社会が後進的な、いわば古代的遺制の残った社会であるという基礎条件から規定されて、さまざまな弱みをかかえていたために、北来貴族群の鼓吹する先進的な郷論主義的イデオロギーの前に膝を屈せざるをえなかったということであった。それは「もはやいわゆる社会経済史的観点からだけでは説明しえない」現象であり、基礎薄弱な北来亡命貴族群が優位に立ちえた理由は、つまるところ、かれらのもつ「伝統的権威、ないし文化的先進性を背景にした政治的文化的能力」に求めるほかない、ということであった。

私は現在においても、この結論をかえる必要を認めないが、しかし、北来亡命貴族たちは、ただ単にその政治的文化的能力といった精神的な要因だけにいつまでも頼りつづけたわけではないだろう。より確実な基盤づくりとして、軍事力の確保は必須の要請であったにちがいなく、彼らが貴族支配の体制を確立してゆくのに必要な軍事力をいかにして調達したか、さらにまた、北方からの流民集団を、いかにして自己の軍事的基盤に転化していったか、という問題を本章では検討しておこうと思う。ただ、前章では北来亡命貴族たちがそもそものはじめにどの程度の軍事力をもっていたか、という問題についても考察が不十分であったことを反省し(1)、まずその問題を検討することからはじめて、以下、東晋貴族体制の江南における定着過程と、そこからうかがうことのできる東晋貴族制の性格について考えてゆきたいと思う。

一　司馬睿と王敦と江南豪族

永嘉元年(三〇七)七月、司馬睿が安東将軍・都督揚州江南諸軍事に任命され、その安東府司馬の王導とともに、その年の九月に建鄴にのりこんだころ、かれらの保有した「軍事力はゼロに近かった」ということを、私は前章において注記したにとどまり(2)、その具体的な根拠を示さずに終ったので、まずその点を補うことからはじめたい。

『晋書』巻六五王導伝によれば、そのころ「呉人は附せざる」状況がつづいたので、王導が憂慮していたところ、たまたま王敦が来朝した。そこで王導は王敦にむかって、「兄は威風すでに振るう。宜しく以て匡済すること有るべし」といい、三月上巳の禊を観る行列の「威儀」をととのえて、王敦や王導らの名士たちが司馬睿に騎従したので、その「威儀」に驚いた呉人の代表・紀瞻や顧栄らが「道左に拝した」と書かれている。このときの「威儀」が、もし軍事力を背景にしたものだとすれば、その多くは「威風すでに振るう」王敦麾下の武力に由来したはずであるが、実際には、このとき王敦はまだ建鄴に来ていなかった。それがまさしく、この有名な三月上巳観禊の説話が説話たるゆえんであって、われわれは、この説話によって抱かされやすい王敦の武力というイメージを、この時点では消去する必要があることを確認しておかなければならない。

このころの王敦の行動については、すでに『資治通鑑考異』(晋紀八、永嘉元年九月戊申条および十一月乙亥条)に引く諸資料によって、司馬光が叙述を進めているように、三〇七年の末ごろには、王敦は青州刺史として現在の山東省方面にいた。あるいは、右の三月上巳の説話を信じて、それが翌三〇八年三月のことだとすれば、王敦は青州から首都洛陽に召還されて、そこで中書監の職についていた。王敦が建鄴に来るのは、これよりもさらに一年以上あと、三〇九年三月に洛陽で実権を握っていた東海王・越が、懐帝側近の中書令・繆播ら十人あまりを殺害するという事件がおこったあと、王敦が東海王・越から揚州刺史に任命されたときまで待たねばならないのである。[3] こうしてようやく江南に来た王敦、あるいはこのころの司馬睿ないし王導の保有した軍事力は、どの程度のものであったろうか。

王敦が揚州刺史として赴任してきたときから一年もたたぬ三一〇年のはじめころ、王敦は洛陽の中央政府から尚書に任命されて、首都にかえることになった。そのとき、『晋書』恵帝紀によれば、この年の二月におこったのが銭璯の反乱である。すなわち『晋書』巻五八周玘伝にいう。

初め呉興の人・銭璯もまた義兵を起こして陳敏を討つ。(東海王)越は命じて建武将軍となし、その属を率いて京師に会せしむ。璯は広陵に至るや、劉聡の洛陽に逼れるを聞き、畏懦して敢えて進まず。(元)帝は促すに軍期を以てす。璯すなわち謀反す。時に王敦は尚書に遷り、当《まさ》に徴に応じて璯と倶に西せんとす。璯は陰かに敦を殺し、藉《よ》って事を挙げんと欲す。敦これを聞くや、奔りて帝に告ぐ。璯は遂に度支校尉・陳豊を殺し、邸閣を焚焼し、……(周)玘の県(＝陽羨)に来寇す。帝は将軍・郭逸、都尉・宋典らを遣わしてこれを討たしむるも、並びに兵少きを以て未だ敢えて前《すす》まず。玘は復た郷里の義衆を率合して、逸らと倶に進み、璯を討ってこれを斬り、首を建康に伝う。

と。この騒動の結果であろうが、王敦は洛陽からの徴召に「就かず」、安東将軍・司馬睿の府の軍諮祭酒としてそのまま建康にとどまることになったのである。(4)

ところで、右の周玘伝の記述から見て、三一〇年のこの時点では、王敦の武力はまだ全く問題にならなかったように見える。なぜなら、のちの元帝＝司馬睿が銭璯討伐のために派遣した軍隊は「兵少く」、しかもその指揮官として王敦の名が全くあらわれないからである。王敦がこの乱の前年、揚州刺史として赴任してきたときに若干の軍隊をつれてきたか、あるいは着任以後の一年たらずの間に自己の兵団を組織していたのだとすれば、そして、尚書として洛陽に召還されるさい、その兵団を都督揚州江南諸軍事たる司馬睿の指揮にゆだね、自分は銭璯を信頼して、ほとんど単身でこれとともに洛陽にむかおうとしたのだとすれば、銭璯の反図を知って建康に逃げかえったのち、王敦は当然、自分に属していた兵団をひきいて銭璯討伐に加わったことだろう。ところが、その形迹がないのである。あるいは、すでに自分の後任者となった新しい揚州刺史・劉陶の手に、(5)その兵団の指揮をゆだねていたのかもしれない。しかし、劉陶はむしろ鎮東将軍・都督揚州諸軍事の周馥と関係があったらしく、(6)司馬睿の側に立って働いた形跡は全くない。いずれにしろ、このとき揚州刺史の統率する軍団は全く姿を見せず、王敦の兵力はゼロであったとみなしてよいだろう。

このとき元帝＝司馬睿の「兵少き」軍隊を指揮したものは、郭逸と宋典であった。郭逸については、このときまで司馬睿の臣下として、どのような役割をはたしてきたか全くわからないが、宋典については、その性格をある程度推測することができる。宋典は早くから司馬睿に仕えていた。すでに三〇四年、司馬睿が成都王・穎に対する討伐戦に加わって、蕩陰で大敗したのち、成都王・穎の厳重な警備網をついて鄴から脱出したときのことである。すべての関所には貴人の出入を禁ず、との命令が成都王から通達されていたため、河陽の渡し場にたどりついた司馬睿は、津吏の制止を受けてしまった。そのとき、

従者の宋典は後れて来たが、策をもって帝(=司馬睿)の馬を鞭うち、笑っていうに、『舎長！ 官《おかみ》は貴人を禁《と》めているのだ。そなたまで拘《つか》まったか！』と。そこで津吏は通過を聴《ゆる》した。(『晋書』巻六元帝紀)

まさに勧進帳に似たシーンであるが、もともと宋典は、義経に対する弁慶のような、司馬睿の忠実な「従者」であった。

つまり、三一〇年当時、建康における司馬睿の直属部隊は、華北にいたときから扈従していた忠実な「従者」宋典や、おそらくはそれに類似する性格の郭逸を隊長とする大して数の多くない兵士たちから成っていた。それは、本質的に禁衛隊という性格から多く出るものではなかったにちがいない。この司馬睿直属軍は、広陵で反旗をひるがえした銭璯に対して、「兵少きを以て」単独で立ちむかうことはできなかった。銭璯の属する銭氏は、呉興郡長城県の有力な豪族であったが、(7)「その属を率い」た銭璯の兵団とは、その郷里における銭氏の規制力によって集められたものと考えてよいだろう。しかし、この銭氏は「いま江東の豪、周・沈より彊きもの莫し」(8)といわれた陽羨の周氏や、銭氏と同じ呉興郡武康の沈氏にくらべて、一段おとる勢力であったろう。その銭璯の兵団は、反乱にふみきった広陵から、「(周)玘の県」すなわち太湖西岸の陽羨にむかって南下した。その径路は、地理から考えれば、広陵から長江南岸に渡り、建康からさほど遠からぬその東側を南下したにちがいない。そのかん、司馬睿の軍隊は「未だ敢えて前ま

ず」、陽羨の大豪族・周玘が「復た郷里の義衆を率合する」のを待って、主としてその力によって、ようやく銭璯の反乱軍を撃滅することができたのである。このときの司馬睿らの固有の軍事力が、大豪族・周玘一族の武力よりも劣っていたのはもちろん、周氏よりも弱い銭氏に対してすら、単独では立ちむかうことができない程度の劣弱なものであったことを確認することができる。

したがって、この当時、司馬睿の建康政権は、軍事力の面において、周氏らの江南土着豪族たちがもつ武力に完全に依存していた。その状態は、この翌年においても続き、三一一年正月の周馥に対する戦いにおいては、さきにふれた司馬睿直属の建威将軍・郭逸とともに、むしろ主として活躍したのは南人・甘卓のひきいる軍団であった(9)。さらに三一二年になってさえ、石勒の軍が南下してきたのに対して、その年の二月、これを撃退して寿春を確保したのも、また「江南の衆を率いた」南人・紀瞻の奮闘によることをつけ加えておかねばならない(10)。一般的にいって、このころまでは、司馬睿の直属軍は、江南の一豪族にすら対抗できかねる程度の、きわめて劣弱な軍事力しかもたなかった。江南土着の有力豪族たちは、そのことを十分承知した上で、むしろかれら自身の武力によって積極的に司馬睿らをもりたて、晋の王室擁護という表看板のもとに、実質的にはこれを自分たちの政権として打ち立てるべく努力していた、と考えてよい。

しかしながら、このころから状況はようやく変化のきざしを見せる。三一一年六月、晋朝の首都洛陽が匈奴軍の手に落ち、懐帝がとらえられた直後、司空・荀藩は檄を天下にとばして、琅邪王・司馬睿を盟主に奉戴しようとのよびかけを行なった。これによって、司馬睿は晋王室の単なる一員から、晋朝をついで天下に号令しうる資格をもつものへと、その権威を飛躍的に高めることになった。同時にそれは、最初から琅邪王を補佐していた王導らの信望を高める結果となり、大混乱の中原にいた人びとは、士人も庶民も、このよびかけに拍車をかけられて、琅邪王のいる建康へ、江南へと避難するものの数が急増していったと思われる。司馬睿・王導らのこのような権威の上昇と、華北からの急激な人口流入とは、司馬睿をもりたてることによって事実上これを自分たちの主導する政権に仕立てようと努力していた江南豪族たちにとって、大きな圧力と感じられつつあったにちがいない。

三一一年六月の荀藩のよびかけと、それを受けた琅邪王の「承制」とに応じなかった江州刺史の華軼に対して、琅邪王がさしむけた討伐軍は、「左将軍の王敦をして甘卓、周訪、宋典、趙誘らを都督せしめる」構成になった。[11] 琅邪王の禁衛隊的性格をもつ宋典指揮下の軍隊と、南人の甘卓や周訪が指揮する江南兵団との協同、しかも後者の武力を主体とする両者協同の軍団構成は、さきに見た銭璯や周馥に対する討伐軍と全く同じパターンを示している。だが、ここに新しく見られる現象は、それらの連合軍の総指揮官として、王導の従兄の王敦が任命されたという事実である。王敦は、一年まえの銭璯の乱にさいして、全くなすすべもなく広陵から建康に逃げかえり、そのときかれ自身のひきいる固有の兵団がまだ形成されていなかったことを、さきに推定した。その後、王敦は死去した劉陶のあとをうけて、ふたたび揚州刺史にかえり咲いた[12]とはいえ、この一年あまりの間に、揚州刺史に直属する軍団がそれほど急成長をとげたとは思われない。そのような王敦が華軼討伐軍の総指揮にあたることができたのは、そして依然としてこの討伐軍の中核的戦力を構成したはずの江南土着兵団の長たち(後文、二一八頁参照)が、そのような王敦を総指揮官として承認せざるをえなかったのは、琅邪王と王導らの権威の飛躍的な上昇と、華北からの人口流入の激増という北方的要因の加重現象の前に譲歩を余儀なくされたからだと考えてよいだろう。

このような北方的要因の加重現象——その中には華北の先進的な郷論主義的イデオロギーの流布も含まれる——を背景にしつつ、江南土着の豪族が北来亡命貴族に抑えられていった最初の明証は、三一四年、陽羨の大豪族・周玘の子の周勰による反乱が、王導の分断作戦によって簡単に抑えられた事件にあらわれることを前章において指摘した。

しかし、江南の豪族あるいは土着勢力が、同じような分断作戦によって抑えられてゆく過程は、三一四年の周勰の反乱鎮定以後にも、なおさまざまな紆余曲折をたどって展開される。その過程を軍事力の視点から見るとき、二つの大すじに分けられるだろう。一つは、右の華軼討伐戦以後、初期東晋政権において最大の軍事力を構成した王敦の軍団における、またそれをめぐる南北両勢力の関係の問題であり、第二には、三一二年ごろから姿を見せはじめる祖逖らの北来流入兵団と江南の勢力との関係の問題である。この第二の問題は第四節以下において検討することにし、まず、第一の王敦軍団の問題から検討してゆこうと思う。

二　王敦軍団と江南土着勢力

前節で見たように、王敦が江南で目立った活躍をはじめるのは、三一一年における華軼討伐戦以後のことであり、江南で実際にかれの「威風すでに振るう」にいたるのは、かれが華軼を撃滅したあと、長江中流域の経営に成功してゆく過程においてであった。

しかし、最初の華軼討伐戦において、王敦は征討都督であったとはいえ、実際に華軼の軍と湓口や彭沢において決戦し、これを撃滅したのは、南人の周訪や甘卓の指揮する江南兵団であって(13)、王敦の参軍であった趙誘(14)や、司馬睿の「従者」的性格を残していたはずの宋典などが指揮する兵団の活躍については、史書に具体的な記述が残っていない。ということは、この段階では、王敦の総指揮下にある諸兵団の中で、主たる戦力が江南兵団にあったこと、王敦が総司令官になっていたのは、前節でもふれたように、急上昇した琅邪王らの権威の体現者あるいは象徴として、諸兵団をまとめるためのいわば名目的な中心という意味が強かったこと、を傍証するように思われる。

このような状況は、華軼を撃滅したあと、王敦が江州から荊州方面の経営を進めてゆく過程においても、本質的に変ることはなかったと思われる。江州に進駐した王敦は、もちろん自己の直属兵力を増強することにつとめたであろうが、実際に江州から荊州方面の混乱を鎮定するために活躍したのは、華軼平定後に湘州刺史に任ぜられた甘卓、尋陽太守となった周訪、武昌太守となったその姻戚の陶侃ら[15]、いずれもいわゆる南人の諸将軍がひきいる軍隊であった。王敦の長江中流域経営は、司馬睿と王導の長江下流デルタ地帯の経営と同じく、江南土着勢力のもつ武力にほとんど依存していたのである。しかし一方では、江南土着勢力の側にも、司馬睿や王敦の権威を借りて、その笠のもとでのしあがろうとする志向が働いていた。晋朝の権威と土着勢力とのこのような関係について、陶侃の場合を中心に考えてみよう。

陶侃は、すでに三〇三年、張昌の乱の勃発直後から、荊州刺史・劉弘のもとで、この地方の動乱鎮定に努力し、早くから強力な兵団を統率して、この地方に武威をかがやかせていた。三〇五年の陳敏の乱にさいして、劉弘が陶侃を江夏太守に任命し、鷹揚将軍の肩書きを加えて陳敏の軍の来寇にそなえさせたとき、陶侃の忠誠を疑ったものの言葉に、

侃は敏と郷里の旧あり。大郡に居て強兵を統ぶ。脱《も》し異志あれば則ち荊州に東門なからん。

というのがあった。これを聞いた陶侃は、あわてて自分の子の陶洪と兄の子の陶臻とを劉弘のもとに送り、それによって「自ら固める」ことにした。もともと陶侃を信頼していた劉弘は、二人の子に自分の府の参軍という肩書きを与え、「資して之を遣《かえ》した」という[16]。独立行動をとりうるだけの兵力をもった将軍が、上部権力との関係において「自ら固める」ためには、この時代にはいわゆる質任関係を明確にとりむすぶ必要があったことをこの話は示しているが、同様の関係は、その後、江州刺史の華軼や琅邪王・睿との関係が生じたときにも見られる現象である。

はじめに陶侃が仕えた劉弘は三〇六年に死んだらしいが、その後、華軼が陶侃を揚武将軍に任命して夏口に駐屯させたとき、やはり陶侃の兄の子の陶臻が華軼の参軍となって、そのもとにひきとめられた。いわば人質である。ところが、華軼と琅邪王・睿との関係が悪化してきたとき、「臻は難の作《おこ》るを懼れて、疾に託して帰ってきた」。おそらく陶臻ほどの情報をもたなかった陶侃は、質任関係の断絶による華軼との関係悪化をおそれて、臻を華軼のもとに追いかえしたが、臻はそのままさらに東方にいる琅邪王・睿のもとに走った。琅邪王は、これ幸いと臻を参軍に任命し、陶侃に奮威将軍の肩書きその他を与えたので、陶侃は華軼に対して「絶を告ぐ」、すなわち忠誠関係の断絶を通告した、という。(17)

すでに強力な兵団を掌握していた陶侃は、華軼と琅邪王・睿とを、いわば天秤にかけて、ついに後者を選んだのである。華軼と琅邪王との関係が悪化した原因は、華軼が「寿春(=鎮東将軍・都督揚州諸軍事の周馥)の督する所たる」ことに固執して、琅邪王の命令に服さなかったからである。(18)かつて三〇七年から八年にかけて、顧栄や紀瞻ら江南デルタ地帯の豪族たちは、周馥の勢力と琅邪王・睿の権威とを天秤にかけたすえ、後者を推戴する方向にふみきったことを前章で推定した。ここでも事態は全く同じであって、琅邪王の権威が高まり、周馥の勢力が粉砕された三一一年段階には、三年まえに長江下流域でおこった事態が中流域に波及し、そこでの軍団長たる陶侃のまえには、周馥系の華軼と琅邪王の権威と、いずれを選択すべきかの問題がさしせまってきたのである。ここで「自ら固める」ことを一つの動機として琅邪王の権威を選んだ陶侃は、その権威のいわば出先機関たる王敦を、当然にも推戴する方向に義務づけられることになる。華軼討伐戦にはまだすすんで参加しなかった陶侃も、その平定後は、王敦の名のもとに荊州の混乱鎮定を積極的に推進し、それによって王敦の権威を高めることに大いに寄与したのであった。

つまり、長江下流デルタ地帯において、三〇八年から数年間、江南土着の豪族たちが、劣弱な軍事力しかもたない司馬睿らを、むしろ実質的には自分たちの政権の単なる表看板に化すべく、積極的にもりたてたのと同じように、三一一年以後、それが王敦を先頭に立てて、長江中流域に影響力をおよぼしてきたとき、周訪や陶侃ら、この地方出身の有力兵団長たちは、将来、荊州を中心とする長江中流域一帯の実権を握るべく、琅邪王・睿＝王敦の権威の笠のもとに、この一帯の混乱鎮定に積極的にのりだしたのである。王敦の方でもまた、荊州刺史の地位を餌にして、かれらの積極的努力をひきだし、それによって荊州一帯の安定に成功することが、自己の権威のさらなる上昇に役立つことはいうまでもない。当時の荊州一帯は、杜弢や杜曾らの敵対勢力がいたるところにひろがって、きわめて流動的な情勢にあり、王澄や周顗など軍事になれない華北出身の文官では、とうてい治めることのできない「用武の国」であった。(19) 王敦は三一三年、荊州刺史・周顗にかわって陶侃をその地位につけた。荊州を委託された陶侃は、周訪らとともに苦しい戦いをつづけたのち、三一五年八月にいたって、ようやく杜弢を滅ぼし、その南部の湘州を平定することができた。

しかし、かれらの努力によって得られた果実は、かれらの手にわたらずに、まんまと王敦にさらわれる。杜弢の撃滅と湘州の平定によって、王敦は鎮東大将軍・都督江揚荊湘交広六州諸軍事・江州刺史に昇格し、管轄下の人事権を掌握すると、荊州刺史のポストは王敦の従弟・王廙のためにとりあげられ、それまで荊州を委託されて、その平定に精魂をかたむけてきた陶侃は、逆に荊州刺史から広州刺史に左遷されてしまった。その決定は、たまたま陶侃が自己の兵団からはなれて、無防備のまま王敦のもとに伺候したときをとらえて下されたのであったが、この決定を呑まざるをえなかった陶侃の状況は、まさにその二年ばかり前の長江下流デルタにおいて、陽羨の大豪族・周玘が体験した状況と一致する。周玘は「三たび江南を定めて王略を開復し」、司馬睿政権確立のために犬馬の労をつくしてきたにもかかわらず、その労にむくいられるどころか、逆に華北から亡命してきただけの「中州の人士」が、なんの苦労もせずに「多く顕位に居て呉人を駕御する」事態に直面した。かれは「怨望」「恥恚」のあまり憤死した。[20] 復讐に立ちあがったその子の周勰の反乱が、簡単に抑えられたことは、さきにふれたとおりである。

陶侃は、この恥恚に対して隠忍自重した。かれはその子の陶瞻を王敦の参軍として、質任関係を再確認したうえ、事を荒だてずに広州にむかった。広州はまだ諸勢力が交錯紛糾した辺境である。そこにむかうことは、ふたたび王敦のために犬馬の労をとらされることでもあったが、陶侃は自分の「威名がすでに著われている」ことを自覚して、広州の平定が比較的容易にできることを見とおしていたのであろう。広州を確保したあとは、ここを中心に自力を蓄え、もはや王敦には協力しなかった。[21]

ところで一方、陶侃が広州に左遷されたあと、荆州に残されたかれの部下たちは、新しい荆州刺史・王廙の受け入れをこばみ、反旗をひるがえして杜曾の側に寝がえった。これによってふたたび混乱した荆州は、三一七年になっても王敦・王廙の軍によって鎮定することができなかった。そのとき、ふたたび利用されたのが、南人・周訪の兵団である。[22] 王敦は周訪に対して、「杜曾を擒にすれば荆州刺史に任じよう」との約束を餌にして、その尽力をひきだし、周訪が杜曾の軍を大破したことによって、刺史の王廙はようやく荆州に入ることができた。周訪もその功によって梁州刺史にはなった。しかし、王廙が陶侃のもとの将佐や名士たちを誅戮して「大いに荆士の望を失い」、三一八年に建康に召還されたとき、その後任に周訪が擬せられたにもかかわらず、王敦はそれを阻止して、みずから荆州刺史になった。さらに三一九年、周訪がついに杜曾を擒にして、長江中流域の久しい混乱にようやく終止符をうったときにも、王敦は周訪を梁州刺史にすえおいたまま、かねての約束をついに果たさなかった。かの周玘や陶侃と同様に、ここでもまた使い捨てにあった南人の周訪は、これ以後、梁州(襄陽)において王敦とはむしろ敵対関係に立つのであるが、その翌三二〇年に「切歯」しながら病死した。[23]

以上に見てきたように、最初はきわめて劣弱な軍事力しかもたなかった王敦が、陶侃や周訪など、江南土着の有力兵団を利用して、その積極的な協力をひきだしつつ、江州・荆州などの長江中流域の中心を平定し、それがかなりの成功を収めるにつれて、逆にこれら土着の協力者を各個に抑えこんでいったやりかたは、数年まえに長江下流域において、王導が江南豪族に対して行なった方法と、きわめてよく似た様相を示している。しかし、その抑えこみかたは、決して徹底したものではありえなかった。三一四年の周勰の乱の事後措置としては、「周氏が奕世豪望にして、呉人の宗とする所なるを以ての故に、窮治せず、之を撫すること旧の如き」程度にとどめた(24)。乱をおこした場合ですら、この程度である。王敦の陶侃や周訪に対する措置も、それが荆州を掌握することによってあまりに強大化するのは抑えたが、辺境の地における半独立的な割拠は黙認せざるをえなかった。それら南方土着勢力を「窮治せず」、その勢力の温存を黙認したのは、いうまでもなく窮治するだけの力がなかったからであり、それら南人の勢力を温存し、できるかぎり利用しつつ、諸勢力間の微妙なバランスを調整することによって、自己の権威を維持上昇させるよりほかに王導や王敦のとるべき方途はなかったからである。

このような事態は、最初期の東晋政権がその軍事的基盤として、江南土着の豪族あるいは土着の有力兵団の戦力に大きく依存せざるをえなかったという基本的状況から由来する。政権担当者は、かれらの戦力をできるだけ有効にひきだし、かれらが強力な支持基盤となるように導かねばならぬ必要性と、その反面では、かれらがあまりに強大化するのを抑え、相互に連繫しないように措置する必要性と、この極端に矛盾する二つの要請を何とか調整せねばならない立場に立たされる。その調整はまさに政治的行為そのものというべく、高度な政治感覚と政治的能力を必要とする。亡命当初の基礎薄弱な北来貴族たちが、初期の東晋政権を自分たちの手で維持し、その権威を高めてゆくためには、このような政治的能力をフルに発揮するほかなかったのである。

王敦も北来貴族の有力な一員として、そのような政治力を発揮しつつ、長江中流域に東晋政権の権威を承認させ、同時にまた自己の権威を高く打ち立ててきた。それが最後になって東晋政権そのものと衝突し、ついに乱臣の汚名を残して消えうせることになった。その背景には、どのような力関係の推移があるのだろうか。

三　王敦の乱の背景

周知のように、三二二年正月、王敦は君側の奸・劉隗を討つとの名目で武昌に兵を挙げ、呉興武康の大豪族・沈充もこれに応じて兵を起こした。いわゆる王敦の乱の勃発である。その年の三月に王敦は首都建康を制圧し、以後、三二四年七月に死ぬ直前まで、東晋政府を牛耳った。その間の王敦の「謀主」は、沈充ともう一人、同じく呉興長城の豪族出身者・銭鳳の二人であった。(25)

王敦の乱の直接の原因は、すでに皇帝となっていた司馬睿＝元帝の側近の劉隗や刁協らが、元帝の権威を高めるべく、王導や王敦ら王氏の勢力を筆頭とする「豪強を排抑し」はじめたのにもとづくこと、(26)いうまでもない。しかし、王敦の目がこのように東方の長江下流域にむかう要因の一つには、長江中流域におけるかれ自身の勢力圏内部において、前節で見たような力関係の変化が生じたことからくる面もあったように思われる。それは、この乱の「謀主」たる呉興の豪族群、銭鳳と沈充の役割から示唆されるであろう。

すでに見たように、三一五年、王敦は陶侃を荊州刺史から広州刺史に左遷した。現行本『晋書』陶侃伝によると、その前から「王敦が陶侃の功を深く忌んでいた」というが、『資治通鑑』(晋紀一一、建興三年八月条)は「王敦の嬖人・呉興の銭鳳が陶侃の功を疾み、屢々之を毀った」としるしている。『通鑑』は別に拠るところがあったのであろうが、もしこれに拠るとすれば、すでにこのころから王敦の麾下に呉興の人の志向がうごめきはじめていたことになる。銭鳳は、もともと王敦の参軍であった沈充の推挙によって、王敦にとりたてられ、その鎧曹参軍になった男である。(27)

陶侃を広州へ左遷したことは、それまで王敦の勢力のもっとも有力な支持基盤であった陶侃の兵団から、もはや積極的な協力をひきだすことのできない状況をもたらした。もちろん、質任関係の継続によって、王敦と陶侃との関係はまだ断絶していないし、陶侃の広州支配が完成することは、形式的には広州の軍事をも都督する立場の王敦にとって、権威の上昇をもたらす効果があったろう。しかし、すでに威名赫々たる陶侃が、広州において自力を蓄え、荊州にもなお根強い人望をたもっている以上、(28)それは王敦にとって無気味な、むしろ警戒すべき存在となっていたにちがいない。それに加えて、三一九年には、梁州刺史・周訪との関係が決定的に悪化した。王敦が、それまでかれらをさんざん利用したあげく、それを広州と梁州に追いやったのは、長江中流域の中枢たる荊州を王敦自身がおさえるための、やむをえない措置であったが、その結果は、荊州における王敦自身が南北からの威圧を受けるという新しい事態になってきたのである。諸勢力のバランスを考えざるをえない王敦としては、この威圧に対抗するために、あらためて第三の支援勢力を求めねばならない。かれがもっとも大きく期待したものは、建康政府からより多くの支援をひきだすことであったろう。しかし、建康政府は逆に、王敦の勢力がすでにあまりにも強大であるとみなして、これに対抗する方向に動きだしていたこと、周知のとおりである。

ここにおいて、王敦が求めた第三の支援勢力は、呉興の豪族群の軍事力であったように思われる。銭鳳は「王敦に不臣の心あるを知り、因って邪説を進め、遂に相い朋構して、専ら威権を弄び、言は禍福を成し」ていたが、たまたま「父の喪に遭うや、外には還りて葬るに託して、密かに敦の使となり、沈充と交構した」。(29)これはいつごろのことか不明であるが、沈充が王敦の参軍から他に転出したあとのことであり、おそらくは三二〇年に梁州刺史・周訪が死に、湘州刺史・甘卓がその後任として赴任したあと、「王敦は上表して、宣城内史の沈充を以て湘州となさんとした」が、元帝がこれを拒否して、王敦に対抗すべく、叔父の譙王・承を湘州刺史に任命したころからあまり遠くは隔たらぬその前後のことであろう。すでに三一五年ごろから王敦のもとでうごめきはじめていたかもしれぬ呉興豪族の志向は、周訪との関係悪化と建康政府の非協力という情勢の推移に拍車をかけられて、王敦へのはたらきかけを増し、王敦もまた呉興豪族を頼る方向にひきずりこまれていったと思われる。(30)

呉興の豪族たちの志向とは、すでに大川富士夫氏が指摘されたように、「王敦に依拠して自らの政治的な抬頭を期待する」志向である。呉興武康の沈充は、陽羨の周氏とならぶ江南の大豪族であり、「沈郎銭」とよばれる貨幣の鋳造まで行なった当時の財閥であるが、すでに三一〇年代の中ごろには、北来亡命貴族たちの鼓吹する進歩的な郷論主義的イデオロギーによって、呉郡や会稽の江南一流豪族とは一線を劃され、これらの人びとが構成する建康政府のヒエラルキーでは下位に位置づけられつつあった。そのような当時の傾向に対する、いわゆる田舎豪族たちの反撥が、三一四年の周勰の乱によって挫折したあと、かれらの志向が、まだ文人的ヒエラルキーの未熟な、むしろ「用武の国」に君臨する王敦を動かす方向へとむかったのも当然のことだと思われる。(31)(32)

王敦の東方への傾斜と、呉興豪族たちの志向とが合致して、ついに王敦は兵を建康に進めるが、そのとき、かの陽羨の大豪族・周札は、石頭城守備軍の長官であったにもかかわらず、「門を開いて王敦に応じ、その故に王師は敗績した」。周氏が呉興の沈氏と同じく、建康政府の文人的ヒエラルキーにおいて、田舎豪族あつかいにされていたことはいうまでもない。呉興の豪族と同じく、周氏も「王敦に依拠して自らの政治的な抬頭を期待した」わけであり、事実この功によって、「一門五侯、並びに列位に居り、呉士の貴盛、ともに比を為すもの莫き」盛況を一時は将来することができた。(33)(34)

このような江南のいわゆる田舎豪族たちの、建康政府に対する反撥と王敦への依拠は、もう一つの直接的な原因からくるかもしれない。それは刁協の献策によって、三二一年、建康政府が「中州の良人の難に遭いて揚州諸郡の僮客となれる者を免じて、以て征役に備える」詔勅を出したことである。(35) 建康政府の国軍強化のためにとられたこの施策は、「衆庶の怨望」をまきおこしたが、実は他方でそれが王敦に対抗する狙いをも含んでいたために、王敦はその挙兵理由の一つとして、劉隗がこの不評判な措置を私権の強化に利用していると非難したものであった。(36) この施策は、大土地経営者たる江南豪族すべてに対して大きな打撃を与えるはずであるが、その被害をもろに受けたのがいわゆる田舎豪族であり、呉郡や会稽の一流名門豪族は政府のヒエラルキーにおいて高い地位を占め、あるいは要路とのコネクションをもつために、その被害をさまざまな手段で緩和することができたと思われる。「呉・会の姓族が建康政府に忠順であった」(37) のに反して、いわゆる田舎豪族の側が王敦にくみした背景には、そのような理由もなかったとはいえまい。

郷論主義的イデオロギーにもとづく文人支配の体制を作りつつあった建康政府は、すでに郷論主義の担い手となっていた呉・会の姓族に支援された。それの未熟な、武人集団集積型の色彩をもった王敦の側には、江南のいわゆる田舎豪族が加担して、これを突破口にしつつ前者の体制をゆるがした。それの一時的な成功は、「謀主」銭鳳や沈充の暴走をひきおこし、同じ立場の周氏に対してすら、王敦を利用して族滅させるまでにいたった。死に至る病いにとりつかれた王敦には、もはやこの暴走を抑える力がなかったように見える。バランス感覚と、それに根ざす制御力を失った王敦は、もはやこの政治の季節に生きることはできなかった。それに依拠した呉興の豪族たちもまた、勢力均衡の原則にしたがいつつ郗鑒・蘇峻・祖約らの北来流入兵団を導入した亡命貴族たちの政治力と、それらの兵団の武力とによって、完全に圧殺されるよりほかなかったのである。

以上に述べてきたところを要約するならば、東晋政権の創始期において、それを主導した北来亡命貴族たちに固有の軍事力は、まさしくゼロに近かった。王敦においてすら、それは最後まで大したものではなかった。その軍事的基盤は江南土着の諸勢力に求めるほかはなく、問題はひとえに、それらの諸勢力をいかにして協力させるか、いかに効果的に利用するか、にかかっていた。そうして、これらの諸勢力のバランスの上に、曲芸のようなわざでもって乗っかる以外に方法はなかったのである。それはまさに政治的能力による曲芸である。王敦の乱のころから北来流入兵団という新しい勢力が大きく姿をあらわすが、政治力による曲芸の時代はなお蘇峻の乱までつづくだろう。三二〇年代の終りまでの初期東晋政権は、政治の曲芸によって辛うじて維持されていた。政治の季節というゆえんであり、政治の曲芸を支えたものは伝統的権威とそれを背景にした政治的文化的能力以外にないように思われるのである。では次に、あとまわしにしていた北来流入兵団の問題を検討することにしよう。

四　北来流入兵団と王敦の乱

八王の乱から永嘉の乱へとつづく大混乱を避けて、華北から長江下流域に流れこむ難民は数しれなかったが、その中でも有力な指導者にまとめられて、集団を作って南下するものは、そのまま武力集団としてはたらく機能をもっていた。建康政府によるそのような兵団の導入は、王敦の乱から蘇峻の乱へと展開する三二〇年代の東晋の政局に重大な役割を演ずるが、その中で江南に最初にあらわれたものとして、まず祖逖のひきいる集団と江南との関係から見ておくことにしよう。

すでに三一二年に、祖逖を「行主」として南下してきた数百家の集団が泗口に達したころ、祖逖はそこで建康政府から徐州刺史に任命され、さらに琅邪王・睿の軍諮祭酒に徴召されて、その集団は京口に落ちついた。そのとき、かれの「賓客・義徒は皆な暴桀の勇士」であって、かれらは「多く盗窃をなし、(揚土の)富室を攻剽した」が、「祖逖はこれを遇すること子弟の如くであった」という。[38]

このような荒武者の存在は、大混乱の中原から飢えをしのぎ、戦火をくぐって自衛しながら、長途南下してきた大小さまざまの集団において、決して珍らしいことではなかったであろう。そのような集団の流入は、江南土着の人びとにとってははなはだ迷惑なことであり、その暴行を抑えることが必要になる。しかし、そのためには、かれら南人が直接ことにあたるよりも、同じ北人たる琅邪王・睿や王導らの北来貴族政府の名とその権威を借りる方が、はるかに効果的であるこというまでもない。かれら南人は、そのためにも建康政府を支持し強化し、高められたその権威によって、北来武力集団の統制を期せざるをえない。東晋政権成立の最初期において、江南土着勢力が北来貴族政府を積極的に支えた理由の一つは、祖逖麾下のような「暴桀の勇士」を含む北来武力集団や、より無統制な北人の大量南下という現象が、南人にとって大きな圧力となっていたこと、したがって、南人自身の側にも、それらを統制できるような、権威ある北来貴族政権を確立する必要があったことによると思われる。

しかし、南人にとって幸いなことに、祖逖はそれら「暴桀の勇士」のエネルギーを中原回復のための努力に放出させるよう上表し、かくて奮威将軍・予州刺史を拝命した祖逖は、あくる三一三年、「もともと流徙せる部曲百余家を将《ひき》いて」ふたたび長江を渡り、異民族勢力の南下と対決すべく北上していった。その後、かれが河南の各地に散在する塢主たちの勢力を鎮撫糾合し、匈奴の南進をはばんで、東晋のために北方の扞蔽たる役割をはたしたことは周知のとおりである。そのかんに、当初はわずかに「流徙せる部曲百余家を将い」、また「淮陰に屯して……二千余人を得た」だけの兵力で北上したこの集団は、祖逖の努力によって多くの帰順者や投降者を加え、「士馬は日に滋《しげ》くして」

強大な軍団に成長していったのである。(39)

この祖逖の軍団は、すでに長江中流域を制圧していた王敦にとって、もはや無視しえない存在になっていた。王敦は前節で述べたように、その勢力圏内部における諸勢力のバランスから、東方の長江下流域に支援勢力を求めねばならなくなっていた。しかるに、その期待にこたえぬ建康政府当局に対して、王敦はすでに「久しく逆乱を懐う」状態になっていたが、「祖逖を畏れて敢えて発せず」、三二一年に祖逖が死ぬと、「ここに至って始めて意を肆《ほし》いままにするを得た」という。(40)

王敦を警戒し、王導を疎外して、元帝の権威を高めることにあせっていたその側近の劉隗や刁協ら政府当局は、王敦の武力に対抗するために、この段階ではまだ祖逖ら北来兵団の利用導入を考えなかったごとくである。それはもっぱら異民族の南下を防ぐための扞蔽として、北方戦線にはりつけておくべき存在であって、王敦に対抗するためには、のちにもふれるように、解放奴隷などを動員することによって急遽編制した軍隊の力で十分だと考えた。にわか作りのこの一軍の指揮官に、元帝の信任あつい南人の戴若思を任命し、これを征西将軍・都督司兗予并冀雍六州諸軍事として、祖逖の軍団をも指揮しうる権限を与えたことは、祖逖をはなはだしく傷つけ、これを憂死させる原因になった。(41)

建康政府のこの措置は、内外ともに逆効果しか生まなかった。頭数をそろえただけの新設軍団は、王敦の軍に対して有効な抵抗をなすすべもなく崩壊し、王敦の建康制圧を許すとともに、他方この措置を不満として祖逖が憂死したことは、これを機として石勒麾下の異民族軍を南下させる誘因となった。祖逖の死後、その軍団を統率した弟の祖約は、石勒軍の圧迫にたえかねて、三二二年、根拠地の譙城を放棄し、寿春まで後退せざるをえなくなった。そして同じく、石勒軍に押されて、山東省方面からの流民数万を統率した郗鑒の集団は合肥にまで南下し、塢主・劉遐の集団もまた泗口まで南下してきた。それに蘇峻のひきいる集団も加えて、これらの北来武力集団の存在が、江南に対する巨大な圧力として大きくクローズ・アップされるのは、まさに王敦が建康を制圧している最中のことであった(42)。

元帝のあとをついだ明帝は、三二三年「郗鑒に杖《たよ》って外援となさんことを謀り」、これを兗州刺史・都督揚州江西諸軍事に任命した。しかし、王敦は「これを忌んで、尚書令にするよう上表し」、その年の八月に郗鑒は建康に徴召された(43)。郗鑒の兵団は、建康政府から、王敦に対抗するための大きな支えになることを期待されたわけであり、王敦の措置がそれを妨害する目的に出たことはいうまでもない。かくて郗鑒はいったんその集団からひきはなされ、兗州刺史には劉遐が任命されて、その集団を統率することになるが、やがて王敦の支配が「漸やく人心を失い、君子は危怖し、百姓は労弊する」状況になると、王敦討伐を決意した建康政府は、郗鑒の提案にしたがい、「蘇峻および劉遐を召して京都を援けさせた」。王敦の乱は、三二四年、主としてこれら北来諸兵団の力によって平定され、王敦の建康制圧を支えた沈氏・銭氏ら呉興豪族の力もまた、この北来軍団の武力によって粉砕されたのである(44)。

以上に見たように、王敦の乱が主として北来流入諸兵団の武力によって平定されたということは、かなり大きい意味をもっている。もともと王敦は北来貴族の有力な一員ではあったが、その勢力は前節までに述べてきたように、南方土着の諸勢力に支えられたものであった。そして、王敦の乱とは、郷論主義的イデオロギーにもとづく文人支配の体制を作りつつあった建康政府に対して、そのヒエラルキーから疎外された江南のいわゆる田舎豪族たちが、その体制にゆさぶりをかけたもの、という意味を一面では荷っている。呉興の豪族・沈充と銭鳳が王敦の「謀主」であり、陽羨の大豪族・周札が王敦の側に寝がえって、石頭城の門を開き、それによって「王師が敗績した」といわれることは、当時「江東の豪、周・沈より彊きもの莫し」といわれた強大な田舎豪族たちが、すべて王敦に協力したことを物語っている。かれらは王敦を突破口にして、郷論主義的ヒエラルキーから疎外されつつある不満を、建康政府にぶつけたのである。その運動が北来軍団の武力によって粉砕され、かれら田舎豪族たちの勢力が完全に抑えつけられたということは、長江下流域に関するかぎり、郷論主義的体制に対する大きな障碍が、これによって除去されたことを意味する。事実これ以後、四世紀末の孫恩の乱にいたるまで、長江下流域では土着の田舎豪族たちによる組織的な反建康政府運動は、長く跡を絶つことになるのである。

こうして王敦の乱の結末は、長江下流域にかぎっていえば、北来軍事力の江南に対する圧倒的優位という事態をもたらした。北来流入兵団は、北来貴族たちにとって、郷論主義的イデオロギー体制を作る上での障碍を除去し、江南をその方向にもってゆくために地ならしをしてくれたのである。かれら北来軍団は、このようにして当然にも同じ北来貴族たちの支配体制を支える基盤となるだろう。王敦の乱という大きな危機をのりこえた北来貴族たちは、そのような期待に支えられて、いまや江南にそのイデオロギー支配を目に見える形で実現すべきチャンスが来たと感じたであろう。少くとも外戚として執政の立場に立った庾亮の、いわゆる「法に任じて独裁する風」(45)は、そのような状況把握によって強気に出たことを示すように思われる。

しかし、北来軍団を構成する各兵団は、それぞれが雑多な起源をもつために、その間の整理がいずれは必要となるにちがいない。江南デルタにおける大きな障碍が取り除かれたあと、この整理が当面の大問題となるにつれて、やがてふたたび深刻な事態に直面することになるのである。

五　北来軍団の整理と蘇峻の乱

王敦の乱を平定するために働いた北来の各兵団長は、乱後の論功行賞において、すべて開国公・侯の爵位を与えられ、蘇峻は冠軍将軍・歴陽内史に、劉遐は監淮北軍事・北中郎将・徐州刺史に任ぜられるとともに、散騎常侍を加えられて三品官の待遇を受けた。予州刺史の祖約もまた鎮西将軍(三品)に進められた。しかし、すでに尚書令として論功行賞の人事そのものに参画していた郗鑒は、翌三二五年七月に、尚書令から車騎将軍・都督徐兗青三州諸軍事・兗州刺史に転出し、かねてより関係の深い劉遐の兵団を指揮下に入れるとともに、祖約や蘇峻よりも一段高い二品官として、北来軍団の中心に位することになった。その上、約二カ月ののち、明帝が臨終の床につくと、王導・庾亮らとともに顧命を受け、車騎大将軍・開府儀同三司の一品官待遇に進められて、他の将軍たちとはいよいよ隔絶する待遇を与えられたのである。(46)

当初の出発点では、郗鑒もまた他の将軍たちと同じく、華北から流入してきた一つの集団の長であるにすぎなかった。それが、このような他との比較を絶する特別の待遇を受けるにいたったのは、前節でふれたように、王敦の建康制圧下において明帝に頼られたからであり、王敦がその機会に郗鑒を尚書令に推薦したことを契機としている。そして、その契機は、郗鑒が若いときから「儒雅を以て名を著わし」、王敦からもすでに「儒雅の士」と目されていたことからくるのであり、かくて「名位すでに重し」と見られることが、他の集団長たちとは異なる高位へと昇進する道を開くものであった。(47)そのような「儒雅」の名の重視は、すなわち郷論主義とそのイデオロギーにもとづくヒエラルキー原理の適用にほかならない。それは貴族制社会とその国家がよって立つところの基本的イデオロギーだと自覚されているがゆえに、建康政府はこの原理の貫徹を志向する。王敦の乱を収束するために導入した北来諸兵団の長たちを、この原理にもとづくヒエラルキー構造の中に位置づけて、郗鑒を中心に諸兵団を統制しようと試みたのである。

しかし、北来流入兵団のそれぞれが現実にもつ実力と、貴族政権が秩序づけようとした郷論主義的ヒエラルキー構造の中でのその位置づけとのあいだには矛盾があった。「名輩は郗鑒らに後れず」と自任する祖約の不満(48)は、そのギャップから生じたものにほかならない。こうして、郷論主義的イデオロギーによるランクづけは、その枠内に入ることのできた郗鑒、および郗鑒に従属する劉遐や郭默の兵団と(49)、その枠外にとりのこされた祖約や蘇峻の兵団とのあいだに亀裂をもたらした。後者が建康政府の志向する体制に反撥するのに対して、前者がその体制の支持にまわるのは当然であって、北来貴族政府の支えとなるべき北来軍団は、その貴族体制の原理にもとづく整理によって内部分裂を生ぜざるをえなかったのである。

蘇峻の乱の直接の原因は、当時の執政たる庾亮が、王導らの反対を押しきって、あまりにも性急に蘇峻兵団の力をそぎ、蘇峻をその兵団からひきはなそうとして、強硬な措置をとったのにもとづくことというまでもない。そして祖約もこの乱に同調し、郭默を含めた建康守備軍と郗鑒のひきいる兵団だけでは、蘇峻・祖約の連合軍を抑えきれず、周知のように三二八年には建康が蘇峻に制圧される事態になった。それは、庾亮らが強引に押しすすめてきた貴族制ヒエラルキーに対する強烈な反撥であり、その破壊をめざすものであったが、ここで注目すべきことは、その体制の根源にある伝統的権威そのものの否定にまでは進まなかったことである。

蘇峻らの反乱において直接の攻撃目標とされた庾亮は、建康をのがれて江州刺史の温嶠をたよっていったが、王導は幼主の成帝を守って、蘇峻制圧下の建康にふみとどまった。蘇峻は「王導の徳望を以て、敢えて害を加えず、猶お本官を以て己が右に居らしめた」。そして、蘇峻の部下の「路永・匡術・賈寧が並びに峻に説いて、王導を殺し、尽ごとく大臣を誅し、更めて腹心を樹てしめんとするも、峻は導を敬まいて納れず。故に永らは峻に貳《そむ》く。導は参軍の袁耽をして潜に永らを諷誘せしめ、帝を奉じて義軍に出奔せんと謀るも、峻の衛禦は甚だ厳しくして、事は遂に果たさず。導は乃ち二子を携え、永に随って白石に奔れり」という(50)。蘇峻が王導の「徳望」に敬意を払ったことは注目に値いするし、蘇峻の部下たちはよりラディカルに大臣のみな殺し、つまりヒエラルキーの完全な抹消を考えることはあっても、成帝そのものの抹消、つまり伝統的権威の根源まで抹消することは考えなかったらしいことも注意すべきことのように思われる。かれらは「更めて腹心を樹てる」こと、つまり伝統的権威は残したままで、その笠のもとで自分たちの主導する新しいヒエラルキーを立てることしか考えられなかったのであろう。そしてまた、路永らに対する王導のだきこみが成功したことは、かれら武人が権威からの働きかけにきわめて弱く、容易にそれの奉戴へと転化する素地があったことを示すとともに、武力を全くもたない貴族が、武人の側に生じたわずかな隙間をついて、権威を背景にした政治力を発揮しうる余地が十分にあったことをも、それは示すであろう。この当時において、伝統的権威のもつ政治的社会的意味の大きさを、あらためて思わざるをえないのであり、風前のともしびとなっても、伝統的権威が残りうるということは、それを根拠にした伝統的体制の再生復活が可能であることの象徴にほかならないと思われる。

蘇峻の乱は、前述したように、北来貴族政府の志向する郷論主義的ヒエラルキー原理によって北来軍団がまっ二つに分裂した結果おこったものであり、風前のともしびとなった伝統的権威を救い、事態を収拾することは、北来軍団の中の体制支持派、つまり郗鑒の兵団の力だけではとうてい不可能であった。ここにおいてふたたび南人のもつ軍事力が大きく比重を増してこざるをえなくなる。長江下流域において、顧衆や虞潭など、呉・会の名族が貴族体制回復のためにふたたび立ちあがるが、南人のもつ軍事力の最大のものは、なんといっても王敦の乱以後、荆州を中心とする長江中流域に君臨してきた陶侃の軍団である。この軍団とその勢力については後に節を改めて考えたいと思うが、とにかく建康政府の出先として江州刺史の地位にあった温嶠が、苦心のすえ陶侃を蘇峻討伐にふみきらせることに成功し、この軍団の力を導入することによって、ようやく三二九年に蘇峻・祖約の乱を平定することができたのである。

以上、三、四の二節にわたって見てきたところを要約するならば、王敦の乱から蘇峻の乱へとつづく三二〇年代の激動は、北来貴族たちが北来の先進的イデオロギーたる郷論主義を自分たちの体制原理として、その線に沿ったヒエラルキーを作ってゆく過程において、そのヒエラルキーの下位に位置づけられた実力者たちが、その体制に反撥し、その組みかえをめざして実力行使に出たことに起因する。長江下流デルタにおける江南豪族のうち、三国呉以来の名門と目された呉・会の姓族は、その郷論主義の担い手として体制の枠内にとりこまれ、終始その体制の支持基盤たる役割を演じたのに反して、王敦の乱は、その体制の枠外にとり残されたいわゆる田舎豪族の反撥と、そのための実力行使を一因として勃発した。その鎮圧に北来軍団が導入された結果は、長江下流デルタにおける組織的な反体制運動のおこる根を、以後ながく絶ちきる効果をもたらした。つまり、それは郷論主義的ヒエラルキーを実施してゆく上で、障碍となる土着勢力を地ならしすることに成功したという意味をもつのである。

しかし、次に残った問題は、当の北来軍団そのものと、郷論主義的イデオロギー体制との矛盾相剋であった。北来軍団はもともと北来貴族を中核とする建康政府の支持基盤となりうるはずであり、さればこそ、かれらは王敦の乱の鎮圧にも積極的に働いたのであるが、しかし、それは雑多な起源をもつさまざまな集団から成っていたために、その間の整理がいずれは必要とされたにちがいない。庾亮の性急な整理強行が、その中の不満分子の暴発を早めて、蘇峻・祖約の乱を誘発したとはいえ、北来貴族政府がその体制原理に沿って、郗鑒をその枠にとりこみ、他をその下位に置く方向は動かしえなかったと思われる。こうしておこった北来軍団の動乱は、長江中流域に割拠する南人陶侃の軍団を導入することによって鎮定された。それは北来軍団そのものを郷論主義的ヒエラルキーのもとに整理する結果をもたらしたのであった。

すなわち、建康政府が長江下流域において郷論主義にもとづくヒエラルキーを実現してゆくにあたって、江南土着豪族の中と、北来軍団の中とに存在した強力な障碍が、王敦の乱と蘇峻の乱を経過することによって、はじめて除去されたのである。三二〇年代のこの激動は、そのヒエラルキー体制を早く実現しようとするあせりから生じたのであるが、しかし、その激突は郷論主義原理とその実現への志向が確固としている以上、いずれは起こるべき必然性を秘めていたといわねばならない。そして、この危機を辛うじてのりこえることができた原因は、伝統的権威と「徳望」——それは郷論主義的イデオロギーの基本要素である——といった精神的なものが当時の社会にもっていた重みと、それを背景にして現実のさまざまな力を動かしえた政治力とによる、というほかないのである。

こうしてようやく蘇峻の乱を平定し、権威を回復した建康政府は、ふたたび司徒・王導を中心とし、いまや体制に忠実な勢力として残った唯一の北来軍団長・郗鑒を司空に、長江中流域に割拠する軍団長・陶侃を太尉に任命して、最高位の三公の形をととのえた。それは、この二つの軍団の上に東晋王朝の権威がのっかることの象徴にほかならない。南人陶侃の勢力圏は、後にものべるように、いまだ貴族支配のヒエラルキーを直接には押しつけることのできない別の体制であったが、長江下流域では辛うじて対抗勢力を打破することができたために、ようやく三三〇年代の安定期を迎えて、建康における貴族政権の地盤固めに着手することができたのであった。

その一つは、それまで地方官の努力にまかされていた租税徴収のやり方を改めて、三三〇年ようやく一律に「百姓の田を度って十分の一を取り、率ね畝ごとに税米三升」を課したことにもあらわれるが[51]、当面の課題として、北来流入集団が建康政府の軍事的基盤として定着していった過程を見ることにしよう。

六　北来流入集団の定着

北来貴族政権が自己の軍事的基盤として江南土着豪族の力を利用し、その上に曲芸のような仕方でのっかる段階から、なんとか自分たちに固有の軍隊を作ろうとする場合に、その戦力として同じく華北から流亡してきた北人の力を結集しようとするのは、当然の試みであったと思われる。その最初の試みが、さきにふれたところの刁協の献策によって新設された軍団である。

三二一年、王敦の圧力に対抗するために、元帝は「其れ中州の良人の難に遭いて揚州諸郡の僮客となれる者を免じて、以て征役に備えよ」との詔勅を出し、それぞれ一万の兵力から成る征西将軍・戴若思の軍団と、鎮北将軍・劉隗の軍団の二つを編制した(52)。その構成は、王敦がこの措置を非難して挙兵の理由を宣明した上疏の中から、より詳しくうかがうことができる。『晋書』巻九八王敦伝に載せるその上疏によれば、劉隗らの軍団は次のような措置によって構成されていた。

(1) 黄門郎・散騎侍郎を参軍にしている。これは魏晋以来かつてなかったことである。

(2) 良人の奴を免じて恩沢を与えたとしているが、もともとそれは、大いに耕作に従事させ、倉廩を充実させるべきものであるのに、これを割配して劉隗の軍にあてている。

(3) 徐州の流民が年を経て辛苦をかさね、家計ようやく立つばかりになったときに、劉隗はこれをすべて駆りたてて自分の軍府にくり入れている。

(4) 元帝即位のはじめに、名刺を王官に投じて栄誉ある身分にあずかったものを、あらためて征役に充てている。

(5) 旧い名籍によって普ねく出客を取るため(53)、長年の間に死亡絶滅したり、自ら贖って賤民身分を免れたり、放免されたり、父兄の時のことでその身に及ばないものがあるのに、徴発できない場合には、もとの主人を罰している。

この措置は「衆庶の怨望」を招き、王敦の表現によれば、「百姓は哀憤し、怨声路に盈つ」ありさまとなったが、ここで注意すべきことは、右の(2)にいう「良人の奴を免じ……」と(5)にいう「出客を取る……」とが、三二一年の詔勅にいう「中州の良人の難に遭いて揚州諸郡の僮客となれる者を免じて……」にあたり、こうして兵士として徴発されたものが、もとは「中州」すなわち中原から流亡してきたものであり、また(3)にも「徐州の流民」を徴発して兵士にしていることである。すなわち、この新設軍団の兵士たちは主として中原から流れてきた北人から成っていた。

さらに(4)の「名刺を王官に投じて栄誉ある身分にあずかったもの」は、『晋書』巻六九戴若思伝に「刺を王官に投ぜしもの千人を発して軍吏となし、揚州の百姓の家奴万人を調して兵となす」とあるように、一般兵士の上に立つ軍吏として徴集されたものであった。それは、がんらい三一八年、元帝が践祚するときに「刺を投じて勧進した者」であり、そのときすでに吏であったものには位一等を加え、百姓の場合には司徒吏の身分を賜わって、征役免除の特権を与えられたはずであった。この「栄誉ある身分にあずかったもの」は「凡そ二十余万」に達したとしるされるが、[54]その中からこのとき「更めて征役に充てられた」ものが、どのような基準で徴集されたかは分らない。しかし、そもそも元帝の践祚を勧進するために「刺を投じた」ものが、建康またはその近辺の在住者に多く、[55]なかでも晋朝に親近感をより濃厚にもつ中原からの来住者に多かったことは想像するに難くない。「刺を王官に投じたもの」から軍吏に徴発されたのも、主としてそれらの北人であったと考えてよいだろう。

また、(1)の黄門郎・散騎侍郎らが参軍、つまり参謀ないし指揮官クラスに任命されたというのも、主として北来貴族の子弟を動員したのであろう。戴若思の軍司に、太原王氏の出である散騎常侍の王遐が任命されたのは、その一例である。

すなわち、三二一年に刁協の献議によって編制された軍団は、参軍――軍吏――兵士のすべての階級にわたって、中原から流れてきた北人を主たる構成員とするものであった。「元帝は親しく其の営に幸して将士を労勉す」[56]というから、この新設軍団に大きな期待を寄せたらしいが、「百姓の哀憤」「衆庶の怨望」を招いた無理な徴発によって、ただ形をととのえただけの急造軍団では、士気もあがらず、統制も訓練も行きとどかないうちに、その翌年には王敦の軍によってたちまち粉砕されてしまったこと、さきにふれたとおりである。

しかし、北来流寓政権が自己の軍事的基盤を固めようとするとき、このような北来流寓者を結集して軍隊を作る以外に方法はなかったのである。ただし、自作農としてであれ、僮客としてであれ、すでに江南に定着したものを強制徴発するには大きな困難があることも、また明らかになった。したがって、結集の仕方をより無理のない方法に改めるほかなかったと思われる。その一つは、強制徴発でなく、兵員を募集する方法であった。

蘇峻の乱が平定された直後、孔坦は呉興内史に遷り、建威将軍を加えられたが、そのとき建康政府は「孔坦をして江淮の流人を募って軍を為《つく》らしめた。ところが、殿中兵であった男が蘇峻の乱に因って東に還っていたところで、孔坦の募集に応じてやって来た。孔坦は知らずにそれを兵員として受け入れた。それをある人が、孔坦は禁軍の叛兵をかくまっていると朝廷に告げたので、罪に坐して罷免された」という(57)。流民を地方軍に募集していた事実を知ることができる。

しかし、より効果的な方法は、流入途上にあってまだ定着していない集団を、そのままの形で自己の軍事基盤に転化させることであったろう。さまざまな北来流入集団を、できるならばすべて建康政府の支持基盤に転化させることが望まれたにちがいないが、その中で郗鑒に率いられた統御しやすい集団と、その他の集団との間に選別が行なわれ、かえって蘇峻の乱をひきおこす結果になったことは、すでに述べたとおりである。その混乱が三二九年におさまったあと、いまやただ一つ残された郗鑒の軍団を中心に、北来の流民勢力を政府の軍事基盤として定着させるための努力が、ようやく地道にはじめられたのである。

すなわち、『宋書』州郡志一、南徐州の条に、蘇峻の乱が終った「晋の成帝の咸和四年(三二九)、司空の郗鑒は又た流民の淮南に在る者を晋陵の諸県に徙し、其の徙って江南に過《わた》れるもの及び留まって江北に在る者は、並びに僑郡県を立てて以て之を司牧す」といい、また『晋書』地理志下の徐州の条に、「郗鑒は都督青兗二州諸軍事・兗州刺史たり。加えて徐州刺史を領して広陵に鎮す。蘇峻平ぐの後、広陵より還りて京口に鎮す」というように、当時、徐・兗二州の刺史を兼ねていた郗鑒は、その統率していた北来集団をはじめ、管下の流民たちを京口や広陵とその周辺の各地に移し、僑郡・僑県を立てて定住させた。かれらには新しく田宅が与えられ、それによってしだいに安定していったことは、三三九年に郗鑒が死ぬ直前にたてまつった上疏に見えるとおりであるが、しかし、定住から十年を経た三三九年になっても、なおかれら流亡の民は「少しく安んずる」程度にしか安定しておらず、指導者・郗鑒の死によって「衆情は駭動し」、かってに「北渡」するかもしれない危険性が感じられたことを注意しなければならない(58)。本書第Ⅲ部第一章に述べるように、郗鑒に率いられて南渡し、蘇峻の乱を鎮定するまで、その指揮のもとに転戦してきた北来軍団所属の流民たちは、京口や広陵とその周辺に田宅を与えられて定住したのち、その多くはおそらく兵戸として永代兵役の義務を負いつつ、いわゆる北府兵の基礎になっていったであろう。しかし、それを建康政府の軍事的支柱として安定させるまでには、なお長い年月が必要であって、郗鑒の最後の上疏にあるように、その死後も「流亡の宗とする所」の人物を北来貴族層の中から選んで、これを徐・兗二州の刺史に任命し、それによってかれらを安定させるための努力をつづけねばならなかった。北来流民を主体とする北府軍団育成の基本方針は、郗鑒によって定められ、三三〇年代の比較的平穏な十年間に、その事業は徐々に進められたとはいえ、その軍団の安定はまだまだ不十分であったといわねばならないのである。

次に私は、同じく北来集団のかなり大きな部分が長江中流域に入り、そこで定着したことを注意しておきたいと思うが、それはこの地域に割拠する陶侃の軍団と密接に関連し、また陶侃の勢力の性格を探る上でも、ある手がかりを与えると思われるので、以下、節を改めて、その集団の定着過程を追跡してみたい。

七　桓宣の集団と陶侃の勢力

その集団とは譙国銍県出身の桓宣が率いた集団であり、そのことは『晋書』巻八一の本伝に見える。桓宣は、もともと祖逖に協力して河南の塢主たちの鎮撫につとめ、祖逖とともに故郷譙国の治所・譙城を確保して、譙国内史の地位を授けられていた人物である。ところが、祖逖が死んだあと、その軍団を統率した弟の祖約が三二二年、譙城を放棄して退却するとき、桓宣はこれに反対したが聞かれず、また三二七年に祖約が蘇峻とともに反乱にふみきろうとしたときにも、それに反対し、ついに祖約との関係を断絶した。そして、潁川郡邵陵の人・陳光のもとにいた数百家の集団をはじめ、合計数千家におよぶ大集団を率いて、南のかた尋陽に鎮する江州刺史・温嶠のもとへと南下していった。当時、建康周辺は蘇峻・祖約の反乱軍が猛威をふるっており、祖約との関係を絶った桓宣の集団は、これを避けて上流の江州に向かったのである。そのころの江州には流民が殺到していた。「江陵より建康に至る三千余里に、流人は万計、布いて江州に在り(59)」といわれるのは、蘇峻の乱が終った直後のことであるが、桓宣の集団は、これらの流民の中でも最大のものであったろう。

桓宣の集団は尋陽へ南下する途中、皖城に近い馬頭山に営戍していたとき、祖約麾下の一軍に襲撃された。桓宣は、陶侃が蘇峻討伐のために派遣した先鋒部隊長の毛宝に救援を要請した。しかし、毛宝の軍では、桓宣がもともと祖約の一党であったために、これを疑っていたので、桓宣は息子の桓戎を派遣して重ねて救援を要請した。息子をさしだされた毛宝は、それを桓宣の信頼と忠誠のあかしと受けとり、ただちに桓戎を先導として救援におもむいた。桓宣の集団は、この毛宝の奮戦に救われて、ようやく温嶠のもとに帰属することができた(60)。

温嶠は桓宣の子の桓戎を自己の軍府の参軍に任命した。それは、桓宣の集団が独立した勢力を保持しながら、都督江州刺史たる温嶠のもとに帰属したしるしとして、両者の間に質任関係が結ばれたことを意味している。当時は武力集団相互の間で、下部の権力体からその長の子弟を上部権力に質としてさしだし、上部権力体ではそれを信頼と忠誠のあかしとして受けとるとともに、これを自己の軍府の参軍ないし掾属に任命することが慣習となっていたのである。それによって両者の間に保護と奉仕の義務を生ずることが当時の常識であった。温嶠は三二九年に死んで、劉胤がそのあと都督江州刺史の地位をつぐが、劉胤もまた桓戎を参軍とし、やがて劉胤を斬ってみずから平南将軍・江州刺史となった郭默もまた、桓戎を参軍とした。それはいずれも、かれらが桓宣の集団を質任関係のもとにつなぎとめ、これを安堵するとともに、その協力を期待するという意志表示にほかならない。

実際に、郭默が詔勅を受けたと称して劉胤を斬ったあと、このことを聞いた太尉・陶侃は、「これ必ず詐なり」と判断して、三三〇年に郭默討伐にのりだすのだが、[61] そのとき「郭默は(参軍にした)桓戎を遣わして桓宣に救いを求めた」。郭默は桓宣との間にとり結ばれたはずの質任関係にもとづいて、信頼にこたえるべき忠誠行為の発動を期待したのである。「桓宣は偽ってこれを許した」。当時の慣習上、その期待をむげに一蹴することはできなかったのである。そして、陶侃の勢力下にあった「西陽太守の鄧嶽らはみな、桓宣が郭默と行動をともにするのではないかと疑った」。その可能性がきわめて大きいことは当時の常識であった。しかし、「予州西曹の王随が『桓宣は祖約にすらそむいたのであるから、郭默に同ずるわけがない』というので、これを桓宣のもとにやって様子を見させた。王随が桓宣にいう。

『明府は心に爾らずと雖も、以て自ら明らかにするなし。惟だ(子息の)戎を以て随に付すこと有るのみ』

と。そこで桓宣は戎を遣わして王随とともに陶侃を迎えさせた。陶侃は桓戎を掾とし、桓宣のことを上表して武昌太守の地位につけた」という。

桓宣の集団が郭黙と行動をともにしないこと、郭黙討伐にふみきった陶侃の側につくことを「自ら明らかにする」ためには、その集団長たる桓宣が自分の子の桓戎をはっきりと郭黙から陶侃の側に移しかえる以外に方法はなかったのであり、それが当時、武力集団相互の関係を世間に明示する唯一の形式であった。そして、上部権力はその子を自己の軍府の掾属に任命することによって、この形式は完成し、桓宣の集団は陶侃に帰属したことが明示される。桓宣が陶侃の上申によって武昌太守に任命され、官制上、荊州刺史たる陶侃の統轄下に入るのは、朝廷からその従属関係が追認されたことにほかならない。ただ、これによって桓宣の集団は武昌に移動したらしいことをうかがうことができる。

そののち桓宣は監沔中軍事・南中郎将・江夏相から雍州刺史に進み、三三二年には陶侃の子の陶斌とともに後趙石勒の軍を破って襄陽を奪回した。陶侃は桓宣の軍府を襄陽に坐鎮させ、「その淮南からの部曲を以て義成郡を立てた」。三二七年に祖約のもとから離れて、桓宣に率いられた数千家の大集団は、その大部分が約五年を経て、襄陽の西のこの義成僑郡にようやくおちつくことができたのである(62)。桓宣はこれ以後十年あまり、淮南からの流民集団のほか、「初附を招懐し、農桑を勧課し」、刑罰・威儀を簡略にして、積極的に農産にとりくんだので、よく民心を掌握して後趙軍の南進を許さなかった。そして、三三四年に陶侃が死んだあと、庾亮・庾翼兄弟があいついで都督荊州刺史になっていた間も、そのもとで平北将軍・司州刺史あるいは梁州刺史として、事あれば「精勇を募って」戦功を立てたが、三四四年、庾翼が大挙北伐を試みたとき、丹水における敗戦の責任を問われ、「望も実も倶に喪って」憤死した、とその本伝にはしるされる。

ちなみに、桓宣の死後、その部曲は庾翼の子の庾方之が代って領することになったが、翌三四五年に庾翼が死ぬと、その後任となった桓温は庾方之を追放した。(63)また、いつのことか不明であるが、桓宣の子の桓戎は、襄陽に近い新野太守に任命されているから、襄陽周辺における桓氏の勢力は、桓宣が「望・実ともに喪った」とはいうものの、それほど簡単に一掃されたとは思われない。このころから荆州に確固たる勢力を築く桓温一家は譙国龍亢の出身であり、譙国銍県出身の桓宣一家とは郷貫を異にする。しかし、両者とも同じ譙国の桓氏である以上、もとは同じ一族から分れた可能性は大きく、(64)また南土に流寓してからは、同国出身として親近感は一層ふえたにちがいない。桓温の弟の桓雲・桓豁・桓沖らがみな義成太守を兼ね、また襄陽に鎮する経歴をもつのも、(65)桓宣一家が築きあげてきた地盤と無関係ではないように思われる。とすれば、それは桓温一家の西府掌握を側面から支える一つの要因となったかもしれないのである。

もとより陶侃から庾亮・庾翼兄弟を経て桓温へとうけつがれてゆく巨大な西府軍団において、桓宣が淮南から襄陽の西までひきつれてきた集団は、その中の単なる一部分として最初は陶侃のもとに帰属したにすぎない。この長江中流域には八王・永嘉の乱以来、河南や関中・巴蜀からの流民がいりみだれ、桓宣のように淮南から流入したものは、むしろ珍らしいであろう。そこでは、桓宣の集団が流入するはるか以前から、それらの流民群を含んださまざまな武力集団が離合集散をくりかえし、王敦の乱後の三二五年、ようやく陶侃が荆州を中心とする長江中流域を大きくまとめた段階に入って、はじめて桓宣の集団もそこにくりこまれたのであり、それは陶侃の最晩年、かれが三三四年に七十六歳で死ぬわずか四年前のことであった。

この三三〇年に陶侃が桓宣の集団を自己の勢力下にくりこんださい、さきに見たように、なお質任関係が明確にとり結ばれ、長江中流域ではそれが当然のこととされていたのは注意すべきことのように思われる。(66)というのは、すでにこの年の正月、建康政府は「諸将の任子を除く」との詔勅を出しているからである。長江下流域では、蘇峻の乱を辛うじてのりこえた建康政府が、反体制に動く可能性のある武力集団を一掃したあと、濱口重國博士のいわゆる「乱世の権法」としての質任関係を撤廃し、文人的貴族制ヒエラルキーを再建する方向へと歩みだしたのに反して、長江中流域では、まだまだその段階に達していないことを示すように思われるからである。

周知のように、陶侃は南方土着の寒人として身をおこし、武将として一歩一歩その地位を高めたあげく、ついに「南陵より白帝に迄《いた》るまで、数千里の中、路に遺ちたるを拾わず」といわれる巨大な勢力圏をみごとに築きあげた。(67)その途上で、はじめは自分よりも強力な勢力に対して、自分の子弟を質にさしだし、質任関係のもとに「自ら固め」つつ勢力を拡大してきたことは第二節で見たとおりである。そして、巨大な勢力圏を長江中流域に築きあげたのち、最晩年に桓宣の集団をとりこむときにも、当然のこととして質任関係を結んだ。それは、かれが武将として生きた時代と地域において、諸勢力の関係を整序し、諸勢力をまとめるための一貫した原則であり、そこでは万人が暗黙のうちに諒解しあうジッテであった。かれが長江中流域を中心に作りあげた巨大な勢力は、したがって、質任関係のつみかさねによる武力集団の累積型をなしていたと推測できるように思われる。

質任関係によって武力集団をまとめる方法は、後漢末以来の喪乱期に盛行したことはいうまでもない。しかし、西晋時代には下級の将校に限られたとはいえ、部曲将・部曲督以下の質任が除かれ、東晋の建康政府はこれをさらに一般化して、「諸将の任子を除く」方向に進んでいった。それは、いわゆる郷論主義的イデオロギーにもとづく文人支配の方向とは相容れないジッテだからである。ところが、「呉の時には妻息を任とするのを例とした」。呉の揚武将軍であった陶侃の父の陶丹は、任子として武昌に送られていたその子の陶操——おそらく陶侃の兄——が、父の病いを見舞うべくひそかにやってきたとき、「朝廷は我れを以て辺将となし、汝を取って任となす。しかるに敢えて法を越えて移行す。速やかに任とする所に還れ」と伝言させて、ついに会わなかった、という。(68)呉の国では質任が「例」であり、「法」であって、その原則を守ることが陶侃にはア・プリオリに与えられたジッテになっていたと思われる。陶侃が作りあげた勢力圏の体制には、呉の国のそれを継承した面があるともいえるだろう。

したがって、陶侃が長江中流域に築きあげた勢力圏は、建康政府を主導する北来貴族たちが、郷論主義にもとづいて実現しようとしたヒエラルキー体制とは異質の要素を多分に残している。その上、かれは北来貴族の有力な一員たる王敦から、かつて苦杯をなめさせられた経験ももっている。それ以来、王敦に対してはもちろん、北来貴族が牛耳る建康政府に対しても、陶侃は一定の距離を置いて、むしろ自分の勢力圏の保持と育成とに主眼を置いたように見える。蘇峻の乱にさいして温嶠から建康救援の要請を受けたとき、「自分は疆場の外将であって、局を越えようとはせぬ」という局外者の態度をとったのは周知のところである。そして、温嶠のたびかさなる要請によって、ようやく建康の救援におもむきはしたものの、蘇峻の乱が平ぐやいなや、さっさと江陵にひきあげたことも(69)、陶侃の関心がもっぱら長江中流域にあったことを示すであろう。かれはそのような半独立的な姿勢をたもちながら、東晋王朝の権威を承認し、形の上ではその権威の笠のもとにあった。しかし、建康政府がこの半独立的な異質の勢力圏に対して、その目ざす貴族体制を押しつけることができなかったのは明らかである。ただ、陶侃の軍府に入った殷羨・庾翼・孫盛など、若干の北来貴族や文人によって、建康政府の体制に通ずるイデオロギーが導入されたにすぎないように思われる。

しかし、陶侃は東晋王朝の権威のもとで「位人臣を極めた」ことに満足し、臨終にあたって穏便にその「位を遜《ゆず》った」ため、その巨大な勢力圏は北来貴族たる庾亮・庾翼兄弟の統轄下に回収されることができた。その軍府には殷浩や王羲之をはじめ、多くのすぐれた貴族の子弟が加わり、文人官僚の占める比重が陶侃の時代よりもはるかにふえたことは疑いない。しかし、質任関係にあらわれるような私的主従関係、ないし私的なつながりを重視するジッテは、なおこの地域に強固に残存しつづけたにちがいない。庾翼が臨終にあたって、その子の庾爰之を後任に擬したり、桓温一家があいついで都督荆州刺史の地位を占めたりするような世襲化の傾向も、(70)この地域の社会に残存する私的関係重視のジッテと無縁ではないだろう。西府がともすれば建康政府と対立し、これを脅やかすことになるのは、荆州を中心とするこの地域の社会に、長江下流域の社会体制とは異質の要素が根強く残存したことが、その一因となっていたように思われるのである。

おわりに

以上において、私は、北来貴族たちが彼らの支配体制を再生させるのに必要な軍事力をいかにして調達したか、彼らの政治力によって軍事的危機をいかにして乗りこえていったか、北来流入兵団と陶侃の勢力が東晋貴族体制の確立過程にどのようにかかわったかといった諸問題を見てきたが、三二〇年代の激動期を経過することによって、長江下流域ではようやくその体制に抵抗する諸勢力を粉砕し、三三〇年代に入ってはじめて体制の基礎固めに着手しうる段階に達した。そこにいたるまでには、まことに曲芸にも似た危うい綱わたりを経なければならなかったが、辛うじてその危機をのりこえることができたのは、伝統的権威が当時の江南社会にもっていた精神的な重みによると同時に、華北からもたらされた郷論主義の原理が、公的秩序を形成するために有効な、先進的な原理だと認められたからであるにちがいない。実際に、王敦も蘇峻も伝統的権威を否定することはできなかったし、また郷論主義にかわるべき秩序原理をもたなかったがゆえに、かれらの支配は私的暴力の暴発を抑えることができなかった。長江下流域の社会は、この二つの乱を経過することによって、公的秩序を作ることの必要性と、その秩序原理としての郷論主義の有効性とをより深く認識したにちがいないのである。そのさい、この原理はその社会にとって上から与えられたものであったとしても、これを受け入れる媒介者として、呉・会の名族たちを中心とする有力な受け皿がきわめて重要な役割を演じたことはいうまでもない。

こうして長江下流域では、三三〇年代に入ってようやく北来貴族たちは政治的曲芸の時代を脱し、より着実な基盤づくりに向かうことができたが、いわばその代償として、長江中流域では陶侃の巨大な半独立的勢力圏の存続を容認せざるをえなかった。そこにはさまざまな私的勢力を私的関係によってまとめあげた封建的色彩の濃厚な体制があり、陶侃の死後、北来貴族たる庾氏・桓氏がこれを掌握する時代になっても、そこに郷論主義的イデオロギーを浸透させることは容易でなかった。そこには長江下流域における呉・会の名族のごとき有力な受け皿がまだ育っておらず、「用武の国」の気風が根強く残っていたことによると思われる。そして、この地域の戦力を結集する西府軍団が、ともすれば建康政府と対立し、これに重大な脅威を与えることになるのも、この地域に残存する封建制的な体質と無縁ではないはずであり、これを制御するために、建康政府を主導する貴族は依然として伝統的権威を背景とする政治力にたよらざるをえなかったのである。

いうまでもなく長江中・下流域を含む江南社会は、三世紀には孫呉政権の体制下にあり、その体制は、第II部第二章で述べたように、私が広い意味での開発領主制的体制とよんだものであった。それは開発途上にある後進的な社会において生みだされた体制であり、武力集団相互の間は私的な主従関係で結ばれていた。さきに述べた陶侃の父・陶丹の例に見られた質任関係がそのあらわれである。このような封建的な社会関係は、二八〇年における呉の滅亡以後も、江南の社会に長く残存したこと、陶侃の場合に見たとおりである。そのような体制は長江中流域において、より根強く残ったとはいえ、下流域においても、もともと同様であったと考えねばならない。北来貴族たちは、そこへきわめて先進的な郷論主義のイデオロギーをもちこんだのである。そして、比較的に進んだ段階にあった呉・会の名族たちを受け皿として、長江下流域に、そのイデオロギー支配の体制を作りあげ、やがて中流域にもその権威を及ぼしていったのである。

東晋貴族制の本質とは、したがって私の考えでは、郷論主義を原理とするイデオロギー支配の体制というほかないように思われる。郷論主義は、私的関係によってつながるだけの封建的な当時の江南社会において、より高次の公的秩序——官僚体系——を作りうる唯一の原理として、ほかに見いだすことのできない進んだ考え方であった。江南の基層社会には、自立農民もまだ十分に育っておらず、したがって彼らの共同体冀求に根ざすはずの郷論もまだ盛り上がらず、大土地所有が作られやすい後進的な、いうならば古代的遺制の残った状況にあったから、郷論主義は北方から輸入されたイデオロギーとして、外から上から江南社会に押しつけられたことはいうまでもない。しかし、それが呉・会の姓族を中心とする若干の土着名族を受け皿とし、これを江南の郷論代表機関に仕立てつつ、まがりなりにも郷論主義の形をととのえてゆくとき、後進的な江南社会には、それに代るべき公的秩序原理がないだけに、やがてはそれを徐々に受け入れてゆかざるをえなかった。その間に当然にも噴出する不満の爆発に対して、武力も経済力もきわめて不十分な北来貴族たちが、曲芸ともいうべき政治力を発揮して、いかにこれを処理していったかは以上に見たとおりであるが、彼らが三二〇年代の疾風怒濤に贅肉を洗いとられて、しかも最後に頑強に残ったその骨格は、伝統的権威の重みと、郷論主義的イデオロギー実現への執念ともいうべき意志以外になかったのである。それこそが江南貴族制の本質ともいうべきものであって、彼らが育成してゆく軍事的基盤や、やがては各地に開拓してゆく荘園などの経済的基盤は、その骨格を再生源として派生し、これを補完してゆく副次的要因と考えねばならないように思われる。それにしても、このようなイデオロギー支配が可能であったゆえんは、そのイデオロギーの先進性と江南社会の後進性との格差にあり、このような文化の格差あるがゆえに、また驚くべき政治力の発揮も可能であったというほかないのである。

こうして、四世紀のはじめに華北から亡命してきた浮草のような貴族たちは、江南の一部の名族たちと協力しつつ、苦難のすえに貴族支配の体制を再生させることに成功した。それは江南社会の後進性に乗っかったものであったがゆえに、やがてはその後進性の解消、すなわち江南社会の充実——生産力の上昇と自立農民の広汎な成熟、それをふまえた土着豪族層の実力上昇——によって、変容から没落への道を歩みはじめるであろう。そのことに関する諸問題は後の第Ⅲ部において扱うことにし、六朝社会の基底に存在する封建社会への傾斜が、門生故吏関係という特殊な私的主従関係として、貴族制社会の中にも反映されていることを次に見ておきたい。

(1)　吉川忠夫氏は、私が前章に収めた論稿において「江南豪族の連帯性の欠如が指摘されているだけに、それら豪族を各個撃破するにたる軍事力の優越を司馬睿側に想定し、その前に江南豪族が脱帽したのではないかと反論してみたくなる云云」との批判を寄せられた(『史学雑誌』八三編五号、一九七四)。本稿はそれに対する答えでもある。
(2)　前章の注(35)。
(3)　『資治通鑑』晋紀八、永嘉三年三月条参照。
(4)　『晋書』巻九八王敦伝。
(5)　万斯同『晋方鎮年表』および秦錫圭『補晋方鎮表』参照。後者の「揚州刺史」の項の「永嘉四年・劉陶」の条に引く王彬伝の記事は、劉機と劉陶を混同している。
(6)　『晋書』巻五二華譚伝。
(7)　大川富士夫「六朝前期の呉興郡の豪族——とくに武康の沈氏をめぐって——」(立正大学史学会編『宗教社会史研究』一九七七、雄山閣)五三七頁参照。
(8)　『晋書』巻五八周札伝。
(9)　『晋書』巻六一周馥伝。
(10)　『晋書』巻一〇四石勒載記上および巻六八紀瞻伝。

(11)『晋書』巻六一華軼伝。
(12)『晋書』巻九八王敦伝。
(13)『晋書』巻五八周訪伝。
(14)『晋書』巻五七趙誘伝。
(15)華軼平定後におけるこれらの諸将軍の地方官任命は、『資治通鑑』晋紀九、永嘉五年条の整理による。
(16)『晋書』巻六六陶侃伝。
(17)同右。
(18)『晋書』巻六一華軼伝。
(19)『晋書』巻五八周訪伝。
(20)『晋書』巻五八周玘、周勰伝。
(21)以上の陶侃に関する叙述は主として『晋書』巻六六陶侃伝による。王敦の乱が平定されたあとの三二五年、陶侃は征西大将軍・都督荆湘雍梁四州諸軍事・荆州刺史となって(『晋書』巻六明帝紀)、ようやく長年の労苦と隠忍自重の成果を手に入れた。こうして長江中流域をおさえる一大勢力に成長したあと、三二七年の蘇峻の乱には、周知のように、容易には建康政府の救援におもむかなかった。その自立的な姿勢は、広州への左遷以来つづいたもののように思われる。つまり、かれは最後に大輪の花を咲かせた江南土着勢力であった。その支配した長江中流域を北来貴族が掌握するのは、かれが三三四年に死んだあと、庾亮・庾翼らが荆州刺史として在任するときまで待たねばならない。
(22)『晋書』巻七六王廙伝および巻五八周訪伝。
(23)同右の周訪伝。
(24)『晋書』巻五八周勰伝。
(25)『晋書』巻九八王敦伝および大川富士夫、前掲論文参照。
(26)『晋書』巻六九劉隗伝。
(27)『晋書』巻九八沈充伝。
(28)王敦の乱の平定後、陶侃が最終的に荆州刺史となってもどってきたとき、「楚・郢の士女は相い慶《よろこ》ばざる莫き」状態であった(『晋書』巻六六陶侃伝)。
(29)『晋書』巻九八沈充伝。
(30)『晋書』巻三七譙閔王承伝。
(31)大川富士夫、前掲論文、五三七頁。
(32)『晋書』巻二六食貨志。
(33)『晋書』巻五八周札伝。
(34)同右。
(35)『晋書』巻六元帝紀および巻六九刁協伝。
(36)『晋書』巻九八王敦伝。
(37)大川富士夫、前掲論文、五三六頁。
(38)『晋書』巻六二祖逖伝。
(39)『晋書』巻六二祖逖伝。「淮陰に屯して」という個所は、原文では「屯于江陰」に作るが、中華書局版点校本の校記に従って、「江陰」を「淮陰」に改める。
(40)『晋書』巻六二祖逖伝。
(41)同右。
(42)『晋書』巻六元帝紀、永昌元年条および明帝紀、太寧二年条。
(43)『晋書』巻六七郗鑒伝および『資治通鑑』晋紀一四、太寧元年八月条。
(44)『晋書』巻一〇〇蘇峻伝参照。なお王敦討伐には虞潭ら呉・会の名族も義軍をおこしたが、それは脇役にすぎなかったように見える(『晋書』巻七六虞潭伝参照)。
(45)岡崎文夫『魏晋南北朝通史』(一九三二、弘文堂)一七五頁。
(46)『晋書』巻六明帝紀および各本伝参照。
(47)『晋書』巻六七郗鑒伝参照。なお、南人の紀瞻もまた郗鑒を「体清望峻……雅望清重。一代名器」と評価して、尚書の地位を与えるよう早くから推薦していたことも注意すべきである(『晋書』巻六八紀瞻伝)。

(48)『晋書』巻一〇〇祖約伝。
(49) 劉遐は三二六年に死に、郭默があとをついで、その部曲を領する(『晋書』巻八一劉遐伝および巻六三郭默伝参照)。
(50)『晋書』巻六五王導伝。
(51)『晋書』巻二六食貨志。咸和五年(三三〇)の度田税米制施行以前における徴税の具体的な方法については、同巻七〇劉超伝に「常年賦税。主者常自四出。結評百姓家貲……」とあるのが参考になる。
(52)『晋書』巻六元帝紀、太興四年条および同巻六九の劉隗・刁協・戴若思の各伝。
(53) 濱口重國『唐王朝の賤人制度』(一九六六、東洋史研究会)第四編、第五節の一を参照。なお、原文に「復依旧名。普取出客」とある「旧名」は、『南斉書』州郡志上、南兗州の条に「元帝太興四年詔。以流民失籍。使条名上有司。為給客制度」とある詔勅によって、ちょうどこの年に作られた名籍ではなく、それより以前にすでにあったものであろう。
(54)『晋書』巻七一熊遠伝。
(55)『晋書』巻七一熊遠伝に、熊遠が「今案投刺者。不独近者情重。遠者情軽」というのによっても、投刺者に「近者」が多かったことがわかる。
(56)『晋書』巻六九戴若思伝。
(57)『晋書』巻七八孔坦伝。
(58)『晋書』巻六七郗鑒伝。なお本書第Ⅲ部第一章「劉宋政権の成立と寒門武人」三〇八―三〇九頁参照。
(59)『晋書』巻八一劉胤伝。
(60)『晋書』巻八一桓宣伝および毛宝伝をも参照。
(61)『晋書』巻六三郭默伝。
(62) 義成僑郡のことは『晋書』地理志上、雍州の条と『宋書』州郡志三、雍州刺史の条に見えるが、いずれも晋の「孝武立つ」という。義成郡は苻堅の来襲によって一度荒廃したらしく、そのあと孝武帝のときに再び僑立されたことをいうのであろう。なお、『水経注』巻二八、沔水の条に、峴山に桓宣の築いた城と碑があるというが、『湖北金石志』巻三によれば、碑は失われたらしい。
(63)『晋書』巻七三庾翼伝。

(64) 岑仲勉氏も『元和姓纂四校記』巻四、二十六桓(台聯国風出版社本、三七七頁)において、そのように推定する。
(65) 『晋書』巻七四の各本伝を参照。
(66) 『晋書』巻七成帝紀、咸和五年条。また濱口重國「晋書武帝紀に見えたる部曲将、部曲督と質任」(前掲『唐王朝の賤人制度』所収、四一一頁)参照。
(67) 『晋書』巻六六陶侃伝。
(68) 『北堂書鈔』巻三七・公正に引く『晋中興書』。
(69) 以上、『晋書』巻六六陶侃伝参照。なお、陶侃が建康救援にふみきった理由の中で、建康にいた息子の陶瞻が蘇峻に殺されたこと、温嶠がそれを告げることによって陶侃を激怒させたからだ、と本伝に記すのは興味をひく。陶侃の意識において、陶瞻は建康政府にさしだした任子であったにちがいないからである。
(70) 傅楽成「荊州与六朝政局」(『文史哲学報』四期、一九五二)一四〇頁参照。

(一九七九年三月『加賀博士退官記念中国文史哲学論集』所収の原題「初期東晋政権の軍事的基礎」および同年六月作成の『東方学報』京都、第五二冊所収論文「東晋貴族制の確立過程」をもとにして同年八月補訂)

第五章　門生故吏関係

はじめに

従来六朝の門生については、早く顧炎武・趙翼・郝懿行らが『日知録』巻二四、『陔餘叢考』巻三六、『晋宋書故』において、その質的低下を指摘し、それが僕隷と異ならない面をもっていることを論じた。さらに麴清遠氏は「両晋南北朝的客、門生、故吏、義附、部曲」(『食貨』第二巻第十二期所収)において、両晋南北朝の門生故吏が奴客とほぼ相似た社会的地位に低落していったことを強調した。それ以来、両晋南朝の門生故吏は大体奴客と同様の隷属階級であると一般に観念されているように思われる。しかし本来門生とは一定の師の門に入って学問を修め、門生として名簿に著録されたものをいうのであって、ことに後漢以後においては、門生となることは官界に入るための重要なコースとなっていた。いわば彼らは官僚候補者、官僚予備軍であったといってよい。そして門生は師に対して束脩その他の謝礼を贈り、師からは別に生活保証がないのが普通であった(1)。従って門生はかなりの資産をもった家の子弟が多かったであろう。してみれば、本来門生というものは社会的地位の相当に高いもの、身分的には庶民以上のものであり、庶民の中でも経済的には中産階級以上のものを主体としていたと見てよい。故吏の方はいうまでもなく一度は官吏となった経歴のあるものであり、郡や県などの地方官庁に出仕したものでも、漢代ではその地方の有力者が多かったのであるから、これも庶民以上の、中流上流階級に属するものと考えてよい。そして漢末においては、これらの門生故吏はそれぞれ一種の主従関係をもって師家あるいはもとの長官につながり、無視しえない社会的政治的勢力を形成したのであった。

このように本来は庶民以上の中流上流階級に属した門生故吏が、晋から南朝になると、どうして庶民以下の奴客の如き存在に低落したのであろうか。従来いわれているように、晋から南朝にかけて彼らの地位は果してそれほど低下したのであろうか。このような疑問を出発点として私の考えをまとめてみたのがこの論文である。

ところで、濱口重國博士は「唐の部曲・客女と前代の衣食客」(『山梨大学学芸学部紀要』第一巻、一九五二年。のち『唐王朝の賤人制度』所収)という労作において、六朝時代の奴婢類似の客と、そうでない庶民階級以上の客とを厳密に区別され、麴氏が六朝における客一般の地位低下を説くことの粗雑さに対して批判を加えられた。博士の論稿は我々が門生故吏を考える場合にも示唆するところが多く、また実際に魏晋南朝の正史を通読すれば、麴氏の説を再検討するに充分な理由があるのである。しかし麴氏の門生故吏説に対してはまだ批判がなされていないので、六朝の門生故吏が麴氏のいう意味で奴客にも似たものであり、五井直弘氏のようにそれの主に対する関係を「家父長的隷属的」な関係として把えようとする意見も有力に存在している。(2) そこでこの際、私は六朝の門生故吏の地位身分を出来るだけはっきりさせ、それによって門生故吏関係をどう把えるべきかについて検討してみたいと思う。ただ残念ながら北朝の史料を読破捜集する余裕がなく、魏晋南朝の史料もほとんど正史からだけしか集めることができなかったことを遺憾に思っている。今後の補修を必要とすることはいうまでもないが、識者の御教示を得れば幸これに過ぎるものはない。

一　門生故吏の地位

1　故吏の地位

故吏とはいうまでもなく郡県の長や府を開くことを許された特定の大官に召し抱えられて吏となった経歴のある人で、その長官が死んだり、転任またはその他の理由でその長のもとを去った人であって、これがもとの主に対して故吏と呼ばれる。従ってもとの長官のところを去ったのち、次第に栄転して出世する例が多く見られる。たとえば、魏晋においては太守や将軍、さては尚書のような高位にある人々が、かつて仕えた主に対して故吏としての特殊な情義関係にあるものと目されていた(3)。このような事情は時代が下っても変らない。いま試みに『南斉書』『梁書』『陳書』から若干例を引いてみよう。

次頁の表より一見して明らかなことは、故吏の中には門地の上では堂々たる貴族・豪族がおり、官職の上では九卿・刺史・太守など中央・地方の大官がいる。こういった例で最も顕著なものを挙げてみよう。それは東晋末期のことであるが、当時琅邪の王氏といえば、自他ともに許す第一流の貴族であった。その王氏の一人である王珣はかつて弱冠にして桓温の掾となり、その厚遇を受けた。のち彼は栄達して尚書左僕射の地位に至ったが、そのとき太学博士の范弘之は、桓温によって貶された殷浩の名誉を回復するようにと提案した。范弘之は、

殷浩には宜しく贈謚を加うべく、桓温が貶黜した地位をそのまま国典として認めることはできないと論じ、よって桓温の不臣の行迹を叙べ上げた。時に……桓氏はなお盛んで、尚書僕射王珣は温の故吏であり、もと温の厚遇

を受けた人であった。（他にもう一つ謝氏に怨みを買ったことと相俟って）三方からの怨みが范弘之の上に集まり、遂に彼は餘杭令に転出させられた。(4)

	故吏	郷貫と家柄	故主とそれに仕えたときの地位	故吏として行動したときの地位	故吏としての行為	出典
1	何昌寓	廬江灊の人。祖の叔度は呉郡太守。父の佟之は太常。	征北将軍南徐州刺史建平王劉景素の主簿	驃騎府功曹（湘東太守を経た後の職）	景素が誅せられたとき、斉の太祖に景素を憐れむべき旨の上表を奉り、その遺女の結婚を世話した。	『南斉書』巻四三本伝、及び『梁書』巻四一褚球伝
2	沈文季	呉興武康の人。宋の司空沈慶之の子。	南徐州刺史晋平王劉休祐の驃騎長史寧朔将軍南東海太守	同上	休祐が殺されたとき、文季は独り墓に詣で哀を展べた。	『南斉書』巻四四本伝
3	楽藹	南陽淯陽の人。晋の尚書令楽広の子孫。	荊州刺史予章王蕭嶷の驃騎行参軍領州主簿参知州事	荊州治中	嶷がなくなったとき、官をやめて喪儀に赴むき、荊湘二牧の故吏たちを率いて墓所に碑を立てた。	『梁書』巻一九本伝
4	周捨	汝南安城の人。晋の左光禄大夫周顗の子孫。斉の中書侍郎周顒の子。	丹陽尹王亮の主簿	鴻臚卿	王亮が罪を得て家に帰ったとき、知人たちは訪れるものもなかったが、周捨はひとり敦く旧恩に報い、なくなるとみずから殯葬を営んだ。時の人はそれを讃めた。	『梁書』巻二五本伝
5	劉覧	彭城安上里の人。宋の司空劉勔の孫、斉の太常劉悛の子。	（徐勉の佐史）	尚書左丞	徐勉がなくなった後、宮闕に詣って徐勉の行状を陳べ、石に彫りつけて徳を紀さんことを請願し、許されて墓所に碑を立てた。	『梁書』巻二五徐勉伝及び巻四一本伝
6	楊公則	天水西県の人。宋の予州刺史楊仲懐の子。	（斉の曲江公蕭遙欣の故吏）	湘州刺史	蕭遙欣の子の蕭幾のことを楊公則は常に「桓霊宝出」と言って讃めた。公則が死んだとき、幾は為に誄を作った。	『梁書』巻四一蕭幾伝及び巻一〇本伝
7	欧陽頠	長沙臨湘の人。郡の豪族。屯騎校尉欧陽僧宝の子。	衡州刺史蘭欽によって清遠太守に除せらる	臨賀内史	蘭欽がなくなったとき、ちょうど臨賀内史に除せられたが、請願して欽の喪を送って都に還り、それを終えてから任地に行った。	『陳書』巻九本伝
8	蕭允	蘭陵の人。宋の征西開府儀同右僕射蕭思話の曾孫。梁の侍中都官尚書蕭介の子。	安前将軍晋安王の長史	光禄卿	晋安王が湘州刺史になったとき、幕下に来て輔佐してくれるように頼まれた。蕭允は光禄卿の栄位をすてて、晋安王への信義を貫くために、その請を受け入れた。	『陳書』巻二一本伝

9	張　種	呉郡の人。宋の司空右長史張弁の孫、梁の太子中庶子張略の子。	揚州刺史王僧弁の治中従事史、貞威将軍	廷尉卿 太子中庶子	王僧弁が誅せられたとき、その故義として徐陵、孔奐、許亨らとともに家財を以て葬儀を営んだ。	『陳書』巻三四許亨伝及び巻二一本伝
10	許　亨	高陽新城の人。晋の許詢の後。斉の太子家令冗従僕射許勇慧の孫、梁の太子中庶子散騎常侍許懋の子。	儀同王僧弁の従事中郎	太中大夫 領大著作	王僧弁が誅せられたとき、僧弁とその子の頠が同坎に埋められたので、許亨は抗表してこれを葬らんことを請い、9の張種らとともに家財を以て葬を営んだ。	『陳書』巻三四本伝

（註）右のうち故吏という言葉が資料の中に書かれているのは1・3・6・10だけで、9のところでは故義となっているが、その行動様式はすべていわゆる故吏の範疇に入るものである。

尚書左僕射といえば、当時の中央政府においては文官第一流の、極めて大きい権力を持った地位である。そういうポストに居る人でさえも、故吏の情義によって行動を束縛されたということは注目すべきことでなければならぬ。また創業の君主の場合でも、皇帝になる以前においては、やはり故吏の意識をぬけ出たものではなかった。陳の高祖武帝は、はじめ広州刺史蕭暎の下で中直兵参軍となり、ついで同じくその下で監西江督護・高要郡守となっていたが、蕭暎が歿したとき、彼はその遺骸を都へ奉送すべく、遠路の旅に出かけたのであった。(5)

以上の諸例から明らかなように、故吏の地位は南朝の末に至るまで、そう簡単に低下したと断定できるものではない。麹氏が故吏を論ずるにあたって、右のような上流社会における故吏の存在を無視し、専ら吏僮ないし下級の故吏のみに注目したことは偏頗の譏りを免がれることはできない。故吏の地位身分を論ずるとすれば、その範囲は上は尚書左僕射に至るまでのほとんどすべての官僚を包含し、王・謝二氏を代表とする第一級の貴族までをも含むとしなければならない。

しからば下限はどこまで下りうるであろうか。麹氏の挙げた吏僮がその上長に対していわゆる故吏の恩義関係をもったかどうかは、麹氏の挙例をみても明らかでなく、また私自身もいまのところはっきりと検出することはできない。

吏が一種の役として強制的に奉仕を命ぜられた場合でも、その吏と直属主長との間に私的な情義関係が発生し、主長との公的関係が絶えた後にも、それらの下級吏員がその主長の故吏と呼ばれることはあったであろう。例えば『南斉書』巻五五江泌伝に次のような記事がある。

　江泌は歴任して南中郎行参軍になった。彼のところに配給されていた募吏が役の期間を終えて官を去ったが、流行病に罹って、誰も家に入れてやるものがなかった。吏は杖にすがって泌のところへ身を寄せた。泌はみずから卹れみをかけ、吏が死ぬと、泌はそのために棺を買い、僮役がなかったので、兄弟二人して輿いで行って埋葬してやった。

これに類似した私的関係は恐らく下級吏員とその主長との間にも往々見られたであろう。ところでこのような吏僮または下級吏員は戸籍上「役門」と呼ばれるものの中から出ているといわれるが(麹氏前掲論文一八頁)、役門は明らかに庶民であった。しかし『晋書』巻三六劉卞伝によれば、晋の劉卞は「もと兵家の子であって、……若くして県の小吏となった」といわれ、また『宋書』巻二武帝紀、義熙十一年三月の条には次の注目すべき記事がある。

　荆・雝二州と西局(征西将軍府)と蛮府(南蛮校尉府)の吏および軍人で、年十二以下、六十以上のもの、および幼けない孤児を扶養せねばならぬものと、一人むすこの丁男で親の死に遭ったものは悉く恩旨を以て家に帰らせ、……府州に久しく勤務せる将吏は労によって銓序せよ。(6)

ここに「吏および軍人……」と並称されている吏は軍人すなわち兵戸と同じ程度に役使されているらしい。(7)従って吏の中には兵戸および兵戸と同等の階級の出身者も含まれていたのである。しかし兵戸のクラスそのものが「当時の社会的評価からいうと、良民中の最下位にあったもの」であった。(8)従って故吏の中に入れてよいと思われる最も下位のものでも、なお庶民階級以下に属するものではないのである。

以上のことから考えて、故吏というものは庶民階級以上、上は大臣宰相に至るまでの地位身分のものをすべて含んでいるといってよい。従ってそれは法的に極めて不自由な、賤民としての奴客——麹氏の意味での——とは身分的にはっきり区別して考えるべきものである。故吏の中には法的に自由でない兵戸出身者がまじっているにしても、故吏というものは一般にそういう社会の下層部に重点をもった現象ではなく、むしろ庶民以上の上層部に重心をもった現象として考えるべきであろう。

このように故吏の地位が、どちらかといえばむしろ社会の上層に位するにもかかわらず、その地位が奴客にも似た下層のものであると錯覚せしめる所以は、とくに下級吏員のもつ隷属性にもとづいている。しかしそれは法的な意味での自由民と不自由民との間の断層によって生ずるのではなく、士人と庶民との懸隔という上層社会内部の階層分裂によるところが大きいと考えられる。文官的な士人階級の成立ということは中国史上に重大な意味をもつが、それは漢代のなかごろ以後しだいに確固たる形をとってきたものであった。しかし、後漢の末期においても士庶の区別はまだそれほど厳密ではなかった。それが魏晋を経て南朝になると、もはや「士庶の際に至ってはまことに自ら天隔」という状況であった。故吏は南朝においても漢代と同じく庶民階級以上の身分に属する。しかし、その同じ庶民階級以上の社会層が南朝では既に甚だしく分化している。上は第一流の貴族から、下は役門・三五門・極貧の露戸あるいは兵戸などに至るまで、その身分はさまざまである。故吏はそのいずれの身分にも存在する。そしてその社会的地位も大臣宰相から下は吏僮のごときものまで含みうるとすれば、その地位はまさに千差万別である。故吏の地位身分を論ずるとすれば、ただそれが大きく庶民階級以上に属するといい得るのみで、故吏の本質には何ら迫ることができない。故吏は地位身分の観点からは把えられない。その本質はあくまでも一個の人間の、他の人間に対する関係の仕方にある。その関係をどう理解すべきかについては後に述べることにし、次に故吏と関連のある故将・故義について少し触れておきたい。

2　故将・故義などの地位

故将という言葉の出所を示すと、『晋書』巻九八の沈充伝に、

(沈充が)戦に敗れて(郷里の)呉興に帰るに及び、道に迷うて誤ってその故将呉儒の家に入った。儒は充を誘って重壁の中に入れ、そこで笑って充に向って言った。「(あなたの首に懸けられた)三千戸侯の懸賞が貰えますわい」と。充は答えた。「封侯は貪るに足らざるもの。おまえが大義を以て俺を生かすならば、我が宗族は必ず厚くおまえに報いるであろう。若しどうしても俺を殺すなら、おまえの一族は全滅するぞ」と。儒は遂に彼を殺した。充の子、勁は竟に呉氏一家を滅ぼした。

という記事があり、また同じく巻八一の朱伺伝には、

時に王敦は従弟の廙を用いて、陶侃に代って荊州刺史にしようとした。侃の故将鄭攀・馬儁らは侃の留任を敦に乞うたが、敦は許さなかった。攀らは侃が始めて大賊杜弢を滅ぼし、人みな附従を願うが故に、また廙が忌戻にして仕え難きが故に、謀って共に廙を拒んだ。

また同じ巻の劉遐伝には、散騎常侍・監淮北軍中郎将・徐州刺史仮節の劉遐が咸和元年になくなった後のこととして、子の肇は年が幼かったので、成帝は徐州を以て郗鑒に授け、郭黙を以て北中郎将となし、劉遐の部曲を領せしめられた。遐の妹の夫、田防および遐の故将史迭・卞咸・李龍らは他に属することを願わず、共に肇を立てて遐のもとの位を襲《つ》がせ、以て謀叛を起した。

このように故将という言葉は晋代からすでに見える。『宋書』巻七九竟陵王誕伝の「司州刺史劉季之は誕の故佐なり」

という故佐は、誕が会稽地方の会州刺史安東将軍であったとき、劉季之がその参軍であったことを意味するが、同時に彼が一軍を率いて戦場に出たために、『通鑑』では季之のことを故将と書いている。[9] そのほか『南斉書』巻三五鄱陽王鏘の伝に、

馬隊主の劉巨は世祖の時の旧人であった。鏘に詣って人の居ないときを見て謁見を請い、叩頭して鏘に高宗追放のクーデタを敢行するように勧めた。

という、その旧人も故将の一種であろう。また『梁書』巻六敬帝本紀の太平二年四月の条に、蕭勃が殺されたあとで、「蕭勃の故主帥で前直閤将軍の蘭敱が(蕭勃を殺した張本人の)譚世遠を襲殺した」というように、故主帥とも書かれている。

これらの故将・故主帥などが故吏と同様に、もとの主に対して特殊な私的関係をもって繋がっていたわけである。そして呉儒のように主との間の大義を踏みにじった場合には、両者の間は逆に深刻な仇讎関係に一転するのである。ところで将というのは単に将軍のような上級将校だけを意味するものではない。『南斉書』巻二二予章文献王伝に、

予章王の嶷(当時は安遠護軍・武陵内史であった)は隊主の張莫児をして将吏を率いてこれを撃破せしめた。

とあるように、将は隊主の下に属する程度の下級将校をも指し、[10] 当時一般に将という言葉によって観念される内容は恐らく兵士に対する将校という現在の言葉と大体並行して考えてよいのではないかと思う。こういう下級の将になるものは三五門などの一般庶民層から徴発される民丁[11]や兵戸の子弟などから出世してゆくのであろう。兵戸出身の黄回は初め郡府の雑役に充てられたのち、伝教から斎帥に転じた。そして雍州刺史臧質のもとで斎帥の地位にあったとき、功によって軍戸たる身分を免ぜられたという。[12] 斎帥というのは、州刺史の側近にいて、これを護衛する兵士の隊長で、下級の将校程度のものらしいから、そのあたりのランクにいるものは功によって兵戸たる身分を免ぜられる可能性を

もっていたことになる。(13) 黄回はそのあとで白直隊主に抜擢されているから、隊主とそれ以下の将吏との間には大きな断層があったと思われる。だから、いわゆる将吏は兵戸の籍を免ぜられる可能性をもった兵戸出身者と一般庶民とが混在しているランクであろう。故吏といい、故将というものも大体このあたりを下限とし、それ以上の身分層における人間関係をいう言葉である。

次に故義または義故という言葉は普通に故吏と義附の簡称であると考えられている。そして『陳書』巻一八の沈衆伝に、

侯景の乱のとき、沈衆は梁の武帝に上奏して、「私の家に代々隷する所の故義部曲はみな呉興におります。還ってそれらを召募し、以て賊を討つことを許して頂きたい」と申し上げた。梁の武帝はこれを許された。侯景が台城を囲むに及び、沈衆は宗族及び義附五千余人を率いて、都の救援にかけつけた。

とあるように、故義は家に代々隷属したものであるという面が今まで強く印象づけられてきたように思われる。しかし先に掲げた表の中に入れたものであるが、『陳書』巻三四の許亨伝に右とほとんど同じ時代の故義の用法が見えている。

初め王僧弁が誅せられると、役人は僧弁とその子の頠の屍を方山に収め、同じ坎に一緒に埋めたが、こうなったときにも敢えて文句を言う者はなかった。許亨は王僧弁の故吏であったので、抗表してこれを葬ることを願い出、そこで故義の徐陵・張種・孔奐らと相率いて家財を以て葬儀を営み、凡そ七つの柩を皆な改葬した。

ここでは許亨は故吏と書かれ、徐陵以下三人は故義として区別して書かれている。許亨は王僧弁が宿敵侯景を倒す以前に、すでに王僧弁の府の従事中郎であった。徐陵以下はすべて王僧弁が侯景を倒して建康に入城した後に王僧弁との関係が生じたものである。そのうち孔奐は侯景の下で、その腹心の侯子鑒の書記をしていたが、王僧弁が建康に入

ったとき、その司徒府の左西曹掾に辟引され、僧弁が揚州刺史を領すると、その治中従事史に補任されたものである。張種は侯景が勢力を振っている間は郷里に逃げていたが、王僧弁によってやはり治中従事史に起用されたもので、この二人は王僧弁の故吏と書いてもよい筈のものである。徐陵は最もおそく、王僧弁の建康入城より三年後に漸やく北斉から帰ってきて、その非常な歓待と優遇を受け、尚書吏部郎に任命された。そのとき王僧弁は尚書令を兼領していたが、尚書令と吏部郎とは尚書省の長官と属僚であるにはちがいないが、いずれも天子の膝もとの勅任官として、その間に私的関係は見られないのが普通であるから、僧弁が殺されたときの徐陵の行動はただ文字どおり「僧弁の旧恩に感じ」た上でのことだろう。このような官職の上での直接の故吏属僚関係以外に、私的な恩義関係を考えると、先の張種は母の葬儀において王僧弁の援助を受け、また張種が老年であるのに後嗣がないのを見て、王僧弁は彼に妾と居処の具を贈ったという。(14) 徐陵以下の三人が故吏でなく故義と書かれているのは、こういった官職関係以外の私的な恩義関係に力点が置かれ、孔奐も敵に仕えていたにも拘わらず、それを許されてかえって重用されたという点が強く意識されていたのではないかと思う。故義という言葉は故吏と義附の簡称というよりも、むしろただ「もと恩義ありしもの」という簡単な解釈で充分通ずるように思われる。

ところで故義と呼ばれた右の三人は、そのとき徐陵が尚書吏部郎、張種が廷尉卿・太子中庶子、孔奐が揚州治中従事史でみな相当な地位であり、また彼らの門地も決して賤しくない。従って沈衆伝から想像されてきたように、故義は隷属度の強い奴客的な存在であると決めてしまうわけにはいかない。そもそも沈衆伝において「家に代々隷する所の故義部曲」と書かれた部曲は未だ必ずしも賤民を意味しない。(15) それと並称される故義もまた賤民であるとは限らない。故義という言葉自体が本来相対的な、人間相互の関係を示す言葉にすぎない以上、それによって一定の身分や地位を決定することがそもそも無理なことである。しかし故義はまた門生とも連称され、従って門生の地位を知ることは故義と呼ばれるものの範囲を知る上に多少の参考になるかもしれない。

3　門生の地位

前に一言したように、門生とは本来一定の師の門に入って学問を修めるものである。しかし後漢になると、門生になることが単に官吏になるための手段と考えられる傾向があらわれ、猟官者は大儒を師とするよりも、むしろ学問はなくても実際に官界の実力者であるものの門に走る傾向が強くなった。しかしそういった変化に関係なく、彼らが将来官吏となりうるもの、特権階級たる士の身分を取得する可能性をもったものであることに変りはなかった。彼らが師家のために田地を耕したり、走狗となって奔走にこれ努めることも多かったと思われるが、そうしたことは彼らが社会的地位、法的身分において庶民以上の、むしろ上位の階級に属することと何ら牴触するものではない。彼らは師家に対して束脩を払いうる財力をもったものであり、仕官の可能性をもったものであった。いわば彼ら自身がすでに士の階級、または士に準ずるものとして、一個の特権的な身分を保証されたものであった。中央の太学の学生は勿論、地方の郡国学の学生から当面の問題である私学の門生に至るまで、徭役免除の恩典が行なわれていたらしいことはそれを示している。西晋の時代においても王裒の門生の例にみられるように、門生を役に徴発することは為政者にとって恥ずべき所行であった(16)。門生が免役権をもっていたらしいということは、佃客が課役を免ぜられたこととは意味を異にする。門生の免役は国家の門生自身に対する恩典であり、佃客の免役は佃客自身に対する恩典ではなく、佃客を保有する主に対する恩典であり、主が佃客を私役することの公認に外ならぬ。同じく免役といっても、門生と佃客との間には隔絶した地位の開きが公認されていた結果である。すなわち門生は庶民以上の、しかも相当に高い社会的地位をもつものであった。南朝になるとそれはどう変化するであろうか。

大儒に従って学を修めるという本来の門生が南朝においても依然として見られることはいうまでもない。例えば劉瓛は早くから五経に通じ、徒を聚めて教授し、すでに宋の末頃には常に数十人の弟子がいたが、南斉においてはその儒学は当時に冠たるもので、京師の士子貴遊は席を下って業を受けないものはないという有様であった。彼が友人を訪問するときには、一人の門生が胡床を持って後に随ったといい、彼がなくなったときは、門人受学者がみな弔服臨送したという。(17) そして彼について学んだ劉絵・范縝などはそれぞれ『南斉書』『梁書』に伝を立てられるほどの人物であった。こういった例は当時の史書の儒林伝などを見れば数多く見出されるものである。

ところで門生が仕官の便をもったことについては『南斉書』巻三二の王琨伝に、

> 王琨は吏部郎に転任したが、吏曹は選挙を司る局で、貴要の人々は多く琨に属請する所があった。公卿より以下、士大夫に至るまで、当時の例として彼らの門生を二人ずつ採用することになっていた。江夏王義恭は嘗つて琨に属《たの》んで二人を採用してもらったが、後に再び属請せしめたときには、琨は答えはしたが許可しなかった。(18)

とあるように、一般の士大夫に至るまで、彼らの門生のうち二人は吏部において採用してもらうことができた。権力者の門生の場合には単に二人程度に止まったのではない。

> 尚書令の王晏は門生を選んで内外の要局に補任しようとした。(そのとき吏部郎であった)陸慧暁は為にただ数人を用いるに止めた。晏はこれを恨み、女妓一人を送ってともに好《よし》みを申《かさ》ねんとしたが、慧暁は納めなかった。
> (『南斉書』巻四六陸慧暁伝)

吏部郎は令史などの勲品の人事を掌るものであったが、(19) 右の王琨や陸慧暁は権力に屈しない点を特記された人であるから、普通は権力者の門生の採用率がもっと大きかったと考えなければならない。門生と書かれているもののほかに、「其の門に遊ぶもの」、いわゆる門客、門下客、賓客なども仕官の便宜に与っていた。梁代のはじめ、

任昉は盛名があり、後進の慕う所となっていたが、その門に遊ぶものをば昉は必ず薦達した。(『梁書』巻三〇裴子野伝)

同じころ、

吏部尚書の徐勉は嘗つて門人と夜会を催した。客の中に虞暠なるものがいて、詹事五官を求めたが、勉は色を正して答えた。「今夜はただ風月を談ずべく、公事に及ぶのは宜しくない」と。時人はみなその無私に感服した。(『梁書』巻二五徐勉伝)

門生はこのように仕官の可能性をもったものであり、従ってその主からも蔑視される存在ではなかった。同じ『梁書』徐勉伝によれば、尚書僕射兼中書令の徐勉は次男の悱をなくしたとき甚だしく悲しんだが、そのような私事をもって長く国務を廃するわけには行かないので、押して出仕することにした。そのとき彼は「客の喩に答う」という文章を作って胸中をのべたが、その中で彼は、門人が条理を尽くして児女のごとく歎き悲しむことの無益を述べてくれたことを、「諸賢は既に格言を貽《おく》り、喩すに大理を以てす」と言っている。これは実際の対話でなく、文章語として美化されているとしても、「諸賢」という敬語風の言葉を使っているのは、やはり相手を自分と同等の士として遇する意識を反映していると思われる。

ところが『宋書』巻八一顧琛伝の次の記事は、門生が人士と同席し得ないものであり、その低い地位を示すものとして、清朝の大家たちをはじめ諸家によってしばしば引用されている。

尚書寺門の制度では、八座の尚書以下(位に従って)門生の随って入り得る者の数はおのおの一定の員数が決められており、それらの門生が人士と席を雑えることは許されなかった。顧琛(尚書庫部郎、本邑中正であった)は同族の顧碩頭が尚書張茂度の門に名を寄せた門生であるのに、碩頭と同席して坐ったという廉で、明年坐して遣出

（＝百日間の停職）の処分を受け、中正の職を免ぜられた。

しかし、これは尚書省という官衙での公務の場における規定であって、まだ無位無官の門生が、尚書省の中で勤務中の官員と同席できないのは、それほど怪しむには当らないであろう。むしろ官員たちが当時の政治的中心であった尚書省に、何人かの門生をつれて出勤していたということの方がむしろ驚くべきことのように思われる。それは趙翼が解釈したように、私門の書生でありながら、すでに胥吏のような仕事をしていたのかもしれないが、しかし、尚書省には令史などの書記がいるのであるから、或いは官吏見習生のようなもの、或いは今の議員に附着した院外団のようなものかもしれない。実際、今の議員が国会に子分を引きつれてのりこむような風景であるが、これらの門生が今の院外団より下等であったかどうか保証の限りではない。右の記事に用いられた「人士」という言葉は、当時の社会に一般に認められた士階級一般という意味よりも、官制上もっと限定された意味で門地二品の官員を指すのではないかと思う。顧琛は呉郡の人で、呉郡の顧氏といえば江左の名族とされていたから、琛と同宗の顧碩頭も恐らく社会的には士の階級に属すると見なされる可能性は多いわけである。とにかく右の資料は門生が公の場において士人と区別されたことを示すものではあるが、それをもって余りに門生の地位を低く見ることは行き過ぎであろう。

また門生は師家に対して多くの謝礼を贈った。

ある門生が始めてやって来て顧協に事えたが、その廉潔な人柄を知って、敢えて厚く餉することをせず、ただ二千銭だけを送った。それでも協は怒って杖二十をくらわしたので、事える者は餽遺をやめた。（『梁書』巻三〇顧協伝）

姚察は顕要（吏部尚書）に居てより、甚だ清廉潔白を励んだ。……かつて、ある私門生が敢えて厚く餉することをせず、ただ、南布一端、花練一匹を送った。察は彼に向って、「自分の身に著けるものはただ麻布蒲練だけである。こういうものは私には用がない。君と親しく接しようとしているのだから、どうかそういう心遣いをしない

でくれ」と言った。(『陳書』巻二七姚察伝)

右の二例は門生の束脩あるいは謝礼の最小限度を示している。したがって門生は相当の財産をもったものが多かったと思われる。

(徐湛之の)門生千余人は皆な三呉の富人の子であり、姿資は端妍、衣服は鮮麗で、出入行遊するごとに彼らは巷にみちあふれた。(『宋書』巻七一徐湛之伝)

なお束脩に関聯して、御史中丞の庾徽之が顔竣を弾劾した上奏文の中に資礼という言葉が見える。

凡そ顔竣の任に莅みし所にては皆な政刑のよろしきを闕けり。輒ち丹陽の庫物を開きて、吏下に貸借し、多く資礼を仮りて、解して門生となす。朝に充ち、野に満ち、殆んど千を以て計らる。[20]……

この意味は明瞭でないが、顔竣は官物を部下の吏に貸し、門生が差し出す資礼という形を仮りて、部下の吏からその利息か何かを取り立て、名目上、彼らを自分の門生というふうにみなしている、と言って非難しているのではないかと思う(後文四一五―四一六頁をも参照)。

以上は門生が漢代以来そう変化していない面を主としてのべた。しかし既に指摘されているように、この頃の門生に武人的な傾向が顕著にあらわれていることは注目に値する。

劉懐珍は北州の旧姓で、門に附従するものが殷軫として集まっていた。彼が門生千人を以て宿衛に充《あ》てんことを啓上したところが、孝武帝は大いに驚いて、青冀の豪家に私附せるものを召し取り、数千人を得た。(青冀の)土地の人々はこれを怨んだ。[21]

また少し前の、宋の前廃帝のとき、蔡興宗が沈慶之に向って、

且つ公の門徒義附は並びに三呉の勇士であり、宅内の奴僮は人数にして数百人いる。(『宋書』巻五七蔡興宗伝)

これを率いて兵を挙げるようにと勧告した。「門徒義附」は先の劉懐珍伝の「門附」と同じく、その中には門生も含まれていると見てよい。このような勇士としての門生は、趙翼が言うように、「目に書を知らざる」武人の下に附いていたもので、本来のいわゆる門生とは非常に異った性格のものである。しかしこういう門生の出現は説明のつかないことではない。

門生が学問を求めるよりも、むしろ官吏となることを第一の目的とする傾向は漢代以来見られたところである。ところが魏晋以来、政界が貴族に壟断され、九品官人法などによって一般庶民の官界に入る途は甚だしく狭められてきた。そして士庶の区別が厳重となり、士の中でさえも下級の寒門クラスは政界において出世をはばまれるという事態になってくると、これらの寒士や庶民にとって出世のチャンスは軍功以外にはなくなってくる。将軍号の激増、勲位の成立に関聯した事情は宮崎博士が名著『九品官人法の研究』第三章、第四章において見事に説明されているが、門生の武人化という現象もその趨勢と相応ずるものである。漢代以来の名門でも、例えば楊佺期の如く、南渡の時期が遅いものはもはや貴族社会に入り難く、軍人として活躍する途を選んだことは既に東晋時代からの現象であった。そのうえ北方民族との緊張、国内の不安など、常に戦争の危機を孕んだ時代においては、有力な将軍の下について出世の機会を狙うのは人情の自然である。これが同じく官を求めて権力ある大官の下に名を連ねる門生と、同じ名称をもって呼ばれたこともそれほど不思議ではない。しかしこういった門生が増加すれば、門生の素質が低下することは避けられない。門生が主の手先になって競うて財貨を受け(22)、門客が贓利を通じ(23)、門下客が主のものを盗む(24)といった傾向は、単に武将の下における門生に限らず、一般的な現象となる。このような門生の素質の低下は、しかし直ちにその身分の低下を意味することにはならない。

一般に、謝霊運が「父祖の資によって生業甚だ厚く、奴僮既に衆く、義故門生数百人が山を鑿ち、湖を浚え、功役やむことなかった」(25)ことをもって、義故門生は奴僮と並称されるごとき隷属的な存在であったとされている。実際に彼らが右のような労働にたずさわったことは動かせない事実である。梁の徐勉は清廉な人であったが、その「門人故旧はしばしば便宜の策を薦めて、或いは田園を創闢せしめ、或いは邸店を興立せんことを勧め、また舳艫をもって運送を行い、貨殖を聚斂させようとした。このような事は衆かったが、みな距んで納れなかった」(26)という。貨殖に熱心であった謝霊運の場合は主が門生義故を役使し、主が熱心でなかった徐勉の場合には、門人故旧が主を貨殖聚斂の方向へ動かそうとしている。後者の場合に門人故旧が主を貨殖聚斂の方向に勧誘した裏面には、それによって門人故旧も利益の分け前にあずかったことが想像され、主と門人故旧とは階級的対立関係にあったというよりは、むしろ階級的には同じ側にあって共通の経済的利益を享受していたように思われる。少くともその場合、門人故旧は田作および諸般の営利事業を計画し差配する立場にあった。謝霊運の場合には、義故門生も賤民たる奴僮とともに主家のために肉体労働をしたのであろうが、しかしこの資料だけではその身分や地位までも奴僮と類似したものだと解釈せねばならぬ必要はない。門生が師家のために田を耕したり、麦を刈ったりする(27)ことは以前からあることであり、こういった労働形態だけをもって門生が主家の隷属的存在であると決めてしまうことはできない。しかしながら数百人の義故門生が林業、水産業、開墾などの営利事業に動員され、役使されたということは、彼らが主家に附従している間に、一般の傭客や佃客と事実上かわらないような存在になったものも出てきたことを想像させる。

義熙八年(四一二)謝混は劉毅の党であるとして誅せられ、妻の晋陵公主は……詔勅を以て謝氏と離婚せよと命令された。公主は謝混の家事一切を(甥の)謝弘微に委ねた。謝混は代々宰相の家柄で、一門に二つの封地を受けており、田業は十ヵ所余り、僮僕は千人も居たが、今や僅かに年数歳の二人の娘が残っただけとなった。謝弘微はその生業を経営し、もし公に関する事であれば、一銭の出納・一尺の絹の出入をもみな帳簿につけた。……高祖が立って宋の国を創めたとき、晋陵公主は位を下げられて東郷君となったが、……謝氏に復籍することを聴許された。謝混がなくなって以来このときまで九年たっていたが、建物はきれいに整い、倉庫には物がみちあふれ、門徒・業使は平日に異ならず、田畑の開墾は以前にまさるものがあった。(『宋書』巻五八謝弘微伝)

ここに記されている業使とは、業主すなわち経営者に対する使用人のことであろうが、それと並称された門徒も田畑の開墾などに使われたのであろう。これらの門徒――その中にはいわゆる門生も含まれたであろう――は主と個人的に結ばれたものというよりも、右の資料によれば、主の交替に関係なく、主の家に附従した使用人という性格を多分にもっている。それは先に故義を論じたところで引用した『陳書』沈衆伝の「家に代々隷する所の故義部曲」といわれるものと同じような性格である。故義部曲が必ずしも賤民ではなかったように、門徒業使もまた賤民とは限らない。恐らくそれは傭客・佃客に類似したものと解してよいのではないかと思う。そこで次に客と門生との関係について考えることにする。

4　客と門生故吏

濱口博士は「唐の部曲・客女と前代の衣食客」において六朝の客を詳細に分析され、この時代の客のもつ多様な階層性を明らかにされた。それによれば、私家に関係をもったさまざまな客は「隷属性の少ないものから挙げてみると、第一には上賓下賓とりまぜた賓客であり、第二には顧傭関係にある傭客であり、第三には小作関係にある佃客の順であって、「彼等はすべて庶民乃至は士族であった」(28)。さらにその下の賤民階級の中に、上級賤民として衣食客(但し両晋限客法に見えた衣食客を除く)が出現し、従来からあった奴婢の上に位したという。このような博士の分析は、この時代の社会における複雑な階層分化に一つの尺度を与えるものである。

ところで私が先に引用した門客・門下客などは右の分類のうち第一の賓客に当るものである。例えば、宋代に南斉の武帝がまだ贛令であったとき、

南康相の沈粛之が上(武帝)を郡の獄に繋いだ。そのとき族人の蕭欣祖と門客の桓康らは郡衙を破って上を獄から迎え出した。(『南斉書』巻三武帝紀)

この門客の桓康という人物は『南斉書』巻三〇に伝を立てられていて、それによると、

桓康は北蘭陵郡承県の人で、勇猛果敢な人であった。宋の大明年間、太祖に随って軍容となり、世祖に従って贛県に居た。泰始の初め、世祖が義兵を起して郡に繋がれたとき、衆はみな散りじりになった。康は……門客の蕭欣祖・楊璩之……ら四十余人と相結び、郡獄を破って世祖を出した。(29)

と書かれている。この門客蕭欣祖は先の記事にあるように南斉の皇帝となった蕭氏の一族であり、父は太中大夫の蕭道済であって、(30)まだ蕭氏の天下になっていなかったけれども、決して賤しい身分ではない。これらの門客が濱口博士の分類において、賓客の部類に入ることはいうまでもない。梁代においても、

徐勉は江蒨の門客の翟景を介して、七男の徐繇のために江蒨の娘と縁組みしたいと申し入れたが、蒨は答えなかった。翟景が再びそのことを言うと、蒨は景を杖で四十回たたきすえた。(『梁書』巻二一江蒨伝)

という。翟景は士人と目されていなかったにしても、主家の娘の結婚問題に口をきくのであるから、賓客の部類に入れてよかろう。

門下客については『陳書』巻二四袁憲伝に、袁君正が、国子学生であった息子の袁憲を、博士の周弘正のところへやらせたとき、門下客の岑文豪を附添わせてやったことが見えている。そのとき周弘正は袁憲を試問し、そのあとで岑文豪に向って、この人は自分に代って博士となる資格が充分あると、還って袁呉郡(君正)に伝えよ、と言った。

当時、生徒の策試に際しては多く賄賂が行なわれていたので、岑文豪は束脩を用意したいとたのんだが、袁君正は不必要だと言った。このような使者の役目をするものも賓客と考えてよかろう。

実際に先に挙げた徐勉伝を見ても、徐勉の作った「答客喩」は門人・門下の喩に答えたことになっており、また彼の門人の中には客の虞暠なるものがいたと記されているから、門人あるいは門生と客とは同一のものを指す場合が多かったと思われる。そしてこの場合の客が賓客のランクに入ることもまた確実である。つまり門生・門客・門下客などというものは大体賓客と同じランクに入れてよいものと思う。(31)

なお、故吏もまた賓客の中に含まれている場合が見られる。

梁の高祖が司州に臨んだとき、鄭紹叔を命じて中兵参軍となし、長流参軍をも兼領させたが、このために紹叔は高祖に厚く結び附いた。高祖が州をやめて京師に還ったとき、賓客を謝遣したが、紹叔だけは留めて頂きたい旨を固く願い出た。(『梁書』巻一一鄭紹叔伝)

高祖の故吏鄭紹叔はその賓客の一人であったのである。すなわち門生故吏は大体賓客のランクに入るものと考えて大過ないと思われる。そして門生故吏が賓客のランクに入るとすれば、故義もまた大体このランクに入るものと考えてよいのではないかと思う。

しかし賓客という言葉は濱口氏が指摘されたように、稀には佃客その他の卑賤な客をも意味する極めて幅の広い用語であるが、門生義故などの中にはまた相当低い地位に落ちたものもあった。先にのべた『宋書』謝弘微伝の「門徒業使」といわれる門徒や、『陳書』沈衆伝の「家に代々隷する所の故義部曲」と書かれた故義などはその下限を示すものであろう。任官または軍功による出世を求めて実力者の門に附いていた門生や、昔の何らかの恩義関係をつづけて主家の門に出入りしていた故義が、その後長く出世のチャンスに恵まれず、その中に経済的窮迫によって主家のために労役を提供し、実質的には傭客ないし佃客クラスと変らない状況に落ちる可能性があったことは充分に考えられるところである。また実際にそういう地位にあった門生故吏も少くなかったと思われる。しかし、それをもって門生義故の一般的地位と考えることが誤りであることはもはや明らかであろう。もしその一般的地位を考えるとすれば、門生義故あるいは故吏は法制的には庶民以上、士族を含むものであり、社会的には本来の意味での賓客クラスに属する。清朝の史家たちが、門生のうちのあるものは僕隷に異ならぬと言ったにしても、彼らの言う僕隷は我々の現在用いる「奴隷」という概念と相覆う言葉ではないのである。(32)

少くとも現存史料による限り、魏晋南朝を通じて門生故吏の用例のうちの圧倒的多数は、庶民層の中でも上層に属するものと士族に属するものとであって、門生故吏の現象は奴客類似の下層庶民の間においてでなく、むしろ上層階級に重心をもった現象であるといわねばならない。もっとも、それは現存史料の制約によるものであって、庶民層の中でも下層クラスに属する門生故吏が実際はもっと普遍的に存在し、それが門生故吏のうちで一層大きな比重を占めたにも拘わらず、史料面では僅かに謝弘微伝、沈衆伝、あるいは謝霊運伝などに氷山の一角をあらわしたのかもしれない。もしそうだとすれば、そしてもしこれら下層の門生故吏、すなわち兵戸佃客層においてもまた、普通に見られる門生故吏関係と同様な人間関係が一般に見られるとするならば、事は当時の社会全般にわたって重大な問題を提起するであろう。次節で述べるように、門生故吏関係はいわゆる家父長的隷属的な支配服従の関係ではなく、全人格的臣従的な恩義関係をその本質とする。これがそういった社会の下層にまで及んでいるとすれば、事は重大である。

以上において私は、門生故吏の地位がいわゆる奴客類似のものでなく、法制的身分においては庶民以上、士族を含むものであることをのべた。それは魏晋南朝と時代が下るにつれて身分が低下したのではなく、漢代以来、依然として庶民以上のクラスに属するものであった。しかし魏晋以後の社会における複雑な階層分化の傾向が、庶民以上のクラスにも多様な階層を生じ、それに従って門生故吏の社会的地位も複雑な様態を示してくる。客の主に対する従属の仕方が極めて多様であったごとく、門生故吏の主に対する関係、従属形態も複雑化する。それの主に対する隷属性を濃く見せるのは士庶区別にもとづくところが大きいことを、先に故吏の地位を論じたところで一言した。門生についても事情は同様である。上級士族の子弟を入れる国学の学生は別として、一般に生徒や門生は下級士族の子弟や庶民が主体であって、それらが将来士の身分を取得する可能性をもったものであるにしても、やはり士人との差別をつけられたことは当時の社会においてやむを得ないことであった。つまり門生故吏が一般に隷属性を増した面をみせるのは、その法制的絶対的身分の低下というよりも、むしろ社会の上層階級において士庶区別をはじめとする多様な階層分化が生じたことによると考える。

ところで、門生故吏がこの時代を考察するに当って問題になるのは、単にその地位身分に関してではなく、それが主との私的な結合の仕方を示す点において重要なのである。いわば、その平面的な身分ではなく、むしろその立体的な主との関係が重要な問題を含む。私は次にこの面から門生故吏を考えてみたい。

二　門生故吏関係

1　私的性格

漢末において門生の師に対する関係、故吏の故主に対する関係は具体的に言えば次のようなものであった。門生故吏が師や故主のために頌徳の碑を立ててこれを記念することは普通に行なわれるところであり、『隷釈』などに収められた碑銘の多くがそれを示している。また主が誅戮された場合には、門生故吏は法を犯し、官職をすててその屍を収容し、葬儀を行ない、父母に対すると同じ重さの三年の喪に服した。主が遠流の罪に処せられた場合には、再び帰り得ないことを覚悟して、父に暇ごいをしてまでもそれを送ることもあったし、流刑地に行けば主の命がないと判断した場合には、途中で護送の吏を襲撃して主とともに逃げるものもあった(33)。主の死後、主の家族遺児が窮迫すれば、これを救うことも往々みられるところである。それは公権を無視し否定しても、私的情誼を貫ぬこうとするものであった。

これと同じような事例が南朝でも見られることは、本論文の最初に掲げた表を見ただけでも明らかである。故吏は依然として官を捨て公権に反抗しても故主の屍を収容し、葬儀を営み、墓側に碑を立て、冤罪の場合にはそれを朝廷に訴え、故主の遺族を後々までも世話したのである。門生もその主の冤死を朝廷に出て証言し、師の喪儀をたすけ(34)、門客も先に桓康の例に見られるように、執われた主を救うべく、郡衙を襲撃するものもあった。このように漢代以来南朝の末に至るまで、門生故吏と師や主との関係は、第一に極めて私的な性格をもっていることを銘記しなければならない。それは主が法に違反した場合に最も尖鋭な形であらわれる。その場合、門生故吏の節義は王法ないしは国家意志と真向から対立する。

魏の末期に鍾会が誅せられたとき、その故吏向雄は鍾会の遺骸を迎えてこれを葬った。当時、事実上の君主であった晋の文王は向雄を召して彼を詰問した。

「先年(高貴郷公の事件に坐して)王経が死んだとき、おまえは東市において王経のために哭したが、俺は不問に付した。いま鍾会が自ら叛逆して死んだのに、またおまえは収葬した。これ以上容赦すれば、一体王法はどうなるのだ。」

向雄は答えた。

「昔、先王は遺骨を収容し、腐爛した屍体を埋葬され（『礼記』月令）、その仁は朽骨にまで及んだと申します。当時、これらの死人の功罪を卜ない、判別してから埋葬したでありましょうか。いま帝王の誅罰は既に加えられ、法の面においてはすでに完全に執行されました。私は義に感じて収葬いたしましたが、これで先王の教もまた闕けることなく行なわれたものと存じます。法が上に立てられ、教が下に行なわれた以上、いまさら私に、生者に対する義理を欠かせ、死者に対する礼を失わせながら、私を現在に生き長らえさせて下さる必要がどこにありましょうか。殿下が枯骨を仇讎視して、これを野原に捐ておかれるならば、将来仁にして賢なる者が収めて以て善行をなす資《もと》となるでありましょう。惜しいことではございますまいか。」

文王は甚だ悦んで、向雄と談宴して放免してやったという。(35)

ここでは王法に対立する私的な節義は、先王の教としての仁、すなわち人間性一般の中に巧みに基礎づけられ、カムフラージュされている。しかし、上から下に貫徹する王法に対して、私的情義は下に厳然として行なわれ、法を排除して存在する法以上の義＝モラルであることを昂然と表明しているのである。東晋の郗鑒は役人が逆賊王敦の墓をあばき、屍を引き出してその衣冠を焼き、首を南桁に懸けたとき明帝に向って言った。

……前朝で楊駿らを誅したときもはじめは極刑を執行しましたが、後には私殯を許されました。……魏の武帝は王脩が哀譚を哭したことを以て義なるものとみなしました。これらの例によって言えば、王誅は上に加えられ、私義は下に行なわれるものであります。王敦の家に私葬を許される方が義において大いなる処置と愚考いたしますと。帝はこれを許された。(36)このように魏の末期から晋代になると、親族朋友の情誼や故吏と故主との恩義関係の行なわれる世界は私義の世界として、王法の及びうる埒外に置かれることになった。もっとも、権力の座にある同族の間では私的情誼などは全く蹂躙され、互に血で血を洗う惨劇がくりかえされることは、晋・南朝の王族に見られるように史上でも稀に見る甚だしいものであるが、それは権力をめぐる恥づべき所行であって、一般の私義の世界はそれとは別個に強力に存在するのである。宋の孝武帝が弟の竟陵王誕を広陵に攻め滅ぼしたとき、侍中の蔡興宗は帝の命を奉じて広陵討伐軍を慰労するために出かけたが、彼の友人であった范義は誕の別駕として、その下で潔ぎよく戦死していた。彼はみずから范義の屍を収容し、予章の旧墓に送りかえしてやった。帝はそのことを聞いて言った。

「おまえはどうしてわざと法網に触れるようなことをするのだ。」

興宗は言い返した。

「陛下は陛下で勝手に賊(=弟)をお殺しになった。私は私で自ら昔の附き合いを葬ったまでです。厳制を犯した以上、ただただお仕置きに甘んずるばかりです。」

帝は慚愧の色を浮かべた。[37]

私義は昂然と厳制に対抗する。そしてそれが通る世の中なのである。私は門生故吏関係の私的性格を論じて、親戚朋友の情誼をも含む私義一般にまで及んだ。しかし私義の働らく世界が親戚朋友の私的情誼とともに門生故吏関係をも含むということ、しかもそれが王法の支配と対抗し、それとは別個の世界を作っているということは、門生故吏関係の私的性格とその本質に内在する反公権的性格を明瞭に示すものであろう。

しかし後漢末期の党錮事件のときには、党人の門生故吏は罷免され、禁錮された。魏においても誅戮された人の故吏は罷免された。[38] そのころまでは王法はなお相当に私義の世界に貫徹していた。だがそのときでも、私義が王法に対立するものであることはいうまでもない。

この時、科法は長吏が擅いままに官を去ることを禁じていた。しかるに吉黄は司徒の趙温がなくなったと聞くと、自からその故吏だというので、科法に違反して喪儀にかけつけ、司隷校尉の鍾繇に逮捕されて、遂に法に伏した。

（『三国志』巻二三常林伝注引『魏略』吉茂伝）

科法と私義とは本来相容れないものである。そして法術主義者といわれる曹操でさえも、次に見るように私義の世界に法を貫徹しつくせなかったことは注意しなければならぬ。曹操の宿敵であった袁尚の首級が遼東から送られてきたとき、「敢えてこれを哭するものは斬る」という曹操の布告が三軍に伝達された。ところが田疇は昔、袁尚に辟召されたことがあって、その招きに応じなかったにも拘わらず、ただ招きを受けたということだけで禁令を犯して弔祭した。太祖曹操もこれを不問に附したという。(39) 同じく曹操に辟せられて冀州従事となった牽招は、嘗つて仕えたところの袁尚の首級が馬市に懸けられているのを見て悲感にたえず、祭を設けて頭を垂れた。太祖はこれを義として茂才に推挙した。(40) 晋の郗鑒が引用した王脩の例などは、晋代には既に有名な故事となっていたことを示している。このように私義は軍令をも犯すものであり、法術主義者の曹操もこれを義として認めているのである。

門生故吏の私義はこのように法とは相反する性格をもつ。それは為政者の立場からすれば規律を乱すものであり、法を妨げる厄介な存在であった。が他面、門生故吏はその主と私義において結ばれ、法をも恐れない強靭な結合を示すが故に、主にとっては勢力形成の地盤となりうるものであった。袁紹が多くの門生故吏をもっていたために、強大な勢力をもつものとして恐れられたのは周知の事柄である。しかし、それはあくまでも私的結合の域にとどまる。曹操も自己の勢力を拡大するために、多くの人材を自己の故吏として持ちたかったであろう。しかし、故吏は嘗つてその下に吏であったものであって、一朝一夕に作られるものではない。曹操が多くの人材を辟命したのは、まさに人材を求めることが急務であったからで、辟命によって直ちに故吏関係が発生し、いわゆる「家父長的隷属的」な形で曹操の支配が貫徹されるものではない。曹操がその府に辟命した多くの部下は、既にそれ以前からそれぞれ固有の私義の世界を背負い、それを荷ったままで曹操の吏となっているのであって、曹操の吏となるや直ちに全人格をあげて曹操に従属したのではない。現任長官の属僚に対する拘束力が、故主の故吏に対する拘束力よりも一般に強かったことは確かであろうが、(41)属僚における故吏意識の存在は現任長官の属僚支配を弱めこそすれ、強める作用をもたないことは明らかである。私は五井直弘氏が、その第二論文において、曹操政権のもつ専制的権力のよって来たるところを辟命＝故吏関係に求められたことに疑問を感ずる。故吏関係は専ら私的な関係である。私的な関係による結合は、他の同様に私的な関係による結合を論理的に許容しなければならない。そこからは絶対専制的な体制は出てこないのではないかと思う。もっともこの問題は単に私的関係というにとどまらず、主の故吏に対する関係が家父長的なものであるかどうか、故吏の主に対する関係が隷属的であるかどうかという問題を含んでいる。「家父長的」ということがどういう意味かということについては後にふれたいと思うが、この「隷属的」ということに関聯して、以上のべてきた私的関係の含むもう一つの面を考えておきたいと思う。

2　人格的関係

いま述べた門生故吏の私的性格というのは単に official に対する private という意味をもつのみならず、さらにその結びつきが personal な性格を含んでいることに注意しなければならない。私的結合は個人と個人との私的関係から、それぞれの家と家との私的結合に拡衍され、その関係が世襲化する傾向を孕むものである。実際に父の受けた恩を、子が引きつづき恩として受けとることも見られる。(42)しかしまた一方では、故吏の故主に対する結びつきはその故主に限られ、故主の弟に対しては結びつきを拒否する例が見られる。

闞欽が若かりしころ、欧陽頠と仲が善かったので、頠は常に欽に随って征伐に行き、欽が衡州刺史になると、そこで清遠太守に除せられた。……欽が交州を征するとき、頠を同行させて頂きたいと啓上した。欽は嶺南に行って病死したが、臨賀内史に除せられた頠は上奏して、欽の遺骸を送って都に還ってから任地に赴きたいと願い出た。……都が(侯景の手に)陥って後、嶺南は互に併呑しあい、蘭欽の弟の前高州刺史裕は始興内史の蕭紹基を攻めてその郡を奪った。裕は兄の欽と頠とが旧いなじみであったので彼を招いたが、頠は従わなかった。(『陳書』巻九欧陽頠伝)

欧陽頠は自己の判断によって故主の弟の招きを拒絶したのであって、このころの主従関係が個人対個人のパーソナルな結合を基調とし、必ずしも家と家との結びつきにまで進みきらないさまを示しているように思われる。

このようなパーソナルな関係である以上、この種の主従関係を典型的な形で実践に移すもの、生死の分れ目という人間の極限状況に立って、主との全人格的結合のために報恩行為に踏みきるものは常に限られた少数者である。門生故吏の全部がその主に対してすべてそのような典型的な形で全人格的結合を貫きとおせるわけではない。その意味では主にとって門生故吏は本来頼りない存在である。しかし五井氏が推論されるように、そんなに頼りない存在ならば、袁紹が多くの門生故吏をもっていたからといって恐れられる必要はなかった筈であり、従って門生故吏が勢力形成の基盤であるためには、もっと頼りのある存在、すなわち主家への隷属性の濃い存在であった筈であると考えるのは早計であろう。(43)自己の生命をすてても主の恩に報いるという決断をするものは少数である。しかしそれが義とされ、称讃を博し、人としてまさにしかあるべきこととされる社会においては、その社会に住む人々の意識に強力な規範として作用していることはいうまでもない。より容易な条件のもとでは、門生故吏は主に対する奉仕の機会を待ちかまえているといっても過言でない。冀州牧という実力ある地位にいた韓馥が、いかに小心な人物であったとはいえ、自称車騎将軍、実は渤海太守にすぎなかった袁紹に対して、袁氏の故吏だという意識に動かされて冀州牧の地位を譲ってしまったということは、(44)もちろん韓馥が袁紹に隷属していたからではなく、いわゆる頼りない門生故吏が頼りないままでいかに主の勢力形成に役立つかを示すものである。門生故吏を多くもっておれば、彼らがすべて身を挺して働かないにしても、彼らからさまざまな形で協力を得られる可能性があるわけであって、恐れられるに充分である。恐れられるためには必ずしも門生故吏が主に隷属している必要はないわけである。

すでに先走って門生故吏の報恩行為といった言葉を使ってしまったが、パーソナルな私的関係の内容をなすものは主従の間の恩義感である。そのことは次項でのべたいと思うが、ここでことわっておきたいことは、いうところのパーソナルな関係という言葉が、いうまでもなく近代における人格と人格との間の平等な関係、独立した個人の間における自由な関係と区別されねばならないことである。現代における個人と個人との関係は、平等な社会における独立し孤立した個人の間の自由な関係である。少くともそれを標榜し、それを理想とする。ともに、個々人を束縛する共通の規約も個人の自由と権利を保証するための配慮が前提となっている。しかし、いま問題にしている時代についてパーソナルというとき、それが現代的ペルゾーンの間の関係というような意味をもたないことは勿論である。ここにいうパーソナルな関係は、その関係に入った成員の間だけに固有な、排他的封鎖的な小集団を成立せしめる作用をもつ。それは開かれた社会における関係ではなく、閉じた社会における、閉じた社会を作る関係である。従ってそれは個人にとって自由なものではなくて、かえって不自由なものである。自発的にその関係に入りながらも不自由なのである。(45) 実際に自由な開かれた社会は当時どこにもなかった。自由になるためには人間社会から逃れ出る以外になかったのであり、その途は隠逸と出家——そこにも閉じた社会が生まれる——以外にはなかったのである。

一応ここで以上のべてきたことを要約しておくと、門生故吏関係は基本的に私義の世界に属する極めて私的なパーソナルな人間関係であって、王法とはアンティテーゼをなすものであること、後漢から魏の時代においても王法は必ずしもこの私義の世界に貫徹しつくされなかったが、晋以後になるともはや王法は私義の世界に貫徹することを断念する傾向がみられ、王法の貫徹力が次第に減少して、私義の世界、いわば慣習法の世界が強くなって行ったことを述べた。なくなった長官に対する故吏の服喪が漢代のごとく故吏の自由に任されていないで、晋以後はすでに定制化されて行ったということは、故吏の主に対する私義のモラルが単に法と同次元においてではなく、より高い礼の次元において公然と認められたことを示すものである。(46)

3 恩義関係

右のような故吏関係は吏が長官の部下でなくなったときに、すなわち故吏となったときに始めて発動するのではなく、現任長官の下で吏として在職中に結ばれた関係がその後にまで延長したものである。法的にいえば在職中は公的関係であり、それが切れたときに私的関係に転化することになるが、しかし人間と人間との結びつき方においてパーソナルな関係を私的関係といい、個人を超越した客観的規定の上にのみ成立する関係を公的関係というならば、現職官吏の間にもパーソナルな私的関係が存在しうることを妨げない。実際に五井氏が辟命によって主と吏との間に故吏関係が成立すると説かれる場合にも、厳密な表現を用いるならば、辟命によって生ずる長官と属僚との関係が、既に故吏的な私的関係としての色彩を帯びているということである。つまり全き意味での私的な故吏関係というものが、現職の長官対属僚の間に既に内在する私的関係を鮮明な形で映し出しているということになる。現任長官と属僚との関係は国家機構という公的な枠の内にあるが故に、なお公的な色彩をもつ。しかし、その公的な枠内にある現任主吏関係の中に、既に私的関係が内容として入っている。それでこそ故吏関係がその延長として、パーソナルな私的関係を典型的な形であらわしてくるわけである。いわば故吏関係は現任主吏関係のもつ私的性格を観測するための、一つのバロメーターとしての意味をもっている。

この時代の長官と属僚との関係はしばしば君臣関係に擬せられる。

晋の向雄は初め郡に仕えて主簿となり、太守の王経に事えた。王経が(誅戮を受けて)死んだとき、向雄はこれを哭し、哀しみを尽したが、このため市場の人々はみな悲しんだ。のち太守の劉毅は、あるとき罪も犯していないのに向雄を笞うった。呉奮が劉毅に代って太守となると、またちょっとした咎であるのに向雄を獄に繋いだ。……その後、向雄は諸官を歴任して黄門侍郎となったが、ちょうど呉奮と劉毅はともに侍中となっており、みな門下省に勤務することになった。向雄は初めから彼らと口もきかなかったが、武帝はこれを聞いて、向雄に彼らと君臣のよしみを回復せよと命じた。向雄はやむを得ず劉毅を訪ね、再拝して

「さきほど詔命を受けたのでやって来ましたが、君臣の義を絶ったらどうですか。」

と言って、さっさと帰ってしまった。帝は聞いてひどく怒り、向雄に問うた。

「俺はおまえに君臣のよしみをもどせと言ったのに、どうしてわざと義絶したのだ。」

「古の君子は人を進めるに礼を以てし、人を退けるのにも礼を以てしました。今は人を進めるときには、これを膝にのせるばかりに可愛がるかと思うと、人を退けるときは川につき墜とすような憎み方をします。劉河内(毅)と私との関係は、軍を率いて攻めることにならねば以て幸甚とせねばなりません(『礼記』檀弓にもとづく)。再び君臣の好を結ぶなどどうして出来ましょうか。」

帝はこれに従った。[47]

この話は太守と属僚との関係が君臣関係に比定せられていたことを示すとともに、属僚は長官に対して自動的に君臣関係に入ってそれを保持しつづけたのではなく、属僚の側に拒否権があったことを示し、晋代には皇帝もそれを強制できなかったことを示している。つまり官僚機構の中において皇帝の意志とは一応無関係に、それぞれ固有の君臣

関係が多数存在しうるわけである。そしてそれらの君臣関係は、君＝長官の、臣＝属僚に対する一方的支配ではなく、向雄の例に見えるように、臣の容認がなければ成立しないものである。

臣は君の恩に対して信をもって背かないことが義とされ、吏の節とされるのがこの時代の一般である。東晋以後の例を挙げると、蘇峻の乱にあたって、宣城内史の桓彝とその部将の兪縦は孤軍奮闘してともに戦死したのであるが、戦に敗れかけたとき、左右のものは兪縦に退却を勧めた。兪縦は答えた。

自分は桓侯の厚恩を受けている。もとより死を以て報いるのだ。自分が桓侯に負《そむ》くことができないのは、ちょうど桓侯が国に負かないのと同じだ。

そして遂に力戦して死んだ(48)。また羅企生は荊州刺史殷仲堪の諮議参軍になっていたが、国士を以て遇せられたことを徳として、殷仲堪に殉じたことは有名である(49)。

宋の賀弼は竟陵王誕の記室参軍であったが、誕の起兵が失敗して城が陥るばかりになったとき、官軍の使者を迎え入れるように誕に再三忠告したが、きかれなかった。ある人が賀弼に城を出て官軍に降服するようにと勧めたのに対して、賀弼は、

公(誕)が兵を挙げて朝廷に向ったというこの事がそもそも従うべきことではなかったのだ。しかし、自分は公の厚恩を荷っている以上、もう義として背くことはない。この上はただ死んで自分の心を明らかにする以外にない。

と言って、薬を飲んで自殺した(50)。

宋の荊州刺史沈攸之が、南斉王朝を樹立しかけていた蕭道成に対して、軍を起して反抗したとき、その司馬であった辺栄は江陵を守っていた。そこへ張敬児が大軍を率いて攻め寄せてこようとしたとき、ある人が降服を勧めたのに対して辺栄が答えた。

私は沈公の厚恩を受けて、かかる大事を共にしているのだ。一旦緩急あったからといって、すぐ本心を易えるようなことはできない。

城が陥り、莞爾として戮に就こうとしたとき、もと辺栄に随っていた客の程邕之なるものが辺栄を抱いて言った。

私は辺公と交際のあったものだ。辺公が先に死ぬのを見るに忍びない。たのむ、俺を先に殺してくれ。

兵士は戮を行なうことができなかった。張敬児は無慈悲にもまず邕之を殺し、ついで辺栄を殺したが、三軍の兵は涙を流さないものはなく、「ああ、一日に二人の義士を殺すとは」と歎じたという。(51)

こういう事例はまだ外にも見えるが、これらはすべて主とその部下との関係が恩義の関係として意識されていることを示している。この関係はそれぞれの君すなわち主と、臣すなわち吏にとって、その当事者だけに固有な関係であり、君の方からよりもむしろ臣の方から積極的にその結合を貫ぬき通そうとする。臣にとっては主が国家に対する反逆者であるか否かは大した問題ではない。その際、王法は彼らを拘束する力をもたない。彼らの頭を支配するものは彼らの属する閉ざされた小さな社会における君臣結合の意識である。

この小さな社会ないし集団を形成する紐帯は、主の恩とそれに対する臣の報恩である。恩と報恩の関係は単なる愛情関係でなく、権威と服従の関係を含む。一つの集団を形成し、統制するためには、集団中心者に権威とそれを裏付ける権力が必要なことはいうまでもない。今の場合、主は長官として公認の権力をもっており、外面的公的関係においては君と臣とは支配者対服従者の関係である。しかし、それが私的な要素を内面的な内容としてもってくると、単なる権力関係から恩義関係へと変質してくるのである。漢代の地方長官は強大な権力をもっていたし、また晋南朝の刺史も時に専殺の権を振い得た。(52)しかし、以上の諸例に見られるような私的なパーソナルな関係にもとづく集団は、先の向雄の例からも分るように、単に一方的専制的な支配によっては成立しない。権威と愛をもった主の力が恩として臣に受けとられ、臣はこの恩に背くことなく、信を以て報いようとする。そして主と臣と双方がその私的結合を維持しようとして始めて団結が可能となる。実際にその結合が主の一方的専制的支配によって成立しているならば、主の死によって結合は解消するはずである。しかるに故吏関係は公的な主従関係が切れたのちに、ことに主が死んだのちに発動することが多い。それは専ら臣の側からする積極的な報恩行為である。故吏関係が現任主吏関係を映出するバロメーターである以上、現任の君臣関係における臣の積極性、自発性を否定することはできない。同じく君臣関係とは言っても、漢代的専制的な意味での君の臣に対する支配関係から、君臣間の私的な全人格的な結合を内容とするところの主従関係へと変ってきたと考えてよい。

先に引いた諸例から考えられるもう一つのことは、このようなパーソナルな私的結合体が幾層にも重なって存在することである。例えば兪縦の桓彝に対する結合はそれだけで完結しており、その上層に桓彝の司馬氏に対する結合が別に存在している。沈攸之伝の場合には、上から言って宋の皇室と沈攸之の結合、沈攸之と辺栄の結合、辺栄と程邕之の結合と都合三つの結合が重なっている。すなわち公的な国家機構の内部において、先ず皇帝と勅任の官僚および将軍との間に一つの結合関係があり、この官僚将軍層とその属官との間にそれぞれ固有の結合関係が成立し、さらに属官とそれに附する下級将吏や客・門生などとの間にまた別の結合関係があったとしなければならない。大きくみて右の三層、実際にはもっと複雑な階層があったであろう。例えば刺史が太守を任命するときに、形式的には一応上奏して裁可を経るのが普通であるが、実際には刺史が太守任命権をもっている場合が多いから、その場合には勅任官僚たる刺史の下に太守=属官層があり、太守の下にその属佐層・部将群があり、それらが各々下級将吏や客・門生をもっている場合などは都合四つの階層があって、それらの階層にそれぞれ固有の結合関係があることになる。これらは国家機構の縦の断面に生ずる私的結合の階層である。これらの階層はその横側に、またそれぞれ私的な門生故吏賓客などの結合体をもっており、それらが縦横に重なり合っているわけである。晋南朝の社会はこのような重々累々たる私的結合体の集積形と考えてよいのではないかと思う。

晋南朝の社会は――少くとも法的身分において庶民以上の社会は、右のような私的結合関係の重層する社会である。そしてそれぞれの私的結合体は主従のパーソナルな恩義関係によって、おのおの固有の排他的、封鎖的な団結を作っていた。このような社会は晋に至って突如あらわれるものではない。後漢中期以後めだってあらわれる門生故吏の私的結合はその傾向を予告する意味をもつと考える。私の考えは以上において大体のべてしまったが、先にふれたように、五井氏は後漢中期以後の故吏関係をもって家父長的隷属的なものとされている。私はこれを隷属的というよりも臣従的という方がふさわしいと思うが、家父長的という言葉は甚だ複雑な内容をもっているので、最後にいわゆる「家父長的」という言葉の意味を少し検討して本稿を終えたいと思う。

4　家父長的ということ

いわゆる家父長権の典型的なものは、周知のようにローマにおける patria potestas である。そこでは家父長 pater familialis は子女に対して生殺の権や体罰の権をはじめとして、彼らを結婚させ、また離婚させる権利や、彼らを奴隷として売却する権利や、実子のない場合に養子をとる権利などをもち、国家権力の干渉外にあって終身これを行使することができた。それは家族員および家産たる奴隷に対して絶対的専制的権力を振うことが法的に認められていたといわれている。従って家父長的支配といえば、まず第一に、家父長の側から家族員および家産としての奴隷に対する一方的無制約的な絶対支配、ないしそれに準ずる支配様式を意味するものとして受けとられるであろう。しかし、門生故吏に対する主の支配がそのような一方的無制約的なものでなかったことは、すでに繰りかえし述べてきたところである。もし「家父長的」という言葉がローマの家父長権のごとき一方的絶対的な支配様式を主として意味するものならば、門生故吏関係を家父長的と呼ぶことはできない。

しかし一般に、家父長家族という社会学的概念によって包摂される家族においては、家父長権がローマにおけるほど強くない場合が多い。ギリシャにおける父の権利は、父がその子に対する扶養義務を果した場合に、はじめて十全に保持されたのであって、このような権利と義務の相関性 reciprocity はギリシャの特徴であるといわれる。またギリシャでも古代ゲルマンでも、家父長権は子供に対して終身行使されたのではなく、子供が成年に達すれば、もはや父の権威に従う必要はなかった。そして嬰児殺し infanticide や子女の遺棄が行なわれる反面、年老いた父を遺棄するという、およそ家父長権の観念とは相反する現象もまた到るところで行なわれたのである。それは家族自体が有能な首長のもとに出来るだけ強力に自らを組織しようという欲求にもとづくといわれる。[53] すなわち、生殺の権をも含む家父長の権力が、実は家族によって委託されたところの、家族の代表者としての権限にすぎなかったのである。従って家父長は家族の保護とその統制の維持を任務とし、その権威は祖先からつづく伝統的な家族精神を背後に負うている。家族員もまたその家族統制の必要を感じつつ、全体とその統制者への服従を相互に要求しあい、また期待しあうのである。この意味で家父長家族もまた、単に家父長の一方的絶対的支配によるだけでは、その統制を維持できるものではない。ローマ法の規定も家父長のもつ権力の面を端的な形で表現しただけであって、ローマの日常生活において、その権力が実際にどの程度まで行使されたか疑問であるともいわれるのである。[54]

このような意味で、家父長的支配という言葉は単に家父長の家族員に対する一方的絶対的支配を意味するとは限らない。ウェーバーのいう家父長的支配とは、権威あるもの、伝統を荷うものに対する人格的な敬虔 Pietät を契機として成立する支配という意味である。それは親子の間の支配服従関係において典型的に見られるものであるが、それと同様な支配型態、すなわち主人が神聖なる伝統を荷ったものと考えられ、部下が主人の命令に対して全人格的に服従し、献身をささげる場合、こういう支配服従関係はすべて家父長的と呼ばれるわけである。従ってその中には王侯の従臣 Vassal などに対する支配や、国父 Landesvater の一般臣民に対する支配なども含まれる。(55) 家父長的支配という概念がこのような意味で使われるならば、門生故吏とその主との関係も家父長的であるということができる。しかし、この意味でならば、中国史上に見られる支配型態はほとんどすべて家父長的という一語をもって覆いつくされる。それは中国における支配の型を一応大きく規定するのに役立つけれども、しかし我々の課題は、その中に含まれる様様な支配の在り方を、おのおのの実情に即してさらに明確に把えるように努力することである。単に、一つの支配型態が家父長的であると指摘するだけでは、中国の場合、もはや我々を満足させることができないと思う。

もし家父長的という言葉を、ウェーバーよりも更に限定された意味で、何らかのより有効な概念として使用するためには、そこに厳密な概念規定が必要なことはいうまでもない。五井氏らの用いられる「家父長的」という言葉は遺憾ながらその点はなはだ不明確のように思われる。大体において、それはローマの家父長権のごとき一方的絶対的な支配という方向に重点があるようである。しかし、辟命者対故吏関係が「家父長的隷属的」と規定される一方では、「辟命者対故吏の関係が任俠的なものであったという意味においては、当時の勢力拡大の任俠的結合関係の不可欠さを否定しようとも思わない」(五井氏第二論文、二二頁)といわれる。これで見ると、家父長的関係は任俠関係すなわち、人格的な相互の信義を契機とするところの双務的な関係をも同時に含むことができるようである。増淵龍夫氏がいわれるように、任俠的結合と家父長的支配とが矛盾なしに同時に成立することは可能であるけれども、その場合の家父長的支配は、Pietät に基づくという意味におけるウェーバーの用法と同じく、家内奴隷に対するごとき専制的支配という意味よりも、むしろ主従の間の人格的な契機が大きい比重をもってくるわけである。家父長的という言葉の意味は複雑である。複雑な内容をもった言葉を明確な概念規定をせずに濫用することは、無用の混乱と議論の空転をもたらすおそれが多分にあると思う。

「家父長的」が主として一方的専制的な支配の面を意味するものならば、門生故吏がその主によって「家父長的」に支配され、「隷属的」に服従するものということは適当でない。人格的な恩義関係は隷属的というよりもむしろ臣従的という方がふさわしく、支配隷属の関係というよりも主従関係という方が適当である。魏を経て晋南朝になると、このような私的な主従関係が庶民以上のすべての階級に瀰漫していったのであり、漢末以来の門生故吏の出現はそれを予告し、またそれを測定する手がかりを提供するものであった。

曹操は、あるいは一般に魏王朝の明帝までの三代は、専制的な君臣関係を再建しようとして貫徹できなかった専制政治の最後の段階である。五井氏が曹操政権の専制的性格のよって基づくところを、曹操とその辟召した故吏との家父長的隷属的な関係に求められたのは、氏が後漢時代の辟召に関する論文において、門生故吏が隷属的存在であったとされたのに基づいている。ところが、そこで引用された晋南朝の史料解釈には、注の中で指摘したように若干誤解があり、ほとんど同じ史料を使って私のような異った結論も引き出せると思う。すでに述べてきたように、漢から魏晋南朝を通じて門生故吏は法的身分において庶民以上のものであり、濱口博士の設定された客の系列においては大体賓客のランクに相応ずるものであった。従って門生故吏関係は主奴関係でなく、主客関係に相当する。それは家父長的隷属的でなく、むしろ臣従的である。このようなパーソナルな臣従関係として、故吏関係は本来王法と対立する私的な結合形態である。それは五井氏のいわれるように曹操の専制的権力をそれだけでは基礎づけるものではない。たしかにそれは私的勢力の基礎にはなり得る。しかし、それがそのまま公的権力として働らくとき、他の同様の構造をもった私的勢力を粉砕しつくせるものではない。なぜなら、その公的機構そのものの中に、すでに曹操とは直接つながらない別個の私的結合体が数多く存在しうるからである。例えば外面的には専制的であった魏初三代の間に、その内部には司馬懿らの下に同じような私的結合体が徐々に、しかも着々と形成されて行くのである。社会全体がすでに私的結合体の累積形への方向に進んでいるわけである。

以上において私は、魏晋南朝の門生故吏が従来いわれているような隷属的な存在ではないこと、身分上は庶民以上に属する自由民を主体とすること、門生故吏関係は当時普遍的に存在する私的なパーソナルな主従関係を典型的に表わすものであること、それは家父長的な一方的支配隷属の関係ではなく、自由民と自由民との間のパーソナルな臣従関係であること、当時の社会はそういった私的結合体の累積した社会であって、王法の貫徹を妨げるようにできていたことなどを述べた。従って越智氏が言われるように、「故主が故吏を通じて官界に新勢力を扶植する」といった点だけに「故吏のもつ最大の歴史的役割」があるのではない。(56) それは封建社会に特有なる、真に人格的なる結合としての、人が人に属する主従関係が拡大していったことを示すバロメーターである。その点にこそ最も重要な歴史的意味があると考えねばならないのである。

(1) 鎌田重雄「漢代の門生故吏」(『東方学』七輯、一九五三)。
(2) 五井直弘「後漢時代の官吏登用制『辟召』について」(『歴史学研究』一七八号、一九五四)および「曹操政権の性格について」(同誌一九五号、一九五六)参照。以下において引用する場合、前者を第一論文、後者を第二論文と呼ぶことにする。
(3) 越智重明「晋南朝の故吏」(『東洋史学』一七輯、一九五七)三六頁に引く王基、文欽の例、および四八頁に引く温羨の例を参照。
(4) 「(范弘之)又論殷浩宜加贈謚。不得因桓温之黜以為国典。仍多叙温移鼎之迹。時謝族方顕。桓宗猶盛。尚書僕射王珣温故吏也。素為温所寵。三怨交集。乃出弘之為餘杭令。」(『晋書』巻九一儒林伝中の范弘之伝)。
なお王珣は尚書右僕射から左僕射に転じていて、この文にいう尚書僕射はどちらを指すか明らかでないが、『通鑑』は左僕射のときにかけている(『資治通鑑』巻一〇七、太元十六年九月の条参照)。
(5)『陳書』巻一高祖本紀。
(6)なお宮川尚志氏は『六朝史研究』政治社会篇(一九五六、日本学術振興会)五五七頁において、将吏と并称される場合の吏を軍吏であるとし、将よりも更に下位の属僚であると解しておられる。その場合の将については次項参照。
(7)兵戸内の余丁が官庁の雑役に駆使されたことは濱口重國「両晋南朝に於ける兵戸と其の身分」(『秦漢隋唐史の研究』上巻、一九六六、東京大学出版会)三四五頁参照。
(8)濱口重國『唐王朝の賤人制度』(一九六六、東洋史研究会)四八八頁。なお、濱口博士は前掲の「両晋南朝に於ける兵戸と其の身分」および「南北朝時代の兵士の身分と部曲の意味の変化について」(『唐王朝の賤人制度』所収)の中で、兵戸の社会的地位は遅くとも梁の天監十七年の詔令が出たころまでには、一般庶民より身分が低く、むしろ官奴婢に近い身分に成り下ったとされた。しかし博士のより新しい労作「魏晋南朝の兵戸制度の研究」(前掲『秦漢隋唐史の研究』上巻、所収)では、その旧説を訂正され、「兵戸に対する社会的評価が愈々低下したことは事実としても、苟も国防に当る者の地位が法制的に庶民以下に成り下るなどのことは、この時代の一般情勢から推して到底考え得られないのである」(四〇二頁)と言っておられる。
(9)『資治通鑑』巻一二九、大明三年三月の条。
(10)宮川尚志氏は前掲『六朝史研究』五七二頁において、このような将を下士官に相当するものと考えておられるが、尉官程度の下級将校と考えてもよいのではないかと思う。宮崎博士は『九品官人法の研究』(一九五六、東洋史研究会)二二三頁において、将を百人程度の長として計算しておられる。
(11)例えば『宋書』巻八三宗越伝に、「武念新野人也。本三五門出身郡将」とあるのはその一例である。麴氏は三五門を軍戸と解されるが、宮崎博士は役門と同じだろうとされる(前掲書、二五六頁)。「三五民丁」という言葉もある(本書、三一七頁)。
(12)『宋書』巻八三黄回伝。
(13)斎帥は州・郡だけでなく、宮中にもあり、『通鑑』巻一二七、元嘉三〇年正月己未の条に見える胡注によれば、宮中の場合、「斎帥主斎内仗衛。又掌湯沐燈燭汛掃鋪設」というから、州の場合もこれに類するものであろう。非常の場合には伝教や給使も軍戸を免ぜられたことが『宋書』巻九九、二凶伝の中の劉劭伝に見える。

(14)　これらのことは『陳書』巻二一の張種伝・孔奐伝、および巻二六の徐陵伝に見える。

(15)　濱口重國「唐の賤民部曲の成立過程」(前掲『唐王朝の賤人制度』所収)参照。その五二三―五二八頁で博士は「家世有部曲」とか「父時旧部曲」とかいう部曲が賤民たる家兵を指すものと解しておられるようであるが、それらが私家の経済で養われていたかどうかはまだ明らかではないように思われる。むしろ博士の一般的な規定、すなわち「部曲なる語は文献に現われた限りでは、官私の軍隊・部隊・将校・士卒・部下・隊伍・隊列などを意味し、北周の建徳六年の詔勅以前にはこれ以外変った用例は存在しなかった」のであり、「南朝は陳朝の末期まで従前の意味の部曲ばかりである」(五三二―五三三頁)という説に従っておきたいと思う。

(16)　『晋書』巻八八王裒伝に、

「門人為本県所役。告裒求属令。裒曰。卿学不足以庇身。吾徳薄不足以蔭卿。属之何益。且吾不執筆已四十年矣。乃歩担乾飯。児負塩豉草屩。送所役生到県。門徒随従者千余人。安丘令以為詣己。整衣出迎之。裒乃下道至土牛旁。磬折而立云。門生為県所役。故来送別。因執手涕泣而去。令即放之。一県以為恥。」

とある。五井直弘氏は「後漢時代の官吏登用制『辟召』について」という論文の中でこの文章を引用し、「告裒求属令」を「裒に告げ、属命たらんことを求む」と読まれ、属命は附隷であって、かなり隷属的なものであり、従って当時の門生もまた隷属的性格が強かったと解しておられる(二八頁)。五井氏がどのテキストによつて「属令」を「属命」とされたのか知らないが、百衲本・殿本・汲古閣本をはじめ、私の見たどの系統のテキストもここは「属令」となっている。そしてこの「求属令」は「(県)令に属せんことを求む」と読むべきで、門人が王裒に自分のことを県令に頼んで役を免じてくれるように取りはからってほしいと願い出たという意味である。それに対して王裒は「県令に頼んで何になるか。それに俺は筆を執らなくなってもう四十年になる」と答えたのである。筆を執らなくなって四十年になるという言葉は、うまく請託の手紙などは書けないということである。こう解さなければ、筆を執る執らぬはこの場合意味がつながらない。五井氏の解釈は明らかに誤読に基づくもので、この資料から門生の隷属的性格を引き出すことはできない。因みに『三国志』巻一一王脩伝注引『王隠晋書』にはこの個所は「求裒為属」となっている。これも「裒に為に属せんことを求む」と読むべきものである。属字のこういう用法は次の注(18)の例からも明らかである。

(17)　『南斉書』巻三九劉瓛伝。

(18)「(王琨)転吏部郎。吏曹選局。貴要多所属請琨。自公卿下至士大夫。例為用両門生。江夏王義恭嘗属琨用二人。後復遣属。琨答不許。」(『南斉書』巻三二王琨伝)。

(19)宮崎市定『九品官人法の研究』(前掲)二一二頁。

(20)「上乃使御史中丞庾徽之奏之曰。……凡所莅任。皆闕政刑。輒開丹陽庫物。貸借吏下。多仮資礼。解為門生。充朝満野。殆将千計。」(『宋書』巻七五顔竣伝)。

五井氏はこの記事に見える門生は債務奴隷に似たものだとされるが、それは解釈の行きすぎである(五井氏前掲個所参照)。

(21)「(劉)懐珍北州旧姓。門附殷積。啓上門生千人充宿衛。孝武大驚。召取青冀豪家私附。得数千人。士人怨之。」(『南斉書』巻二七劉懐珍伝)。(士人は百衲本・汲古閣本では士人に作り、殿本は土人に作っているが、士人一般でなく、土人すなわち青冀の人と解する方が妥当である。)これについても五井氏は門生が主家に起居していた例にしておられるが、この資料からだけではそれは明らかではない。一般に門生の中には主家に同居したものもあろうが、同居しないものもあることは勿論である。この資料の「門生千人」がみな劉懐珍の家に起居していたとは思われない。

(22)「太宗泰始中(沈勃)為太子右衛率。加給事中。時欲北討。使勃還郷里募人。多受貨賄。上怒下詔曰。沈勃……自恃呉興土豪。比門義故脅説士庶。告索無已。又輒聴募将委役還私。託注病叛。遂有数百。周旋門生競受財貨。少者至万。多者千金。考計贓物二百余万。」(『宋書』巻六三沈演之伝)。

「周旋門生」は門生を周旋するのではなく、「周旋せる門生」すなわち沈勃のところに出入し、結びついた門生という意味である。周旋は現在我々の用いる意味ではない(五井氏前掲個所参照)。

(23)「(江斅)還除太子中庶子。領驍騎将軍。未拝。門客通贓利。世祖遣信検覈。斅蔵此客。而躬自引咎。」(『南斉書』巻四三江斅伝)。

(24)「(王)志尤惇厚。所歴職不以罪咎劾人。門下客嘗盗脱志車轋売之。志知而不問。待之如初。」(『梁書』巻二一王志伝)。

(25)「(謝)霊運因父祖之資。生業甚厚。奴僮既衆。義故門生数百鑿山浚湖。功役無已。」(『宋書』巻六七謝霊運伝)。

(26)「(徐)勉雖居顕位。不営産業。……嘗為書誡其子崧曰。……又云。……門人故旧亟薦便宜。或使創闢田園。或勧興立邸店。又欲舳艫運致。亦令貨殖聚斂。若此事衆。皆距而不納。」(『梁書』巻二五徐勉伝)。

(27)例えば王裒の門生が師のために麦を刈ったことなど(『晋書』巻八八王裒伝)。

(28) 濱口重國『唐王朝の賤人制度』(前掲)四八一―四八二頁。

(29) 軍容の意味については、『通鑑』巻一四一、斉紀七、永泰元年五月条の胡注に「蓋皆簡抜魁健有武芸之士。使之前駆。以壯軍馬之容。故以為名」とある。

(30) 『南斉書』巻四二蕭坦之伝。

(31) なお、賓客門生と連称される例は『梁書』巻三七何敬容伝の「敬容旧時賓客門生諠譁如昔。冀其復用」などがある。

(32) 「本来の意味での賓客」というのは、濱口博士の注意された低落した地位の賓客(注(28)参照)を含まないという意味である。

(33) 趙翼『廿二史箚記』巻五「東漢尚名節」の項参照。

(34) 『南斉書』巻四九王奐伝に、王奐が部下の寧蛮長史劉興祖を殺したとき、帝は大怒して御史中丞孔稚珪をしてその事を弾奏せしめたが、その奏疏の中に劉興祖の門生劉倪が台に到って主のためにいろいろと弁じた証言を引用している。しかしこれは門生が積極的に朝廷に訴え出たというにしては少し消極的である。

師の喪を応援した例は『梁書』巻四八厳植之伝に「(天監)七年卒於館。……植之自疾後。便不受廩俸。妻子困乏。既卒。喪無所寄。生徒為市宅。乃得成喪焉」というのがある。

しかし『南斉書』巻三六謝超宗伝に、謝超宗が自尽せしめられた後、「明年超宗門生王永先又告超宗子才卿死罪二十余条。上疑其虚妄。以才卿付廷尉弁。以不実見原。永先於獄自尽」とあるような、主の子を陥しいれる門生が見られるのは注意しなければならない。一般に門生に関する限り、漢代に比べて主のために挺身することが少くなったように見える。そして主との私的な結合は故吏、賓客、門客といった連中に強く見られるのであるが、門生も私的結合を依然として持ちつづけていることに変りはないから、こういう私的結合関係を漢代と同様に門生故吏関係と呼んでもよかろう。

(35) 『晋書』巻四八向雄伝。

(36) 『晋書』巻九八王敦伝。

(37) 『南史』巻二九蔡興宗伝。

(38) 注(3)に引く越智論文三六頁。

(39) 「(袁)紹死。其子尚又辟焉。(田)疇終不行。……建安十二年太祖北征烏丸。未至。先遣使辟疇。……遂随使者到軍。署司空戸曹掾。……遼東斬送袁尚首。令三軍。敢有哭之者斬。疇以嘗為尚所辟。乃往弔祭。太祖亦不問。」(『三国志』巻一一田疇

伝)。もっとも裴松之は田疇のこの行為が衷心から出たものではないと言っている。

(40)『三国志』巻二六牽招伝。

(41)注(3)に引く越智論文。

(42)例えば『宋書』巻四八朱齢石伝に、

「朱齢石……伯父憲及斌並為西中郎袁真将佐。……大司馬桓温伐真於寿陽。真以憲兄弟与温潜通。並殺之。齢石父綽逃走帰温。攻戦常居先。不避矢石。寿陽平。真已死。綽輒発棺戮尸。温怒将斬之。温弟沖苦請得免。綽為人忠烈。受沖更生之恩。事沖如父。……及沖薨。綽欧血死。沖諸子遇齢石如兄弟。……初(齢石)為殿中将軍。常追随桓脩兄弟。為脩撫軍参軍。在京口。高祖克京城。以為建武参軍。従至江乗将戦。齢石言於高祖曰。世受桓氏厚恩。不容以兵刃相向。乞在軍後。高祖義而許之。」

とあるのなどはその一例である。

(43)五井氏「後漢時代の官吏登用制『辟召』について」(前掲)の第三節、門生を参照。そこに引かれた六朝時代の門生の資料については、すでに異った解釈を私は試みたが、その外に氏は、『後漢書』においては王成が李固の門生ということになっており、『後漢紀』では王成が李固の僕隷と書かれていることに注意された。しかし、これは晋宋時代に王成が僕隷であったという説と門生であったという説と二つあり、袁宏は前者を採り、范曄は後者を採ったと考えてもよいのではないかと思う。必ずしも両者を結びつけて、門生が僕隷に似ていたと解さなくてもすむように思われる。

(44)『三国志』巻六袁紹伝。

(45)増淵龍夫氏は「戦国秦漢時代における集団の『約』について」(『東方学』論集第三、のち『中国古代の社会と国家』一九六〇、弘文堂、所収)において約のもつ強い拘束面とそれを支える成員間の心情的結合を説明された。田疇の場合などに見えるように、父老たちが田疇を長として推し、長の定める「約」を承認することによって、同時に全集団員とともにその約に絶対服従することを約束し誓うわけである。それは一方的な強制でなく、相互の諒解と誓約の上に成り立ち、自らその固有の枠に入りながら、自らを縛ることになる。

(46)趙翼『廿二史劄記』巻三「長官喪服」の項参照。

(47)『晋書』巻四八向雄伝参照。なおこの話は『世説新語』方正篇にも出ているが、劉孝標はこれを専ら呉奮に対する関係であろうと注し、『晋書斠注』では劉毅は劉準の誤だという。

(48)『晋書』巻七四桓彝伝。

(49)『晋書』巻八九羅企生伝および『世説新語』徳行篇。

(50)『宋書』巻七九竟陵王誕伝。

(51)『宋書』巻七四沈攸之伝。

(52)趙翼『陔餘叢考』巻一六「刺史守令殺人不待奏」の項。

(53)P. Vinogradoff, *Outlines of Historical Jurisprudence*, Vol. I. Tribal Law, Chap. II & V.

(54)清水盛光『家族』(一九五三、岩波全書)第三章参照。

(55)黒正巌・青山秀夫訳『マックス・ウェーバー　一般社会経済史要論』上巻(一九五四、岩波書店)緒論第三節参照。

(56)注(3)にあげた越智論文、四九頁。

(原題「魏晋南朝の門生故吏」一九五八年三月『東方学報』京都、第二八冊。一九七九年八月補訂)

第Ⅲ部　貴族制社会の変質と崩壊

第一章　劉宋政権の成立と寒門武人

——貴族制との関連において——

はじめに

のちの第三章・第四章で述べるように、魏晋以来、南朝につづく貴族制は、六世紀なかばの侯景の乱をもって実質的に終るのであって、その崩壊をもたらしたものは、根本的には江南において抬頭してくる新興階級であり、具体的には、貨幣経済の進展にともなって活躍をはじめる商人層と、同じ経済環境から析出される流亡農民を吸収したところの、土豪将帥層とよばれる階層であった。たしかに、その土豪将帥層が流亡農民を直接吸収し、「数百から一千以上に達する募兵ないし家兵を擁して、郷党にあっては一県一郡の政治を左右し、出でては方鎮に仕えて将帥として活躍する」(1)現象が一般化するのは、梁代のことであり、その底には貨幣経済の進展による影響を無視することはできないと思うのであるが、しかし、そのような影響が顕著に見られるよりも以前に、寒門寒人による軍権の掌握、したがって貴族の軍隊支配力の減退という現象は、すでにはじまっていた。そのことをもっとも明確に示すものは、劉裕政権の成立という事実と、劉宋政権のもとにおける寒門武人の活躍という現象である。それは、南朝貴族の勢力喪失過程を考える上で、無視することができない問題であり、またひいては南朝貴族制の性格を側面から知ることにも役立つであろう。私は以下において、そのような関心から、劉裕政権の成立と寒門武人の活躍の意味を考えてみたいと思う。

一　劉裕政権と北府軍団

劉裕は、『宋書』本紀によれば、祖父は郡太守、父は郡功曹と記され、そのかぎりでは岡崎文夫博士がいわれるように、「家柄は必ずしも卑しいという程ではない」(2)。しかし、『宋書』巻四七の劉懐粛伝に、「高祖(劉裕)が産《う》まれて、皇妣(劉裕の母)がなくなったとき、孝皇帝(劉裕の父)は貧薄で、乳人をたのむ由もなく、相談のあげく、高祖を闇に葬むろうとした。高祖の従母は劉懐敬を生んで、まだ一年にもならなかったのに、懐敬の乳を断って、みずから高祖を養った」という。かれは、嬰児殺しもやむをえぬとしたほどの貧しい家庭に生まれたのであって、その家が貴族社会とはおよそ無縁の、寒人に属することはいうまでもない。周知のように、劉裕はその後、北府所属の武人として次第に頭角をあらわしてゆく。そして、かれの軍権掌握が決定的となったのは、桓玄に対するクーデタを敢行したときからである。そのクーデタはいかなる性格のものであったろうか。

元興三年(四〇四)二月、撫軍将軍・徐州刺史・桓修の中兵参軍で、建武将軍・彭城内史の肩書きを加えられていた劉裕は、何無忌以下の同謀二十七人、願従者百余人とともに、突然京口においてクーデタを起こし、桓修を斬って首府建康に向った。同じ日、征虜将軍・青州刺史・桓弘の坐鎮していた広陵でも、その中兵参軍であった劉裕の弟・劉道規や主簿の孟昶らが、壮士五、六十人をひきいて京口と呼応し、桓弘を斬って、その軍を収め、揚子江をわたって首府に進軍していった(3)。最初の計画では、首府と予州刺史の鎮所・歴陽においても、同じ日を期して、クーデタを起こす予定であったが、それは失敗した(4)。これらの同謀者はどういう人々であり、また当時いかなるポストにあったであろうか。ある程度知ることのできる人々について調べてみよう。

(1) 何無忌。東海郯の人。劉牢之はその舅にあたる。劉裕と親交あり。無官。京口にいた。（『晋書』巻八五本伝）

(2) 魏詠之。任城の人。家は世々貧素。早くより劉裕と游欵す。京口にいたらしい。兗州主簿。（『晋書』巻八五本伝および『宋書』高祖本紀）

(3) 檀憑之。高平の人。劉裕と州閭の旧あり。またしばしばともに東方の討伐を行ない、情好はなはだ密。同謀者が憑之の家でクーデタの密議をこらしたこともあった。桓修の長流参軍・領東莞太守・加寧遠将軍。京口にあり。（『晋書』巻八五本伝）

(4) 檀韶。高平金郷の人。憑之の従子。世々京口に居る。輔国司馬。（『宋書』巻四五本伝）

(5) 劉毅。彭城沛の人。征虜将軍・青州刺史桓弘の中兵参軍。ひそかに孟昶のもとに往って、徒を江北に聚め、起兵を謀る。広陵にあり。（『晋書』巻八五本伝）

(6) 孟昶。平昌の人。桓弘の主簿。広陵にあり（『宋書』高祖本紀）。妻の家は財産家で、起兵のための軍資を供した。ある程度の財があったのは、同謀者のうち、この人だけである。（『晋書』巻九六孟昶妻周氏伝）

(7) 孟懐玉。平昌安丘の人。昶の族弟。世々京口に居る。劉裕の建武司馬。（『宋書』巻四七本伝）

(8) 向靖。河内山陽の人。小字は弥。世々京口に居る。高祖と若くより旧あり。（『宋書』巻四五本伝）

(9) 諸葛長民。琅邪陽都の人。予州刺史刁逵の左軍府参軍。歴陽にあり。（『晋書』巻八五本伝および『宋書』高祖本紀）

(10) 王元徳。太原の人。鎮北参軍。建康にあり。謀もれて殺さる。（『宋書』高祖本紀）

以上のような人々の経歴からわかることは、劉裕の共謀者が、その親戚ないし知人も多くいたということのほかに、かれらが大体、各軍府の参軍クラス、ないしは州の僚属であり、またそのほとんどが北府の関係者であったことが注意される。すなわち、劉裕を中心とするいわゆる義旗は、北府関係の、いわば中堅将校たちによるクーデタであったということができる。このような性格のクーデタが基礎になって、新しい王朝が作られたことは、かなり珍しいことであり、我々はそれがいかにして可能となったかを、もう少し詳しく考えてみたいと思う。それは劉裕政権のもつ意味を知る上でも必要なことであろう。そこでまず、北府なるものの性質と、これらの中堅将校がどうして出てくるかを調べてみよう。

北府とは、鎮北将軍・征北将軍・北中郎将など、軍号に多少の相違はあるにしても、とにかく北方正面軍の長官に属する軍府の略称である。(5) その長官は徐州刺史ないし兗州刺史の職を兼ね、また徐兗二州の刺史を一身に兼ねることも多かった。そして、多くは京口に坐鎮していたが、ときに下邳や広陵などに進駐することもあった。

ところで、元来この北府軍のもとになった軍隊は、永嘉の乱において山東省南西部が大混乱におちいったとき、高平金郷の人・郗鑒が、郷里の近く鄒山において結集していた数万の衆を中核として発足したものである。郗鑒の軍隊は王敦・蘇峻の乱にあたって、合肥から広陵・京口へと鎮所を移し、建康政府を救う役割を果した(第Ⅱ部第四章参照)。そして最後に、京口に城を築き、ここを根拠地としたのである。郗鑒は三三九年、死の直前に、次のような上奏をたてまつった。

臣の統ぶるところは錯雑しているが、おおむね北人が多く、あるいは遷徙を逼られ、あるいは新附のものであって、百姓は郷土を懐い、みな本に帰りたがっている。臣は国恩を宣べ、示すに好悪を以てし、田宅を処与して、ようやく少しく安んずるを得た。臣の疾あつしと聞けば、衆情は駭動するであろうし、もし北渡することにでもなれば、必ず寇心を啓くであろう。太常卿・臣・蔡謨は平簡貞正、素望の帰するところである。おもうに都督徐州刺史となすがよろしかろう。臣の亡兄の息子・晋陵内史の郗邁は、謙愛にして士を養い、流亡から甚だ宗とさ

れていて、また臣の門戸子弟のなかで兗州刺史に任ずるに堪えるものである。(『晋書』巻六七郗鑒伝)

すなわち、京口に駐屯することになった郗鑒麾下の軍人たちは、多く北人であって、主として山東省南西部・江蘇省北部からの流人を主体としていることを、まず注意しておかねばならぬ。かれらは最初この移住地になじまなかったが、田宅を与えられることによって、次第におちつくようになったらしい。蔡謨(三三九―三四二、これは任期を示す。以下おなじ)の次に何充(三四二―三四三)、桓温(三四三―三四五)が短期間その長官になったあと、郗鑒のもとで参軍をつとめた経験のある褚裒(三四五―三四九)と、褚裒のもとで長史をつとめた荀羨(三四九―三五八)が、あいついでその地位をついだ。さらにそのあとで、郗鑒の子の郗曇(三五八―三六一)や郗愔(三六七―三六九)が「徐兗と故義あり(6)」という理由で、その長官に任命されているところを見ると、「流亡から宗とされる」ような「素望の帰するところ」の人物をそれに任ずることが、郗鑒以来、東晋中期までひきつがれた方針であったように思われる(7)。それは、北方から集団的に移住してきた管下の流人、ことにその中核たる軍人を安定させ、建康政府の軍事的支柱とするために必要な措置であったろう。なぜなら、当時管下の軍人に人望のないものを長官に任ずると、反乱がおこるおそれも多分にあったからである(8)。

このように、郗鑒に統率されて京口に移住した旧徐州・兗州の人々は、多少の田宅を与えられ、その多くはおそらく兵戸として、兵役義務を負いながら、次第に定着していったと想像される。劉裕やその同謀者たちの多くが、旧徐州・兗州の人でありながら、代々京口に居住しているのは、右のような事情と無関係ではないであろう。彭城の人であった劉裕の曾祖父・混が、はじめて江南に渡って、京口に住んだという『宋書』本紀の記載も、郗鑒の南下と時期的に矛盾するわけではない(9)。劉混は武原令、劉裕の祖父・靖は東安太守と、肩書きは立派に記されているけれども、武原・東安ともに徐州管下の郡県であることから考えると、実際は京口近在に定着した流人の一部の、いわば地区代表にすぎず、したがって一般の流人と同じく、嬰児も育てかねるほどの赤貧洗うがごとき生活をせざるを得なかったのではないかと思われる。

こうして徐々に安定してきた北府の軍団が、それ自身のまとまりをもって、めざましい活躍をはじめるのは、謝玄(三七四―三八七)のもとにおいてである。かれは苻堅の攻勢に備えるため、勁勇の士を募って部将に任じ、そのもとに北府の兵を強力に統率させた。

太元のはじめ(三七六頃)、謝玄は北のかた広陵に鎮す。時に苻堅は方に盛んなり。玄は多く勁勇を募る。劉牢之は東海の何謙、琅邪の諸葛侃、楽安の高衡、東平の劉軌、西河の田洛、および晋陵の孫無終らと、驍猛を以て選に応ず。玄は牢之を以て参軍となし、精鋭を領して前鋒となす。百戦百勝、号して北府兵となす。敵人これを畏る。(『晋書』巻八四劉牢之伝)

ここに列記された人々は、謝玄のもとでそれぞれ一隊を率い、淝水の戦においてはなばなしい活躍を演ずる。[10] いわゆる北府兵が強力な軍団として、大きくクローズ・アップされるのはこのときからである。それは、謝玄が募集した勁勇の士を中心に、北府兵が強力にまとめあげられたからであろう。そして、淝水の勝利は、劉牢之以下、北府の諸将が自己の軍事力を自覚する契機になったように思われる。謝玄は謝安とともに、このような武将を自己の手足として使うコツをよく心得ていた。「隊主将帥より以下、慰勉せざるなく、……諸将をしばしば接待して、以てその心を悦ばしめた」。[11] かれら武将に対して貴を矜ることは禁物であり、それはかれらとの関係を疎隔させる。謝玄ののち、北府を統轄した王恭(三九〇―三九八)は、その点の思慮をかいたために、いまや劉牢之のもとで強力にまとめあげられ、自己の力を自覚した北府軍団に、ついに裏切られることになるのである。

大体、東晋の貴族政治というものは、王導や謝安に代表されるように、各勢力のバランスを考えて、その間を調整しながら、それぞれの勢力を円滑に作動させるやり方であった。「謝安はつねに鎮むるに和靖を以てし、御するに長算を以てす。徳政すでに行なわれ、文武命を用う。小察を存せず、弘むるに大綱を以てし、威懐そとに著わる。人みなこれを王導に比し、文雅はこれに過ぐ(12)」と評されるのは、そのような政治運営の仕方を意味するものであろう。それは、固有の勢力基盤の薄弱な北来貴族政権にとって、支配者としての優位を維持してゆくには、調整者として動くよりほかなかったこと、あるいはそれが最上の方法であったことを示している。貴族がこのような調整者として動かなくなるとき、あるいはそのような調和がもはや保ちえなくなるとき、貴族政治の第一の危機があらわれてくる。謝安の死後、会稽王道子が東晋の政治を主宰しはじめると、それまで微妙なバランスの上に成り立っていた貴族政治は、ようやく破綻しはじめるのである。

会稽王道子の政治運営において、もっとも非難されるのは、側近の佞倖者を通じて、郷邑の品第もない奴婢小豎のたぐいを官吏に任じ、賄賂によって官位が取引される状態をきたした点である。実際に、優倡出身の趙牙や捕賊吏から出た茹千秋などが、威権を弄して官位を衒売し、累億の資貨を聚める状況は、宋の孝武帝以後にしばしば見られる恩倖の活躍状況をすでに先取した観がある。それが旧来の貴族制のもとにおける、身分社会の秩序を無視したやり方であることはいうまでもない。これは貴族社会に亀裂を生じ、これによって貴族の間に争いがおこるのも当然であった。かくて北府の王恭、西府の殷仲堪・桓玄など、武力をもった貴族が建康政府と対立する。王恭のもとにあって、実際の軍事力を構成している劉牢之の北府軍団は、このような貴族間の抗争において、キャスティング・ヴォートをとりうる立場に立った。そして、劉牢之はそれを自覚していたのである。

北府兵は、これまで確かに貴族政府の傭兵という役割を演じてきたし、また劉牢之も傭兵隊長《コンドティエール》という言葉で規定するにふさわしい(13)。ところが、この傭兵はいまや傭主たる貴族の意志とは別個に、自己自身の判断で動きはじめる。劉牢之の率いる北府軍団は、その長の王恭を裏切り、ついで司馬元顕を裏切り、ついに西府の桓玄と妥協して、そのもとに屈した。桓玄はそれ自身の西府の軍隊を基盤にもっているため、単なる貴族とは異った強力な措置をとった。劉牢之は北府から引きはなされ、その長たる地位から他に移された。そのとき、かれは桓玄に対する反抗を企てたが、ときすでにおそかった。劉牢之の失脚後、桓玄は孫無終をはじめ、北府の旧将に対して弾圧を開始する。(14) これらの旧将は、かつて謝玄のもとで募られた勁勇の士であり、これを誅滅することによって、かれらのもとにまとめられた北府各軍の団結を切りくずそうとしたのである。北府兵はこうして桓玄麾下の諸将軍のもとに分散配属される。(15) しかし、その多くが、旧来の居住地である京口と広陵にあったことは確かであろう。そして、すでに北府の旧将が誅滅されたあとには、劉裕らのいわば中堅将校が、北府兵を再びまとめうる唯一の存在として残ったのである。かれらのクーデタが、北府兵の多い京口と広陵からおこったのは偶然ではない。

ここで注意すべきことは、劉牢之が桓玄に反抗を企てたとき、それが成功しなかった理由についてである。

劉牢之は衆を集めて大いに議論した。参軍の劉襲が言う。

——事のよろしからざるものは、反より大なるはない。しかるに将軍は往年、王兗州(恭)に反《そむ》かれた。近日は司馬郎君(元顕)にである。今また桓公(玄)にそむこうとされる。一人にして三たび反す。どうして立つことができようか。

言いおわって趨り出た。佐吏は多く散りぢりに走りさった。(『晋書』巻八四劉牢之伝)

かくて劉牢之は自殺してしまったのである。劉襲はやがて北府の旧将として、桓玄に殺されるのであるが、この話は当時の北府軍における上下の結びつきについて、将吏の考え方を知るに役立つ。傭兵隊長は、強力にまとまった麾下の軍隊の上に立って傭主たる貴族の意志とは別個に、自己の意志をもって動くことが可能になっていた。しかし、その実力を支える麾下の諸将は、あまりにも無目的な反覆にはついてゆかなかった。そこには諸将を納得させるに足る目的が必要であった。

劉牢之の失脚と、北府の旧将に対する弾圧は、北府にとって大きな痛手であったにちがいない。しかし、そのあとでも桓玄が「北府の人情」をたえず気にしていることは、このような若干の首脳部を除去するだけでは解散しつくせない団結が、旧北府兵に根強く残っていたことを示している。桓玄が東晋王朝を簒奪し、新しい楚王朝をはじめたことは、これに反抗するものにとって、恰好の理由を与えることになった。かつて劉牢之に欠如していた反抗目的は、いまや北府兵のみならず、より広い層を納得せしめるに足る充分な理由を見いだしたのである。劉裕義旗の成功は、北府兵の団結意識が完全に失われていなかったことの上に成り立ったと同時に、その行為に、このような大義名分をつけることができたことによるところが大きい。そして、このさいもっとも注目すべきことは、劉裕の起兵が北府の中堅将校たちの自発的なクーデタであったこと、そこに貴族の意志が加わっていなかったことである。

劉裕は、はじめ孫無終――謝玄の募集に応じた勁勇の士であり、北府の旧将として桓玄に殺された人である――の司馬となり、ついで劉牢之の参軍になっているから、最初から北府生えぬきの武人である。かれは孫無終ほどの旧将ではなかったとしても、劉牢之のもとで孫恩討伐に赫々たる名声をはせ、北府兵の間にその名はとどろいていた。かれが義旗をあげたとき、桓玄麾下の諸軍に配置されていた旧北府兵は、再びかれのもとに吸収されてゆく。しかし、劉裕の同謀者のなかで、これに匹敵するものは劉毅であった。北府兵は劉毅のもとにも分れて入っていった(16)。義熙八年(四一二)劉毅が滅ぼされたのち、それは一旦、劉裕の手に収められたであろうが、同十二年(四一六)、司馬休之の乱が平定され、劉裕の弟・劉道憐が荆州刺史に任ぜられたとき、「北府の文武を悉くこれに配した」(17)。北府兵は元来、劉裕の軍事的基盤であったが、劉裕の勢力が拡大するにつれて、その軍事的要地に配置されてゆく。それは、本来徐兗二州に属する北府兵というものが、その役割を終えて、劉宋政権の軍事的基盤を、より広い範囲に拡大するための足場に使われていったことを示すものである。

以上にのべてきたように、劉裕起兵の基礎となった北府軍団は、最初北方からの流人集団として発足し、東晋貴族の傭兵としての役割を演じながら、次第にそれ自身の強力なまとまりを作りあげてきた。その契機となったのは、謝玄の募集した勁勇の士によるところが大きく、淝水の戦以後は、ようやくそれ自身の力を自覚して、貴族の意志どおりには動かない姿勢をとりはじめる。それは、東晋末期に激化する貴族間の対立抗争において、キャスティング・ヴォートをとることができるまでに成長した。しかし、そのかぎりでは、まだ傭兵隊という性格をぬけだすことはできなかった。ところが、それが桓玄によって一たび弾圧されたのち、その中堅将校群を中心とするクーデタが成功し、東晋王朝を簒奪した桓玄追放の義軍を、それ自身の力と発意でおこすとき、もはや貴族が頤で使うことのできない自主的な軍事力が出現することになる。自主的な軍事力は、それ自身において拡大してゆく傾向をもつ。(18) かくて貴族は、このような自己完結的な軍事力から疎外されはじめる。それはどのような形であらわれるであろうか。

二　貴族の軍事支配喪失

まず第一に、劉宋以後、有力な軍府の長官が王族によって占められ、貴族は軍府を直接動かすことができなくなることである。それは劉裕のときにすでに決定された大原則であった。

前節にのべたように、京口駐屯の軍府は東晋以来の重要な軍府であったが、大明元年(四五七)この長官に劉延孫が任命されたときのことを、『宋書』巻七八の本伝には次のように記している。

これよりさき、高祖の遺詔に、京口は重要な地であり、都邑を去ることはなはだ邇《ちか》く、宗室近戚でなければ、この地位に居ることはできぬ、とあった。劉延孫は帝室とともに彭城郡の人ではあったが、別に呂県の劉氏に属している。彭城県にいたのは三つの里に分れていて、綏興里の帝室と、安上里の左将軍劉懐粛の家と、叢亭里にいた予州刺史劉懐武の家とで、それに呂県のとあわせて四劉は、みな漢の楚元王から出てはいるが、由来、昭穆を序していない。延孫は帝室ともともと同宗ではないから、この地位を授けられるはずはなかったのである。しかしそのとき、司空竟陵王誕が徐州刺史で、帝は深く忌畏され、京口に居らせたくなくて、これを広陵に遷された。広陵と京口とは対岸である。腹心を徐州刺史として、京口に拠らせたいと思われた。そこで誕を防ぐという理由で、南徐州刺史の地位を延孫に授けられた。そしてこれを同族とし、諸王に親戚つきあいをさせられた。劉裕の遺詔はかなり厳重に守られていたこと、そして遺詔の線に沿わせるために、今まで親戚でなかったものと親戚つきあいさせるという、かなりの無理が行なわれたことを知ることができる。このような劉裕の方針は、単に徐州に対してだけではない。

東晋以来、北府と拮抗するもっとも重要な軍府であった荊州の西府に対しても、「高祖は荊州が上流の形勝であり、地は広く、兵は彊かったので、遺詔して、諸子が次第《つぎつぎ》にこれに居ることにした」[19]。この遺詔は、劉裕死後の政府に執政として権力をふるった徐羨之一派によって、一時守られず、貴族の謝晦がその地位を占めた。しかし、謝晦がこの地位を占めたことが、そもそも寒門出身の徐羨之らによる策謀の結果であり、それは貴族自身の力によるヘゲモニーの回復を意味するものではない[20]。謝晦はやがて文帝によって攻め滅ぼされる。それは、貴族が有力な軍府をもはや直接支配することができなくなったことを示す重要な事件であったように思われる。実際にこれ以後、荊州軍府の長官になったものは、王族以外には、朱修之と沈攸之の二人だけである。この二人は、ともに元来武将の家柄に属し、貴族の範疇には入れがたい人々である。

このように、有力な軍府が諸王に委ねられ、または貴族でない武将に委ねられていったことは、軍府の支配権が貴族の手から奪われて、王族と寒門武人の側に移ったことを意味する。(21)万斯同『宋方鎮年表』によれば、このような事情は他の軍府にも通ずる一般的な傾向である。それは貴族自身の文弱化と相まって、貴族が軍権から疎外されていったことを示すものにほかならない。そしてこのような現象は、劉裕義旗の当初において、それが貴族の意志をまじえない、自主的な軍事力の発動によって成功し、その結果、軍事力が貴族を排除して、自主的に拡大していった姿として理解できるように思うのである。その場合、一般の寒門武人は、この軍事力の自己拡大の過程において、必然的に抬頭してくるものと考えられるのではないであろうか。

いうまでもなく、寒門出身者が軍事面に活躍するのは、劉宋政権の出現をまつまでもなく、東晋時代からしてすでにそうであった。しかし、東晋時代においては、かれらはなお貴族に統御され、その駆使に甘んじていた。宋代においては、かなり様子がちがってくる。そのことを、右の荆州を主宰した沈攸之をはじめ、その一族、すなわち呉興武康の沈氏を手がかりにして考えてみよう。

呉興武康の沈氏は、隋末には宗族数千家といわれるほどの大豪族を形成していた。(22)東晋から六朝時代にかけても、沈約の『宋書』自序に見えるように、かなり大きな名族であったし、(23)沈約のような一流の文人から、武将・恩倖に至るまで、各方面に多彩な人物を出している点で、きわめて興味のある一族である。このような大きな豪族においては、その中の各家ごとに社会的身分や性格にかなりの相違があったことを考慮しなければならないであろう。しかし、はじめ晋代に、王敦のもとで働らいた沈充や、(24)『晋書』忠義伝に列せられるその子の沈勁が、まず武将としてあらわれ、その「家は世々将たり」(25)といわれていることは、沈約の直接の祖先においても同様であって、その一族は大体まず武将としてあらわれ、武家としてかなりの地位を得たのち、沈演之や沈約のごとき文官が生まれてくる。

ところで、かれらはそのような大豪族でありながら、その社会的身分は、はじめ必ずしも高くはない。そのことは沈慶之と沈攸之の場合に、ことに明らかである。沈攸之は、同じく武将から出身して位人臣をきわめた沈慶之の従父兄の子である。攸之は「若くして孤貧であった。元嘉二十七年(四五〇)、北魏が南に攻めよせたとき、三呉の民丁を徴発されたが、攸之もその徴発をうけた。京都についてから、領軍将軍の劉遵考をたずね、白丁隊主に補されたいと求めた。遵考は言った。『君は身体が不細工だから隊主にはむかぬ』と。そこで沈慶之に従って征伐にいった」[26]。大体、この四五〇年の民丁徴集令には、南兗州の場合に見られるように、官吏の子弟には、ある程度の徴集免除があったはずである。「尚書左僕射何尚之参議して、南兗州の三五民丁を発す。ただし、祖父・父・伯叔父・兄弟の一人が、南兗州の従事史以上、及び北徐州・北兗州に仕えて、皇弟皇子が刺史たるの従事史、庶姓刺史たるの主簿、諸皇弟皇子が府主たる府の参軍督護、皇弟皇子国の三令以上、及び相府の舎人以上なる者ある時は、徴発を免除す」という規定がそれである[27]。宮崎市定博士はこれにもとづいて、大体において九品官以上の線にあるものの三等親は軍役徴発から免除されたことになる、と言っておられる[28]。沈攸之の場合、父は衡陽王義季(皇弟)の主宰する征西(のちに征北)府の長史・兼行参軍であったにもかかわらず、徴発をうけたのは、父がそのときすでになく、「孤貧」であったからかもしれない。もっとも、都に出てただちに隊主に任ぜられることを求めたり、親戚の沈慶之のもとで従軍することができたりしたのは、やはりある程度の特権をもっていたのであろう。それにしても、沈攸之が一般の徴兵から免かれることができなかったことは、かれが貴族とは認められない寒門ないし寒人でしかなかったことを示している。このことは、当時武将として、すでにかなり活躍していた沈慶之に対しても、そのころの社会的地位を察知せしめるであろう。

沈慶之は、ちょうど四五〇年に、太子歩兵校尉になっている。かれは、そのとき文帝の北伐計画に対して頑強に反対した。

丹陽尹の徐湛之と吏部尚書の江湛の二人が坐にいた。文帝は湛之らに慶之の議論を反駁させた。慶之は言った。——国を治めることは、たとえば家を治めるようなものです。耕はまさに奴に問い、織はまさに婢に訪うべきもの。陛下はいま国を伐たんとせらるるのに、白面書生輩とこれを謀られる。事は何で済《な》りましょうか。

帝は大笑された。（『宋書』巻七七沈慶之伝）

この話は示唆的である。本伝に「手は書を知らず、眼は字を識らず」といわれる沈慶之のような寒門出身の武将が、皇帝の面前で吏部尚書らに対して、国家の軍事は白面書生の関知すべきことでないと豪語するとき、廟堂の白面文官に対する武人の独立と矜持がはっきりと示されているように思われる。それは、身分は低いとしても、軍事面におけるかれら寒門武人の役割が大きく向上してきた結果であろう。劉宋時代になって武将の比重が増すのは、華北が北魏によって統一され、その軍事的圧力が南方に大きくのしかかってきたことによることは確かである。しかし、それと同時に、事実上、軍事が貴族の手からはなれて、王族＝寒門武人の側に荷われてきたという事情のもとでこそ、このような発言が可能であったと思われる。実際に文帝の死後は、逆に沈慶之らの寒門武人の方が、政治に干与してゆく。廟堂の白面書生は、その固有の分野においても受身に追いこまれてゆくのである。

このように宋代になると、寒門武人はもはや貴族の統御を脱し、逆にそれと拮抗する、あるいはそれを圧迫する力をもってくる。そのことは、劉宋のはじめから、軍事力が貴族を排除した形で成立し、それが自己完結的に発展していったからである。なぜなら、そのような軍事力が自己を拡大してゆくためには、貴族ならざる一般の寒門から、武幹あるものを必然的に吸収してゆかねばならないし、こうして登場する寒門武人は、もはや貴族を主と仰ぐ必要は全くないからである。

実際に、寒門武人の家として、晋代には貴族に抑えられていた呉興の沈氏が、飛躍的な活躍期に入るのは、劉裕のときからである。先にあげた沈慶之もその一人であるが、よりいっそう劉裕に密着してあらわれるのは、沈約の祖父の兄弟にあたる沈田子・林子らである。『宋書』巻一〇〇自序によれば、沈林子らの父と祖父は孫恩の道術を信奉し、父は官軍と戦って殺され、祖父と伯叔父たちは、宗人の沈預というものの密告にあって、みな殺しにされた。「時に生業はすでに尽き、老弱は甚だ多く、……外は国網に迫られ、内は彊讎(沈預)を畏れ、山草に沈伏して投厝する所のない」有様であった。孫恩に対する討伐は、まだつづいていた。討伐軍のなかで、劉裕の部隊がもっとも軍規厳正であった。林子は老弱をつれて、劉裕のもとに自首して出た。そして流涕嗚咽して、自分たちの窮状と復讐の念やみがたいことをのべた。劉裕はこれを受け入れていう。「君は既に国家の罪人である。それにまた、彊讎が郷里にいる。ただ私について、都に還られるのでなければ、無事ではありえまい」と。そこで別の船にのせ、そのまま一家をあげて京口に移し、宅を分け与えた。こうして沈林子兄弟は劉裕の義旗に従軍する。林子はこれを機に、復讐を果し、以後仕心はなかったのであるが、劉裕は執拗に迫って自己の傘下に引きもどした。かくてそれ以後、北伐その他の戦に、沈林子もめざましく活躍することになる。

劉裕は自己の傘下に、たとえ国家の罪人であろうと、このような血気さかんな人材をひきいれた。それは、自己の固有の軍事的基盤たる北府をこえて、より大きく発展するためには、かれに協力する北府以外の有能な武人を、できるだけ傘下に吸収する必要があったからである。一般の寒門武人は、こうして劉裕のもとに吸収され、それによってまた劉裕政権の軍事的基盤が拡大していったのである。

このさい注目すべきことは、沈林子らが郷里の一族から、いわば村八分にされた形において、つまり豪族のバックから脱け出た形において、劉裕のもとに入っていることである。このような形は沈慶之においても同様である。郷里にいたころの沈慶之は、沈林子の父祖とは異り、孫恩に対して郷族とともにこれを撃つ側に立っているが、武人としてスタートしたのは、郷里から遠くはなれた兄のもと、襄陽においてであった。かれも族的背景から脱け出た形において立身していったのであり、かれが成功してゆくのは「忠謹にして兵事に暁い」(29)からであった。すなわち、劉裕が必要としたのは、かれらのもつ豪族力ではなく、むしろ将帥となりうる個人的な能力にほかならない。劉宋の軍隊は、その中期までは、晋代からつづいている兵戸と、一般から徴発された民丁を主要な兵源としていたと考えられる。(30)したがって、必要とされるのは、豪族のもつ兵力ではなく、既存の兵力を統率する個々の武将であった。すなわち、このころ江南においては、まだ、梁代のように土豪が郷邑にもつ兵力を基礎にして将帥となっていたのではない。土豪将帥層という言葉で把えられるものは、まだ一般にはあらわれていないのである。

ちなみに、本題から少し離れるが、もう一つ注意すべきことは、呉興の沈氏という大豪族が決して一つにまとまっているのではなく、そのなかの各家族が、宗教信仰を異にし、相互に利害衝突し、はては深刻な仇讎関係にまで落ちこんでいるという事実である。豪族のなかには、宗族の共同意識よりも、むしろ各家族に分裂する傾向が目立ってくる。江南では北方にくらべて、宗族の共同意識が稀薄であることは、すでに指摘されているが、(31)そのことは単に上流貴族においてのみならず、呉興武康に群居していたと思われる沈氏のような場合にもあてはまる。豪族は、少くとも江南においては、一般に漢代にくらべて、はるかに族内分裂が進んでいた。したがって、梁代に、各地の土豪が数百から一千以上に達する募兵や家兵を擁して郷曲に割拠する場合にも、これらの土豪将帥のひきいる集団は、もはや漢代豪族のような形ではなく、はるかに多くの異分子と、「郷人」という言葉であらわされるような、独立した家々からなるその地方の人々とを集めた、内容雑多な集団であったと思われる。

私は沈氏を手がかりに、寒門武人の抬頭と、その劉宋政権との結びつきを考えて、のちの土豪将帥層との比較にまで言及した。しかし、いまの場合はただ、かれらが地方にもつ豪族的基盤と直接関係なく、もっぱら個人の才幹において、個々の寒門武人として、劉宋政権の軍事体系のなかに吸収されていったことを指摘するにとどめたいと思う。

以上において、劉宋政権の軍事面は王族と寒門出身の武人によって担当されたこと、そして、軍事が貴族を除外して、このような系列によって握られていったゆえんは、劉裕義旗の当初から、貴族の意志をまじえない自主的な武人勢力の発動として出発したことから深く規定されていることをのべた。すなわち、劉宋政権下におけるそのような軍事体制は、その出発点における自主的な軍事力の自己発展として理解できると考えたのである。

おわりに

以上にのべたように、劉宋時代に入って、軍事はほとんど王族と寒門出身の武人によって担当され、貴族はそこから疎外されてゆく。貴族の支配体制の一角は、大きく後退したといわねばならない。もちろん、貴族の方でも、はじめはヘゲモニーの回復に努めたであろう。謝混や謝晦などはそのために倒れたと理解できないことはない。しかし時代の趨勢は、もはやかつての貴族黄金時代を回復すべくもなかった。いわゆる元嘉の治は、たしかに表面的に貴族を尊重した。先にあげた沈慶之の言葉からもうかがうことができるように、文帝はむしろ白面書生を立てていた。だからこそ、貴族文人の目から見て、元嘉の政はことさらに称讃をうける。しかし、そこにおいても軍権は、もはや貴族の手にもどることはできなかった。

軍権から疎外された貴族は、文弱化ないし白面書生化への傾向を強めてゆく。かれらは、東晋時代までに見られた潑溂たる生気を次第に失ってゆくかに見える。謝霊運の鋭い感受性は、このような貴族の立場を早くも看破し、予見していたのではないであろうか。かれの一見、奇矯とも思える宋室への反抗は、失われゆくシュヴァリエのイメージを追い求めたドン・キホーテの姿を思わせはしないであろうか。貴族社会の生気を伝える『世説新語』という書物が、ちょうどこのころに結晶しはじめ、謝霊運がその中に収められた最後の人物であるということは、私にはきわめて示唆深いことのように思われる。元嘉年間は、貴族政治に最後の栄光を与えた時期であった。と同時に、それは、しのびよる衰運を前にして、かつてのよき時代のことを貴族文人に回顧せしめる時期であったのではないであろうか。往々にして、そのような回顧の時期に、それまでの時代を浮彫にする書物が生まれるであろう。

劉宋時代は貴族制の完備する時期であり、したがって貴族の全盛期であるというのが普通の考え方である。制度的には、たしかにその通りであり、士庶の区別は皇帝の権力をもってしても変えることはできなかった。しかし、制度を完備し、それを強調する必要がおこるのは、完備しなければ体制が変ることを顧慮するからである。貴族制の固定化とは、うらがえせば、貴族自身が生気を失い、防衛的姿勢をとることにほかならない。制度の完備ということの裏には、一沫の暗い影がさしはじめたことを認めてもよいと思うのである。

貴族は五世紀前半に軍事支配を喪失した。そのことは、やがて五世紀後半から次第に顕著になるその経済力の喪失の、前奏曲ないし伴奏曲として、かなり深い意味をもつように思われる。それは、三世紀に成立し、六世紀なかばに終る貴族制の変貌過程を考える上で、やはり無視できない現象であるということができるであろう。

（1）濱口重國「魏晋南朝の兵戸制度の研究」（『秦漢隋唐史の研究』上巻、一九六六、東京大学出版会、所収）四一四頁。
（2）岡崎文夫『魏晋南北朝通史』（一九三二、弘文堂）二二五頁。
（3）『宋書』巻一高祖本紀。

（4）歴陽の失敗については、『晋書』巻六九刁逵伝に見える。

（5）将軍号には実際には「北」の字を含まないものも多い。『晋書』巻八四王恭伝に「初都督以北為号者。累有不祥。故桓沖・王坦之・刁彝之徒。不受鎮北之号。(王)恭表譲軍号。以超受為辞。而実悪其名。於是改号前将軍」とある。これは王恭が平北将軍に任ぜられたときのことである。前将軍のほかにも、驃騎将軍・車騎将軍などの号をもって北府を領したものもある。なお、北府という略称は、『晋書』巻七三庾希伝に「希初免時。多盗北府軍資」とあるのなどが、早い時期に見えるものであろう。

（6）『晋書』巻六七郗愔伝。

（7）郗曇から范汪・庾希を経て、郗愔に至る間は、西府を基盤として擡頭してくる桓温の勢力に対して、その対抗馬としての役割を果させる政治的意図がかなり濃厚に看取される。たとえば、郗曇を任命したのは桓温の敵対者・殷浩の措置である。しかし、郗愔の地位をめしあげたのは桓温であるが、最初に徐兗と故義ありとして愔を任命したのも、また桓温であることは注意しなければならない。

（8）『晋書』巻八一劉遐伝に「劉遐……遷散騎常侍監淮北軍事北軍中郎将徐州刺史仮節。代王邃。鎮淮陰。咸和元年卒。……子肇年幼。成帝以徐州授郗鑒。以郭黙為北中郎将。領遐部曲。遐妹夫田防及遐故将史迭卞咸李龍等。不楽他属。共立肇。襲遐故位。以叛」とあり、また同巻朱伺伝にも、「時王敦欲用従弟廙。代(陶)侃為荊州。侃故将鄭攀馬儁等乞侃於敦。敦不許。攀等以侃始滅大賊。人皆楽附。又以廙忌戻難事。謀共距之」とある。ことに劉遐伝の記事は、先にあげた郗鑒の上奏と深い関係がある。「素望所帰」「流亡所宗」の人物を後任者に任ぜられたいという郗鑒の要望は、このような事実から生まれてきたのであろう。

（9）東晋のはじめ、彭城内史を領したものに右の注(8)にあげた劉遐がある。劉遐は、ついで兗州刺史となり、太寧のはじめ(三二三頃)、彭城から泗口に屯所を移した。その旧部下は郗鑒と郭黙のもとに入ったが、郭黙はわずか一年でその地位を去り、郗鑒がこれに代っているから、結局は郗鑒のもとに統率されたことになる。しかし、彭城の人は、はじめ塢主劉遐のもとに入り、最後に郗鑒に率いられて京口に移ったものが多かったのではないかと思われる。なお、同謀者の中で、向靖は河内の人であるが、これは河内から南下した郭黙のもとにいた祖先が、のちに郗鑒のもとに入ったのではなかろうか。

（10）『晋書』巻七九謝玄伝。

(11)　『晋書』巻七九謝万伝。
(12)　『晋書』巻七九謝安伝。
(13)　P・ドミエヴィル教授は、劉裕や劉毅らも含めて、東晋末期のこのような武将たちを、condottieres bagarreurs et retors という言葉で表わしておられる(Cf. P. Demiéville, "La vie et l'œuvre de Sie Ling-yun," dans *Annuaire du Collège de France*, 63e année, 1963. p. 327 ou dans *Choix d'études sinologiques*, Leiden, 1973, p. 332)。私は、教授の表現はその歴史的意味を把えたものとして適確であると思う。後にのべるように、劉裕はもはや単なる傭兵隊長として取扱うことはできなくなるが、かれもまたはじめは傭兵隊長であったことにかわりはない。なお、いうまでもなく、ここに用いる傭兵という言葉は、賃銀を支給されて雇傭関係にある兵士という意味ではなく、その歴史的性格を借用するにとどまる。
(14)　『晋書』巻九九桓玄伝。
(15)　京口駐在の徐州刺史桓修、および広陵の青州刺史桓弘のもとに北府兵がいたのは、先にあげた劉裕義旗の同謀者の経歴からもわかるところである。そのほか、揚州刺史桓謙のもとにも、「謙等士卒多北府人」(『晋書』巻八五劉毅伝)とあるように、多くの北府兵がいた。
(16)　『宋書』巻四五王鎮悪伝に、かれが高祖劉裕の部将として劉毅を攻めたとき、「鎮悪軍人与(劉)毅東将。或有是父兄子弟中表親親者。鎮悪令且闘且共語。衆並知高祖自来。人情離懈」とある。劉毅麾下の東将が旧北府兵であることは明らかである。
(17)　『宋書』巻五一長沙景王道憐伝。
(18)　自主的な軍事力とはいっても、クーデタ直後には、それが分解する危険は多分にあった。それが分解してバラバラになり、それぞれが再び貴族の傭兵と化する傾向も充分にあった。貴族はおそらくそのような方向にもってゆこうと努めたであろう。義熙三年(四〇七)、揚州刺史王謐が薨じたとき、劉毅＝謝混の路線は、謝混を揚州に任じようとした。劉裕は劉穆之の献策によって、揚州の地位を強引に奪取した(『宋書』巻四二劉穆之伝)。「根本の係るところ」の揚州を、貴族である謝混が握るか、劉裕が握るかは、自主的な軍事力が拡大するか、それとも再び傭兵への道をつづけるかの、一つの重要な分れ目であったように思われる。ドミエヴィル教授は、劉毅のことを chef du parti légitimiste と規定された(前掲書)。『晋書』劉毅伝の末に、劉毅と劉裕の摴蒱仕合の話がのせられているが、それが象徴的に示すように、もしこの際、謝混と劉毅の側に賽の目がころがったならば、東晋末期的様相がもうしばらく続いたかもしれない。

(19)『宋書』巻六八南郡王義宣伝。
(20)『宋書』巻四三徐羨之伝に「羨之起自布衣。又無術学。直以志力局度。一旦居廊廟」という。劉裕が権力を握ってからは寒門出身の劉穆之と、それについで徐羨之らを中心に、政策が動かされていったことは注意せねばならぬ。
(21) ただこの場合、貴族が軍府の長史・参軍などの地位を占めつづけ、それによって間接的な影響力を軍府に及ぼしていたことは注意しなければならないと思う。
(22)『旧唐書』巻五六沈法興伝。
(23) 東晋初期に呉興武康の沈氏がすでに江南の大豪族であったことは、本書第Ⅱ部第四章参照。
(24)『晋書』巻九八沈充伝。
(25)『宋書』巻六三沈演之伝。
(26)『宋書』巻七四沈攸之伝。
(27)『宋書』巻九五索虜伝。
(28) 宮崎市定『九品官人法の研究』(一九五六、東洋史研究会)二五〇頁。
(29)『宋書』巻七七沈慶之伝。
(30) 濱口博士の前掲論文(注(1)に掲ぐ)参照。その前掲書四〇九頁に募兵は宋の泰始ころから始まったことが明らかにされている。
(31) 守屋美都雄『六朝門閥の一研究――太原王氏系譜考――』(一九五一、日本出版協同株式会社)参照。

(一九六四年十月『東方学報』京都、第三六冊、一九七九年八月補訂)

第二章 『世説新語』の編纂
――元嘉の治の一面――

はじめに

前章において私は、劉宋政権の成立とその政権のもとにおける寒門武人の活躍という現象を、貴族制との関連において問題とし、それが貴族の軍事支配の喪失を意味するものであって、貴族による支配体制の一角はそこにおいて大きく後退したことを論じた。そして、いわゆる「元嘉の治」として称讃される時代(四二四―四五三)は、軍権から疎外されはじめた貴族にとって最後の栄光ともいうべき時期であり、しのびよる衰運を前にして過去の黄金時代を回顧させるような時代であったればこそ、『世説新語』のような、貴族社会の生気を伝える書物が、そこにおいて結晶したのではないか、と想定した。私には、このような想定が必ずしも見当はずれではなかったように思われるのであるが、ただ前章では単なる想定にとどまり、その十分な根拠を示さずに終ったので、本章では『世説新語』のような書物がどうして生みだされたかという問題を考えることによって、これを生みだした当時の社会の一面にスポットをあててみたいと思うのである。したがって、ここでは『世説新語』の編纂という問題を単に文献学的に取り扱うのではなく、むしろそれを手がかりにして、それを生みだした社会の歴史的境位の解明に、主要な関心を向けたいと思う。

さて、周知のように、『世説新語』の撰者は劉宋の宗室である臨川王の劉義慶(四〇三―四四四)ということになっている。しかし、すでに魯迅が『中国小説史略』のなかで指摘しているように、劉義慶は「文義を愛好した」けれども「文辞は多からざる」人物であったと『宋書』の本伝にいうから、『世説新語』はおそらく劉義慶自身の撰著ではなく、実際はその幕下にいた文人たちが作ったものであろう。魯迅のこの指摘を私は正しいと思うものであり、以下の考察は魯迅説の線に沿うとともに、むしろそれを掘り下げてゆくことになるであろう。

ところで、劉義慶が「文学の士を招聚して、近遠より必ず至った」文士のうち、「太尉の袁淑は、文は当時に冠たるもので、義慶が江州にいたとき(四三九―四四〇)、請うて衛軍諮議参軍とした。そのほか呉郡の陸展、東海の何長瑜や鮑照らは並びに辞章の美を為し、引いて佐史国臣となした」(1)とあって、ここに名をあげられた袁淑以下の四人が、劉義慶幕下のもっとも代表的な文人であったろう。しかし、これらの四人、ないしそのうちの誰かが『世説新語』の編纂にタッチしたことを示す直接の資料は現存しないし、またこの四人以外の当時の文人に関しても、そのことを示す直接の資料は見いだされない。とすれば、『世説新語』の編纂については、むしろこの書物の内容や性格を検討することによって、そのような性格の書物が生みだされやすい環境や条件を逆に探ってゆくという間接的な接近法をとらざるをえない。このような間接接近法によって抽出される環境や条件が、もし右の四人、ないしそのうちの誰かの置かれた環境ないし条件と、かなり合致するとすれば、その人が『世説』の編纂にタッチした可能性が大きいと認定できるであろう。直接的資料の欠如は問題の決定的な解答を不可能にするとしても、右のような方法によって、ある程度の幅において動かない近似値の提示は可能であろうし、またそれを試みることも無意味ではないと思うのである。

では、まず右のような間接接近法によって『世説』はどのような環境ないし条件のもとで生みだされやすかったかを考えてみよう。

一 『世説』を生む諸条件

まず第一に考えるべきことは、『世説』がどのような環境を背景にして生みだされやすかったかを知るために、『世説』と同類の書物の場合を参考にすることである。周知のように、貴族を中心とする上流社交界の插話集ないし人物寸評集という性格の書物は『世説』にはじまるものではなく、すでに晋代からその先蹤があった。そのうちの一つ、裴啓の『語林』のことが『世説』自身のなかに記録されている。

裴郎(啓)の作りし『語林』の始めて出づるや、大いに遠近の伝うる所と為る。時流年少は伝写せざるなく、各おの一通を有す。王東亭の作〈王公の酒壚の下を経て〉を載せしが、甚だ才情あり。(文学篇九〇)(2)

同じく軽詆篇二四の注に引く『続晋陽秋』によれば、『語林』は「晋の隆和中に(三六二)、河東の裴啓が漢魏以来、今に迄《いた》るまでの言語応対の称す可き者を撰した」書物であって、「時人は多く其の事を好み、文は遂に流行した」という。すなわち、当時の人々、ことに「時流年少」とあるように青年層を中心とする人々は、「言語応対の称す可き者」——といっても勿論当時およびそれまでの名士たちのそれである——に非常な関心をもち、そのような話を集めた書物を渇望していた。そしてまた、このような関心と渇望をもつ人々がかなりの層をなして拡がっていたからこそ、逆に『語林』のような書物が生みだされた——少くとも生みだされやすかった——ということができる。

ところで、このような書物を作った人、およびこれを歓迎した社会層は、貴族社交界に対してどういう位置にあったであろうか。

『語林』の著者裴啓の属する河東の裴氏は、西晋時代には「八王八裴」と並び称されて、琅邪の王氏に比肩する第一級の貴族であったが、晋室の南渡の際、裴氏はむしろ華北に止まったものが多く、東晋の貴族社会ではむしろ主流からはずれた存在になっていた。そして、『世説』軽詆篇二四には、裴啓およびその著『語林』について次のような話がのせられている。

庾道季(龢)は謝公(安)に、もの知り顔にいった。

——裴郎(啓)は(『語林』の中で)いっています。『裴郎はなかなかできている。いまさら酒を飲むこともあるまい、と謝安が評した』と。裴郎はまたいっています。『支道林はまるで九方皐が馬をみたてるように、毛色は問題にせず、駿馬をえらびだす、と謝安が評した』と。

謝公はいった。

——そのどちらもいったおぼえはない。裴がそんな言葉をでっちあげたのだ。

庾はとてもそれでは気がすまず、そこで王東亭の「酒壚の下を経て」の賦について述べた。謝安は読みおわると、なんの批評もくださずに、こういっただけだった。

——おやおや、きみは裴氏学者なんだね。

かくして『語林』はすたれた。現在あるものはみなそれ以前の写本で、謝の言葉は見られない。

この話から我々は次のようなことを認知できるだろう。(1)『語林』をもてはやした「時流年少」のなかには、庾亮の第三子である庾龢のような一流貴族の子弟も含まれること、(2)しかし、一方ではそれが謝安のような貴族社交界の中心からすれば、「君乃復作裴氏学」と皮肉られるものであったこと、(3)著者裴啓がみずから「謝安謂裴郎乃可不悪」と、ありもしないことを書きこんだのは、貴族社交界に自薦する気持がこの種の書物には反映されやすいこと、(4)しかし、記事に虚偽があることはその本の評判をおとす大きな原因であり、そのことを『世説』がわざわざ取り上げていることは、『世説』の編者がおそらく『語林』のそのような轍をふむまいとする意図をもっていたろう、との推測を可能にすること、などである。(1)(2)(3)のことからして、『語林』の著者裴啓と、この種の書を歓迎する「時流年少」の社会層が、一方では貴族社交界を含みつつも、その主流から少し離れた場に位置したことを知る。つまり、当時の貴族社交界で、すでに確固たる地位を占めた主流年長者であるよりも、むしろまだ地位の固まらない「年少」者、ないし二・三流貴族あるいは反主流派など、総じていえば、貴族社交界に足をふみ入れながらも、むしろその周辺ないし一段下に拡がる社会層から、この種の書物が生みだされ、またもっとも歓迎された、と考えてよいであろう。このような社会層は、主流に対して阿諛媚態を示す方向と、反撥批判する方向との間を揺れ動く。いずれの方向に傾くかは、この社会層に属する個々人によると同時に、それが置かれた歴史的社会的シチュエーションにもよるであろう。ただ、この時代には、それがいずれの方向に傾くにせよ、人物批評の形においてあらわれることを注意しておかねばならぬ。先に引用した『語林』の話に見えるように、謝安の評語を中心として、謝安をも含む登場諸人物の評価と位置づけが示される。人物評論は右のような社会層が形成する場の本質的な構成要素である。(3)『語林』や『世説』のように、人物批評を基本的な構成要素とする書物は、(4)このような人物評論の活潑な場、しかも貴族社交界の主流からは少し離れた場、ことに年少者が多く関係している場、において生まれやすい。このことは、『世説』の真の撰者をさぐる場合の間接接近法として、第一に念頭に置くべきことであろう。

間接接近法において第二に考えるべきことは、『世説』の中で、その撰者とされる劉義慶の同時代人、ないしそれに近い時代の人物がどのように取り扱われているか、そもそもどのような同時代人が取り上げられているか、という問題である。その取り上げ方、あるいは取り扱い方において、何らかの傾向が見いだされるとすれば、『世説』の真の編者の当時におけるシチュエーションを推定することも不可能ではないであろう。

一般に、『世説』は後漢の末年から晋の末年に至るまでの名士たちの逸話集であるとされているが、(5) 登場人物の時代的下限は、単に東晋末までにとどまらず、劉宋時代の若干の人物も含まれている。いま『宋書』に伝をもつ人物が『世説』に登場する場合の插話を、現在の三巻本『世説新語』から拾ってみると、次の五例を見いだすことができる。

(1) 謝霊運(三八五―四三三・『宋書』巻六七)は好んで曲柄笠を戴く。孔隠士(淳之・三七二―四三〇・『宋書』巻九三)謂いて曰く、卿は心の高遠なるを希《こいねが》わんと欲《せ》るに、何ぞ(高貴の身分を示す)曲蓋の貌を遺《わす》る能わざるや、と。謝、答えて曰く、将《は》た、影を畏るる者は未だ懐を忘るる能わざる(『荘子』漁父篇)にあらずや、と。(言語篇一〇八)

(2) 郗超、傅瑗と周旋す。瑗その二子を見《しめ》す。並びに総髪なり。超これを観ること良《や》や久しうして瑗に謂いて曰く、小者は才名皆な勝《まさ》る。然れども卿の家を保つは、終《つい》に当に兄に在るべし、と。即ち傅亮(三七四―四二六・『宋書』巻四三)兄弟なり。(識鑒篇二五)

(3) 羊孚は年三十一にて卒す。桓玄、羊欣(三六〇―四三二・『宋書』巻六二)に書を与えて曰く、賢従(羊孚)は情の信寄する所。暴《にわ》かに疾《や》みて殞《お》つ。予《われ》を祝《た》つ(『公羊伝』哀公十四年)の歎、如何んぞ言う可けんや、と。(傷逝篇一八)

(4) 王尚書恵(三八五―四二六・『宋書』巻五八)嘗つて王右軍夫人を看て、眼と耳と未だ悪しきを覚えざるや否やと問う。答えて曰く、髪白く歯落つるは形骸に属するも、眼と耳に至りては神明に関わる。那《なん》ぞ便《すなわ》ち人と隔つ可けんや、と。(賢媛篇三一)

(5) 桓玄の敗れし後、殷仲文は還りて大司馬(劉裕・三五六―四二二・『宋書』巻一)の諮議(参軍)と為る。意は二三あるに似て、復た往日に非ず。大司馬府の聴前に一老槐ありて、甚だ扶疏たり。殷は月朔に因りて衆と聴に在り。槐を視ること良や久しうして嘆じて曰く、槐樹は婆娑として復た生意なし、と。(黜免篇八)

この五例のうち(2)以下の四例では、宋人は插話の中の主人公ではなく、単なる脇役にしかすぎない。すなわち、(2)は郗超の鑑識眼の高さをほめた話であって、傅亮兄弟はその鑑識眼の対象であるにすぎない。ただ、この話によって、『世説』が傅亮の死刑(四二六)より以後に編纂されたことを確認することができる。また、(3)の主人公は桓玄であり、宋人の羊欣は単に桓玄の手紙の名宛人たるにすぎず、(4)の主人公もまた年老いた王羲之夫人であって、宋人の王恵は、わざわざ名前を出すにも及ばない程度の単なる質問者であるにすぎない。(5)に至っては、大司馬劉裕はむしろ舞台の背景にあるものといってよく、その暗い背景の前でおびえる哀れな殷仲文――やがて義熙三年(四〇七)に劉裕に誅殺される(6)――にスポットがあてられている。

右に見たように、現行三巻本『世説新語』に登場する宋人は、挿話のなかでは単なる脇役的存在にすぎないものがほとんどであるが、ただひとり(1)の謝霊運だけは、真正面から話の主人公として取り上げられた唯一の宋人であることに注意しなければならない。そのことは、『世説』の編者が、同時代人のなかで謝霊運こそは言語篇中の主人公たるにふさわしい資格をもつものと認めていたことを示している。

謝霊運は景平元年(四二三)に永嘉太守をやめて会稽始寧に隠棲した。そして、元嘉三年(四二六)に秘書監として文帝に召しだされるまで、「山に傍り江を帯し、幽居の美を尽くした」始寧の別業にあって、「隠士の王弘之や孔淳之らと縦放《ほしいまま》に娯をなし、終焉の志を有っていた(7)」。右の(1)の話は始寧におけるこの第一次隠棲期間中のことであろうが、これは傅亮にかかわる(2)の話とともに、『世説』の挿話のなかでは最も遅い時期のものに属する。そして、(1)の話のなかで、謝霊運は心に高遠を慕いながら、まだ世俗を超越する境地に徹しきれない点を孔淳之から指摘されたとき、『荘子』漁父篇にいう「影ヲ畏レル」者、すなわち、自分の影を畏れ、足あとを憎んで、これを捨て去ろうと全力をあげて走りだし、遂には死んでしまったという、あのおろかもののことをふまえながら、「自分もまた、それに似たようなものだろうか」と自認する。その応答ぶりは、まさに「言語応対の称すべきもの」として、『世説』の編者は

「言語」篇中に取り上げたのであった。そこに描き出される謝霊運は、一方では隠士と交わり、終焉の志をもちながらも、他方ではダンディーな貴公子的意識を捨てきれず、その間のディレンマをみずから『荘子』に託して洗錬された言葉で表現する。その姿をみれば、『世説』の編者がそのような謝霊運にシンパシーを感じていたことを明瞭に看取できるのであって、それが謝霊運に対して好意的な立場にある人の手で編纂されたことを示唆するであろう。

もっとも、謝霊運のこの第一次始寧隠棲期には、彼の作った「一詩が都邑《みやこ》に至るごとに、貴賤は競い写さざるなく、宿昔の間、士庶に皆な偏ねく、遠近欽慕して、名は京師を動かした(8)」というから、謝霊運が一般に好意的に取り扱われることは当然であるといわれるかもしれない。たしかに、この時期の謝霊運はきわめて評判がよかったのであるが、しかし四二六年に秘書監として中央に召し出されてからは、文帝の宮廷での生活は謝霊運の意に副わぬことが多く、その自由奔放な生き方は、やがて宮廷での評判を逆におとしていったと思われる。そして四二八年には、御史中丞傅隆の弾劾をうけて侍中の職を免ぜられ、再び会稽に帰って四三二年まで第二次の隠棲期にはいる。それ以後、四三二—四三三年の臨川内史としての任地での生活を含めて、その不羈奔放な生活ぶりから、ついに反逆の志ありとして四三三年に広州で棄市の刑に処せられるに至った。実際に、臨川で逮捕されたときの謝霊運の詩に、「韓亡んで子房は奮い、秦帝たりて魯連恥づ。本おのずから江海の人、忠義、君子を感ぜしめん」といい、広州で死刑に処せられる直前の臨終の詩に、「(王莽に召された)龔勝には余生なく、(公孫述に強いられた)李業には終尽あり云云」というのを見れば、謝霊運が現王朝の劉宋を秦に見たて、文帝を王莽や公孫述になぞらえて、これを全面的に否定し、劉宋に滅ぼされた晋王朝への「忠義」を宣明したことが明白である。それは劉宋王朝から見て、レッキとした反逆者なのであり、劉宋王朝を支持する人々からすれば、とうてい好意的に取り扱いうる人物ではなくなっていた。遅くとも、四三三年にその反意が宣明されてから後は、そのような状況であったと考えてよい。しかるに、『世説』のなかで、このような謝霊運が好意的に取り扱われているということは、かなり重大な問題をはらむように思われる。伝えられるように、『世説』の撰者が劉宋王朝の「宗室の表《かがみ》」といわれるような劉義慶であったとするならば、自己の王朝に対するこれほど明らかな反逆者をその著書で好意的に取り扱うはずがない。その場合に考えられる唯一の可能な解釈は、謝霊運の反意が明白になった四三三年より以前に、劉義慶が『世説』をすでに編輯し終っており、そのなかに謝霊運を好意的に見る話を載せたまま、その本が流布してしまって、その話を消去することができなかったのだ、と解することであろう。しかし、『宋書』の劉義慶伝によれば、彼が『徐州先賢伝』や『典叙』などの著書を作ったのは、荊州刺史として江陵にいた間(四三二—四三九)、つまり彼が三十歳から三十七歳までの八年間のこととされているから、彼が文士を幕下に集めたのは、おそらくこのころからはじまるのであり、したがって『世説』の編纂もまた、もっとも早く見ても四三二年以前には溯りがたいように思われる。さらに、後に示す『世説』佚文の張敷の話が四二九—四三二年の間の事実をふまえているとすれば(三三六—三三七頁参照)、編纂の時期がそれほど早いことは到底ありえないと思われる。[9] とすれば、いま述べた唯一の可能な解釈も成立しがたいことになり、したがってその前提となる『世説』の劉義慶撰著説そのものが疑わしくなるのであって、『世説』は劉義慶幕下の文人が作ったという魯迅説を、そのことはますます支持することになるであろう。そして、以上の考察からすれば、この魯迅説に加えて、さらに『世説』は劉義慶幕下の文人のなかでも、劉義慶ないし劉宋王室に密着した立場の人とは全く反対に、むしろ反逆者たる謝霊運に好意的な人の手になった可能性が強く、劉義慶はそれにほとんど目を通すことなく放任していたのではないかと想像されるのである。

以上において私は、現行三巻本『世説新語』に登場する宋人がどのようなタイプの人であり、それがどのように取り扱われているかを検討することによって、『世説』の真の編者の立場と傾向をさぐってみた。その結果、伝えられる撰者としての劉義慶とは全く反対に、劉宋王室に対する明らかな反逆者としての謝霊運に好意的な立場の人によって『世説』は生みだされたのではないか、と推定するに至った。しかしながら、このような推定をより確かにするためには、まだ踏むべき手続きが残っている。というのは、現行三巻本『世説新語』は周知のように後の趙宋時代に伝わっていた簡略なテキストにもとづくものであって、本来『世説』の原本は十巻から成っていた。現行三巻本は各巻が上下に分かれているから、これを六巻と見ても、なおかなりの部分が散佚しているのであり、現に葉徳輝や古田敬一氏などによってその佚文が集められている。[10] したがって、『世説』が同時代人をいかに取り扱っているかを見るためには、単に現行三巻本を対象にするだけではなく、少くとも現在見られるその佚文をも点検する必要があるからである。

いま、それらの佚文を見ると、そこに登場する宋人の挿話は次の二例を拾うことができる。

(1) 張敷(生卒不明・『宋書』巻六二)宋臺の秘書郎と為り、彭城より仮を請いて東に還る。時に相国府に一参軍督護あり。亦、仮を請う。武帝(劉裕)伝令を遣わし、敷に語《つ》げて云う、之を載す可し、と。答えて曰く、臣は性として雑ならず、と。遂に載せず。(『太平御覧』巻六三四所引)

(2) 王曇首(四三〇卒・『宋書』巻六三)年十四五にて便ち能く歌う。諸妓、謝公(安)に向って称嘆す。公甚だ之を聞かんと欲するも、而も王は名家の年少にして、聞くを得るに由なし。諸妓また具さに王に向って謝公の意を説く。謝、後に東府を出で、土山の上にて伎を作《な》す。王、時に両丸髻を作し、袴褶を著け、馬に騎りて土山の下に往き、庾家の墓林中にて一曲を作りて歌う。時に秋月皎然たり。王、因って頭を挙げて北林を看、曲を卒えて便ち去る。妓、謝公に白して曰く、此れ王郎の歌なり、と。(『事類賦』巻一一所引、なお『太平御覧』巻五七二に引く文を参照)

この王曇首は貴族の代表的な一人として、また晋代以来の文化的伝統をつぐ人として、『世説』の中に取り入れられたのであろうが、注目すべきものは、むしろ(1)の張敷の話である。ここでは張敷が武帝の命令をきかなかったことになっているが、『宋書』巻六二の張敷の伝によれば、江夏王義恭が荆州刺史として江陵に鎮していたとき(四二九—四三二)、その記室参軍であった張敷が、休暇を終って江陵に還るにあたって、同じく義恭のもとに赴くことになった沙門を同じ船にのせて行くようにと、文帝から依頼されたのである。ところが、張敷は「旨を奉ぜずして曰く、臣は性として雑に耐えず」とつっぱねたので、「上は甚だ説《よろこ》ばず」と記されている。おそらく、事実は『宋書』の記載が正しいのであろうが、このような話を文帝治世の元嘉年間に『世説』にのせることは、あまりにも憚かられるので、話を武帝のときのことに溯らせて、少しく忌諱を避けようとしたのではないであろうか。それにしても、『御覧』に引くこの張敷に関する『世説』の佚文が、たしかに『世説』の原本に含まれていたのだとすれば、先に指摘した謝霊運に関する插話と相俟って、このような話をわざわざ掲載した『世説』の編者、さらには『世説』という書物自体が、容易ならぬ反体制的性格を秘めているものと考えねばならないように思われるのである。

以上、私は『世説』がどのような環境ないし条件のもとで生みだされたであろうか、という問題を考えてみた。その結果をまとめると、まずそれは人物評論の活潑な場、しかも貴族社交界の主流からは少し離れた場、ことに年少者が多く関係している場において生みだされる可能性が大へん強いこと、そしてその編纂を実際に手がけた人は、劉義慶ないし劉宋王室に密着した立場にあるのではなく、むしろそれとは全く反対に、反逆者たる謝霊運に好意をもち、文帝にたてつく張敷のような人物に喝采する、反体制的な傾向をもった人らしいということであった。このような諸条件を考えるとき、最初にあげた劉義慶幕下の四人の文人のなかで、東海の何長瑜という人物が、にわかにクローズ・アップされてくるのである。そこで次にこの何長瑜という人物をとりあげて、この人と『世説』との関係を考えてみよう。

二　何長瑜と『世説』

何長瑜が劉義慶の幕下に招かれた文人の一人であることは、先に『宋書』の劉義慶伝によって見たとおりであるが、何長瑜に関するより詳しい記事は、同じく巻六七の謝霊運伝に見える。すなわち、元嘉五年(四二八)に謝霊運が侍中の職を免ぜられて、会稽における第二次隠棲期に入ったときのこととして、その伝には次のように記されている。

霊運すでに東に還るや、族弟の恵連・東海の何長瑜・潁川の荀雍・太山の羊璿之と文章を以て賞会し、共に山沢の游を為す。時人これを四友と謂う。

そして、この文につづいて四友のことが説明されているのであるが、謝霊運が何長瑜と知り合ったのは、これよりも前の第一次隠棲期(四二三―四二六)においてであった。すなわち、右の文につづいてその伝には次のようにいう。

恵連は幼にして才悟ありしも、而も軽薄にして父(謝)方明の知る所と為らず。霊運の永嘉を去りて始寧に還るや(四二三)、時に方明は会稽郡(太守)たり。霊運、嘗つて始寧より会稽に至り、方明に造《いた》りて過ぎて恵連を視(過視の二字は『南史』巻一九では遇の一字に作る)、大いに相い知賞す。時に(何)長瑜は恵連に読書を教えて亦た郡内に在り。霊運は又た以て絶倫と為し、方明に謂いて曰く、阿連は才悟かくの如し。而るに尊は常児と作《な》して之を遇す。何長瑜は当今の仲宣(王粲)なり。而るに給するに下客の食を以てす。尊は既に賢を礼する能わず。宜しく長瑜を以て霊運に還すべし、と。霊運これを載せて去る。

何長瑜はこのようにまず謝恵連の家庭教師として、最初はあまりうだつが上がらなかったのであるが、謝霊運に認められてからは、その二次にわたる隠棲期間中ずっと謝霊運ともっとも親しい交友関係を結んでいたのである。そして

「何長瑜の文才の美は恵連に亜ぎ、荀雍・羊璿之は及ばなかった」とあるから、謝霊運の四友のなかでも、彼はかなり重きをなしていたと思われる。

このような謝霊運の第二次隠棲期間中の交友記事につづいて、「臨川王(劉)義慶が文士を招集するや、長瑜は国侍郎より平西記室参軍に至る」という境遇の変化が記述される。このことは、おそらく謝霊運が四三二年に臨川内史に任命されたことと無関係ではないであろう。謝霊運は第二次隠棲期間中にあまりにも不羈奔放な生活を送り、ことに会稽太守の孟顗の恨みを買ったために、孟顗から「異志あり」として文帝に告発された。急遽上京して陳弁これつとめた謝霊運に対して、文帝は「其の誣いられたるを知りて罪しなかった」が、「東に帰らしむるを欲せず、以て臨川内史とした」という。臨川内史といえば、まさに臨川王劉義慶の封国の管理者にあたる地位である。何長瑜もまたこの臨川国侍郎の地位につけられた。内史は勅任官であるから、文帝みずからこれを任命するが、国侍郎は封王が自分で任命できるから、劉義慶が直接何長瑜をそれに任命したのである。そして、謝霊運が臨川内史となった四三二年は、まさに劉義慶が荆州刺史として江陵に転出した年にほかならない。本稿の最初に引用したところの、劉義慶が「文学の士を招聚して、近遠より必ず至った」記事の末尾に、「太祖(文帝)は義慶に書を与え、常に意を加えて斟酌す」という一句がつけ加えられている。謝霊運を臨川内史に任命した文帝と、何長瑜を臨川国侍郎に任命した劉義慶と、その間には何らかの示しあわせた諒解事項があったのではないであろうか。少くとも、何長瑜が臨川国侍郎に任命された時期は、謝霊運の臨川内史拝命の時期とそれほど隔たってはいなかったように思われる。

その翌年、四三三年には謝霊運が死刑に処せられた。名士謝霊運の刑死は、当時の上流社会にはきわめてショッキングな事件であったろう。ことに謝霊運に近い人々にとって、それは深刻な衝撃を与えたにちがいない。謝恵連はその年のうちに夭死した。何長瑜にとっても、その後の江陵での生活において、この事件は彼の精神に大きな影をおとしたと思われる。彼が平西将軍劉義慶のもとで記室参軍として江陵にいたときの生活と、それ以後のあわれな生涯について、『宋書』謝霊運伝には次のようにしるす。

嘗つて江陵に於いて書を寄せて宗人の何勗に与え、韻語を以て義慶の州府の僚佐を序して云う。

陸展染鬢髪　陸展は鬢髪を染め（『南史』は鬢を白に作る）
欲以媚側室　以て側室に媚びんと欲す
青青不解久　青青、解《よ》く久しからず
星星行復出　[11]星星、行くゆく復た出づ

かくの如きもの五六句。而して軽薄の少年らは遂に演べて之を広む。凡《あらゆ》る人士に並びに題目を為《つく》り、皆な劇言苦句を加う。其の文流行せり。義慶は大いに怒り、太祖に白して、除して広州の統ぶる所の曾城令と為す。義慶薨ずるに及び(四四四)、朝士ら第に詣りて哀を叙ぶ。何勗は袁淑に謂いて曰く、長瑜は便ち還る可き也と。淑曰く、国の新たに宗英を喪いしとき、未だ宜しく便ち流人を以て念と為すべからず、と。廬陵王(劉)紹、尋陽に鎮す(四四三—四四九)。長瑜を以て南中郎行参軍となし、書記の任を掌らしむ。行きて板橋に至るや、暴風に遇いて溺死せり。

以上が何長瑜に関する記事のすべてであるが、これらの記事のなかに、我々は前節で考えたところの、『世説』を生みだすべき諸条件がかなりの程度に満たされていることを容易に見いだすことができるであろう。

まず第一に、何長瑜みずから人物批評を盛んに行なっており、彼の周囲にはその痛烈な「劇言苦句」を歓迎し、その文を流行させる「軽薄少年」が集っていた。彼らが構成する場は、かの裴啓とその著『語林』を歓迎する「時流年少」とが形成した場と、全く同じパターンを示している。しかも、東海の何長瑜は、河東の裴啓と同様に、当時の二、

三流貴族であり、中央の政界を占める主流貴族からは、かなり離れた存在であった。何長瑜とそれをとりまく年少者たちの形成する場は、『世説』のような人物寸評集を生みだすのに最もふさわしい環境であったということができるであろう。

ところで、何長瑜らが行なった韻語による人物批評は、そこに一例として示されている「陸展染鬢髪」云云のように、まことに痛烈な、いわゆる「劇言苦句」ではあるが、本来それは宴会の席や親しいものの間で興を添えるための遊びであったと思われる。これはおそらく東晋の終りころから、上流の貴族社会で座興としてかなり行なわれていたのであろう。たとえば、ちょうど『世説新語』のなかにその好例が見いだされる(排調篇六一)。

桓南郡(玄)は殷荊州(仲堪)と語りあったついでに、みんなで「了語」をやった。

顧愷之『火焼平原無遺燎』　火が原っぱを焼きはらって丸坊主。

桓玄　『白布纏棺竪旒旐』　白布で棺をくるみ葬式旗を立てる。

殷仲堪『投魚深淵放飛鳥』　魚を深淵に投げこみ飛鳥をにがす。

次にまた「危語」をやった。

桓『矛頭淅米剣頭炊』　矛の先で米をとぎ剣の先でかしぐ。

殷『百歳老翁攀枯枝』　百歳のじじいが枯枝にすがる。

顧『井上轆轤臥嬰児』　井戸の轆轤にあかごをねかす。

席にいた殷のところの一人の参軍がいった。

『盲人騎瞎馬、夜半臨深池』　めくらがめくら馬に乗り、夜ふけに深い池にさしかかる。

殷はいった。

『グッときあがる（咄咄逼人）』

仲堪はめっかちだったからである。

韻語での遊びが一転して「劇言苦句」に傾く径路を、この話は大へんよく示している。[12]

このような話が『世説』に載っていることはきわめて象徴的である。第一に、殷仲堪とその友人や部下の参軍が集って韻語をもってやりとりする場は、何長瑜がその仲間とともに韻語をもって人物批評を行なう場と同一のパターンに属する。何長瑜の場合は、それが「排調」的傾向をきわめて濃厚にするとはいえ、それもまた『世説』のもつ性格の一つにほかならない。いわば、何長瑜自身が身をもって世説的世界に生きているのであり、『世説』との浅からぬ因縁を示唆するように思われる。

第二には、右の話によれば、荊州刺史の殷仲堪は、その部下の一参軍から韻語による「劇言苦句」を浴びせられたとき、「咄咄逼人」と舌うちしながらも、ともに座興をたのしむ余裕をもっていた。しかし、それから約一世代のちに、同じこの江陵で、同じく一参軍たる何長瑜が、同じく韻語をもって「劇言苦句」的人物批評を行なったとき、同じ荊州刺史の劉義慶は、もはや往時の殷仲堪のような、ものわかりのよい長官では全くなく、ともに座興をたのしむどころか、これに激怒して、何長瑜を遠流にも比すべき処分に付したのであった。殷仲堪のこの話が『世説』に載せられているということは、かつてはこの荊州の幕府にも刺史と参軍とをともに包む相互諒解の場があったこと、刺史自身がはるかに教養ゆたかな文化人であったこと、を客観的に例示することによって、暗に現状を批判しているのではないか、との穿ちすぎるような推測も不可能ではないであろう。

ともかくも、以上に見てきたように、何長瑜は謝霊運のもっとも親しい友人の一人であり、謝霊運に対してはその死刑の後にも当然敬慕の情をもちつづけていたにちがいない。おそらく、理想的な文化人、不羈にしてノーブルな真の貴族の典型を謝霊運において見いだし、これを刑死に追いこんだ現在の劉宋王朝に絶望するとともに、これに毅然として抵抗した張敷のような人物に喝采を送るのも自然なことであろうし、またそのような劉氏に密着する陸展のような同僚に対して、辛辣きわまりないシニカルな言葉を投げつけるのもまた当然であったように思われる。このような立場と傾向にある人ならば、謝霊運がそれに殉じたという晋王朝の人々に親近感をもち、そのような典型的な貴族たちの姿をもとめて、その源流としての漢末の清議の徒や逸民的人士以来の名士たちの插話を、今にして集めておこうと意図したとしても、それはきわめて自然なことのように思われる。だからといって、何長瑜が『世説新語』の真の撰者だと早急に断定できるわけでは、もちろんない。断定できるほどの資料は存在しないのであるが、しかし以上に述べてきたところからして、何長瑜ないし何長瑜に近い人々が、『世説』の編纂に実際にタッチして、その骨子を作りあげた可能性はきわめて大きいように思われる。少くとも、『世説新語』という本は、何長瑜のような反体制的傾向をもった人の手に成るものであり、したがってそれは当時の体制——劉宋政権——に対する一種の批判の書であった、と私は考えるのである。

以上において私は、実際に『世説新語』という書物がどのような環境において、またどのような傾向の人の手によって作られたかという問題を考えた結果、その撰者と伝えられる劉義慶は単なる名目上の監修者にすぎないのであって、実際は、およそ劉義慶とは反対の立場にあったその幕下の文人の手に成るものであり、その真の撰者は、断定はできないけれども、何長瑜である可能性が大きく、少くとも何長瑜のような反体制的傾向をもった人であったろう、という結論に到達した。もしそれが何長瑜であったとすれば、『世説新語』は彼が江陵にいた間に、つまり曾城令として追放されるまでに、おそらくは四三〇年代の半ばを過ぎたころには、少くともその骨子はできあがっていたはずである。そのような書物が劉義慶撰という形で世に出るまでには、なお紆余曲折を経なければならなかったであろう。

そこには、袁淑や鮑照らの好意的な添削や劉義慶への諒解工作もなかったとはいえまい。このような『世説』の存在は、元嘉の治のかくれた一面を我々に示唆するのではないであろうか。

おわりに

最後に、以上のような結論に関連して考えられることを少しくつけ加えて、本稿の結びとしたい。

『世説』が劉宋政権に対する批判の意味を帯びた書であるということは、『世説』のなかに色濃く流れる軍人蔑視、軍人嫌悪の傾向ときわめてよく整合するように思われる。前章で述べたように、劉宋政権は生粋の軍人がクーデタによって作りあげた政権であり、それのもつ軍事政権という性格は、貴族をもりたてたといわれる元嘉年間にも決して払拭されたわけではなかった。『世説』に見られる軍人嫌いは、当時におけるそのような武人支配者に対する憎悪感の反映であろう。そして注意すべきことには、同じく武人であっても、劉裕によって打倒された桓玄は、『世説』のなかで高い評価を得ている。もちろん桓玄は、劉裕のごとき下賤の身からの成り上がりものではなく、桓彝・桓温以来の名門であり、貴族的教養をそなえた文化人であったことは確かである。それにしても、現王朝がそれを倒すことによって成立した当の敵を、むしろ高く評価するのは、やはり注目に価すると思われる。

『世説』という書を、それが生みだされた時点において、その当時の情勢と対比するとき、そこには以上に述べてきたような反体制的傾向が掩いがたくあらわれている。しかしその体制批判は、過ぎ去った時代をよしとする立場からの批判であり、いわばうしろ向きの、保守主義的立場からする批判であった。その底には過ぎ去ったよき時代へのノスタルジーがひそんでおり、謝霊運や何長瑜の悲惨な末路が象徴するように、それはやがて消えてゆくべき運命にあった。そして、時代は彼らが望まない方向へと進んでゆく。行きつく先は、皇太子による文帝の殺害を幕あけとして、あの殺伐と混乱に明け暮れる血なまぐさい五世紀後半の社会であるだろう。『世説新語』という書物は、そのような方向への曲り角において生みだされた、よき時代への訣別の書でもあったのである。

それにしても、反体制の書としての『世説』、過去のよき時代への憧憬を秘めた『世説』は、才能をもちながらも世に容れられぬ文人の心を惹くものがあったのではないであろうか。「余は命世の英主に逢うも、亦、当年に擯斥され」、「余は声塵寂漠として、世は吾を知らず」と『自序』にのべる梁の劉孝標は[14]、異聞を集めてこの書に注し、この書の記事との異同を示した。彼をしてこの書にとりつかせたゆえんのものは、この書にひそむ反時代的性格とそれへの共鳴であったかもしれないのである。

(1)　『宋書』巻五一臨川王劉義慶伝。

(2)　本稿で引用する『世説新語』の各篇の文につけた番号は、村上・福永・吉川氏らとともに訳した『中国古小説集』(筑摩書房「世界文学大系」71)所収本に附した章番号である。あるいは検索に便利かもしれないと思ったので、この番号を用いた。なお、引用文は簡略を旨として訓読にするが、訓読では理解しがたいと思われるものは、右の訳本に従って現代語訳にした。( )は筆者が補ったものである。

(3)　私は本書第I部第三章において、貴族制社会を郷論環節の重層する社会として把え、最下部の郷論環節を第一次郷論の場とし、順次上部に重なってゆく場を第二次、第三次の郷論の場と呼んだ。この呼称に従えば、本文でいう「右のような社会層が形成する場」とは、第三次郷論の場というものにあたる。

(4)　現行三巻本『世説新語』に含まれる一一三〇の插話のうち、約三分の一は直接に人を品題した批評の言葉が載せられており、その他の三分の二の話にも、エスプリにあふれた発言や、人格の大きさ、才能の豊かさなどを示すことによって、登場人物に甲乙の評価をつけたものが大部分である。

(5)　たとえば、吉川幸次郎「世説新語の文章」(『全集』第七巻、一九六八、筑摩書房、四五四頁)参照。なお登場人物の時代的上限が前漢にも及ぶことは、余嘉錫『四庫提要弁証』参照。ただし、それにもう一条、趙飛燕(賢媛篇三)を加えねばならぬ。

(6)『晋書』巻九九殷仲文伝。

(7)『宋書』巻六七謝霊運伝。なお郝立権「謝康楽年譜」(『斉大季刊』六期、一九三五)参照。

(8)『宋書』巻六七謝霊運伝。

(9) 大矢根文次郎氏は「世説の原拠とその截取改修について」(『東洋文学研究』九号、一九六一、四八頁)において、「南史劉義慶伝に、義慶が江州刺史であるとき、才学の士を招集した。袁淑を始め、陸展、何長瑜、鮑照らが引かれて佐吏国臣となる。著すところ世説十巻、とあるので義慶がこの書を撰したのは元嘉十六年、彼が三十七歳のときであろう」といわれる。しかし、『世説』を撰した年はそう簡単には決められないのであって、だいたい大矢根氏の『南史』劉義慶伝に関する右の読み方がおかしいのである。その原文は本稿の冒頭にその一部を引いた『宋書』の劉義慶伝に拠ったものであるが、煩をいとわずに『南史』の該当箇所を引用してみよう。

「(義慶)少善騎乗。及長(宋書有以世路艱難五字)不復跨馬。招聚才(宋書作文)学之士。遠近(宋書作近遠)必至。太尉袁淑文冠当時。義慶在江州。請為衛軍諮議(宋書有参軍二字)。其餘呉郡陸展・東海何長瑜・鮑照等並有(宋書作為)辞章之美。引為佐吏(宋書作史)国臣。所著世説十巻・撰集林二百巻。並行於世。……」

すなわち、才学の士を招聚したのは「長ずるに及んで」からなのであって、江州刺史であるときとは限らず、「江州刺史であるとき」には、ただ袁淑を招請して衛軍諮議参軍にしただけであって、「其の餘」以下の文士まですべて江州刺史のときに招かれたことには必ずしもならない。実際に、本稿の第二節に示すように、何長瑜と陸展は劉義慶の荆州刺史時代の僚佐なのであって、江州刺史のときに招かれた文士は、袁淑と鮑照であった(『鮑参軍集注』一九五八、上海古典文学出版社、一三頁参照)。そして「所著世説十巻云云」は『宋書』になくて、『南史』において加えられた文であるが、右の文士たちがいつ「引かれて佐吏国臣になった」か限定されていないように、『世説』を著わした時期もまた江州刺史時代とは限定できないのである。

(10) 思賢講舎本の『世説新語』に附す葉徳輝の輯本、および古田敬一『世説新語佚文』(一九五四、広島大学中国文学研究室油印本)参照。

(11) 謝霊運「遊南亭」詩(『文選』巻二二)の「慼慼感物歎。星星白髪垂」を意識するであろう。

(12)　『宋書』巻五八の謝弘微伝には、謝混が「酣宴の餘に韻語を為して」族子の謝霊運や謝瞻らを「奨勧」したことが見えている。それは座興に行なわれたことであるが、韻語による人物批評であった。

「康楽(謝霊運)誕通度。実有名家韻。若加繩染功。剖瑩乃瓊瑾。宣明(謝晦)体遠識。頴達且沈儁。若能去方執。穆穆三才順。阿多(謝曜)標独解。弱冠纂華胤。質勝誠無文。其尚又能峻。通遠(謝瞻)懐清悟。釆釆標蘭訊。直轡鮮不躓。抑用解偏吝。微子(謝弘微)基微尚。無倦由慕藺。勿軽一簣少。進往将千仞。数子勉之哉。風流由爾振。如不犯所知。此外無所慎。」

(13)　『世説』の記述がだいたい後漢末の清議の士を上限としてはじめられ、そのことは魏晋貴族の源流が漢末の清議の士にあることを意味する、という考え方については吉川忠夫「抱朴子の世界(上)」(『史林』四七巻五号、一九六四)五一頁に見える。私もかつて「六朝貴族社会と中国中世史」(『史窓』二一、一九六二)において同じ考えを述べたことがある。

(14)　『梁書』巻五〇劉峻伝。

(原題「『世説新語』の編纂をめぐって」一九七〇年三月『東方学報』京都、第四一冊、一九七九年八月補訂)

第三章　貨幣経済の進展と侯景の乱

はじめに

太清元年(五四七)梁に帰属した東魏の降将・侯景は、翌五四八年八月、突如寿春において反旗をひるがえし、梁の都・建康にむかって進撃を開始した。その年の十月には建康に侵入し、首府防衛軍の必死の抵抗もむなしく、翌年三月、宮城は陥落し、五月、武帝は幽閉のうちに憤死した。このときまで、六世紀前半の約五十年のあいだ、梁朝は「魏晋以来、未だかくのごとく盛んなることあらず」(1)と謳われた時代であり、それはたしかに南朝の最盛期にちがいなかった。それが今や、この侯景の一撃によって、急転直下、底なしの大混乱につきおとされ、その渦中にはかなく消えさってゆくことになる。こうしてひとたび転落過程に進みだした社会の無秩序は、陳朝の成立(五五七)を経ても、なお容易に立ちなおることができなかった。江南がいちおうの安定を恢復するのは、五六〇年代のなかごろ、江西省東部・浙江省南部から福建省にかけての一帯に、おのおの独立しながら相連繋していた三つの勢力――周迪・留異・陳宝応――が陳朝によって平定されるころまで待たねばならなかった。五四八年から五六〇年代なかごろまでの、約二十年に近い南朝未曾有の大混乱を、それに先だつ半世紀の光栄ある南朝最盛期にくらべるとき、それはあまりにも極端な急転換であり、強烈なコントラストでありすぎるといわねばならぬ。

未曾有の最盛期は何ゆえに未曾有の混乱期に一変するのであろうか。長い太平のあいだに養われた文弱性とか、武帝の仏教信仰による政治の弛緩とかいうことにその原因を求めるのは、単に表面的な理解にしかすぎないであろう。最盛期とうたわれた梁朝のもとにおいて、やがては未曾有の混乱を生みだすべき必然的な社会の進展が必ずあったはずである。それは一体いかなる動きであろうか。このような問題を追求してゆくとき、事柄は単に梁朝治下の動きにとどまらず、南朝を通じて進展する社会の動きが、一つの総帰結点として侯景以後の混乱に行きつかざるを得なかったように思われるのである。梁末陳初の混乱は、発展してきた南朝社会のいわば総決算期であり、社会秩序の再編成期であったように思われる。私はそこにおいて社会の相当に大きな転換を認めねばならないと思うのであり、その転換は単に梁・陳という王朝交替の問題をこえた、中世史全般の問題にかかわることのように思われるのである。従って問題は極めて大きく、一挙に解明しつくすことはむつかしい。本稿はこのような問題に対して一つの視角から若干の寄与をなそうとしたものにほかならない。それはどういう視角であるか。私がみずからそれを決定するまえに、実際に身をもってこの大きな変動期を生きぬいた一人の歴史家の意見をきいてみようと思う。それは我々を導いて、自然に一つの視角をきめてくれるように思われるからである。

一　梁典総論

その歴史家は何之元という。伝は『陳書』巻三四に見える。彼の意見をきくまえに、まずその生涯を『陳書』の記事を中心として、簡単にのべておきたい。それは顔之推の一生と同じく、当時の変動のはげしさを示す上でも、ある程度役立つであろう。

彼は晋以来の名門・廬江灊県の何氏の一人として生れた。しかし、それは宋・斉時代に時めいた何氏の本流からは少しはなれた、傍系の一族であったらしく思われる。彼は梁朝のなかでも最盛期というべき天監年間の末(恐らく五一九)、尚書令の袁昂に推薦されて、はじめて太尉臨川王宏のもとに揚州議曹従事史として出仕した。臨川王宏が太尉兼揚州刺史になったのは五二〇年のことであるから、(2)恐らくその年に任官したのであろう。梁代の制度では、原則として二十五歳にならなければ出仕できなかったから、(3)五二〇年に二十五歳であったとすれば、彼が生れたのは四九六年ということになる。彼の死は隋の開皇十三年(五九三)と本伝に明記されているから、彼は九十八歳という驚くべき長寿を全うしたことになる。これはあまりに長寿でありすぎるとしても、彼の出仕した年から考えれば、その誕生はおそくとも五〇〇年を下ることはできないと思われ、九十歳以上の長寿を保ったことは疑いない。それはほとんど六世紀の全体をおおうに近い。

彼の前半生は比較的平穏な生活がつづいたと思われるが、家柄のわりには出世がおそい。同族の何敬容は五三〇年代に尚書左僕射あるいは尚書令として絶大な権力をもっていたが、彼はその何敬容から訪問を受けながらも、ついにこれと交際しなかった。彼の目には何敬容のごときは「徳うすくして、任たかきもの」として映ったのであって、貴族の傍系というひがみの気持が根底にあったかもしれないけれども、この事実から彼が時勢に対して傍観的批判者の態度をとったらしいことがうかがえる。

侯景の乱以後、世のみだれるとともに、彼の生涯の後半は激しい荒波に翻弄される。乱の起った当時、蜀の武陵王紀のもとにいた彼は、五五一年、王が荆州(江陵)の湘東王繹に対して無謀な遠征を計画したとき、それを諫めて、かえって王の怒りをかい、軍船のなかに幽閉されたまま、戦場につれて行かれた。王が敗死したのち、一時、邵陵(現在の湖南省邵陽市)の太守・劉恭(4)のもとに身を寄せていたが、やがて、西魏の軍隊が江陵を包囲攻略して、湘東王繹——このときは元帝となって梁の中心的存在であった——を殺し、梁の百官を関中に拉致した、という悲報に接する(五五四)。劉恭が死ぬと、彼はその地方の有力な軍閥・王琳に召しかかえられた。王琳は滅亡に瀕した梁朝になお忠節をつくしたが、その軍隊には群盗が多かったというから、[5]そこでは何之元もおそらく盗賊あがりの部将たちと席をならべなければならなかったであろう。王琳の軍団は梁朝を簒奪せんとする陳覇先にとっては恐るべき敵であった。王琳は梁室の生きのこり・蕭荘をもりたて、陳軍に対して痛烈な打撃をあたえたこともあったが、所詮、それは地方の一軍閥でしかなかった。王琳はひそかに北斉の支援をもとめた。そして北斉の文宣帝がなくなったとき(五五九)、何之元は王琳の弔問使として、はるか河北の斉の都・鄴に派遣される。彼が使命をおえて寿春までかえったとき、王琳は陳軍に決定的な敗北を喫して、蕭荘とともに北斉の保護をもとめて逃げてきた(五六〇)。何之元の北斉流寓はここにはじまる。彼は北斉に対して、おそらく夷狄の国という感懐を払拭しきれなかったであろう。かくてその北斉流寓が憂愁にみちたものであったことは想像するにかたくない。事実、彼はみずから「梁典総論」[6]の終りのところでこういっている。

> 私は梁国以来、官途について、つぶさに世の成敗を観てきた。昔、中央からはなれたために、斉の都に流寓することとなり、愁いに窮《くる》しみ、書を著わして、窃かに(かつての歴史家)虞卿のあとを慕おうとした。ただ、梁の王室は極めて逼促して、簡牘は多く闕けている。得るところも遺逸して、ほぼ挙げつくすことができぬ。未だ(江南に)旋反《かえ》ることもできず、いよいよ(資料の)捜訪に窮した。しかし、見聞したところを採り、衆家の書を撮《と》れば、一代の事は観ることができるであろう。

こうして彼は梁一代の歴史『梁典』の執筆にとりかかった。執筆の場所は、右の文によると、主として斉の都・鄴であったように見える。本伝によると、斉から揚州別駕に任ぜられて、寿春にいたことになっているが、[7]それはおそらく王琳が斉から揚州刺史に任ぜられていた間のことであって、五六二年、王琳が寿春から鄴に帰るとともに、彼もまたそれに従って都にかえり、北斉流寓中、都にいる期間がもっとも長かったのかもしれない。いずれにしろ、すでに六十の坂をこえた何之元は、北斉に流寓していた十年あまりの間に、『梁典』の骨子を作りあげたであろうと想像される。

しかし運命はまたもや彼を波瀾のなかに投げこんだ。五七三年、陳は北斉に対して北伐を開始した。そのとき王琳は再び寿春に派遣され、陳軍の攻撃の矢おもてに立たされた。何之元も再びそれと行動をともにしたらしく思われる。寿春は陳軍の水攻めにあい、惨憺たる状態となって陥落した。王琳は捕えられて殺された。何之元は、かつて王琳のもとで陳朝に盾ついた負い目を意識して、おそれおののきつつも、陳の始興王叔陵の招きをうけて降服した。しかし、始興王は幸いに彼の保護者となり、そのもとに仕えることができたのであるが、五八二年、当の始興王が誅殺されては、もはや政界に身をおくことは全くできなかったし、またその気にもなれなかったであろう。こうして彼は陳の都・建康にいながらも、世間との交渉をいっさい絶って、北斉にいたころから手がけていた『梁典』の完成に全力を集中したのである。本伝が我々に印象づけるところでは、このときから『梁典』の執筆を開始したかのごとくであるが、先に引用したその「総論」の言葉から考えても、その執筆は北斉流寓時代から始まっていることは明らかである。なお最後に、彼はその長命によって、もう一つの歴史的な事件、すなわち陳の滅亡(五八九)をも目撃しなければならなかったこと、そして隋の建康占領に際して、難をさけて常州の晋陵(今の江蘇省武進県)に移住し、そこで五九三年に長い一生を閉じたことをつけ加えておく。

『梁典』三十巻はこうして激動の渦中にあって作られた。現在それは殆んど失われ、その「序」が『陳書』本伝に、「総論」が『文苑英華』巻七五四に収録されて残っているにすぎない。彼がみずからいうように、資料の不足はこの書の大きな欠点であったのかもしれない。そのために後にはこれを顧みる人もなく、散佚するままに放置されたかと想像される。しかし、梁代盛期からこの歴史的な変動期にかけて、身をもって激動する世の中を生きぬいた何之元は、資料不足を承知のうえでも、これを書かざるを得なかったのであり、それは現実の事態に対する深刻な反省の書であったにちがいない。事実、彼が体験した世の変動を、彼自身がどう考え、そのよって来たるところを何にもとめたかということは、「梁典総論」において、その一端をうかがうことができるのである。

「総論」の最初にいうように、彼の主要な関心は「曩《むかし》を以て今を求め」、古今の事実を比較して、「布政の善悪を知り」、「その主の是非を識る」ことにあった。彼の視点の中心はその主の布政の是非善悪であり、従って彼の『梁典』は『春秋』にならった編年体の形をとったのである。では実際の梁の天子、ことに武帝における布政の善悪はいかに評価すべきかということが、彼にとって最大の問題となる。次にしばらく彼のいうところを聞いてみよう。（左の文中、「　」以外のところは、出来るだけ彼の文によりつつ要約してのべたものである。）

南斉のすえ、東昏侯の暴虐に対して、武帝は天下の心により、荆州・雍州の兵を率いて、その暴政を除き、すべての人民の願いによって、斉に代って天子たるべき徳を受け、武をもって取った天下を、文をもって治めること四十年。その間、「兢兢として倦むなく、乾乾として已まず、加うるに芸業の美は、もって比倫するものがない。儒学・玄学に洞暁し、内典・外典を該羅し、……広く庠序を開き、敦く後生を勧め、みずから試験を観て、その優劣を策し、近きより遠きに及ぶまで、ことごとく風化に従う」といったすばらしさであった。

武帝はたしかに偉大な天子であった。しかし、と彼は言う。

「民を御する術のごときに至っては、未だ得たりとなすわけにはいかないのである。」なぜなら、太古の周代に見られるような理想的な国家社会と比較してみればよい。そこにおいては仁政が行なわれ、民はその俗に安んじ、「忠信の礼は行きとどき、謙譲の風が行なわれていた。……周が亡んで以来、この風はようやくうしなわれ、後代におよんでその弊はもっとも甚だしくなった。為政者は民の生存しえないことを恤まず、官吏に俸禄の払えないことの方を憂慮する。民にのぞむ地方官は、……君のためにするものは甚だ多いが、民のためにするものは甚だ少い。」かくて人民は誅求にくるしみ、流亡あいつぐとともに、上下の憎しみあうことは仇敵よりも甚だしい状態になってきたのである。「高祖(武帝)は博く古今のことをみて、つぶさに興亡のあとを観たが、やはりまたこの遺風をふみ、この弊法をつぎ、澆薄はいよいよ甚だしく、淯紊は日にしげくなった。梁氏の国を有するところは漢の一郡より少いのに、太半の人は並びに部曲となり、耕やさずして食らい、蚕せずして衣《き》る。或いは王侯に事え、或いは将帥に依り、妻累を携帯して東西に随い逐う。藩鎮とともに侵漁し、守宰を助けて蝨賊となり、罪なき人を収縛し、善人を逼迫する。かくて人民はことごとく流離し、邑はみな荒毀した。これによって抄劫は蜂起し、盗窃は群行し、公私を陵犯すること年をへ、月を累ねたのである。」もちろん、いかに明君であろうとも、天下の万事をことごとく親覧することはできない。しかし武帝は有司の責任を追及することを忘れ、守膠の弊に陥り、更張の善をおこたった。しかも、このように「国に累卵の憂いがあり、俗に土崩の勢がある」にもかかわらず、「幸人の志を開き、乱臣の心を兆《めばえ》しめ、かくて侯景をして吾が甲をきて王城に寇し、我が人を駆って天闕を囲ましめ、」勢のおもむくところ、「万里靡沸し、四方瓦解する」に至った。「事は一朝一夕でなく、そのよって来たるところは漸《ひさ》しいのである。」

大体、以上のごとき彼の議論をきくとき、私はその底に一種の沈痛な没落史観があるように感ずる。彼にとって歴史の発展とは、太古の淳朴な理想社会から、上下の憎しみあう澆薄の世へと、ひたすら堕落の過程をたどるもののごとくである。それは彼が体験し、彼の目の前に展開する救いのない末世的現実から、過去をふりかえった場合、彼にとっては必然的な思想的帰結であったかもしれない。従って、そのような思想傾向をもって、彼が現前の事態のよって来たるところを武帝治下の諸現象のなかにさぐるとき、それらの現象をあまりに悪い方向に解釈しすぎるきらいはあるかもしれない。しかしながら、現にその時代を生きてきた人の深刻な反省と指摘のなかには、たしかに正しいものがあると感じないわけにはいかないのである。私は次に彼の言うところが、他の方向からどの程度具体的に理解しうるかを試みてみたいと思う。それはこの歴史的転換期への過程を理解する上で、重要な一面を明らかにすることになるであろう。

二　人民の流亡の背後にあるもの

まず何之元は、四方瓦解の原因が人民の流亡にあり、人民の流亡は民をあわれまない官吏の苛斂誅求によるのであって、武帝はこの弊風を改めることができなかった、という。

たしかに苛斂誅求による人民の流亡は、五四〇年代には、もはや深刻な大問題となっていた。散騎常侍の賀琛はこのことを極言して武帝の注意を喚起した。彼は言う。

> 天下の戸口の減落は誠に当今の急務である。いたるところ離流すといえども、しかも関外はいよいよ甚だしい。郡は州の控総に堪えず、県は郡の裒削に堪えず、更に相呼擾してその政術を得ることなく、ただ徴斂に応赴することをもって事としているために、百姓は命に堪えず、おのおの流移を事とし、或いは大姓に依り、或いは屯封に聚まっている。……これは牧守の過ちでなくして何であろうか。東境の戸口の空虚なるは、みな台使の命令の繁きことによる。……一使あるごとに搔擾するところに属《あ》い、駑困の邑宰は手を拱ねいてその漁猟を聴《ゆる》し、桀黠の長吏はまたこれによって貪残をなす。……故に邑宰は印を懐くも、おおむね考績なく、細民は業を棄てて流冗

するものが多い。……(『梁書』巻三八賀琛伝)

と。しかし、武帝は激怒して直ちに反駁文を書き、賀琛の上奏は却下された。武帝はその反駁文にいうように、本当にその事態を知らなかったのであろうか。すでにその二十年も前に(五二三―五二五頃)、後軍行参軍という低い官にあった郭祖深は、同様な事態がすでに進行していることを、より一層具体的に決死の覚悟で上奏し、そのときはむしろ「その正直を嘉せ」られているのである。郭祖深の上奏に言う。

農は急務であるにもかかわらず、郡県は苛暴であって勧奨を加えない。……今や商旅はいよいよ繁く、游食するものはいよいよ衆《おお》く、耕夫は日に少く、杼軸《はたおり》は日に空しい。……朝廷は勲旧を擢用して、三陲の州郡の長としたのに、彼らは民を御するの道を顧《おも》わず、貪残をもって務とし、善良なる人を脅迫して、害は豺狼より甚だしい。江湘の民はもっともその弊を受け、三関より外《そと》は、いたるところ毒に遭っている。……また梁が興ってより以来、民を征役に発するに、号して三五という。投募の将や客の主将に及んでは(この一句の意味は明確でないが今かりに読みをつける)、恩をもって存卹するものなく、理を失することが多い。物故すれば輒ち叛亡(脱走)と刺《か》きこみ、或いは身は戦場に殞ちながら、名は叛目(脱走者名簿)に在るものがあり、監符《くだしぶみ》が下へ討《だ》されると、称して逋叛となし、その家の丁男を質に登録する。一家全体がまた叛《に》げれば同籍を取り、同籍がまた叛げれば比伍を取り、比伍がまた叛げれば村を望んで取る。かくて一人の犯すものがあると、全村みな空《から》になる。……台使が州に到ると、州はまた押使を郡に派遣し、州と郡は急切を競ってともに管下の城《まち》に趣く。令宰は庸才が多く、風を望んで畏伏する。そこで戸課を斂め、その筐篚《かご》を薦《だ》して、民に重貨《わいろ》を納めさせ、空《から》証文を立《つく》ることを許している。(8)

五四〇年代の事態はすでに五二〇年代において、全く同じ形で同じ方向に進んでいたのである。関外(9)の地方における害の甚だしさと、東境すなわち三呉・会稽地方における台使派遣の害悪はことにその揆を一にする。台使を中央から派遣して滞納した租調をとりたてたこと、およびそれが地方政治に害毒を与えたことは、周知のごとく、すでに南斉時代にも大問題となっていた。この問題をとりあげた南斉の竟陵王子良は、台使の誅求をも含めて、一般に官の誅求と農民負担の増加という四八四年当時の現象について深い洞察を示している。

三呉内地は国の関輔であって、もろもろの用度の資《と》るところであるのに、民庶は離流して日に困殆している。蚕農は獲ること罕《まれ》であって、饑寒はもっとも甚だしい。富者はややその饒《ゆた》かさを増し、貧者はいよいよその弊《まず》しさを鍾《あつ》めている。ちかごろ銭は貴《たか》く、物は賤《やす》く、(銭の購買力は)殆んど兼倍になろうとしている。……稼穡に難劬《つと》めても一斛の値は数十銭であり、機杼《はたおり》に勤苦しても一匹わずかに三百銭である。しかる所以のものはまことにまた理由のあることであって、年常の歳調には既に定期があり、僮卹の上《たてま》つる所はことごとく見直《げんきん》である。民間の銭は多く剪鑿せられて、もはや完全なものは鮮《すくな》いのに、公家の受ける所は必ず円大(な貨幣であること)を要し、両《ふたつ》をもって一つに代えている。貿《か》える所に困《くる》しめば、鞭をもって捶《う》ち、質作に繋がれ、ますます無聊《くるしみ》を致すのである。(『南斉書』巻二六王敬則伝)

そのいうところを敷衍すれば、農民は苦労して生産にはげんでも、農産物価格の下落によって、その生産物から得るところの現金収入は少い。しかもその現金は剪鑿された悪貨である。一方、官からは定期的に歳調を徴収される。歳調はこれまで「銭と帛と相半で徴収するという制度が永久とされていたのに、聞くところによると、長宰は直(現金)を輸《おさ》めさせており、進んでは旧くからの科《おきて》に違い、退いては姦利を容れている」状態である。しかも歳調を現金でとる場合に、農民がようやく手に入れた悪貨では官に受付けてもらえず、農民は剪鑿されていない完全な法貨にかえて納入しなければならない。ところが「貨幣鋳造は遠い以前のことで、おおむね剪鑿せられたものが多く、江東では法貨は十に一つも存在しない。かくて法貨に換えるために七割の割増を加えても、求請《もと》める余地もなく(10)」、「両を以て一に代える」、つまり農民のもつ悪貨は結局、法貨の半分の価値しかないという惨状である。かくて貧しい農民はいよいよ疲弊し、法貨やその他の良質貨幣を多く所有している富者は、農産物価格の下落、および法貨と悪貨との比価の開きを利用して、いよいよ豊かさを増してゆく、ということになるであろう。

すなわち、竟陵王子良が上奏した四八四年当時において、農民に対する苛斂誅求という問題は、貨幣の不統一と政府の通貨政策、およびそれと表裏の関係をもつ農産物価格の下落という当時の経済事情と深く結びついていたのである。もとより農民に対する苛斂誅求は、こういった通貨ないし物価の問題だけでなく、郭祖深が言うように、或いはまた竟陵王が上奏の中の他の個所で言っているように、力役ないし征役の面からも加わっていた。しかし、いま竟陵王が指摘した貨幣的側面は、この時代の経済構造と人民の流亡という現象を考える上に無視できない重要な問題を提起すると思うのである。そこで次に竟陵王の前後の通貨問題を必要なかぎりにおいて一瞥し、それに即した面から当時の経済構造を考えてみたいと思う。それによって農民の置かれた境位もある程度理解できると思うからである。

三　貨幣経済の進展

すでに周知のごとく、南朝において通貨問題は劉宋時代にことにやかましい議論の対象となった。それは宋の初めころ(四二〇頃)、朝廷において「銭貨が減少し、国用が足りない」[11]ために、新通貨を発行して政府収入を増そうという動きをめぐって出発する。そしてそれ以後、政府収入を増すために新しい通貨政策を打ち出そうとする人々は、単に政府における貨幣不足のみならず、社会全体における貨幣不足の現象をとりあげて、その立論の一つの根拠としてくる。四四七年、沈演之は「採鉱が久しく廃せられ、その上、喪乱がしきりにつづいて、貨幣は摩散湮滅し、貨幣の使用はいよいよ曠《ひら》けてきたのに、実際の貨幣はいよいよ窮屈であり、加うるに剪鑿が盛んに行なわれて、貧富の差が開いてきたのは、貨幣が貴く、物が賤く、しかも常調が未だ改革されないからである」と主張し、彼の議論が通って、政府は法貨の価値を二倍に引き上げた[12](これは法貨の品位の下落を意味する)。四五六年には徐爰が「喪乱をしばしば経た結果、貨幣は堙焚剪毀せられ、日に月に銷滅して、貨幣が薄く民は貧しく、公私ともに困しむ」と主張して、政府は悪質の貨幣を発行した。沈慶之は民間の私鋳を許そうと主張して、「公私の乏しき所はただ銭のみ」と言っている[13]。つまり南朝の通貨問題は当時の社会における貨幣不足の現象、すなわち漢の五銖銭や三国時代の銭など古くから社会に行なわれていた通貨の総量では、次第に社会全体の貨幣需要に応じきれなくなってきたという事態を背景にもって現われてくるのである。そしてこれに対して、宋の政府は次々に法貨の品位を下げて数量を増すという方法をとり、ついには民間の私鋳を許すということで、事態を糊塗していった。

このように品位の低下した新貨幣を良質の旧貨幣と同一の法定価値をつけて通用させるとき、必然的に悪貨は良貨を駆逐して、良貨は退蔵され、あるいは盗鋳をひき起し、剪鑿されて悪質となる。退蔵された良貨は流通過程から離脱して、いよいよ貨幣不足の現象に輪をかけ、貨幣の剪鑿と盗鋳は幣制をいよいよ混乱させてゆく。従って悪貨の発行は貨幣不足の事態に対して何の解決ももたらさないどころか、かえってその事態を進行させ、混乱を増す以外の何ものでもなかったのである。こうして四五〇年代の中ごろから十年間ほどは、貨幣価値の下落と、従って物価騰貴の現象がおこり、四六五年には悪貨ばかり充満して、もはや商取引も行なわれないほどの混乱に陥る[13]。そしてこの間に、良質の貨幣は結局、富者のもとに退蔵され、流通機構の末端にある一般農民の間には、剪鑿と盗鋳によって極めて悪質化した鵝眼銭や綖環銭のたぐいが広く行きわたったと考えてよい。富者の所有する良貨はいよいよ購買力を増し、貧者の手にする悪貨はいよいよ価値を低下するのである。このような形で、社会における貨幣的な二重構造はこの約十年間にほとんど決定的となったと推定される。

四六五年における経済界の混乱に対して、ちょうどこのとき即位した明帝は、まず鵝眼銭と綖環銭を法的に無効とし、私鋳を禁止して、政府の造幣局も停止した。[13] 翌年三月には「新銭を断って専ら古銭(五銖銭あるいはこれに準ずべき良質の元嘉四銖銭と孝建初期の四銖銭などであろうか)を用いる」という政策が実施された。[14] 政府は幣制の整理に着手したのである。これによって退蔵されていた良貨が動き出し、一おう価値基準が回復されて混乱をとどめることができた。しかし、いわゆる古銭はそれまでの混乱期にすでに大量に剪鑿されて悪貨に変り、古銭の数量は激減していたと思われる。しかるに、政府は悪貨を回収して、古銭に相当する良質の新法貨を発行しようとしなかった。かくて無効となった悪貨は、民間において鋳つぶされて銅器に変るものも多かったであろうし、社会全体の通貨総量がいよいよ不足していったことは明らかである。斉の高帝の建元四年(四八二)、奉朝請の孔顗の上奏には言う。

三呉は国の関閫である。そこは近年水潦《おおみず》を被っているのに、糴《いりよね》が騰貴しないのは天下に銭が少ないからであって、穀物が豊作で価格が下っているからではない。……以為《おも》うに宜しく造幣局を開置して、地方官に(民間から)金(=銅)を上納させ、大いに鎔鋳を興して、銭の重さを五銖にすべきである。……(『南斉書』巻三七劉悛伝)

これをみれば、法貨の払底はまさに底をついた感じであって、これに対して孔顗は良質の法貨を追加発行して、社会の需要に応ずべきことを説いたのである。そこで高帝は諸州に命じて、大いに銅と炭を市《か》わせたが、たまたま帝が崩じたので沙汰やみとなった。[15] この孔顗の進言がそのとおり行なわれていたならば、あるいは南朝経済は安定した発展の方向をたどったかもしれない。しかし、良質の法貨を強力に発行してゆくためには、相当量の原銅が必要であった。ところが、この銅がそもそも不足していたのである。

銅を確保するためには、単に民間の銅を買上げるだけでなく、積極的に銅を採掘すべきであった。実際に永明八年

(四九〇)、劉悛の上奏によって、蜀の奥地の銅山に採掘し、千余万銭を得たというが、功費が多いために打ちきられた。[15]南朝を通じて銅山開発の努力がなされたのはこのとき一回きりである。[16]丹陽附近の古来からの銅山は当時の技術では、すでに掘りつくされて収量は少なかったらしい。[17]従って、有望な銅山が蛮族の住むような奥地にあっても、長らく放棄されていた関係で、それを復活することは確かにわりのあわぬ事業であったであろう。岡崎文夫博士がいわれるように、それは「南朝政府の微力を以てしては失敗の歴史を飾ったにすぎなかった」[18]のである。

こうして南朝においては、銅不足、従って貨幣不足の事態は根本的に解決されることがなかったのであり、市場に流通する貨幣総量は大して増加しうる見込みはなかったのである。では南朝のこのような貨幣不足に対して北朝の治下から銭は流入しなかったであろうか。三一九年に石勒が鋳造した豊貨銭は、[19]『通典』巻九によれば、確かに梁代には南朝に入っている。しかし、それはいわゆる厭勝銭の一種となって、まじないの意味を帯びており、「これを蔵すれば、人をして富ましめる」とされたものであった。従って数量的にそれが極めて少なかったことは確実である。大体、北方では五胡十六国時代から北魏にかけて、貨幣の使用はほとんど停滞していたといってよく、貨幣が必要となってこれを鋳造するのは、漸やく四九五年の太和五銖銭においてであった。この太和五銖銭は五一〇年代に至っても、「徐・揚の市に入らず、(その一帯は)土貨すでに殊《こと》なり、貿鬻もまた異なっていて、……東南の州は旧に依ることを便とした」[20]のである。北魏の法貨はその治下の東南の諸州、すなわち南朝と隣接する地方一帯には信用がなかったのであり、その地方の土貨、おそらく南朝系の貨幣が逆に通用していたのである。漢の五銖銭など北方にあった古銭が南方に流れたのは、おそらく東晋時代、あるいは南朝初期までで終っており、南朝に貨幣不足が激化するころ、すなわちいま我々が問題にしている時代には逆に南朝の貨幣が北方に流出する傾向にあったのではないかと思う。岡崎博士は四八七年の詔勅の「貧室は課調に尽き、泉貝は絶域に傾く」という句によって、銭貨の多量が南朝の領域を逃れ出た証拠にしておられるのである。[21]

以上にのべてきたことによって、南朝社会に流通する貨幣総量は、もはやほとんど増加しうる見込みはなかったことが分るであろう。そして南朝社会の内部においては、劉宋時代の幣制混乱とその整理のあとを受けて、南斉に入るや、社会の貨幣不足現象は一つのピークに達していたのである。さきに挙げた四八四年における竟陵王の上奏は、まさにこの時点における現状分析を示すものであった。我々はそこにおいて、農民たちが宋代にでき上った貨幣的二重構造と、さらに貨幣不足にもとづく物価下落の現象とによって、深刻な重圧を受けていたことを知ったのである。

では次に、この事態はその後どう発展するであろうか。財政緊縮政策をとってきた南斉政府は四八八年、この事態に対して、大量の政府手もちの法貨を放出して農産物の買上げを行ない、農産物価格の下落を防ぐとともに、民間の貨幣不足を緩和した。[22] しかし、社会における法貨の絶対量の不足は、この一回の政府資金の放出によって充足されたわけではなく、しかも政府が放出した貨幣を歳調その他の税で再び回収してゆくとき、そこにはやがて竟陵王の指摘したような貨幣不足と物価下落の事態が再現するのは当然である。そして宋の明帝以後、斉代を通じて、法貨はいわゆる「古銭」しか認められなかったようであるが、もちろん実際には古来の種々の貨幣や、剪鑿と盗鋳によってできた種々の悪貨も相並んで社会に流通していた。貨幣的二重構造はそのままつづいていたのである。法貨以外の貨幣には、劉宋時代の悪質の孝建銭・景和銭・鵝眼銭をはじめ、直百五銖銭・伝形五銖銭・女銭・太平百銭三種・定平一百銭・稚銭・五朱銭・対文銭などがあり、王莽時代の布泉銭や石勒の豊貨銭も少しは行なわれていた。[23] このような事態に対して梁の武帝は五〇二年、即位の当初に、重さ四銖三分の一の五銖銭と公式女銭という二種の法貨を新たに鋳造し、発行した。そして公式女銭の鋳造にあたっては、民間の鋳造業者に政府所有の古銭を渡し、これと引きかえに新法貨を鋳造させたのであって、[24] それは当時の鋳造能力の全部をあげて、新法貨への統一を促進しようとしたものであろう。

このような武帝の通貨対策は、さきに南斉のはじめに孔顗が上奏した、あの正当な通貨対策を実行にうつしたものであって、おそらく梁朝治下の経済によい刺戟を与え、その発展をうながす効果はあったろうと思われる。しかし武帝は、

しきりに詔書を下して、新鋳二種の銭でなければ、用いることを決して許さなかったが、しかも利におもむくの徒は(法貨以外の貨幣を)私用することいよいよ甚だしかった。(『隋書』巻二四食貨志)

それは新鋳二種の良質法貨を発行したにもかかわらず、それだけでは社会の貨幣需要の増加に応じえなかったことを示すものであり、貨幣不足の事態は依然として、あるいは以前にもまして進行していったと考えてよい。なぜなら、武帝は五二三年、ついに通貨を全面的に鉄銭に切りかえるという極めて大胆な政策にふみきったからである。それは銅貨不足の事態を何とか切りぬけようとする、一か八かの賭けであったかのごとくに思われる。しかし、

鉄は得やすかったがために、並びにみな私鋳した。かくて大同(五三五)以後になると、いたるところ鉄銭はついに山の如くつまれ、物価は騰貴して交易するものは車をもって銭をのせ、もはや一一勘定をせずに、ただ貫をはかるにすぎなくなった。商旅は悪く立ちまわり、これによって利を求めた。破嶺(江蘇省句容県東南)以東は八十を以て百となし、名づけて東銭という。江郢以上は七十を百となし、名づけて西銭という。京師は九十を以て百となし、名づけて長銭という。中大同元年(五四六)天子は乃ち詔して足陌を通用せしめた。詔は下ったけれども人は従わず、銭陌はますます少く、末年に至って遂に三十五を以て百とした。(『隋書』巻二四食貨志)

すなわち五二三年の鉄銭切りかえ政策は、おそくとも五三五年には、もはや完全に失敗の様相を呈していたのである。

ところで、この東銭・西銭・長銭に関する右の記述以下のところは、未だ的確に理解することができないのであるが、前後の文から考えて、鉄銭の価値の下落と、その下落の率に地方差があったこと、従って鉄銭のタームでの物価

騰貴とその地方的な価格差があったことを言うように思われる。(25) とすれば、鉄銭所有者はひどいインフレに悩んだわけであるが、しかし、武帝による鉄銭への切りかえ措置は、民間の通貨であった銅銭を全面的に回収して、これを無効化するほど強力なものでは到底ありえなかったから、銅銭所有者の立場からすれば、鉄銭のタームでのインフレは、とりもなおさず銅銭の購買力の増加、すなわち物価下落を意味する。鉄銭時代における銅銭所有者は、あたかも第一次大戦後のインフレ時代にドイツを旅行した外国人の立場と同じようなものであって、鉄銭のタームでのインフレはその間をうまく立ち廻る商旅に利益を与え、貨幣的二重構造の落差を決定的にしたであろう。すなわち、それは四六〇年代の経済混乱期と同じく、流通機構の末端にある農民には、折角得た鉄銭の価値がなくなっては、むしろ苦痛を増す以外の何ものをももたらさなかったにちがいない。事実、陳になれば鉄銭は全く通用しなかったのであり、鉄銭のタームでのインフレによって利益を得たものは、依然として良質銅銭をひそかに所有し利用することのできる富者であったと思われるのである。

以上を要約すれば、南朝を通じて貨幣不足の事態は次第に進行していった。この事態に対する政府の通貨対策は一貫性を欠いていた。ときには悪貨の発行によって経済界に混乱を起し、あるいは反動的に緊縮政策をとって極度の貨幣枯渇状態を社会に発生させた。その結果、社会には貨幣的な二重構造が生じた。そのあとでは、貨幣枯渇状態を救うための通貨措置も結局、この二重構造の開きを大きくする方向に作用した。良質貨幣の所有者は購買力が増加することによっていよいよ利益を受け、悪質貨幣の所有者はその価値の下落によって常に被害を受けたと考えられるのである。

ここでこの良質貨幣、すなわち五銖銭ないしそれに準ずる品位のいわゆる「古銭」について、その購買力はどのように増加していったかということに少しふれておきたい。四八四年の竟陵王子良の上奏にはいう。

昔、晋氏が遷って江左(の東晋王朝)が草創された当初(三二〇頃)、絹布の所直《あたい》は今より十倍した。……永初中(四二〇頃)官布は一匹で銭一千、民間から(絹の代りに銭を)輸《おさ》めるときは九百銭とすることを聴《ゆる》した。元嘉(四二四―四五三)に及んで物価はいよいよ賤《やす》く、私貨の場合は一束の直《あたい》六千(すなわち『通典』巻五所引にいうように一匹六百銭)、官が受けとる場合は五百銭を標準とした。(官が受ける場合に)必ず値を下げたのは、民(の銭納の苦痛)を優《ゆる》くしようとしたからである。今は官(の手)に入る良質の布でも一匹百銭余りの値にかつかつである。しかも四民が(官に銭を)送るときは、なお旧制に依っている。昔は上を損したのに、今は下に刻薄である。(『南斉書』巻二六王敬則伝)

この竟陵王の上奏は財政緊縮政策の下における官の貨幣吸上げの刻薄さという問題にふれているのであるが、いまさしあたって注意したいのは東晋初期(三二〇頃)から竟陵王の当時(四八四)に至る絹布価格の長期変動である。竟陵王はここでは当時の絹布価格が一匹百銭あまりといいながら、先に引用したところでは「一匹わずかに三百銭」といっており(三五八頁参照)、百銭あまりというのは絹布価格の下落を強調するための誇張かもしれない。いま四八四年当時の絹布価格を一匹三百銭として、右の期間における大体の絹布価格の長期変動をグラフに作れば左のようになる。それは宋以後における絹布価格の加速度的な下落、五銖銭的良貨、すなわち「古銭」の購買力の急速な増加を示している。もっとも宋代における悪貨の発行によって物価騰貴があったことは先にのべたとおりであるが、それは悪貨のタームにおける騰貴であって、五銖銭的良貨が絹布に対してもった購買力とは別の問題である。この絹布価格の変動がその後どうなったかを示す資料はないようであるが、恐らく四八八年の政府買上げによって、多少もち直し、再び下降線をたどって梁代に入り、新鋳五銖銭時代と鉄銭時代の初期までくらいは比較的安定していたかもしれないが、鉄銭価値の下落によって逆に五銖銭的良貨の購買力はさらに増加していったのではないかと想像される。

「古銭」を基準とした絹布一匹の価格変動のグラフ

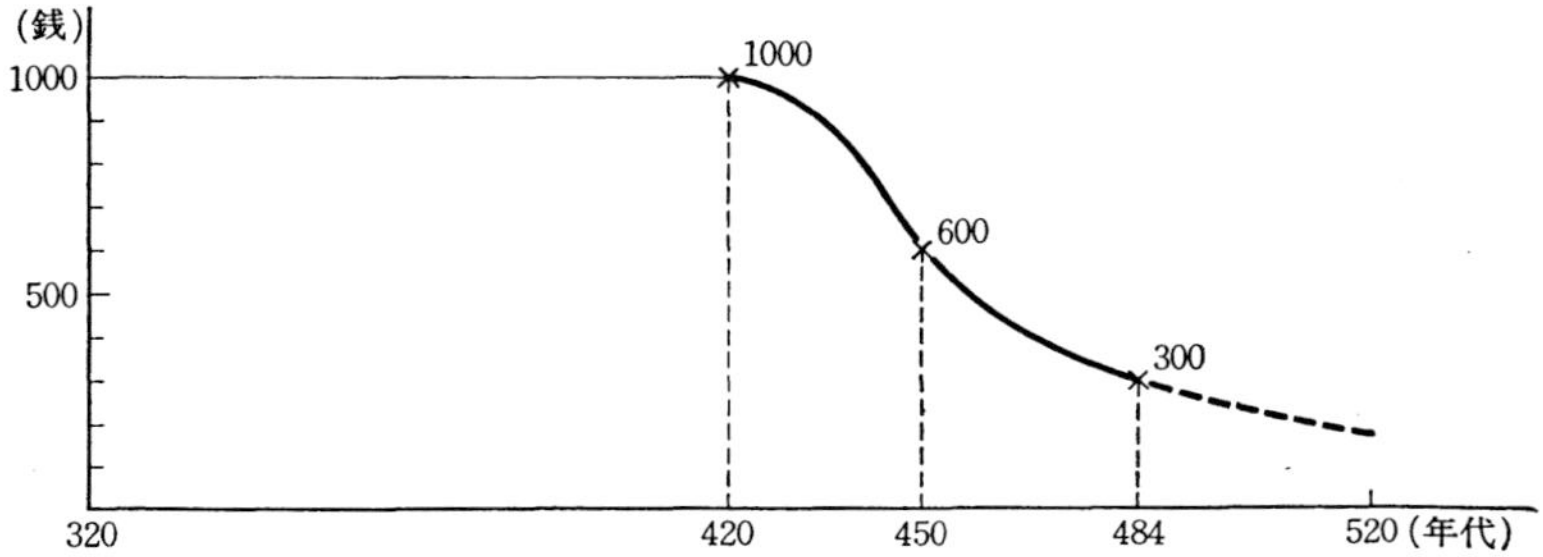

このような五銖銭的良貨の購買力が顕著な増加を示すのは、先に見てきたように、一つには南朝政府の通貨政策が混乱して、五銖銭的良貨の総量が著しく減少していったからである。そして、そのような事態を生んだのは結局、社会全体の貨幣不足という現象からであった。しからば、一つの経済社会における貨幣不足状態は根本的にいかにして起るのであるか。

経済学の法則に従えば、一つの経済社会における貨幣需要量は、その社会における商品価格の総額と貨幣の流通速度によって決定される。商品生産が発展し、商品価格総額が増加したとき、貨幣の流通速度に変化がなければ、必然的に貨幣需要量が増す。そのさい、市場において貨幣がより早く回転し、流通速度が増せば、貨幣総量はそれほど増加を必要としない。しかし、手形や小切手などによる信用取引のない時代においては、巨視的に見て貨幣の流通速度は大して増加することはないであろう。貨幣の流通速度に大した変化がないとすれば、南朝における貨幣不足の現象は、東晋以来の江南における商品価格総額の漸増という条件、すなわちそれを生み出すための生産力の発展という事実を考慮に入れるとき、それは極めて理解しやすいものとなるであろう。実際に、晋室の南渡以来、江南の開発が次第に進んだことは、すでに先学の研究によっても知ることができる。[26] 江南の開発によって生産力が上昇し、余剰生産物の商品化が進むとき、それに応じて貨幣需要が増すわけであって、現実に流通している貨幣総量がその需要に応じきれなくなると、必然的に「銭貴《たか》くして物賤《やす》き」事態がはじまる。すなわち、南朝を通じて次第に激化する貨幣不足の現象の底には、生産力の発展に支えられて、この間に商品価格総額が次第に増加していったことを一つの必要条件として是非とも考慮に入れなければならないのである。

しかし貨幣不足、ことに良質貨幣の不足にもとづいて起った物価下落の傾向は、先に一例として絹布の場合をとりあげて、その下降曲線を描いてみたのであるが、そこに示された物価下落のスピードは直ちに商品生産上昇のスピードを示すということはできない。物価下落が進むにつれて、すなわち生産者が不利となり、貨幣所有者が有利となるにつれて、「富者はややその饒《ゆた》かさを増し、貧者はいよいよその弊をあつめる」こととなって、貨幣の偏在現象が起り、貨幣の退蔵、すなわち流通過程に入らない貨幣がふえて、いよいよ貨幣不足に輪をかけるという条件と、さらに先にのべたように、政府の通貨政策の混乱によって、良貨の剪鑿と悪質化が起り、いよいよ以て良貨の不足を昂進させるという条件が強く作用するからである。しかし、南朝におけるこのような貨幣不足の進行という現象は、その底に商品生産量の増加傾向と貨幣経済の進展を考慮に入れなければ、到底理解することはできないと思うのである。

事実、梁の大通元年(五二七)の詔勅によれば、「百官の俸禄は……今より以後、長く見銭を給する」ことになったのであり[27]、官吏の生活は原則として完全に貨幣経済の上に成り立っていた。そして何茲全氏の推計によれば、すでに宋の元徽年間(四七三—四七六)、国家財政は大体、穀物収入六、現金収入五、絹布収入二の割合で運用されていたかもしれないという[28]。それより五十年後の梁代において、百官の俸禄をすべて銭で支給することが可能であったことは、このときすでに鉄銭時代に入っていて、鉄銭の価値を保たせるという政治的意図がその中にあったと仮定しても、なお国家財政と当時の経済生活において銭の占める比重が極めて大きかったことを示している。南朝における貨幣経済の発展は一般に考えられているよりも、もっと高く評価すべきもののように思われるのである。

従来は唐代における貨幣経済のレベルから逆に類推して、唐以前にそれほど発達した貨幣経済は行なわれていなかったとする考え方が潜在しているように思われる。例えば、右の「百官の俸禄は以後長く見銭を給すべし」という梁の武帝の詔勅にしても、全漢昇氏はそれがどの程度実行されたか大いに問題があるという。(29) しかし詔勅の効力を疑うのは単なる臆測にすぎないのであって、このような詔勅が出たという事実、あるいは少くともこのような詔勅の発布を思いつかせる状況が当時あったという事実は否定することができないであろう。私は武帝治下の梁代は天宝以前の唐代よりも貨幣経済の程度がずっと高かったのではないかと考えている。いうまでもなく、それは地域的な制限をつけた上でのことである。『隋書』食貨志に「梁の初め、ただ京師および三呉・荊・郢・江・湘・梁・益は銭を用い、その餘の州郡はこれに雑えて穀帛をもって交易し、交・広の域はすべて金銀を以て貨となす」というように、その貨幣経済圏は華中・華南の全部をおおうのではなく、揚子江水域と広東附近の沿海地域を主としたものであって、奥地に向っては徐々にそれが浸透しつつあったという状態である。しかし梁朝経済において、この貨幣経済圏の占める比重は非常に大きく、それが百官の俸禄を現銭で支給することを可能にしたのであり、江南の経済力は相当な上昇過程に入っていた。その上昇は梁以後、北朝隋唐の政治的圧力によって抑圧され、搾取されて停滞し、広大な唐朝国家においては江南の貨幣経済圏の占める比重が相対的に低下し、むしろ梁代よりも貨幣経済のレベルが全体として後退することも充分可能であると思うのである。しかし論旨があまりに先走りすぎた。私は再び梁の武帝時代の貨幣経済と農民負担という問題にもどらねばならぬ。

梁の武帝時代における農民負担の過重、ないしそれにもとづく農民の流亡という現象の底には、単に農民に対する国家の苛斂誅求という、いつの時代にでも見られる原因のほかに、この時代に固有な貨幣経済のしくみによって、農民の負担がいよいよ増大していたという面を、以上において長々とのべてきた。それは根本的には、東晋以来の江南における生産力の発展を基礎として、交換経済は膨脹過程に入っているにもかかわらず、通貨の量がその需要に応じえないという矛盾から起っていた。生産者たる農民はこの矛盾の中で、慢性的な農村の不況に苦しめられ、通貨不足にもとづく貨幣的二重構造によってさらに被害を大きくした。梁代はその矛盾が最も進行する時点に立っている。武帝はこの事態に対して認識を欠いていたであろうか。斉の竟陵王子良が西邸を開いて、文学の士を招いたとき、若き武帝はその中にあって、八友の一人と称される重要なメンバーであった。(30)竟陵王は先に引用したように、こういった事態に対して深い洞察力をもっていた。武帝はその側近にあって、おそらく竟陵王の鋭い現状分析を聞いていたにちがいない。武帝が即位して以後、流民安插、租調減免、農事保護などに関する勅令をたびたび出していることは、五銖銭という良質法貨を発行したことと相俟って、武帝のこういった事態に対する相当な考慮を示すもののように思われる。そして、事態はこのような措置によって、そのつど或る程度緩和され、梁の繁栄の一つの基礎ともなったであろう。しかし、事態の進展は結局それによって阻止することはできなかった。五二三年の鉄銭への切り換えという冒険は、武帝にとって一つの賭けであったかのごとくにさえ思われる。鉄銭は発行されると同時に民間の私鋳をまきおこし、鉄銭価値の下落過程がはじまったと推測されるけれども、しかしそれは経済界にとって、確かに一種の補助貨幣の発行という意味をもったであろうし、貨幣総量の増加には役立ったであろう。この措置によって、あるいは十年ばかりの時をかせぐことができたかもしれないのである。しかし五三〇年代に入って、鉄銭政策が明らかに失敗していった後には、武帝にとってもはや打つ手もなく、ただ世のなりゆきを見るほかなかったのではないであろうか。

以上において私は、何之元の意見のうちの第一の点、すなわち梁の滅亡は苛斂誅求によって人民が流亡したためであり、武帝はその弊を改めることができなかったことによるとする点について、苛斂誅求の意味と武帝の対策とを、当時の貨幣経済の事情に照して追求してみたのである。次の問題はそのことの社会的な意味、すなわちこういった経済のしくみによって流亡する農民はどこへ行くか、そのしくみによって逆に利益を得る人間はどういう階層であるか、といった問題に移らねばならぬ。それはやがて何之元のいう「太半の人は並びに部曲となり云々」という指摘に関聯するのであるが、その前に、右のような経済のしくみによって直接利益を得る人たち、すなわち商人の問題を少しく考えておきたいと思う。

四　商業と商業人口

以上にのべたような経済事情において不利となるのは、もはや言うまでもなく生産者としての農民である。農民は慢性的な農村の不況に苦しみ、わずかに手に入る貨幣も剪鑿され私鋳された悪貨がほとんどであった。彼らは苦労して得たその貨幣によって贅沢品を買い、生活水準を引上げるどころではなかった。年々の歳調その他の税を現金で納入するために、その得た貨幣をすべてはき出さねばならなかった。農民にとって現金が必要なのは、もっぱら税金納入のためであったと考えてよいかと思う。こうして「貧者はいよいよその弊をあつめる」のに反して、むしろ有利となるのは商人であった。先にあげた東晋以来の絹布価格のスムーズな下降カーヴは、いうまでもなく良質貨幣のタームにおける単なる長期変動の趨勢であって、複雑な通貨構造のそれぞれにおいては、短期変動ははるかに激しい上下へのジグザグ・コースをたどる。豊作のときと凶作のときとでは農産物価格の変動には著しいものがあり、豊作時における農産物価格の下落と凶作時における飢饉状態および穀物価格の騰貴は、いうまでもなく農民には大打撃を与えるけれども、貨物輸送にあたる商人にとってはむしろ利潤増加のチャンスであった。また悪質貨幣の発行によって、物価騰貴と混乱が起るときには、買い占めと、貨幣の種類による比価の開きを利用して利潤を増すことができたはずである。そのうえ東銭・西銭・長銭というように、地方によって貨幣価値にも差があった。このような経済事情においては商業の有利さは決定的であって、郭祖深がいうように、「商旅はいよいよ繁く、游食するものはいよいよ衆《おお》く、耕夫が日に少く、杼軸《はたおり》が日に空しく」なるのは当然であった。農民のゆくえはこうして先ず商業に向って流れてゆく。

　実際、当時の社会においては、多少の資本があれば、やり方によって千金の富を築くことも可能であった。

> 陸験は……呉郡呉の人であった。験は少《わか》いとき貧苦であり、落魄して(立派な)行ないもなかった。同郷の人・郁吉卿なる人物は甚だ裕福であったが、験は身を傾けてこれに事えた。吉卿は銭と米を貸し、験は借り受けて、これで商売をはじめ、遂に千金を致した。彼はこれをもとでに都下《みやこ》に出て、財産をばらまいて権力者に事えた。朱异(武帝側近の有力者である)はその同郷人であったので、かつて(験から賄賂をもらって)徳とするところがあった。かくて(朱异は彼のことを)武帝に申し上げ、これを抜擢して、徐驎とともに二人で遞《かわ》るがわる少府丞と大市令に任命した。……験と驎は並《ふたり》とも苛刻をもって務とし、多くの商人は彼らを畏れた。……験は竟《あく》まで侵削をもって能とし、数年ごには遂に列棘に登り、……英彦と肩を並べ、仕えて太子右衛率に至った。(『南史』巻七七恩倖伝)

この陸験の話は、当時上昇過程にある貨幣経済の動きにのった場合、めざましい成功を収めることができたことを示すと同時に、第一にその蓄財の方法が銭と米とを資本にして商売をはじめるというやり方であり、また第二にこのような商人が政府への結びつきを積極的に求めたということをも示している点で注目すべきものである。

　銭と米とを資本にして商売が成功するということは、農業生産の増加によって、余剰農産物が商品化しており、穀物市場において地域的・時間的に相場の変化があるために、その価格差を利用して利潤をあげることができたからである。従って当時の商業は、まず穀物相場の安い時あるいは所においてこれを買い入れ、これを貯蔵するための倉庫を必要とし、次に買入れた穀物を価格の高い所へ運んで販売することが必要となる。すなわち商業は倉庫業と運送業とに密接に関連する。梁の宰相・徐勉の門人・故旧は彼にすすめて、

或いは田園を創闢せしめ、或いは邸店(倉庫)を興立せんことを勧め、また舳艫をもって運致せんと欲し、また貨殖を聚斂せしめようとした。(『梁書』巻二五徐勉伝)

この場合の田園創闢とは専ら商品としての農産物を生産するための企業を意味するごとくである。こうして手広く商業を営むものは倉庫業・運送業を兼ねて経営し、農業そのものも貨幣経済のもとにおいて一つの企業として成立するようになる。

彼ら商人のジャンクは三呉の運河をはじめ揚子江水域を活潑に動いていたと思われる。すでに一世紀も前の四〇四年においてさえ、その二月に起った洪水によって、首府建康の入口にある石頭では、「貢使商旅の方舟万計が漂敗流断した[31]」という。梁代ともなれば、そこには大型の貨物船が動いていた。顔之推は言う。「昔、江南にありしとき、千人氈帳あるを信ぜざりしが、河北に来たるに及んで、(人は)二万斛船あるを信ぜず[32]」と。このような大型貨物船は当然、遠距離商業に従事していた。揚子江中流の江陵は物資の一大集散地であって、「荊州の物産は雍・嶓・交・梁の会であり、……良皮・美罽は商賂の聚める所であった[33]」。そこには北朝治下の物資さえも流入していたと思われる。「弘農は漆蠟竹木を饒《ゆた》かに産出し、路は南と通じていて、販貿来往し、家産は豊富で百姓はこれを楽しんだ[34]」。北方と江陵との中間の漢水に沿った要衝・襄陽附近には、後にものべるように、康姓を名のる西域商人の聚落があった。彼らは南方の絹を買って、北方へ、あるいは遠く西域へ輸出していたのではないかと推測されるのである(三八四頁参照)。

このように当時の商業は陸験の場合に見られるごとく、商品化した農産物の取引によって成りたつ形が最も普遍的

であったと思うが、そこにはまた各種の商品を取扱う遠距離商業も相当盛んに行なわれていたと思われる。このような状況において商人層の勃興は必然的である。しかしもちろん、商業は未だ自由な、開かれた経済社会における商業ではありえなかった。そこには多くの経済外的な、政治的制約があった。従って商人はそのような経済外的特権をめぐって政府あるいは貴族や軍人に結びつきを求めるのである。貴族とこれに結びつく商人の問題は今はふれない(次節参照)。彼らの政府への結びつきだけを次に少し考えてみよう。

陸験の例が端的に示すように、商人は政府への結びつきを積極的に求めた。それはもちろん、政治権力を手に入れたいという政治への意志があったからではあろうが、より一層直接的には、やはり商人の立場からする経済的な理由があったと思われるのである。劉宋以後の南朝経済界には、累代の政府によって発行された種々の貨幣が不統一に並行して行なわれていたという事情のほかに、民間において剪鑿され盗鋳された種々の悪質貨幣が相並んで流通していた。こういう事情においては、時の政府が発行する法貨を政府から直接受け取るものは、流通過程の末端において貨幣を受け取るものにくらべて、はるかに有利であった。竟陵王子良がいうように、流通過程の末端において農民が受け取る悪貨は、法貨の半分の価値しかなかったのである。政府自身がしばしば悪質法貨を発行したことは先にのべたとおりであるが、そのときでもなお政府からその悪貨を直接受けとるものは、それが民間で通用価値を減じ、さらに改悪されてから後に受けとるものにくらべれば遙かに有利であった。そして、盗鋳者は政府の近くにさえいる場合があるのであって、梁の王族・楽山侯正則は太子舎人の地位にありながら銭を盗鋳していたのである。[35] つまり、政府の近くにいればいるほど貨幣的に有利であり、政府から遠くにあるものほど貨幣的に被害をうける状況であった。これが私の先にいう貨幣的二重構造と称するものであって、このような構造からして、必然的に商人は政府への結びつきを求め、またこのような構造に応じて商業人口の中にも種々の階層が生ずるのである。少府丞や大市令、すなわち大蔵省の次官クラスや官設市場の長官にあたる地位についた陸験らはその中で最上層に入るべきものであり、彼らはその特権を利用して、政府の御用商人や市場を利用する商人から収奪した。「商人は彼らを畏れた」のである。政府機関や宮廷の御用商人は、政府や宮廷に出入りできない一般の商人にくらべれば、やはり貨幣的恩恵やその他の便宜をうけることが多かったであろう。そして、さらに下層に位する商業人口は、葱を売ったり[36]、あるいは紵麻を売ったりする[37]ような地方の小商人または行商の商人であり、最下層には游食無頼の徒といわれるような半失業者の連中があった。こうして商業人口の中にも種々なる階層が分れる。従って彼らの社会的政治的な役割をたずねるためには、それぞれの階層に分けて考えてゆかねばならない。そこで私は先ず第一に、彼らの中で最も上層にいるもの、すなわち陸験らのようないわゆる中央の恩倖と、第二に地方の王侯・将帥に結びつく地方の商人と、最後に第三に、その最も下層に属する游食無頼の徒に分けて、次にもう少しくわしくその社会的役割を考えてゆこうと思う。

五　恩倖と商人

まず、商業人口の中で最も上層にいるものは、陸験が『南史』の恩倖伝に記されていることからも分るように、当時、恩倖と呼ばれた一群の人々につながるものである。唐長孺氏が指摘しているように、『宋書』『斉書』『南史』の恩倖伝に列せられた人物の中には確かに商人出身者が多く[38]、宮川尚志氏もすでに「南朝の寒人は理財に長じた三呉出身の富豪である」と言われている[39]。寒人がすべて富豪であるとはいいきれないけれども、恩倖の中に商人出身者が相当にあり、また、はっきり商人出身と明記されていないものも、商人と何らかの関係をもったものが多いことは注意すべき事柄である。

いうまでもなく恩倖は商人とは異った場において成立する政治的な存在である。それは君主の私的な恩寵を受け、君主の走狗となって私的な奉仕にこれつとめるものであって、南朝においては皇帝対貴族の政治的な力関係から、皇帝がこのような自己の走狗となるべき存在を必要としたのである。皇帝は権力を自己の手に集めるために、貴族の蟠踞する政府に権力を委任したがらないが、「刑政は繁雑であって、理として徧ねく通じがたい。耳目の寄するところ、事は近習に帰する」という結果になるのであって、このような近習を用いるならば、「外は主に逼《たて》つく嫌《おそれ》もなく、内には専用駆使しうる効果があった」[40]。こうして近習の恩倖は中書通事舎人などになって国家の機密を掌握し、虎の威を藉る狐のごとく、その勢は天下を傾けることになったのである。このように権力を皇帝＝恩倖の路線に奪われてゆくについては、貴族の側にも責任あるいは弱点があった。魏晋以来、貴族社会の風潮は「玄虚を尚び、放誕を貴び、尚書省の丞・郎以上は簿領文案なども懐《こころ》に経《か》けず、みな令史の手に成る」有様であり、宋・斉に及んでもその風はいよいよ盛んであって、未だ嘗つて公文書などに目を通したことのない高官が清貴なる人物とされ、恪勤にして懈らざるものは鄙俗な人間として、結局うだつが上らなかった。「かくて朝政は上に廃せられ、職務は下のものの手に堕ちたのであって、小人の道が増長したのは、そもそもこれに由るのである」[41]。宋・斉の中央政界はこうして貴族対皇帝＝恩倖の闘争場と化してゆき、政界の混乱はいっそう激しくなるのであるが、梁の武帝はこれに対して、「士庶を問わず、才行によって官吏に採用し、教養なく徳行薄き寒人が苟進媚事するのを防ぐとともに、無能安逸の貴族子弟が高官に素餐するのを遏めようとした。……ゆえに天監年間(五〇二―五一九)、国政は整い、徐勉・周捨のごとき比較的寒門の宰相が治道に励み、宋斉時代のごとき寒人(恩倖)の横暴はしばしかげをひそめた」[42]。武帝は確かに身分を問わぬ賢才主義によって、貴族も寒人も含めた、いわば挙国一致内閣を作って政界を安定させたのであるが、それは結局、貴族勢力の減退と寒人勢力の進出を意味している。貴族たちは「毎《つね》に自ら(実務担当能力のないことを)量《はか》らず、世を挙げて梁の武帝父子が小人を愛し、士大夫を疏《うと》んずることを怨んだ(43)」のである。貴族士大夫から小人としてさげすまれ、寒人として抑えられていた連中は南朝を通じて徐々に勢力を抬頭してくる。寒人の政治的進出のトップに立つものは、すなわち恩倖であり、寒人勢力の一つの重要な構成要素がすでに商人である以上は、恩倖と商人とが密接な関係をもつことは不思議でない。

このような恩倖が君主と結合して政界に大きな力をもちはじめるのは、だいたい宋の孝武帝のころ、すなわち四五〇年代以後のことである。そのころには南朝の経済は先にのべたようなしくみ、すなわち生産力の発展と交換経済の膨脹にもとづく貨幣不足の現象、および貨幣的経済的二重構造がすでにかなり進んでいた。四四七年の法貨価値の引き上げをめぐって、沈演之は当時すでに「貨が貴く、物が賤く、貧室は日に苦しむ」状況をのべており、この法貨価値引き上げの措置によって、何尚之が予言しているごとく、「富人の財産はおのずから倍となり、貧者はいよいよその困懼を増した(44)」であろう。そして、そのころすでに御用商人は宮中あるいは政府機関に頻繁に出入りしていた。呉歌・西曲という、商人に関係の多い民間歌謡曲は宋代から宮中で非常に流行した。それは宮中に多くの商人が出入りしていたからであり、まさにその時期に寒人恩倖が国家の機要を掌握しはじめているのは偶合とはいえない、と唐長孺氏は指摘する(45)。寒人恩倖にとって、貴族という強力な対抗者がある以上、商人出身の恩倖でなくても、同じ寒人に属する商人層と結びつくのは当然であり、政府への結びつきを求める商人もまた、ここを突破口として殺到するのも当然である。こうして恩倖の周辺には「朋を挾み、党を樹て、政は賄をもって成る(46)」という状況が出現する。そして宋の明帝の信任をえた恩倖・阮佃夫は、

およそ談笑するところ、言は行なわれざるなく、阿党を抽き進めて、彼らはことごとく不次の位を受けた。故に佃夫の左右には四軍五校羽林給事などの官があったが、これらの官はみな市井の傭販の人が諂附して獲たのであっ

た。(『魏書』巻九七島夷劉裕伝中の劉彧の条)

すなわち恩倖の背景には多くの商人がひかえているのであり、恩倖の勢力が強くなるのは、南朝における貨幣経済の進展にともなって商人勢力が抬頭するという現象の政治的な一つの表われであると見ることができる。恩倖は単に君主の恩寵、すなわち君主権の支持によるだけでは未だ充分に強力とはなりえない。それが他方において、商人勢力の抬頭という当時の社会現象を背景にもって現われるとき、その力はようやく貴族の牙城を脅やかすほどに成長してくる。かくて南朝の恩倖は一方において君主権の支持の上に成り立ち、他方において商人勢力とのつながりにおいて強力になると考えてよいであろう。

しかし、彼らは商人勢力の代表としての立場を自覚しているわけではない。彼らが権力の座に上ったのは、君主の恩とそれに対する卑屈な奉仕という私的な契機からであり、あるいは多額の賄賂をまくことによって得た私的なコネクションにもとづいている。従ってこのような径路によって、ひとたび権力の座についた以上は、既得権をフルに行使して私的な利益を追求するという方向に向う。彼らは私的に結びついた自己の朋党のために計ることはするけれども、一般の商人からはこれを畏怖せしめるほどの搾取を行なうのであり、いわんや一般庶民の利益などは彼らの眼中に全くない。台使の派遣ということが、政府による苛斂誅求という問題の、一つの核心となっていたことはすでに述べたところであるが、この台使には恩倖系の寒人が多く任命された。彼らは国家の財政収入を増すために権力を行使するだけではなく、それに便乗して私的な利益の追求を忘れない。彼らはその機会に「篚筐《かご》を薦《だ》して民に重貨《わいろ》を納めさせ」(三五七頁)、現金でない礼物の場合には「これをもって或は遠く他境に貿買し、或は地方官と結托してその地これを売りさばいた」のである。[47] 彼らはこのように商人勢力の代表者では決してない。にもかかわらず、当時の貨幣経済の発展と商人層の抬頭という現象がなければ、彼らが勢力をのばすことはできなかったのである。そしてまた、このような特権をかさにきた恩倖の商人的行為が、農民を搾取してこれを流亡に追いやり、浮動的商業人口の増加に寄与するという悪循環がおこっていたのである。

ところで、このような恩倖が中央に出現するのは、陸験の場合のように、直接中央政府や宮廷に出入りして、そこから取り立てられてゆく場合もあったが、むしろより多くは地方軍府に先ず食い入ってゆく。宋・斉時代には地方軍府に都督・刺史として出ていた諸王が中央に入って帝位をつぐことが多く、その際、地方の軍府にあって目をかけられていた王の恩倖が、王の即位とともに中央の宮廷で国家の機密に参与するというケースの方が目立っている。たとえば、戴法興はもと紵麻を売る商人の子で、自分も若いとき会稽山陰の市で葛を売る小商人であった。ところが学問が好きで、まず伝署という小役人になり、それから中央に入って尚書倉部令史となっていたが、やがて彭城王義康の記室令史から、のちの孝武帝(当時、江州刺史・南中郎将)の典籤になった。これが同じ典籤仲間の戴明宝・蔡閑とともに孝武帝の建康入城とその即位によって中書通事舎人となり、国家の機密を管掌することになったのである。(48) 宋の明帝に附いていた阮佃夫や王道隆、斉の高帝や武帝についていた紀僧真・茹法亮などみなそのたぐいである。このように地方軍府の長官が中央にのり出す場合に、もとの軍府の人員を中央にもちこむことが多く、それは地方軍府に関係のある寒人——軍人・恩倖的寒人・御用商人などを含む——にとって絶好のチャンスであったと思われる。そこで次に、このような地方軍府における商人と軍人の関係を調べたいと思うのであるが、いまそのことを梁の武帝が雍州(襄陽)から兵を起したときの事情を中心として考えてみたいと思う。

六　地方商人と軍人

南斉王朝最後の皇帝・東昏侯の暴政に対して、紀元五〇〇年、蕭衍（のちの梁の武帝）が雍州襄陽において兵をあげたとき、蕭衍の地位は「持節都督雍・梁・南北秦四州・郢州之竟陵・司州之随郡諸軍事・輔国将軍・雍州刺史」であった。すなわち彼は雍州刺史として襄陽を本拠とし、襄陽を中心とした雍州一円の民政長官であると同時に、その軍隊指揮権は膝下の雍州のほか、西方は漢中の南鄭を中心とした梁州・南秦州・北秦州の三州に及び、東は今の京漢線の西側・随県を中心とした涓水の流域と、南は漢水の屈曲する天門県あたりにまで及んでいた。そして挙兵当初の蕭衍の軍隊の構成は『梁書』によれば次頁の表のごときものである。

雍州直属軍の兵力は甲士万余人・馬千匹・船三千艘、その他の全軍と合わせて鉄馬五千匹・甲士三万人程度であったらしい(49)。蕭衍はこのような軍隊を率いて首府建康に進撃するのであるが、彼の軍事行動が最も強い支えを得たのは、荊州軍府との連携に成功したことであって、もともと荊州軍府に属していた諸将軍については、『梁書』巻一〇および巻一九にまとめられている。

ところで、このような地方軍府は商人とどのような形でつながっているであろうか。まず将軍自身が商人層の出自とみなされる場合がある。次頁の表の中に見える呂僧珍は広陵の人で、その出自は寒賤といわれるが、彼の家は広陵の市場の北にあり、姉の嫁いだ先の于氏は市場の西の小さい家に住んでいて、それは商店街の中にあった。また、彼の従父兄の子は肆《みせ》を構えた葱売りの商人であった。呂僧珍は子供のとき、先生に従って勉強したというから、広陵のちょっとした商人の息子であったと思われる。このような環境から、彼は先にのべた恩倖の戴法興と非常によく似たコ

	将軍の名	起兵当時の地位	所在地	麾下の構成その他	『梁書』巻数
雍州直属軍	王茂	輔国長史・襄陽太守	襄陽	（先発軍団長）	九
	柳慶遠	別駕・従事史	襄陽	（参謀長）	九
	張弘策	録事参軍・襄陽令	襄陽	万人を領して、後部軍事を督す。	一一
	呂僧珍	中兵参軍	襄陽	陰かに死士を養い、これに帰するもの甚だ衆し。	一一
	韋愛	中兵参軍	襄陽	武帝進発後、雍州の留守を預かり、郷里に率募して、千余人を得。	一二
管下諸軍	曹景宗	冠軍将軍・竟陵太守	鍾祥または石門附近	衆を聚む。景宗の軍士は皆な桀黠無頼。	九
	張恵紹	竟陵横桑戍主	右の周辺の横桑戍		一八
	鄭紹叔	寧蛮長史・扶風太守	穀城の東		一一
	柳惔	西戎校尉・梁南秦二州刺史	南鄭	漢中を挙げて義に応ず。	一二
	韋叡	上庸太守・加建威将軍	竹山の東	衆二千・馬二百匹。	一二
	康絢	前軍将軍・華山太守	宜城の北	みずから敢勇三千人・私馬二百五十匹を率いて従う。	一八
	昌義之	馮翊戍主	宜城の東南		一八
馳参者	馮道根	汮均口戍副なるも帰郷中	光化の東北	郷人子弟の兵に勝うるものを率いて悉く高祖に帰す。	一八

ースをとって、官界に入ってゆくが、途中で蕭衍とコネクションができ、その下で結局、部将として活躍することになったのである。(50) すなわち軍人も恩倖も同じような小商人層から出つつあるという当時の状況は一応注目に値するであろう。それはやはり商人層の抬頭を示す一つの現象と考えられるからである。

次には商人が積極的に軍人に接近する例がみられる。同じく先の表に見える曹景宗の弟に、曹義宗というものがいた。

義宗が年少で、まだ位も官もないとき、雍州(襄陽)に住んでいたが、彼は方伯(竟陵太守)となっていた曹景宗の弟でもあり、また豪彊の家柄でもあったので、市場の附近に住む富豪の向という姓のものが、現金百万銭を持参金とするから妹を娶ってくれといった。義宗は使いに手紙をもたせ、竟陵に行かせて相談した。景宗はその手紙の後に返答を書きつけて、「金を出しても得られまいものを、何で売りに出すのだ」と。ところが義宗は貪欲で、とうとう結婚してしまった。のちに彼は武帝に随って揚子江を下り、梁秦二州の刺史を歴任したが、向家の兄弟は曹氏にくっついて列卿の位に登ったのである。(『南史』巻五五曹景宗伝)

これは地方の商人と、その地方における有力な軍人の家とが密接につながることを明らかに示している。商人の息子がこうして列卿の位にまで登ったのはむしろ僥倖である。これほどうまく行かなくても、商人は軍人に結びつくことによって利益を得るに充分な理由があった。それはどういう理由であろうか。

陳の至徳(五八三)以前において、「旧制では、軍人と士人の二品清官にはみな関市の税をかけぬ」(51) という法規があった。この軍人とは以前は兵戸を指す言葉でもあったが、兵戸制度がすでに崩壊したあとのこの時代においては、(52) 私は一般に将校クラスの職業軍人を指す言葉であろうと思う。つまり「軍人士人二品清官」という原文は、「二品清官に相当する武官と文官」という意味に解してよいであろう。とすれば二品清官の範疇に入る高級の武官および文官の名において商品を動かせば、当然合法的に関税と市場利用税を免れることができたわけである。従って文官における二品清官を常に占めることのできる貴族に対しても、商人は積極的に結びつきを求めるのであるが(53)、その問題は次章にのべることにして、今は専ら軍人と商人との結びつきの面を注意しておきたい。向某なるものが積極的に接近した曹氏は、当時曹景宗が冠軍将軍・竟陵太守であって、南斉時代の官品が宋代に準じているとすれば、それは五品の官にあたり(54)、当時の概念での二品清官に充分相当したであろう。この場合の二品とは第六品以上をさすからである(55)。従って向某なるものは二品清官の軍人の親戚となることによって、その名を借りて商品を動かし、それによって大きな利益を得たと推測することもできるのである。

そのほかにも商人は軍府に結びつくことによって多くの利益を得ることができたと思われる。関市の税の徴収が軍府の権限内のことであり、しかもそれが一種の請負徴収制であったとすれば(56)、これの請負をめぐって商人が姦利を求めることも充分にあり得ることである。

　また司市の要は昔より難しとするところ。頃来この役は才挙に由らず、並びにその重貲を条して、許すに賈衒を以てす。前人は估を増して侠を求め、後人は税を加えて代らんことを請う。かくの如く輪回すれば、終に何の紀極かある。兼ねてまた関津の要に交わり、共に相脣歯す。愚野は未だ閑《なら》わざれば、必ず陵誣を加う。罪は大小となく、横《ほしいまま》に貲載を没す。凡そ穀帛を求め試《しら》べては、類《おおむ》ね廉謹にあらず。未だ事に在りて容を開く所以を解せず(57)。

この竟陵王の上奏は文意難解であるが、市税徴収のために請負者を決めるにあたって、ちかごろは才挙によらず、財産調査をして商人に委託する。前任者は估税を増徴して侠《さや》かせぎを行ない、後任者はまた估税を加えてその役を引き受ける。どうどうめぐりは果てしがない。おまけに彼らは関津の役人とも結託し、関税徴収と積荷の検査にあたっても、事情に通じない一般庶民に圧迫を加えて、積荷を不法に没収したりしている、という意味のごとくに解せられる。とすれば、このような特権をめぐって商人が軍府と結びつく理由があったわけである。

さらに一般的にいって、軍府の莫大な消費をめぐって当然商人はそこに出入りするのであり、当時の貨幣的二重構造からいっても、軍府の支払う法貨を得ることは、そのことだけでも商人にとって有利であったにちがいない。そして軍府の側でも、何かの行動を起すとき、経済力をもった商人の支援は確かに必要なことであったと思われる。次にそのことを記してみよう。

先にあげた梁の武帝の挙兵当時における麾下の将軍の中に、康絢なる人物が入っている。康絢はその姓から分るように、もともと西域の康居の人である。彼の祖父の代に、関中の藍田県から郷族三千余家をひきつれて、襄陽の峴山の南に移住してきた。これは宋の初め、永初中(四二〇—四二二)のことであって、宋ではこれを受入れるために、わざわざその移住地に華山郡藍田県を置いて襄陽の僑県とした。その後、代々華山太守に推されて康絢に至り、康絢は梁の武帝の挙兵に応じて、敢勇三千人・私馬二百五十四を率いて馳せ参ずるのである。(58) 西域の胡人は商業に従事するのが普通であるから、この康氏三千余家の居住地というのは襄陽近辺の商業的中心地になっていたのではないかと思われる。そして康氏が襄陽近辺に移住したのとちょうど同じころ、永初三年(四二二)に雍州の軍府は襄陽にはじめて置かれたらしい。(59) つまり、このころから襄陽の経済活動が活溌になり、東方の寿春や広陵とともに、北方との貿易拠点として、その旺盛な経済力は大きな軍府の消費を充分まかなうことができるようになったのであろう。貨幣経済の進展にともなって、軍府の消費を維持するためには、単に屯田経営などによる現物生産だけではまかないきれなくなる。そして軍府が活動を開始するとき、そのバックには大きな経済力が必要となることから考えれば、梁の武帝が兵を起した背後には、当時の国際資本ともいうべき康氏の経済的支援があったと推測することも、あながち牽強附会とはいいきれないと思うのである。

このような推測を強める一つの傍証として、雍州の武帝と呼応した荆州の軍府では、軍事行動を開始するにあたって、次のような方法をとって軍費の一部を調達した。

蕭穎冑（事実上の総帥である）は銭二十万・米千斛・塩五百斛を献納し、諮議参軍の宗塞と別駕の宗夬[60]（宗氏は江陵の豪族である）は穀二千斛・牛二頭を献納し、富貲に換借して以て軍費を助けた。また長沙寺の僧業は富沃で、黄金を鋳て龍数千両を為《つく》り、土中に埋めて……下方黄鉄と称していたが、……此の龍を取って以て軍実に充てた。（『南斉書』巻三八蕭穎冑伝）

軍資金の調達に富貲が一役買っていることは確実であり、長沙寺は当時のいわば金融資本であった。

甄彬は嘗つて一束（十四）の苧を以て州の長沙寺の庫に就《い》って、これを質に銭を借りた。のち苧を贖って還ったところが、苧の束の中に五両の黄金が手巾に裹《つつ》んであるのをみつけた。彬はこれを得て、送って寺庫に還した。（長沙寺の）道人は驚いて「近ごろある人がこの黄金を質にして銭を借りてゆきました。丁度ある事で、悉く失《な》くしてしまうわけにいかない事情があったところへ、なんと檀越《あなた》はよくお還し下さった」と言って、直ちに黄金の半分をお礼に酬《むく》いたが、往復すること十ぺんあまりしても、彬は堅然として受け取らなかった。（『南史』巻七〇甄法崇伝）

梁の武帝は布衣のとき、この話をきいて、のちに皇帝になってから甄彬をとり立てたという。荆州軍府が行動を開始したときのバックには江陵の富豪と、このような経済力ゆたかな寺院がひかえていたのである。

以上において私は地方の商人あるいは資本家が、地方の軍府と甚だ密接な関係をもっていたことを示したつもりである。それは貨幣経済の進展によって商人層の勃興という現象が進み、地方軍府もこのような経済社会の動きに無縁ではありえなかったことを示している。そして、このことを前節において述べた恩倖の出現と合せて考えるとき、商人勢力は中央政府にも地方軍府にもさまざまな形で進出していったことを知ることができる。このような商人勢力の進出は、南朝における寒人一般の抬頭という現象の有力な一環として作用しているのであり、それは貨幣経済の発展を基礎として始めて可能なことであったのである。

　以上の考察は、多くの商業人口の中で比較的上層に位する、成功した商人を中心として取り上げたものであった。彼らは政府や軍府に結びつくことによって、経済外的な様々の特権を取得し、その特権を行使して、さらに富の蓄積を追求していった。その中には、先にあげた陸験や台使の行為、あるいは估税徴収請負商人の行為からも分るように、その特権を利用して自己より下層の商人を圧迫し、一般庶民を搾取するものも多かった。こうして恩倖の阮佃夫は、晋代の有名な王愷や石崇も及ばない豪奢な生活を享受した(61)。そして梁代に入れば、特権階級たる王族・貴族・高級軍人たちの豪奢な生活はいよいよ高まり、かつ拡がってゆくのである。賀琛の上奏にいう、「吏となって民を牧する者は競うて剝削をなし、巨億の貲を致すといえども、罷めて帰るの日、数年を支えずして、すなわち已に消散す。蓋し宴醑の費す所、すでに数家の産を破り、歌謡の具は必ず千金の資に俟つ。費すところ事は丘山に等しく、歓をなすはただ俄頃にあり。……その余の淫侈はこれを凡百に著わす。習いて以て俗を成し、日に滋《いよ》いよ甚だしきを見る(62)」という状況は、相当広い層に及ぶ特権階級、あるいは富者階級の一般的な消費ブームを示すに充分である。梁代に高潮に達するこのような消費ブームは、当時の貨幣経済の発展がこれを可能にしたのであるが、しかし、それは貨幣的経済的二重構造と封建的経済外的特権との上に成り立ったものであって、その構造によって被害を受け、かつその特権から疎外された貧民の犠牲において出現したものであった。こうして社会における貧富の格差はいよいよ激化してゆく。そして、その貧者の側に我々が目を移すとき、すでに第三節と第四節において我々が見てきたように、同じく貨幣経済の進展と貨幣的経済的二重構造とによって必然的に析出されてくるところの、流亡農民と游食者層、すなわち最下層の商業人口を含めた半失業者たちの問題に復帰するのである。次に彼らの社会的な意味ないし役割を考えてゆこうと思う。

七　軍府と半失業的商業人口・流亡農民

商業人口の最下層にある、いわゆる游食無頼の徒は、もはやはっきりと商業人口として規定することはできない。それは流亡した農民の一つの落ちつく先であり、多くの失業者を含んだ、いわば半失業者の群である。農民たちが農村からはじき出されたのは、先にのべたように、農村の慢性的な不況と貨幣的二重構造によって、農業から得る現金収入では歳調その他の税を納入することができず、従って生活を支えることができないからであった。彼らは割のあわない農業よりも、より容易に現金を得ることができる道を求めて、先ず商業機構の末端に附着したのであった。商業に従事するものは、自ら小規模な小売や行商に従うものも多かったであろうが、さらにより多くは各地の有力者に使われて、その商業活動に従事したであろう。その有力者の支援を得て、独立して商業を営み、陸験のように成功するものは極めて稀であったにちがいない。流亡農民の商業への流入が増加するにつれて、正常な商業活動を自己の職業となしうることはいよいよ困難となり、失業者あるいは半失業者が商業機構の周辺に、その利を求めてうごめく状況が次第にひろがっていったと思われる。それはすなわち失業者の増加であり、それが進めば社会不安を醸成するであろう。そのような一種の社会不安が醸成されつつある状況において、「賑施を好み」(63)、「心を虚しうして士を愛する」(64)ような任俠者が喝采を博するのは当然であって、彼らのもとには「悪少」「少年」「賓客」などという言葉で表わされる軽俠無頼の徒をはじめ、史料に「郷人」と書かれているようなその地方の一般人民が数多く集まっていったのである。任俠者流の人物は『陳書』の列伝に極めて多く現われている。それは泰平の盛代と謳歌された梁代において、このような遊俠的結合を中心とした郷人の集合体が、農民の流亡にもとづく半失業的商業人口、すなわち游食者層の増大を基礎として、次第に広汎な社会現象となっていったことを示している。そして、それは南斉末期においてもすでに現われているのである。前節に掲示した梁の武帝の挙兵当初の軍隊において、曹景宗麾下の兵士はみな桀黠無頼であるといい、曹景宗自身が子供のとき、「常に少年数十人と沢中に麞鹿を逐った」のである。[65] また「呂僧珍は陰かに死士を養い、これに帰するもの甚だ多し」[66]と言われているが、その死士集団は游食者の中の腕の立つものから出来ていたにちがいない。そして荊州軍府に属していた部将の鄧元起は、若いときから「性は任俠にして賑施を好み、郷里の年少は多くこれに附いた」のであり、荊州軍府の中兵参軍としての彼の下には「敢死の士の、彼の為に命を用いんことを楽《ねが》うもの万有余人あった」[67]のである。

大体、任俠者ないし任俠集団の活躍は漢末以後、急速に減退してゆき、『晋書』『宋書』『南斉書』の中で任俠と書かれている人物は稀にしか見あたらない。これに反して、その前後の『三国志』や『陳書』には数多くの任俠者が見出だされ、彼らのめざましい活躍が記されていることを思うならば、その間の対照は極めて鮮やかである。その理由は、漢末の喪乱以後、劉宋時代の終り近くまで、少くとも三世紀の中ごろから五世紀の中ごろまでの間は、任俠者の形成を阻むような社会情勢があったからであろう。この約二百年の間は兵制の上では、ちょうど兵戸制度の時代に当っている。[68] 任俠者の資格がまず武芸に長じた俠気のあるものだとすれば、この時期には彼らは兵戸制度の中に吸収され、その指揮官となっていった場合も推測される。孟龍符や劉康祖など、[69]『宋書』に散見する稀な任俠者もやがてはそのシステムに入っていったと見てよいのではないかと思う。

しかし任俠者が子分を作って力をもつためには、これに依附する浮動的な人口がなければならぬ。それは生活の余裕からであれ、あるいは失業による寄食からであれ、とにかくある程度の時間的余裕がなければ、遊俠的生活は成り立たない。そのような余裕をもった浮動的な人口は農村においてではなく、都市においてより一層発生しやすく、商業活動の周辺において成立しやすい。任俠者が不活潑であった三世紀から五世紀の間においても、呉の都・建業(のちの建康)では任俠者のハデな生活が歌われており、(70) 孟龍符や劉康祖もまさしく当時の首府周辺の都市・京口の人であったし、また遊俠の戴若思も商旅の周辺に蠢動していたのである。(71) このようなことから考えれば、任俠の成立と活躍には、ある程度の都市生活と商業の発展、およびそれにおいて発生する游食者の存在が重要な条件になっていると考えてよい。漢代における遊俠の活躍はその時代の都市生活を基礎とし、斉末以後におけるその再現は貨幣経済の回復と商業の発展という現象に支えられているといってよいであろう。こうして南斉から梁一代を通じて、次第に加速度的に増加してゆく游食者ないし半失業的商業人口の基礎の上に、無数の任俠的結合が形成されていったのである。

以上は半失業的商業人口の動態を純粋に民間の側において考察したのであるが、政府機関との関係を考慮に入れるとき、それはさらに重大な意味をもってくる。

食いあぶれた半失業的商業人口ないし流亡農民のゆくえには、さらに政府機関にやとわれてその給与に頼るという方法があった。しかし官公庁に入るには、先にあげた戴法興や呂僧珍のように、ある程度の才能が必要であったろう。従ってその必要のない最も簡単な方法は軍府の兵員募集に応ずることであり、またそこが最も収容能力の多いところであった。

すでに濱口博士が明晰に指摘されているように、魏晋以来の兵戸制度は宋末に至って潰滅に瀕し、斉の末ころになると、常備部隊はほとんど全く募兵に変っていた。(72) この軍制の変化も貨幣経済の進展と無関係ではないと思うのであるが、それはしばらく措くとして、先に梁の武帝の挙兵をのべたところで掲示した表からも分るように、五・六世紀の交にはすでに募兵を容易に集めることができるような社会になっていた。武帝が「頗る武猛を招くや、士庶の響従して会するもの万余人」といわれ、呂僧珍の養った死士集団も、そのような募集に応じたものから成り立っていたのである。(73) このような兵員募集は梁代を通じて行なわれる。梁代の中ごろ、五二〇年代においても、郭祖深の上奏にいうように、地方長官に擢用された「勲旧たちは、投化のはじめは全く一人であったのに、任用されるに及んで、みな部曲を募り、揚州・徐州の人は衆《おお》くの徭役(の苦しみ)に逼られて、多くはその募集に投じ、その貨財を利した」。(74) 武帝が兵を挙げた当初、その募集に応じた死士や武猛の人の中には、梁朝治下でこのように地方官に出世して、そこでそれぞれ兵員募集を行なっていた。それは方鎮や藩鎮と呼ばれる地方軍府の長官のみならず、軍府の指揮下に属する地方官もそれぞれ募兵を行なっていたことを示す。こうして梁の盛時において、

ときに江表の将帥はおのおの部曲を領し、ややもすれば千をもって数う。(『陳書』巻三一魯広達伝)

という状態がすでに起っていたのである。この記事は、濱口博士が『秦漢隋唐史の研究』上巻四一四頁に言われたように、「このころ地方の土豪や風雲児が数百から一千以上に達する募兵ないし家兵を擁して、郷党にあっては一県一郡の政治を左右し、出でては方鎮に仕えて将帥として活躍したものの多いことを叙述したものである」。そして濱口博士がすでに引用された諸例からみてもわかるように、これらの将帥の数百人ないし一千人以上から成る集団とは、すなわち「州里の少年」を集めたものであり、(75) また「郷人を将領した」ものであった。(76) つまりそれは先にのべたところの、農民の流亡と半失業的商業人口の増大という現象を基礎として発生した、あの任侠的結合を中心とする郷人の集合体そのものに外ならない。軍府ないしその指揮官が兵員を募集する場合には、流亡農民ないし游食者が個々バラバラに募集に応ずるほかに、民間にできていた任侠的結合がそのままもちこまれてくるのであり、あるいはまた応募

した個々の兵員はそのような形で編制されていったのである。

軍の構成がこのような形になってゆくことは、すなわち軍府の体制そのものを内部から変質させてゆくことを意味する。軍府内部の実力はこのような自己自身に属する集団を握ったもの、つまり軍府長官の指揮下にある地方官や参軍クラス(それは兼任している場合が多く、その実体は土豪である場合が多い)の手に移ってゆくとともに、指揮系統には混乱が生じてくるのである。たとえば、『周書』巻四六の杜叔毗伝によると、杜叔毗は襄陽の豪族であったが、彼は梁に仕えて宜豊侯蕭循の軍府の中直兵参軍となっていた。蕭循の軍府においては、彼のほかに、その兄の杜君錫が中記室参軍、従子の杜映が録事参軍、映の弟の晰が中直兵参軍として、「おのおの部曲数百人を領していた」。五五二年、南鄭にあった蕭循の軍府が西魏の軍隊に包囲されたとき、西魏に対する講和処置をめぐって、参軍クラスの間に争いが起った。杜叔毗が蕭循の命をうけて講和使節として長安に行っている留守中に、中直兵参軍の曹策と劉暁は、直接出先の西魏包囲軍に降服しようとして反対派の杜氏一族を斬った。おそらく曹策と劉暁も杜氏一族と対抗しうるだけの部曲を領していたのであろう。曹策一派は結局、蕭循に抑えられることになったのであるが、しかしこの記事は、軍府においておのおの部曲数百人を領した参軍クラスの勢力が、軍府の政策決定に強い影響を及ぼしたことを示している。と同時に、軍府がもはや一つのまとまりをもった一軍団としてあるのではなく、それはすでに多数勢力の集合体にすぎなくなっていること、そしてこれらの多数の内部勢力は、ともすればそれぞれの利害によってバラバラに動き出す可能性を孕んでいたことを示すものである。軍府は構造的に分裂に瀕していた。軍府の長官の統制力は内部諸勢力の胎動のまえに無力化せんとしていたのである。このような状態においては、軍府としてのまとまりは僅かな刺戟によって崩壊する。それによって内部勢力の胎動はおのずから外に発出するからである。

このように梁の末期においては、梁の軍制そのものが、数百から一千に及ぶ無数の独立的な部曲集団から成っていた。そしてこの部曲集団を率いるものは、官制的にいえば参軍や太守クラス、実質は地方の土豪や風雲児であり、その部曲とは流亡農民と半失業的商業人口を主な供給源とする軽侠・郷人にほかならなかった。そしてこれらの部曲集団は郡県においてはもとより、軍府においてもおのおのその利害のままに動く姿勢をとっていた。利害のままに動こうとするのは単に部曲集団を率いる将帥の意志だけからではなく、部曲たちの意志の反映でもあったのではないであろうか。

　何之元はいう。部曲となった太半の人は「藩鎮とともに侵漁し、守宰を助けて蝥賊となり、罪なき人を収縛し、善人を逼迫する。かくて人民はことごとく流離し、邑はみな荒毀した。これによって抄劫は蜂起し、盗窃は群行した」と(三五五頁参照)。太半の人が部曲となったのは、もはやくりかえすまでもなく、食いあぶれた失業者をはじめ多くの人々が藩鎮(軍府)とそれを構成する守宰・将帥のところへ附着し、そこから流れ出る豊富な政府資金、すなわち給与その他に吸いよせられたからである。彼らが軍隊を志願したのは、むしろ食うために、それが有利であるために集まってきたのであり、彼らが利益の追求に走るのは当然であった。そうして彼らは武力をバックに人民を圧迫し、搾取し、その結果、人民はさらに流亡し、盗賊となる。治安の悪化はさらに軍隊を必要とするであろう。

> 海寧・黟・歙などの県、および鄱陽・宣城郡の境界(すなわち安徽省南部から江西省にかけての一帯)には盗賊が多く、附近の県はこれに苦しんだ。程霊洗はもともと郷里(海寧)の人々に畏伏されていたので、前後の地方長官たちは、つねに彼に少年を召募させて、劫盗を逐捕させてきた。侯景の乱になると、霊洗は徒を聚め、黟・歙に拠って、もって侯景を拒《ふせ》いだ。(『陳書』巻一〇程霊洗伝)

盗賊の発生は逆に軽侠集団の形成を促したのである。かくて何之元が指摘した流亡農民の部曲への流入、部曲の侵奪による農民の流亡と盗賊化という悪循環は、盗賊の発生による部曲の増加という現象を加えることによって、より一層完全な悪循環となる。

社会の下層にはこうして軽俠・郷人・盗賊の無数の集団が発生していた。そしてその行動原理は食うための、あるいはより有利であることを求めるための利益追求ということであった。軽俠・郷人集団は軍府に大量に入って、内部からその構造を変え、軍府を自壊寸前の状態に追いこんでいった。そこでは実力はすでにこれらの集団を率いた土豪の手に移り、軍府の上層部はもはや浮き上った状態になっていた。しかも軍府の長官たる王侯や高級将官は、経済的二重構造の上にあぐらをかき、貴族たちとともに消費ブームを謳歌して、それを支えるための利益追求にふけっていた。このような貧富の格差の恐るべき開きと社会不安の現象は、貨幣経済のもとにおける鉄銭政策の失敗によって拍車をかけられ、速度を増していったのである。それはまさに何之元がいうように、「国に累卵の憂いがあり、俗に土崩の勢がある」状態であった。累卵が瓦解するには、ただの一触でよかった。わずかに一千の兵を率いた侯景が、寿春から南下して首府建康に向ったとき、ただそれだけで累卵は「四方瓦解」しはじめたのである。

侯景が五四八年八月に寿春に兵を起し、十月に歴陽(安徽省和県)から采石(当塗県西北)へ揚子江を渡ったときの一千の兵は、建康の台城包囲戦の間に十万にふくれ上ったという。(77)「十万」と自ら号する侯景自身の言葉にどれほどの真実性があるかは別として、とにかく一千程度の兵を率いた、しかも北族出身の侯景の行動に首府周辺の極めて多くの人が参加したというのはなぜであろうか。侯景は奴隷にされていた北人を解放した。彼らが侯景に協力したことは確実である。(78)しかし参加者のより多くは南人であった。何之元が「我が人を駆って天闕を囲ましめた」という、その「我が人」は、首府周辺のいわゆる不逞のやからであり、つね日ごろ貧富の甚しい格差と「上下の憎しみあう」中にあって社会不安を醸成していた半失業人口に相違ない。先にのべたように、彼らは食うために、あるいは少しでもより多くの利益を得るために血まなこになっていた。侯景のばらまく恩賞は彼らを引きつけるに充分であり、また侯景によって従来の秩序がくつがえされることは、彼らの抑圧された平常の不満を爆発させるに充分であったろう。首府の南部・秦淮一帯の富室豪家は次々に襲撃され、掠奪されていった。かくて首府周辺は一千人の武装蜂起を契機とした一種の社会革命の様相を呈すると見てもよいのではないかと思う。ただしその契機となった一千人の軍隊は、内発的な武装蜂起ではなくて外発的な、その社会にとってはいわば偶然的な、与えられた一つのチャンスとして作用したにすぎなかったことを注意しておかねばならぬ。ともあれ、侯景がわずか一千の兵を率いて梁帝国の首府に奇襲をかけ、数カ月の包囲戦ののち、ついにこれを屈服させたという異常な成功は、帝国内部に進行していた革命前夜ともいうべき社会情勢があったからであろうと思う。

首府攻防戦の間に、帝国軍隊は四方から救援にかけつけた。その数は百万と号するにもかかわらず、そこには一見、世にも不思議な現象が起った。侯景に対する攻撃は散発的にしか行なわれず、統制ある行動は何ひとつ行なわれなかった。彼らはただ首府を遠まきにして蝟集しているだけで、宮城の陥落を拱手傍観していたといってよい。そして宮城が陥落し、侯景が詔勅と称して、「征鎮牧守はおのおの本任地に復帰すべし」との命令を発したとき、彼らはこれ幸いとそれぞれ引き上げていった。簡文帝がいうように、そこには「もはや勤王の師はなく」(79)、侯景がいうように、「王侯・諸将は志、身を全うするにあり、力を竭して死を致し、吾と勝負を争いうるものは誰もない」(80)ような軍隊でしかなかった。それが勤王の師でありえなかったのは、単に王侯諸将の間の不和といったことだけでは説明がつかないように思われる。それは先にのべたように、地方軍府の構造そのものが、利益追求を行動原理とする軽侠・郷人集団の雑然たる集合体になっていたということ、軍府の実力はすでにこれらの集団に移っており、それぞれの軍府はもはや長官たる王侯の統制力では動かず、逆にむしろ王侯が麾下諸集団の実力に依存し、その利害に動かされる状態になっていたということから説明する方が、より一層理解しやすいと思うのである。これらの集団は荒廃した首府周辺にもはや用はなかった。それぞれの根拠地にもどる方がより有利であった。王侯も従来の自己の地盤をできるだけ確保するようにつとめることが「身を全うする」ゆえんであった。それは社会の上下を通じて、梁代の貨幣経済のもとで培われてきた利益追求主義の惰性によるのではないであろうか。

この侯景の一撃によって、今まで辛くも保たれてきた国家の統制力は崩壊した。連鎖的に地方軍府の統制力も次々に破れてゆく。あとは游食者・軽侠・郷人・盗賊を吸収した土豪・将帥層がそれぞれの集団を率い、それぞれの利害によって、めまぐるしい活躍を展開するのである。その名状しがたい混乱の中に王侯・貴族は没落し、商業は逼塞する。何之元はその渦中に投げこまれ、その波のまにまに翻弄された。たしかにこの混乱期の立役者はこれらの土豪将帥層であった。そして何之元にとって、それが目前の事態の最も顕著な現象としてうつったのは当然であった。そしてさらに、その事態のよって来たるところを農民の流亡に求めたところは確かに正しい指摘であったといわねばならない。しかし、その農民の流亡という現象を激化させ、土豪将帥層の実力を高めるに至らしめたのは、単にいつの時代にも見られる官の苛斂誅求ということだけではなかった。あるいは官の苛斂誅求をことさらに激しくしたについては、その底にさらに重大な理由がひそんでいた。私はそれを貨幣経済の発展ということに求め、その面から以上ながと何之元の論説を補ってきたのである。

のべ残した問題は多くあると思うが、いちおうこの辺で筆を置く。ただ次に、以上にのべてきたことを要約し、今後に残したことの見通しを少しつけ加えて、本稿の結びとしたいと思う。

おわりに

四世紀はじめの東晋王朝成立以来——もちろんその前史として三国呉の時代があるわけであるが——江南の歴史は、まず経済史的にいえば、次のように理解される。すなわち、そこでは生産力が次第に発展してゆくにつれて、商品交換が漸増してゆき、貨幣経済は上昇過程に入ってゆく。ところが一方で、江南の社会に流通する通貨の総量には一定の枠があったために、劉宋のはじめころから商品価格総額が通貨の総量を上まわってゆくにつれて、貨幣不足の現象が起った。しかるに貨幣不足の現象に対する政府の通貨対策は一貫性を欠き、そのために各種の貨幣が入りみだれて、社会には貨幣的な二重構造が生じた。このような形の貨幣経済は時代とともに進行し、それが社会にはねかえると次のような現象を起す。

まず農村は慢性的な不況をつづけ、農民所得が低下するに反して、財政面における貨幣の比重が増した政府としては、貨幣の吸い上げをはからざるを得ず、その間にはさまれた農民は負担の過重に耐えずして、流亡をはじめる。これに反して商業は有利となるために、農業人口から商業人口への流入が増加する。それは一つには商人層の抬頭をもたらし、二つには半失業的商業人口の増加をきたす。商人層は貨幣的経済的二重構造と封建的経済外的特権の制約によって、必然的に封建的権力へのつながりを求めるとともに、貧富の格差はいよいよ開いてゆく。一方、流亡農民と半失業的商業人口を吸収した土豪将帥層の軍事的実力は次第に向上してゆく傾向にある。そして土豪将帥層と商人層が互に関連しあいながら、寒人一般の実力は南朝を通じて次第に向上してゆくのである。恩倖はそのはしりであり、そのトップに立つものであった。これに対して貴族は次第に浮き上った存在になり、自己の牙城である中央政界では恩倖と対決するけれども、軍事的には土豪将帥層に依存し、経済的にも商人層に寄生してゆく。従って下からもり上る土豪将帥層と商人層を含めた寒人一般の力は、いつかは上に覆いかぶさる貴族をはねのけるべき必然性を秘めていた。

梁の武帝はこのような事態に対して、賢才主義にもとづく挙国一致内閣を作り、各層の安定をはかるとともに、経済政策の面でも農民の安堵と通貨の安定にできる限りの手を打ったように思われる。梁の繁栄はおそらくその効果があらわれたものとして理解できると思うのであるが、しかしそれによって南朝経済と社会の孕む矛盾の進展を抑えることはできなかった。その治世の後半はもはや打つ手もなく、ただ社会の成り行きにまかさざるを得なかったのであり、かくていま述べた経済的社会的な矛盾は急速度に進行する。侯景の反乱はそれの爆発する一契機、いわば導火線の役割を果したにすぎなかった。

かくてこれ以後、軍事力をもった土豪将帥層がめざましい活躍をする。貴族は侯景の乱による首府の徹底的な破壊と、西魏による江陵の占領、それにひきつづく梁の百官の関中への拉致とによって壊滅的な打撃を受けた。商人層は長期にわたる戦乱の継続と、北朝勢力が揚子江以北を占領したことによって、南朝貨幣経済の大動脈たる揚子江が切断され、これによってまた壊滅的な打撃を受けた。しかし商人層はそのまま窒息したのではなくて、三呉・会稽地方の運河地帯を中心に、陳朝治下において次第に息を吹きかえしていったのである。それにしても侯景の乱によって、今までの中心的な貨幣経済圏は甚大な被害を受けたために、奥地の勢力はこれにくらべて相対的に高まるという結果をもたらし、陳朝政府はそういった田舎の土豪将帥層を中心として成立する。生き残りの貴族は、このような田舎武士の政権にとっては、それを装飾するための床の間の置物という意味しかもたなくなる。若干の生き残った貴族は実際に社会的経済的バックをもはやほとんど喪失しており、伝統ある南朝貴族制は、六世紀中葉の侯景の乱をもって実質的に崩壊したと断じてよいかと思う。従ってそのあとに残るものは、土豪将帥層と、やがて息を吹きかえしてくる商人層とであって、次の隋唐時代の問題は、こと江南に関しては、もはや旧南朝貴族をいかに処置するかということではなかった。それはただ陳朝に残存した一握りの貴族を関中に拉致すれば一挙に片付いたのであって、より重大な問題は、この将帥になりうる土豪層と商人層をどのように処置し、どのように再編成するかという問題であったと思われるのである。

かくて六世紀の中葉に、江南においては社会を動かす主役が交替した。従ってそれは一つの社会転換期として理解されるのであって、私は中世前期と後期の境界をこのあたりに認めたいと思うのである。それは極めて大きな問題をはらむものであって、本稿はその社会の主役の交替を、主として貨幣経済の面から商人層と土豪将帥層の抬頭を中心に説明しようと試みたものに外ならない。その場合に貴族は具体的にいかなる立場に立ち、いかに行動したかということは是非とも究めねばならない問題であるが、そのことは次章において考えてみたいと思う。

(1)『梁書』巻六魏徴論。
(2)『梁書』巻二二臨川王宏伝。
(3)『梁書』巻三八朱异伝に「旧制年二十五方得釈褐」とある。しかし朱异は二十一歳で特に勅して揚州議曹従事史に任ぜられたが、それは異例のことであった。なお、宮崎市定『九品官人法の研究』(一九五六、東洋史研究会)三五〇—三五一頁参照。
(4)『南史』巻七二何之元伝では劉恭でなく、劉棻に作る。
(5)『北斉書』巻三二王琳伝。
(6)「梁典総論」は本文のもう少し後のところでのべるように、『文苑英華』巻七五四に「梁典高祖事論」という題で収録されている。隆慶元年胡維新刊本の『文苑英華』ではその撰者を何元之と記すが、それは何之元を誤刻したものであろう。なお厳可均の『全陳文』巻五にこれを輯録しているが、そこでは「高祖事論」とせずに「総論」としている。内容から見れば、高祖のみならず、他の諸帝にも及んでおり、また「梁典」撰述の事情をも附記しているから、「総論」とする方がふさわしい。そこで私は本文においては、すべて「総論」と称することにした。本来ならば、当然ここに原文の全部を挙示すべきなのであるが、それが長文であるために、省略に従う。『文苑英華』あるいは『全陳文』を参照して頂ければ幸いである。なお本稿においては、読みに問題を感じなかったところはすべて原文の挙示を省略した。ただ「梁典総論」のこの箇所は少し問題があるかと思うので、この箇所だけ左に原文を引く。

「之元官自有梁。備観成敗。昔因出軸。流寓斉都。窮愁著書。竊慕虞子。但梁室極促。簡牘多闕。所得遺逸。略不尽挙。未獲旋反。更窮捜訪。採其聞見。撮其衆家。一代之事。可得観矣。」

右の文にいう「虞子」とは、『史記』平原君・虞卿列伝に見える虞卿を指す。

(7)　『資治通鑑』巻一六八、陳、天嘉三年条を参照。

(8)　『南史』巻七〇郭祖深伝参照。問題のある箇所を左に引く。

「朝廷擢用勲旧。為三陲州郡。不顧御人之道。唯以貪残為務。……又梁興以来。発人征役。号為三五。及投募将客主将。無恩存邺。失理多有。物故輒刺叛亡。或有身殞戦場。而名在叛目。監符下討。称為逋叛。録質家丁。合家又叛。則取同籍。……於是斂戸課。薦其筐篚、使人納重貨。許立空文。」

(9)　三関は普通、いまの河南省信陽県の南、湖北省との省境にある武陽関・黄峴関・平靖関を指すが(『通鑑』巻一四七、天監八年正月条・胡注)、いわゆる三関の外、或いは関外という言葉は、『通鑑』巻一五九、大同十一年十二月の条に胡三省が注しているように、北方の辺境一帯における新領土を指すのであろう。胡注によれば関外とは「淮・汝・潼・泗新復州郡在辺関之外者」という。

(10)　『南斉書』巻四〇竟陵王子良伝。

(11)　『宋書』巻六〇范泰伝。

(12)　『宋書』巻六六何尚之伝。

(13)　『宋書』巻七五顔竣伝。

(14)　『宋書』巻八明帝紀。

(15)　『南斉書』巻三七劉悛伝。

(16)　呂思勉『両晋南北朝史』(一九四八、開明書店)一〇八五頁。

（17）林寿晋「東晋南北朝時期礦冶鋳造業的恢復与発展」（『歴史研究』一九五五年六期）一一六頁参照。なお林寿晋氏はこの時期における銅の欠乏について、むしろ仏像の鋳造や寺院の装飾に銅が多く使われたことを重視している。
（18）岡崎文夫『南北朝に於ける社会経済制度』（一九三五、弘文堂）一三九頁。
（19）『十六国春秋輯補』巻一三・後趙録三の趙王元年の条に「鋳豊貨銭」とある。
（20）『魏書』巻一一〇食貨志。
（21）岡崎文夫、前掲書、一三六頁。
（22）『南斉書』巻三武帝紀では四八七年のこととするが、いまは『通典』巻一一の記事に従って永明六年（四八八）のこととする。
（23）『通典』巻九および洪遵『泉志』に引く顧烜「銭譜」を参照。太平百銭は、『通典』には二種というが、梁の顧烜は三種という。
（24）『泉志』巻六「公式女銭」の条に引く顧烜「銭譜」参照。
（25）Etienne Balazs, Le traité économique du "Souei-chou". (*T'oung Pao*, Vol. XLII, Livre 3-4, p. 175) によると、バラージュ氏はこの箇所を次のように訳している。

「破嶺の東では銭八十枚が百銭の単位を成し、東銭と呼ばれる。江州と郢州から北へ上ると、七十枚が百銭として通用し、これを西銭とよぶ。一方、首府の百銭は九十枚を含むもので、長銭とよばれる。中大同元年、天子は完全な百枚をそろえた束 ligatures à centaines complètes を一般に用いよとの勅令を出した。勅令は発布されたが、人々は従わず、百枚から成るべき銭 les centaines de la monnaie はますます減少して、末年にはもはや三十五枚しか含まなくなった。」

と。そして「九十を以て百とする」いわゆる九陌銭（『梁書』巻三武帝詔勅中の語）とは、九十枚で名目的に百とするもの centaines fictives de 90 pièces の意味である、という。(ibid., p. 236)

バラージュ氏のこの訳は正しいと思う。しかし問題は、当時の貨幣価値の変動の中で、この言うところを具体的にいかに理解したらよいのかということである。もし鉄銭の場だけで考えるならば、鉄銭の八十枚・七十枚・九十枚が百銭の通用価値をもつということは、鉄銭の価値が上ったことになり、それは前文の「鉄銭は山の如くつまれ、物価は騰貴し云云」の句と矛盾する。従って鉄銭の場だけで考えた場合に、このいわゆる短陌の現象から直ちに呂思勉氏のように「銭が日に貴く物が日に賤く、さきに百銭の値のあったものが下落して僅かに九十・八十・七十の値しかなくなり、甚だしきは僅かに三十五の値になった」と解することはできない（呂思勉『両晋南北朝史』〔前掲〕一〇三〇頁）。鉄銭価値の下落という事態のもとで、短陌現象がおこるためには、どうしても鉄銭以外の銅銭を考えに入れなければならないであろう。彭信威氏は『中国貨幣史・上』（一九五四、羣聯出版社、一五二頁）においてこういっている。「銅銭は価値が高いために短陌の現象を発生する。いわゆる短陌とは、すなわち名目は一百銭であるが、実際上は一百銭に到らないという意味である。短陌の割引は時により所によって同じくない。あるときは八十を以て百となし……最もひどい時は三十五を以て百としたこともあった。これも通貨価値下落の一種の形式である」と。つまり彭信威氏は短陌現象を銅銭のそれとして理解し、鉄銭の銅銭に対する比価が下落する現象として理解するわけである。従って銅銭のタームで考えれば、銅銭の購買力はそれだけ増加してゆくわけであり、さきに引いた呂思勉氏の理解も銅銭の立場で言っているのなら納得できることになる。私は大体、彭信威氏の理解の方向に従いたいと思うのであるが、まだ確かにそうだと断言できるまでには至っていない。なお、鉄銭価値が下落をはじめる以前の、平常における鉄銭と銅銭の比価について、彭氏は、『南史』巻二五王懿伝に引く任昉の「贈王溉詩」に、「鉄銭両当一」という句があるのを引いて、比価は一対二であったかもしれない、と言っている（前掲書、一五二頁）。

(26) 岡崎文夫『魏晋南北朝通史』（一九三二、弘文堂）外篇第二章第三節および天野元之助「魏晋南北朝時における農業生産力の発展」（『史学雑誌』六六編一〇号、一九五七）、古賀登「中国多毛作農法の成立」（『古代学』八巻三号、一九五九）など参照。

(27) 『梁書』巻三武帝紀下。

(28) 何玆全「東晋南朝的銭幣使用与銭幣問題」（『集刊』一四本、一九四九）四二—四三頁参照。これは何玆全氏が注意しているように、四七五年ころの揚州と徐州における滞納租調追徴額の内分けであって、これをもって平常年度の国家収入の内容を推定するのは少し危険であるかもしれない。しかしこの場合、銭の収入が全収入の中で占める率は約三八・五％に達している。ところで、『通典』巻六を見ると、唐代天宝中の国家収入は粟二五〇〇余万石、銭二〇〇余万貫、絹七四〇余万疋、そのほか布綿等の数字が挙げられている。いま布綿等を考慮の外において、天宝中における粟・銭・絹だけの大体の比率を出してみよう。宮崎市定博士の「唐代賦役制度新考」（『東洋史研究』一四巻四号、のち『アジア史論考』中巻、一九七六、朝日新聞社、所収）によると、唐代の庸における一日の労賃は五十文に当ると考えられ、庸を絹に折算するときは、一日分を三尺とし、また粟に対しては力役十五日分をもって粟二石（租）に当てていたから、これを基準として粟・絹・銭を換算すると、粟二石＝絹四五尺＝七五〇文となる。これによって右の天宝中における国家収入の粟・銭・絹の比率を出すと、大体粟九・銭二・絹五の割合となる。すなわち銭の全収入に対して占める率は約一二・五％であり、この場合、全収入中から布綿等の現物を省いて計算したから、実際は一二・五％よりさらに下まわる。この三八・五％と一二・五％という違いは、この数字に全面的に頼ることは勿論危険であるが、南朝と唐代天宝ころの貨幣経済の程度を考える上で、一つの参考になるであろう。

なお、私は南朝の貨幣経済について考えるにあたって、右の何玆全氏の明快な論文に教えられるところが最も大きかった。これに加えて、畏友の西洋経済史家・合田裕作氏から多くの示教を得た。併せて感謝の意を表しておきたいと思う。

(29) 全漢昇「中古自然経済」(『集刊』一〇本、一九四八)一三四頁。
(30) 『梁書』巻一武帝紀上。
(31) 『宋書』巻三三、五行志四。
(32) 『顔氏家訓』帰心篇。
(33) 『南斉書』巻二五張敬児伝。
(34) 『魏書』巻二四崔玄伯伝。
(35) 『南史』巻五一楽山侯正則伝。
(36) 『梁書』巻一一呂僧珍伝。
(37) 『宋書』巻九四戴法興伝。
(38) 唐長孺『魏晋南北朝史論叢続編』(一九五九、三聯書店)一〇五頁。
(39) 宮川尚志『六朝史研究』政治社会篇(一九五六、日本学術振興会)三九五頁。
(40) 『宋書』巻九四恩倖伝序。
(41) 『梁書』巻三七何敬容伝論。
(42) 宮川尚志、前掲書、三八七頁。
(43) 『顔氏家訓』渉務篇。
(44) 『宋書』巻六六何尚之伝参照。なお、劉宋時代に通貨の改革ないし増発を主張した積極論者は沈演之・徐爰・沈慶之などであるが、そのうち徐爰はいわゆる恩倖であり、沈氏もむしろ寒門出身者であることは注意しておくべきことかもしれない。

沈演之の子の勃は「軽薄にして利を逐う」人間であり、後には恩倖の阮佃夫らと結托している(『宋書』巻六三沈演之伝)。また沈慶之も首府近傍に広大な田園を開いて、「銭は尽く此の中にあり」と嘯いた話は有名である(『宋書』巻七七沈慶之伝)。宋の通貨政策を推進した事情の裏には、このような恩倖ないし利益追求に熱心な寒門の利害がからんでいるかもしれない。

(45) 唐長孺、前掲書、一〇七頁。

(46) 『宋書』巻九四恩倖伝序。

(47) 『南斉書』巻四〇竟陵王子良伝および岡崎文夫『魏晋南北朝通史』(前掲)二六八頁。

(48) 『宋書』巻九四戴法興伝。

(49) 『梁書』巻一武帝紀上および『南史』巻六梁本紀上。

(50) 『梁書』巻一一呂僧珍伝。

(51) 『南史』巻七七沈客卿伝。

(52) 濱口重國「魏晋南朝の兵戸制度の研究」(『秦漢隋唐史の研究』上巻、一九六六、東京大学出版会、所収)参照。

(53) 唐長孺、前掲書、一〇三―一〇四頁。

(54) 『通典』巻三七。

(55) 宮崎市定『九品官人法の研究』(前掲)二六八―二六九頁。

(56) 吉田虎雄『魏晋南北朝租税の研究』(一九六六、大安再版)一九八頁および越智重明「南朝州鎮の財政について」(『東洋史学』二四輯、一九六一)参照。

(57) 『南斉書』巻四〇竟陵王子良伝。
「又司市之要自昔所難。頃来此役不由才挙。並条其重貲。許以賈衒。前人増估求侠。後人加税請代。如此輪回。終何紀極。兼復交関津要。共相脣歯。愚野未閑。必加陵誑。罪無大小。横没貲載。凡求試穀帛。類非廉謹。未解在事所以開容。」

「賈衒」というのは『列女伝』巻一の孟母三遷の話の中に「乃去舎市傍。其嬉戯為賈人衒売之事」という句がある。朱子の『小学』巻四稽古篇にもこれを引いているが、張伯行は賈衒という句に注して「坐而売曰賈。行而売曰衒」と言っている。とにかく賈衒が商人を意味することは明らかである。「求侠」の侠は、夾・挾に通じ、姦利を挟むことではないかと思う。

(58) 『梁書』巻一八康絢伝。

(59)　厳耕望「魏晋南朝都督与都督区」(『集刊』二七本、一九五六、九〇頁)によると、永初三年に褚叔度が雍州刺史監雍梁南北秦四州諸軍事になったのが始めてのようである。
(60)　宗央を宗史に作るテキストは誤まり。宗央は『梁書』巻一九に伝がある。
(61)　『宋書』巻九四阮佃夫伝。
(62)　『梁書』巻三八賀琛伝。
(63)　『梁書』巻一〇鄧元起伝。
(64)　『陳書』巻三一魯広達伝。
(65)　『梁書』巻九曹景宗伝。
(66)　『梁書』巻一一呂僧珍伝。
(67)　『梁書』巻一〇鄧元起伝。
(68)　濱口重國、前掲論文参照。
(69)　孟龍符は『宋書』巻四七孟懐玉伝を、劉康祖は同じく巻五〇の本伝を見よ。
(70)　『文選』巻五に収める左思「呉都賦」。
(71)　『晋書』巻六九戴若思伝。
(72)　注(52)に引く濱口重國氏の書の四〇九頁。
(73)　『梁書』巻一一呂僧珍伝。
(74)　『南史』巻七〇郭祖深伝参照。原文はこれにつづいて、「皆虚名上簿。止送出三津。名在遠役。身帰郷里。又懼本属検問。於是逃亡他境。僑戸之興良由此故」とある。すなわち投募したと称して、実際には行かないものが多いことを指摘しているが、もちろん行ったものも多かったであろう。
　ちなみに、郭祖深の上奏では農民の流亡が徭役および征役の苦痛を原因としている点を強調している。それは南斉の竟陵王の時代のような、苛刻な貨幣吸上げの緊縮政策が改められ、貨幣的な面からする圧迫が軽減したのに反して、梁の政府は確実に農民から引き出すことのできる労働力に目をつけて、徭役の種類を多くし、あるいはその期間を長くして、財政面の損失をカヴァーしたことを示唆するかもしれない。

(75)　『陳書』巻三一任忠伝。
(76)　『陳書』巻一三徐世譜伝。
(77)　このときの兵力は『梁書』巻三八朱异伝には三千とあり、『南史』巻八〇侯景伝には「兵八千人」に作るが、『梁書』巻五六の侯景伝では『南史』と同文でありながら「兵千人」に作る。『南史』のテキストの「八」は「兵」字の下の「八」を重ねて衍したにちがいない。また、台城が陥落したとき、武帝と侯景との間の「又問。初度江有幾人。景曰千人。囲台城有幾人。曰十万。」という侯景伝の問答に徴すれば、最初は千人程度の兵力であったと思われる。
(78)　森三樹三郎『梁の武帝』(一九五六、平楽寺書店)一七四頁。
(79)　『南史』巻八〇侯景伝。
(80)　『資治通鑑』巻一六一、太清二年十一月条。

(原題「侯景の乱と南朝の貨幣経済」一九六二年三月『東方学報』京都、第三二冊。一九七九年八月補訂)

第四章　南朝貴族制の崩壊

はじめに

六世紀中葉の侯景の乱によって貴族が没落したという見解は、すでに早く岡崎文夫博士の次のような言葉に表われている。(1) しかし博士は、「陳書列伝を通覧するに、只一人北斉に使した徐陵を除くの外、多くは武将より身を抜んでた人物で満たされている。事実侯景の乱に於て南朝第一の名家王氏の一族全く亡び、其他の名族多く他郷に遁竄した如く……」と極言されたために、のちに竹田龍児氏の疑問をひきおこすことになった。(2) 竹田氏が批判されたように、たしかに右の岡崎博士の言葉は誇張にすぎるものであり、「侯景の乱において南朝第一の名家王氏の一族は全く亡び」去ったのでは決してない。琅邪の王氏や陳郡の謝氏は陳朝においても相変らず、令僕などの高位高官にのぼっているのである。にもかかわらず、私は南朝貴族制の崩壊を、侯景の乱にはじまる梁末陳初の混乱期において認めることができると思うのであって、それがいかにして、またいかなる理由によってであるかを考えようとするのが本稿の課題である。

その際、まず断っておかねばならないことは、南朝貴族制が東晋初期のいわゆる北来貴族を中核として成立していることであり、王・謝の二氏を代表とする北来貴族なくしては、南朝貴族制を考えることができないということである。従って本稿においても、これらの北来貴族を念頭におき、ことに謝氏の場合を中心として、これによって南朝貴族の没落過程をさぐろうと思うのである。

ところで私は前章において、六世紀前半の南朝は、梁の武帝の治下に未曾有の黄金時代を出現したのに対して、六世紀中葉以後は全く対照的に、救いようのない大混乱に陥っていったことの理由を説明しようと試みた。そしてその理由の一つとして、南朝における貨幣経済の発展という問題が極めて重要な意味をもっていることを指摘し、その面から当時のもろもろの社会現象を理解してみたのである。すなわち、南朝経済の根底には、生産力の発展と商品交換の漸増にともなって、貨幣経済は上昇過程をたどるにもかかわらず、南朝社会に流通する通貨の総量がそれに応じて増加しなかったために、貨幣不足の現象が次第に激化するという基本的な矛盾があった。しかるに、貨幣不足の現象に対する南朝諸政府の通貨対策は一貫性を欠き、そのために各種の貨幣がいりみだれて、社会には貨幣的な二重構造を生じた。貨幣経済の進展とその底に存在する相対的な貨幣不足状態は、農村の慢性的不況と農民負担の過重をきたすのに反して、貨幣的二重構造と地方的時期的物価差を利用する商人の活躍をうながし、農業人口から商業人口への流入が増加した。それは一つには商人層の抬頭をもたらし、二つには半失業的商業人口の増加をつくりだす。商人層は貨幣的経済的二重構造と、封建的経済外的特権の制約とによって、必然的に封建的権力へのつながりを求め、その機構の中に食い入ってゆく。一方では、流亡農民と半失業的商業人口を吸収した土豪将帥層は軍事的実力を次第に高め、梁朝政府の軍事機構は事実上、彼らの力に依存してはじめて存続を維持するという事態にたちいたる。かくて土豪将帥層と商人層は互に関連しあいながら、政府機構の内部においても、下から次第にその実力をもり上げ、上におおいかぶさる王公貴族などの上層階級を、やがてははねのけるべき必然性をはらんでいた。梁の武帝の鉄銭政策が失敗したのち、この必然性は加速度的に進行し、社会的矛盾が爆発寸前にまで進んだとき、侯景の行動がその導火線の役割を演じたのである。

私は侯景の乱にはじまる約二十年間の大混乱が何故に起ったかという疑問から出発して、南朝社会がつき進んでいった過程を以上のように理解してみた。しかし、そこでは商人層と土豪将帥層の抬頭の面に力点をおいたために、盾の反面である貴族の没落という問題について考察することが少かった。従っていま、貴族の没落という問題をとりあげるにあたって、まず右のような視角から、貨幣経済の進展が貴族の経済生活にどのような作用を及ぼしたかという問題から最初に入ってゆきたいと思う。前章でのべたごとく、南朝の貨幣経済が相当高度に発展していたと認められるならば、それは一般的に言って、貴族の経済的地盤を崩す方向に作用したと考えることは一応可能である。しかし、その崩壊過程を具体的に当時の史料に照らして追跡しようとする場合、我々は直ちに史料不足の壁につきあたらなければならない。従って以下の考察は必然的に具体性を欠くうらみを免れることはできないのであるが、一応輪郭だけでも明らかにしておくことは、今後の探究のために無益ではないと思われる。そうして貴族の弱体化が、より一層具体的に社会的政治的側面において看取できる点をあわせて考察し、経済面の考察において免れがたい抽象性を補ってゆきたいと思う。

一　荘園の変質

江南の貴族の経済的地盤はその大土地所有、すなわち荘園経営にあるというのが、周知のごとくほとんど定説となっている。その典型的な例は謝氏に見られるわけであって、謝霊運の有名な「山居賦」にうたわれた荘園などを別としても、四世紀中葉に活躍した謝安以来、その子の琰、孫の混、および混の甥の弘微の家系には、代々経営維持されてきた広大な荘園があった。それは謝氏のうちのこの一家だけで、田業十カ所以上、僮僕千人のほか、会稽・呉興・

琅邪の各地に散在する荘園と、これに附属する数百人の僮僕を合せた大規模なものであった。そのうちの多くは、四三二年に謝混の妻の東郷君が死んだのち、女婿の殷叡が賭博の負債を償却するために消費してしまったとはいえ、謝弘微が「(遺産の)分け前は多く、それに共《あずか》るものは少く、乏しきこと有るに至らず」といっている以上は、この一家にはなおかなりの荘園が残っていたであろう。(3) このような荘園の経営方法について具体的なことは全く分らないのであるが、荘園の所在が分散していることから見ても、そのほとんどが顔之推のいわゆる「僮僕に信《まか》せてこれをなす」方式(4)、つまり現地における実際の管理は守園人(5)などと呼ばれる部下にまかせ、そこから上る年貢を中央に送らせるところの、いわば間接経営の方式であったことはまず誤りないであろう。「一銭尺帛の出入をもみな文簿につけた」といわれる謝弘微にしても、遠隔地の細かい収支については部下からの報告を信用せざるをえず、時に監督者を派遣するか、みずから出かけてゆくかといった程度であったにちがいない。

ところでこのような荘園に対して、貨幣経済の進展はいかなる作用を及ぼすであろうか。一般に当時の荘園は、典型的には謝霊運や孔霊符(6)の荘園に見られるように、封鎖的な自給自足経済の上に成り立つと観念せられている。しかし首府建康のごとく、多数の人口をかかえて消費都市の様相を呈しているところでは、その周辺の荘園がそのような封鎖性を保ちつづけることは困難であろう。そして貨幣経済が進展するにつれて、荘園の封鎖性が崩れる程度はいよいよ深まり、その影響は地域的にもいよいよ広範囲に拡大してゆくのは当然である。五世紀の中ごろ、秦淮南岸の婁湖に広大な荘園を経営していた沈慶之が、いつもその土地を指して「銭ことごとくこの中にあり」と言っていたという話(7)は、沈慶之にとって荘園は銭を獲得するための手段と考えられていたことを示している。すなわちこのころになると、首府周辺の荘園所有者が完全に換金を目的として荘園を経営しはじめているのである。そして『宋書』柳元景伝によれば、ちょうど同じころ、同じ秦淮南岸に荘園をもっていた柳元景は「家中の啖に供するために菜を種える」、つまり依然として自給のための荘園という考えを固執していたのであるが、その数十畝の菜園では守園人が勝手に生産物を売って二万銭の収入を得ているのである。柳元景のこの話の前文に書かれているように、沈慶之をも含めて「当時、在朝の勲旧は多く産業を事としており、ただ元景だけは経営する所がなかった」のであって、一般にはすでに「産業を事とする」ことが普遍的に行なわれていたのである。「産業を事とする」とは、具体的に荘園経営の場合についていえば、柳元景のように自給自足を目的として経営するのではなく、沈慶之のごとく現金取得のために、商品生産の場として荘園を経営することを意味している。そして「銭を取る」ことを目的として産業を事とする場合には、さらに進んで、荘園から生産される商品をできるだけ有利に販売するために、倉庫を作り、運送と商業に手を出してゆくのは当然の趨勢である。それは貨幣経済の進展にともなう必然的な方向であって、六世紀の梁代において、徐勉の「門人故旧がしきりに便宜の策を(徐勉に)薦めて、貨殖を聚斂せしめる」方法を計画したとき、「或いは田園を創闢せしめ、或いは邸店を興立せんことを勧め、或いは舳艫もて運致せんと欲した」のはそのことを示している。(8) 徐勉はこの計画に従わず、清貧で通したことを強調するのであるが、しかし右の計画は当時の一般の企業のあり方を示すものであろう。そこでは倉庫と運送手段をもった企業主にとって、田園の経営は利潤追求を目的とする彼の全企業体系の中で、商品生産を受けもつところの、いわば生産部門となっているわけである。このように貨幣経済の進展は荘園経営の意味と方法を大きく変えてゆくのであり、それが最初は自給自足を目的として経営されていたとしても、やがて貨幣経済の進展にともなって、荘園生産物を換金し、さらに進んでは利潤追求の手段として荘園を経営する方向に進まざるをえないのである。

このような荘園の性格転換は以上にみたように五世紀から六世紀にかけて進行してゆくのであるが、この趨勢は間接経営の上に成り立つ貴族の荘園において、守園人や門人故旧など、貴族の下にあって実際の経営に当るものが、その間に利益を得る機会を増すことになる。そのことは先にあげた柳元景の守園人の場合に明らかに表われている。荘園所有者が柳元景のように「菜を売って銭を取り、百姓の利を奪おうとは思わない」といった考えを固執し、土地生産物からのより有利な収益方法に無知であるか、あるいはそのような方法をとることを屑しとしない場合には、その下にある守園人が貨幣経済の進展に乗じて、荘園生産物から適当に利益を得てゆくことは極めて容易であろう。一般に「江南の朝士たちは、一かきの土をスキで起すのも、一株の苗をくさ切るのも目で観たことはなく、何月に種をまき、何月に収穫するのかも知らない」(9)という傾向にあったとすれば、荘園の営利事業への変質が、荘園所有の朝士に対してよりも、むしろその下にいる守園人層の方に有利に作用したと考えることは不合理ではない。実際に政治上において、庶務に勤めることが鄙しまれ、文簿をみることが風流に反するという意識は、本来貴族がかもし出した空気であって(10)、それは単に政治に関する文書のみならず、経済上の文書に関しても妥当することであろう。このような意識に最も深く感染しているものは一般的に言って伝統を誇る貴族である。例えば先にあげた広大な荘園所有者・謝弘微の子の謝荘は「貴戚が利を競い、貨を廛肆に興し」つつあるとき、「大臣の禄位にあるものは、尤も宜しく民と利を争うべからず」と言っている(11)。謝荘がこの意見を発表したのは四五三年であって、このころはすでに宋のはじめ四二〇年ごろにくらべて、銭の購買力は二倍近くにはね上っていた(前章三六七頁の価格変動グラフ参照)。謝荘が主張しているごとく、もし謝弘微・謝荘父子が「民と利を争う」ことをせず、荘園生産物を一切換金していなかったと仮定するならば、そして、守園人が勝手に換金した場合に、柳元景のごとく守園人にそれを与えたと仮定するならば、銭を所有した守園人の財産はおのずから倍近くにふくれ上り、それに反して謝荘の財産は相対的に激減したことになる。これはもちろん極端な場合を仮定したにすぎないが、金銭取得を屑しとしない貴族の荘園で、しかもその経営が、ある程度守園人にまかされている場合には、荘園から上る貴族の収益は世の中の経済の進展に比して相対的に低下をつづけ、反対に経営をまかされた守園人の所得は換金によって相対的に向上していったと考えることができる。少くとも貨幣経済の発展の波に乗って、それをフルに利用しながら銭貨の蓄積をつづける一般の商人的寒人の前には、商行為を蔑視する意識にとらわれがちな貴族が常に立ちおくれを演じ、経済的実力において前者の比重が次第に重く、後者のそれは次第に軽く、かくて貴族が経済的に徐々に寒人によって押されてゆく形勢にあったことは確実である。先にのべたように、謝弘微のときには、叔父の謝混が残した遺産の「分が多く」、「乏しきこと有るに至らなかった」その財産状況は、二十年あまりのち、その子の謝荘に至って、はやくも「家もと貧弊にして宅舎いまだ立たず、児息は麤糲を免れず」という状態になったらしい。(12) この言葉はまともに受けとれない単なる表現のあやであるかもしれないが、そこに貴族の経済力の弱化は掩いがたく表われているように思われる。このころにおける貴族の貧困を示すものにはなお袁粲の場合がある。彼の家は「飢寒足らず、母の琅邪の王氏は……みずから紡績を事として以て朝夕に供していた」のである。(13)

ここで注意しておかなければならないことは、先にあげた沈慶之や徐勉のごとき裕福な人々は南朝貴族の代表というよりも、むしろそれ以下のクラスから出た武将であり、中堅官僚であるということである。それに加えて、南朝において盛んに行なわれる山沢の囲い込みは、王族のそれが最も目立ってくること、それとともにこのころ(四六五)から「幸臣近習が山湖を封略し」はじめてきたことも注意しておかねばならぬ。(14) 南朝において山沢の囲い込みを行なうものは魏晋以来の名族とは限らない。それを行なう豪右とか富室豪家といわれるものの実体は、単に貴族のみならず、いわゆる寒人として貴族社会から排斥される部類の人々もまじってくるのであって、我々は「豪右」の実体の変化を注意しなければならないと思う。

貴族の荘園経営に対する貨幣経済の影響は、以上にのべたごとく、まずその荘園からの現物収入の価値を低下させるのであるが、しかし、もちろんそれだけでは必ずしも貴族の経済力の減退をもたらすとは限らない。貴族ももとより旧態依然たる封鎖的な荘園経営だけに頼ることはできるはずもなく、経済生活において銭の占める比重が大きくなるにつれて、新しい金銭取得の方法を講じたにちがいないからである。次にその点を考えてみよう。

二　貴族と商人

新しい金銭取得の方法は先ず荘園生産物を換金することであったろうが、その場合、貴族は軽蔑すべき商販行為をみずからの手で行なうよりも、より簡単な方法として商人に販売を依託する方法をとったと思われる。すでに東晋の中ごろにおいて、貴族の別荘地帯であった会稽山陰では、貴族と商人の結托が顕著に現われている。『初学記』巻二四に引く王彪之の「整市教」には、「近ごろ山陰の市を検するに、多く法の如くせず。或いは店肆錯乱し、或いは商估没漏し、豪彊の名を仮冒し、貿易の利を擁護し、平弱の人を凌践し、専ら要害の処を固む。属城、寛を承け、亦た皆かくの如くす」という。商人が豪彊の名を仮冒して貿易の利を守るというのは、当時の貴族のもつ特権を利用して、商業上の利益を得たのにちがいない。南朝では、陳の至徳はじめ(五八三)まで「軍人・士人の二品清官には並びに関市の税なし」という規定があった(15)。この規定がいつ制定せられたか未だ詳かにしないが、貴族の優勢な東晋時代において、これに類する特権が貴族に認められていたことは確かであろう。とすれば、商人の側からいって、貴族の名において商行為を行なう場合には、関税と市税を合法的に免れることができたわけであって、商人にとってそれは大きな魅力であったにちがいない。かくて、貴族が自己の荘園からの生産物を売捌くために商人を必要とし、他方、商人はそれによって貴族の名を仮り、その特権に便乗して独自の商行為に大きな利潤をあげることができたとすれば、両者の相互依存は決定的となるであろう。

唐長孺氏は、南朝において王公貴人に附着した左右・門生の類には富裕な商人が多いということ、そして彼らが身を屈して、相当な銭を納めてまでも門生にしてもらった理由は、単に国家の課役を免れるためだけではなく、右にのべたような王公貴人の特権を利用して、自己の商業活動に大きな利益を得るためであったということを明確に指摘した。(16)

これは卓抜にして極めて重要な指摘である。王公貴人は金銭取得の必要から商人を利用し、それを自己の門生ということにして、自己のもつ封建的特権の利用を商人に許した。商人は王公貴人の門生となることによって、その保護のもとに主家のもつ封建的特権を利用し、自己の商業活動を有利に行なうことができた。この場合、門生が主家にさし出す束脩は、その本来の意味を失って、実質的には主家の封建的特権を利用して利潤をあげた商人が、その利益配当の意味で、あるいは特権使用料の意味で主家に渡す冥加金の意味に変っているわけである。顔竣に対する四五八年ころの弾劾文に次のような一節がある。「凡そ顔竣の任に莅みし所にては、皆な政刑のよろしきを闕けり。輒ち丹陽の庫物を開きて、吏下に貸借し、多く資礼を仮りて、解して門生となす。朝に充ち、野に満ち、殆んど千を以て計らる」と。(17)これは丹陽尹であった顔竣が官物を部下に融通し、その利子を門生の資礼という形でとり立てたのであろうと、以前私は理解した(第Ⅱ部第五章二七二頁)。しかしそれは単なる利子ではなく、そのうらに商業活動をともなったものと解する方が合理的である。なぜなら、それを借りたものは単に部下だけではなく、「野に満つる」多数の人々が顔竣の部下を通じてこれを借りているからである。彼らがこれを借りて資礼を納めたゆえんのものは、単に一時的な窮乏を補うためではなく、彼らがそれを資本にして商業活動を行ない、官物借用の特権を許された代償として、一種の冥加金をその利子とともに門生の資礼という形で上納したと解する方が、より一層合理的であるように思われる。このような方法は、倉庫に眠る官物を活用して、郡衙の収入を増す妙案であるとともに、商人の側においても資本力の増加に役立ち、商業活動を活潑にして利潤を上げることができたであろう。右の一節をこう解して差支えないとすれば、当時の門生が上納する資礼とは、全く経済的な意味で、特権利用に対する冥加金、あるいは資本借用に対する利益配当金の意味を帯びていたと考えることができる。このような門生の出現は、当時の門生の主家に対する関係についても再考を促す重要な問題であるが、その点については今はふれない。

以上のように、王公貴族と商人とは門生というヴェールをかぶって結びつき、資礼という名目の冥加金を媒介として経済的につながってゆくのである。それは商人の立場からすれば、当時の貨幣的経済的二重構造と、封建的経済外的特権の制約のもとで、商業活動を有利に行なうために必然的に志向する方向であった。貴族の側からいっても、貨幣経済の進展にともなって、現金収入の必要が増すにつれて、このような形で間接的に商業活動に加わり、そこからの現金収入をはからざるをえなかった。こうして貴族の経済生活は、はじめ荘園からの現物収入を主たる財源としていた状況から、次第に右のような形で商人に依存し、間接的に商業活動に参加して、そこからの現金収入に頼る部分が多くなる。それは自然経済から貨幣経済への発展過程において、貴族が経済的に立ちおくれつつも、なおその経済力を温存し、維持してゆくのに役立ったと思われる。

しかしここで注意しておかねばならないことは、そのような傾向が進むにつれて、貴族の商人に対する依存度が高まり、貴族の経済面における寄生的性格が強まることである。もともと貴族の荘園経営そのものが間接経営であったとしても、自然経済の時代には貴族と使用人との間には緊密な主従関係があって、貴族の荘園経営は相当強固であったはずである。それが今や貴族と商人的門生との関係においては、伝統的な尊卑の観念が残存するにしても、一切が金銭をもってはかられるという、いわば単なる取引関係の方向に進むであろう。貴族の商人的門生に対する支配力ないし規制力は、旧い荘園使用人に対するそれとはもはや同日の談ではない。そして貴族の商人に対する依存度が増すにつれて、ついに実質的には貴族が商人に養われる形となる。寄生的とはこういう形をいう言葉であろう。貴族ははじめから王朝に寄生しているのではない。それは貨幣経済の進展にともなって、生活の基盤そのものが寄生的となってゆくのである。そして商人が貴族を養うのは、一つには貴族が依然としてもっている封建的特権を利用するためであり、二つには国家予算の使用と俸禄の形で貴族が国庫から引出すことのできる良質の貨幣を得るためであった。そのほか、貴族所有の荘園や山沢からその産物を安く仕入れる目的もあったであろう。しかし封建的特権と貴族のもつ良質貨幣の二点は、商人を貴族に引きつける重要な源泉であったと思われる。貴族はこの二点によって、なお商人を自己の前に膝まずかせることができたのである。

しかし、封建的特権と国家予算の使用量において貴族よりも優位にあるものがいた。それはいうまでもなく皇帝と王族であり、さらにはこれに直結してその威を借るところの恩倖的寒人であった。厖大な予算を消費する重要な地方軍府は宋以後ほとんど王族が主宰した。利にさとい商人たちが貴族よりもむしろ王族と恩倖に結びつくのは当然である。かくて王族と恩倖は貨幣的二重構造と封建的特権の頂点に立ち、それをフルに利用して厖大な私有財産を蓄積した。それはすでに立ちおくれた貴族の蓄積をはるかに上廻り、貴族の相対的な経済力の低下はここにも現われてくる。そして貨幣財の厖大な蓄積は当然に消費ブームをまきおこす。一般的に言って、聚斂能力の薄弱な貴族が消費ブームの中にまきこまれるとき、その経済力はさらに低下してゆくであろう。梁代はまさにそのような消費ブームが一般の風潮となった時代であった。その際、地方官のポストは消費を補うべき聚斂のチャンスであった。にも拘らず、梁代の貴族の中には地方官として清廉であったといわれるものが多く、中には記念碑を立てられたものもあった(18)。それはすなわち貴族の聚斂能力の薄弱さを示すものであろう。かくて貴族の収入において、低下することの少い最も安定した部分は俸禄だけとなり、貴族の全収入において俸禄の占める比重が次第に大きくなって、これが彼らの最も重要な財源となるに至ったのではなかろうか。

三　貴族と俸禄

周知のように、江南の士人の経済生活における俸禄の重要性については、すでに顔之推が『顔氏家訓』渉務篇においてのべている。「江南の朝士は晋の中興によって南のかた江を渡り、卒に羈旅となって今に至るまで八・九世。未だ田に力むるものあらず、悉く俸禄に資って食うのみ。たとえ有るものも、みな僮僕に信《まか》せてこれを為す」と。私は果して顔之推のいうように、東晋以来、朝士のほとんどが「悉く俸禄に資って食うのみ」であったかどうか、いまなお疑問に思う。しかし顔之推が現に見、かつ父母から話にきいた時代、すなわち梁代においては少くともほとんどすべての朝士は俸禄生活者になっていたのであろう。もしそうだとすれば、梁代における経済の動きは俸禄生活者にとって、どのような作用を及ぼしたであろうか。

五二三年、通貨は鉄銭に切りかえられ、五二七年、百官の俸禄は原則としてすべて見銭をもって支給されることになった。もしこれが詔勅のとおり厳密に施行されたとすれば、官吏の俸給は五二七年以後、すべて鉄銭で支給されたことになる。しかるに鉄銭の価値はやがて急速に下落し、おそくとも五三五年以後になると、いたるところ鉄銭は山のごとく積まれ、物価騰貴はとどまるところを知らない有様となった(前章参照)。このようなインフレ時代において鉄銭を支給される俸給生活者は、その経済的基礎に壊滅的な打撃をうけることは明白である。もし当時の朝士が、顔之推のいうように、「悉く俸禄に資って食うのみ」であったとすれば、この状況は官界に恐るべき恐慌をきたし、それは必ずや重大な政治問題に発展したであろう。もし事実そうであれば、現存する少い史料の中にも、もう少しその影響を伝えるものが残っていてもよい性質のものである。それがほとんど残っていないということは、当時の朝士が例えば徐勉のような方法で、俸禄以外に収入をはかる手段をもっていたと想像するほかない。しかし、このようなインフレ現象が貴族に与えた打撃の大きさを示す史料はかすかに残っているのである。

『南史』巻二〇の謝僑伝は次のようにいう。「謝挙の兄の子の僑、字は国美。父の玄大は梁に仕えて侍中たり。僑はもと貴なるに、嘗つて一朝、食なし。その子、啓して班史を以て銭を質せんと欲す。答えて曰く、寧ろ餓死せんも、豈これを以て食に充つべけんや、と。太清元年卒す」。すなわち太清元年(五四七)以前において、すでに名門謝氏の一族、しかも先般来しばしば引用してきた大荘園主・謝弘徴の子孫は、経済的にここまで追いつめられているのである。謝挙およびその兄の謝覧は梁代において位人臣を極めたといってもよいほどの高い地位にいた。謝覧は祖父の荘(これは先に引用した人である)・父の瀹とともに「三代にわたって選部(吏部尚書)に居り、当世もって光栄とされた」人であり、かつて新安太守となっていたときは、人なみ以上に「聚斂」したといわれている。[19] 謝挙は地方官時代に吏民から碑を立てられていて、大して聚斂はしなかったのであろうが、中央では三たび吏部尚書となって「前代に未だ有らず」と騒がれた人であり、太清二年(五四八)には文官最高の尚書令に就任している。そして彼は「宅内の山斎を寄捨して寺としたが、泉石の美は殆んど自然のごとく、王族たちが常に游びに行った」といわれるほどの大邸宅をかまえていた。[20] 先にあげた『南史』の記事にまちがいがないとすれば、これほどの大貴族の実の甥が『漢書』を質に入れて銭を借りなければ食えないほどの底の浅い経済生活を、しかも侯景の乱以前の平時において営んでいたということを一体どう理解すればよいのであろうか。謝僑一家が何かの事情で突発的に「一朝食なき」事態になったとしても、そのとき班史を質に入れるなどということを考えて、なぜ叔父の謝挙に融通してもらうことを考えなかったのであろうか。

ここでまず注意すべきことは、梁代末期の首府において食糧を得るためには銭が絶対に必要であったことである。銭の価値が下落したときに、物をもつことが有利であることはいうまでもない。もし謝僑ないし謝挙らの一族が都の周辺に荘園をもち、そこから食糧を運ぶことができたならば、右のような謝僑一家の窮状は起らなかったであろう。従ってこの当時謝氏の一族は都へ食糧を容易に運ぶことのできる地域に荘園をもっていなかったことは確実である。そして彼らの収入も支出も完全に貨幣をもって行なわれていたことが分る。従って、たとえ遠隔地に田園や山沢をもっていたとしても、彼らが都において貨幣経済の上で営む経済生活には、それらがほとんど意味をもたなかったこと、あるいは急場の間に合わなかったことを示している。すなわち、遠隔地の荘園収入がなお残っていたとしても、それは銭にかえて都に送られるという習慣が長くつづいていたために、当時のインフレ時代には、それもはやほとんど意味をもたなかったのではないかと推測される。というのは、荘園からの収益を現金化する間には、先にのべたように商人が介在していたと考えられるが、その商人は鉄銭時代の混乱を利用して「姦詐」をはたらき、「これによって利を求めた」のであり(21)、荘園からの現金収入も商人の姦詐と当時のインフレとによってほとんど価値を減じたであろうからである。かくて高級官僚にならなかったらしい謝僑一家が先ず窮地に追いこまれ、謝挙らの一家も大邸宅に住みながら、内実の現金収入は激減して、自己の経済を保持するのに精一杯となり、甥の面倒をみる余裕は全くないほどに追いつめられたのではないであろうか。私は謝僑一家の窮迫という事実から、梁代末期における謝氏全体の貧困化を以上のように想像したくなるのである。もし以上の想像が大して誤まっていないとすれば、それはいわゆる北来貴族一般にも妥当するであろう。

私は以上において、南朝における貨幣経済の進展が貴族の経済力をどのようにして弱めていったかということを、多くの想像をまじえつつ考えてみた。それを要約すれば次のようになる。貨幣経済の進展はまず荘園経営の性格をかえ、荘園生産物を換金する必要に迫られるとともに、その間に介在する商人や守園人の経済的実力を高め、貴族の経済力は相対的に低下をつづけた。そして金銭取得の必要から、貴族が間接的に商業に参加するにつれて、貴族の商人に対する依存度が高まり、経済的寄生者としての性格が強くなってゆく。そして当時の貨幣的二重構造と封建的特権の系列において、貴族は一見その頂点に立つごとくに見えながら、意識の古さと聚斂能力の薄弱さによって、その利点を活用することができず、上からは王族と、下からは新興寒人層の経済力上昇によって、その間に板ばさみにあってゆく。そこに起る消費ブームはむしろ貴族の経済力をいよいよ消耗させ、やがて経済的寄生者としての貴族は鉄銭価値の下落によって、さらに経済力を激減した、ということになる。

このような経済的寄生者としての貴族に、最後の痛撃を与えたのは、いうまでもなく五四八年にはじまる梁末陳初の大混乱であった。その混乱の間に貴族はどうなるか、そして混乱の収まったのち、果して彼らは以前の力を回復できたかどうか。我々はそれを次に調べなければならぬ。それは以上にのべてきたことが、貴族の弱体化を強調しすぎているかどうかの検証にもなると思うからである。

四　侯景の乱と貴族の社会的勢力

五四八年秋から翌年春にかけての半年に近い首府建康の攻防戦と、主として侯景の軍による掠奪暴行とによって、建康とその周辺は徹底的に破壊され、貴族たちの生活の根拠は壊滅した。その状況を活写するものは顔之推の「観我生賦」である。

俘《とら》われの身となって、昔の土地建康にかえってみれば、そこは蛮族どもにふみにじられている。御先祖の廟《おたまや》をみては黍離の詩が思われ、荒れはてた壥《まち》をみれば麦秋の歌が思われて悲しい。軍鼓は倒れて用いる人もなく、かつて偉勲を記念して作られた鐘もこわれて地に落ちたまま。野はものみな枯れはてて人骨が横たわり、町は人もなくさびれて飯《いい》をたく烟もみえぬ。昔、百家の名族たち、今は親属すべてが亡び去って跡かたもない。どこかでひっそりと王昭君の悲しみを奏でる音《ね》が聞え、烏孫に連れ去られた翁主の歎きの絃《ことのいと》がきこえてくる。（彼女らは悲惨な目にあわされた上流貴族の婦人である）。かつてわが祖父たちの住まれた長干のちまたを通っては、胸の思いのむすぼれてとけず、先祖代々の墓地・白下に詣でては、去りがたき思いに心ひかれる。(22)

五五一年、顔之推は郢州（武昌）で侯景の軍に捕えられ、俘虜として建康へ送られた。右の叙述は、彼が捕われの身を釈放されたとき、建康の惨状を目撃して、後にその印象を「観我生賦」の中に歌いこんだものにほかならない。

このような惨状の中で何とか生き残った士人たちは、貴族をも含めて深刻な生活難に陥った。徐陵の弟の徐孝克などは、極度の食糧難のために、妻を侯景の部将に嫁がせ、自分も僧侶になって乞食托鉢して、この危機を切りぬけたほどであった。(23)荒廃した建康では、生活を維持することはほとんど不可能であった。かくて貴族や一般士人の多くは湘東王繹（元帝）のいる江陵へ続々と避難していった。姚察父子のごときは、一旦郷里に還っておりながら、故郷においても生活できなかったために、「朝士の例に随って」江陵へ赴いたのであり、(24)例外は少かったとみてよいであろう。そこには職があり、食があったのである。しかるに五五四年、西魏の大軍は俄かに江陵に攻めよせてこれを包囲占領し、ここに集っていた梁の百官および一般士民は羊の如く追いたてられ、俘虜として関中に拉致されていった。その数は十万人以上に達し、免れたものは二百余家にすぎなかったという。(25)これは南朝貴族の中枢を壊滅させる第二の大事件であった。

もっとも、五六〇年に陳と北周の国交が回復して以後は、いわば捕虜交換条約が結ばれ、原則として南北に流寓した士人はおのおのその旧国に還ることを許された(26)。しかしもちろん、すべての士人が帰国を許されたのではなく、また捕虜交換が迅速に行なわれたわけではない。彼らが長期にわたって北方に拉致されている間にも、江南の混乱はなお絶えまなく続いていたのであり、王朝もすでに梁から陳に変っていた。江南における彼らの社会的経済的な地盤は、それがよほど根強いものでないかぎり、この間に壊滅的な打撃を蒙ったのは当然である。それは貴族の場合でも変りはなかった。その適例は次にのべるように、陳郡の謝氏において見ることができる。

かの有名な東晋の謝安から嫡系の九代目の孫、謝貞は『陳書』巻三二孝行伝の中に見える。だいたい、謝安の長子から出たその嫡系は、次子から出た分家、すなわち先にしばしば引用した謝弘微の系統ほどには南朝において栄えなかったようであるけれども、謝貞の父の謝藺は、とにかく梁朝では三十七、八歳で兼散騎常侍になった人であった(27)。この謝貞の伝には次のようにいう。「太清(年間、侯景)の乱にあって、謝貞の親属はちりぢりになって逃げた。貞は江陵で西魏に捕われ、族兄の謝暠は番禺に避難し、貞の母は宣明寺で出家して尼になった。陳の武帝が即位すると、暠は郷里に帰り、貞の母を養うこと二十年近くたって、太建五年(五七三)貞がやっと北周から帰ってきた」。かくて貞は陳朝に仕えて諸官を歴任し、最後に後主のとき、南平王友となった。しかし後主の出した勅令に、「謝貞は南平王のところにいて、まだ禄秩がないから、賞与として米百石をやるがよい」、といっているのを見ると、その官僚生活は甚だ基礎薄弱なものであったと思われる。事実、至徳三年(五八五)母が死ぬと、そのあとを追って、まだ六歳の一子を残して死ぬ。そのとき族子の謝凱に告げた遺言には次のようにいう。

自分は少年のころに父を失い、十四歳で母方に養われたが、十六のとき太清の禍乱が押しよせて、遠国に流離すること二十年あまり。惨憺たる時世を天に号訴し、身の置きどころのない思いをして、ひとしく感ずるところあるに至った。国に還って母の側に仕え、先祖の墳墓を守ることができれば、わが分として充分であったのだ。しかるに、はからずも朝廷ではこの無一文の貧弱な私をとりあげて、しきりに立派な官位を与えて下さったが、私が死んだところで、何の御恩返しもできはしない。いま母を失った悲しみの中にあって、命は旦夕に迫っている。ひっそりと土に帰するのに、何もいろいろと思いを煩わすこともない。息をひきとったのちは、直ちに死骸を野原にすてて、仏家でいう尸陁林(風葬)のやり方をとってくれれば、誠に有難いのだけれども、ただ余りに変ったやり方にすぎはせぬかと恐れる。だから薄板でもって体が入るだけの棺を作り、霊車にのせて葦席《むしろ》でくるみ、山に穴を掘って埋めてくれ。また私は結局、兄弟が少く、他の子孫もいない。わが子の靖はまだ幼少で、世間のことには閑《な》れていない。それでただ三カ月だけ焼香台を置き、香水を供えて兄弟の情を尽くしてくれればよい。それがすめば、すぐそんなものは取り払ってくれ。無駄なことはしてくれるな。

謝安から九代目の嫡孫はこうして孤独と貧困のうちに寂しく死んでいったのである。

ここに明らかに見られることは、まず謝氏の族的背景が全く分散壊滅していることであり、謝貞のあとをみとるものは族子の凱しかなかったことである。もちろん、謝氏は彼らのほかすべて絶滅したわけではない。『陳書』巻二一には謝哲と謝嘏の伝があり、この二人は同じく謝安の次子から出た家系に属している。そして彼らは、梁においてそれぞれ重きをなしていた謝朏および謝挙の系統をひくもので、陳朝においても、ともに中書令などの高官になっているのである。にも拘らず、謝嘏らが困窮した同族の謝貞一家を支援した形跡は全く見えない。それは遠く謝安の子の代において、すなわち八世の祖においてすでに家系が分れているために、同じ謝氏でも礼制上では全く他人の関係になっていたからであろう。しかし、他人どころか、実の叔父と甥の間においても、すでに侯景の乱以前において、相互扶助がなかったらしいことは、先に彼らの先代に当る謝挙と謝僑の場合に見たところである。私はそのとき、謝氏が外面的には梁朝の栄誉にみちた高官であったにも拘らず、彼らの実際の経済状態は実の甥の困窮をも救うことができないほどに窮迫していたのであろうと推定した。いまや二十年に近い社会の混乱ののち、五族の範囲を脱した同族に扶助の手をさしのべることは到底不可能であったにちがいない。なぜなら、梁末陳初の大混乱によって、彼らの経済的地盤はほとんど完全に失われたと考えてよいからである。

侯景の乱以前において、貴族の経済生活が貨幣経済の進展に伴って寄生的性格を強めていったことは先に論じたところである。彼らの荘園における守園人は次第に経済的実力を蓄えていたし、彼らの商人に対する依存度が高まるにつれて、彼らと商人的門生との間の関係が単なる取引関係に変っていったことも先に指摘した。侯景の乱はこのような状況において勃発した。そして大混乱は二十年近くつづいた。その間、頼るべきものはただ武力であり、土豪将帥層以外になかった。混乱期の直前まで貴族が荘園や山沢を保持していたとしても、この大混乱の過程において、貴族と守園人ないし商人的門生との間の、すでに薄くなっていた関係が決定的に切断されたことは明白である。守園人や商人は貴族を見すてて土豪将帥の方へ走った。いなむしろ、守園人や商人そのものが土豪将帥に転化した場合も充分に考えられることである。すでに経済的に寄生化していた貴族は、この混乱の渦中に完全に経済的地盤を失ったといってよいのである。かくて彼ら貴族は、かつての同族結合を再び組織することは全く不可能であり、自己の単家族を維持するだけで精一杯であった。それはせいぜい王氏の場合のごとく兄弟が結束する程度であったのである。(28) このことは貴族の社会的勢力を示す一つの要素として、その族的結合の厚さが重要であったことを思うとき、我々はやはり貴族の社会的勢力の減退を示すものとしなければならないのである。

ところで、このような貴族の社会的勢力の弱化を象徴的に示す事件がある。それは再び謝氏の場合なのであるが、先に引用したように、謝貞の念願は先人の墳墓を守ることであったにも拘らず、その九世の祖・謝安の墓は遂に守られなかったという事実である。五七九年、梅嶺にあった謝安の墳墓は始興王叔陵によって乱暴にも発掘され、その柩は棄て去られた。[29]このとき謝安の嫡系にあたる謝貞はまだ存命中である。同じく謝安を祖とする謝哲は五六七年に、謝嘏は五六九年にすでに死んでいたが、謝嘏には二人の子があって、儼は侍中太常卿にまで進んで五八八年までは生きていたのであり、[30]伷は五八五年に吏部尚書になっているから、これも健在であった。[31]光栄ある祖先の墓は彼らの存命中に破壊されたのである。もっとも、五六五年の詔には、いたるところで墓地があばかれ、明器の玉杯や墓中の漆簡が世の中に出まわっていることを述べ、「昔からの忠烈の士で、墳冢があばかれ、子孫の絶えて後なきものは取り調べて修理せよ」といっているから、[32]梁末陳初の混乱期に多数の墳墓が破壊されたことは確かであり、始興王が謝安の墓をあばいたのはこのような風潮の余波と見ることもできよう。しかし、梁末陳初の大混乱期にそれがあばかれたのであれば、まだしもやむを得ないということもできようが、陳朝のもとで社会秩序が回復している時期に、しかもその子孫が廟堂にあるときに、彼らの最も崇敬していたはずの謝安の墓があばかれたということは注意すべきことであろう。なぜなら、謝氏の社会的勢力がそのとき、以前のように回復していて、それに依附する多くの賓客や門生、あるいは僮僕などがいたとすれば、いかに乱暴者の始興王といえども、謝氏のシンボルともいうべき謝安の墓をあばくことは恐らくできなかったであろう。私は南朝貴族の象徴ともいうべき謝安の墓が子孫の存命中に、しかも陳朝の盛期においてあばかれたということ、そして謝安嫡系の謝貞がその悲報をきいた後に、孤独と貧困の中に寂しく死んでいったことにおいて、南朝貴族没落の象徴的な姿をみるように思うのである。

ところでいま、謝氏の社会的勢力を問題にして、それに依附する賓客・門生などのことにふれた。貴族の荘園とそれに附属した多くの僮僕が失われ、門生の中でも商人的取引関係によってつながるものが貴族のもとから失われたことは先にのべたところである。しかし、賓客や門生が貴族に依附する理由には、本来他に大きな理由があった。それは貴族が朝廷においてもつ大きな権力にたよって、官職を得るチャンスをつかもうと期待したからであった。梁末陳初の混乱期に賓客門生は一たび離散したとしても、貴族がもし陳朝においてなお大きな政治的権力をもっていたならば、彼らは再び貴族のもとに依附し、よってもって仕官のチャンスを狙ったであろう。従って陳代において、貴族が再び以前のごとく依附人口を掌握できたかどうかという問題は、貴族の陳朝における政治的実力の程度と密接に関係する事柄である。そして貴族の社会的な力は、その同族が官界において占める地位の高さと多さ、つまり官界における族的なひろがりの厚みとともに、これに結びつく依附人口の多さに基づくところが大きいとすれば、貴族の社会的勢力を考える上で、この点の考察を除外することはできない。そこで次に陳朝における貴族の政治的実力の問題を考えてみよう。それはすなわち、貴族の社会的勢力の問題とも密接に関聯するからである。

五　陳朝における貴族の政治的実力

この問題についても先程からしばしば引用した謝氏を手がかりにして考えてみよう。先にのべたように、謝哲と謝嘏は陳朝において中書令にまで昇進した。そして謝嘏の子の儼は侍中太常卿に、伷は吏部尚書から尚書僕射にまで進んでいった。(33) このような事情は王氏の場合も同様であって、陳朝において貴族は依然として文官のほとんど最高のポストにまで昇進しているのである。

彼らがこうしてなお廟堂にある限り、政治問題・人事問題などに関する発言権は当然もっていたにちがいない。しかしながら発言権をもっていたことと、彼らの発言が力をもったかどうかということとは全く別の問題である。先ず謝哲らが占めた中書令とは当時どのような地位であっただろうか。

中書監および令は「梁代において清貴華重の地位であり、才地ともに美なるものがこれになるのであって、陳は梁の制度によった」といわれている。[34] そして梁の官品表では中書令は十三班筆頭であり、[35] 十四班の吏部尚書より下であるが、陳では吏部尚書より上位になって第三品筆頭になっている。これは中書監の官品が梁の官品表では尚書左右僕射より後に書かれているのに、陳ではそれを蹴おとして第二品筆頭に上っていること、および中書侍郎や中書舎人の官品にも尚書系の官に対して同じ現象がみられることと照応する。[36] つまり梁までは中書省よりも尚書省の方を重んじたのに対して、陳は逆に中書省の方を重んじたのである。従って中書監令はその長官として陳代において絶大な権力があったはずである。しかしながら実際は「中書令は清簡にして事なく」、蔡徴のごとき権力を握った経験のあるものにとっては、かえって怨めしい地位であった。[37] そして陳代において実際に詔誥を掌り、国家の大事を決するものはほとんど中書舎人であって、その長官たる中書令は名のみ重くして仕事のない閑職であった。謝哲や謝嘏のほかに琅邪の王氏も多くこの閑職についているのは興味深いことであって、それにはまことに「清貴華重」として祭り上げておくには最もふさわしい地位であった。そのことを傍証するものは、『陳書』の中の王氏・謝氏の伝に書かれていることが単に彼らの官歴を羅列するにとどまり、廟堂における彼らの業績や影響力を示す記事がほとんどみられないということである。

例えば謝嘏は梁代には名門の貴公子として秘書郎から起家し、いわゆる出世街道をひたすら進んでいたが、一時、建安(福建省)の太守に出ていたとき侯景の乱が起り、地元の政情不安に恐れをなして広州に避難した。のち中央に還ろうとしたが、途中で周迪に引きとめられ、ついで福建の陳宝応に頼っていった。周迪も陳宝応も陳朝に対抗する独立的な地方軍閥である。陳朝ではしきりに謝嘏を召すが、陳宝応が離さず、五六四年、陳宝応が平定されたときにはじめて陳朝に顔を出した。長年敵軍の中にいたことは、陳朝からみて、利敵行為ととられても仕方がなかった。御史中丞江徳藻は当然なことに彼を弾劾した。しかし文帝は彼に罪責を加えず、これを用いて遂に中書令にまで昇進させたのである。そして彼が陳朝に何を寄与したかについては一切書かれていない。陳朝は彼に一体何を期待したのであろうか。

文帝は天嘉元年(五六〇)七月に、「王公以下、それおのおの賢良を進挙すべき」旨の詔を発したが、そこに一つの例として挙げられているのは、新安太守の陸山才が蕭策と王暹とを推薦したときの啓文である。それにはいう。「蕭策・王暹は並びに世胄清華、羽儀著族であって、或いは文史用うべく、或いは孝徳称すべし。並びに宜しくこれを朝序に登し、擢んずるに不次を以てすべし」と。[38] 蕭策・王暹の如き貴族に期待されたものはその文史であり、その孝徳であった。顔之推がいうように、「文史の臣なるものは、その著述憲章の前古を忘れざる点が役に立つ」もの、端的にいえば、いわゆる有職故実に通暁している点を買われるものであって、「治体に鑒達し、経綸の博雅なる朝廷の臣」すなわち大局を見通す政治家とは異なるのである。[39]「博聞彊識にして旧章を明悉していた」袁枢[40]や「朝章に詳練して、もっとも聴断に明らかなる」袁憲[41]兄弟のごとき立派な文史の臣が得られるならば、まだ幸とすべきであった。実際には当時一般にそのような立派な貴族は少かった。顔之推が『顔氏家訓』勉学篇で痛烈に皮肉っているように、「梁朝全盛のとき、貴遊の子弟は学術のないものが多く、『車にのって落ちなければ著作郎、お体いかがと挨拶すれば秘書郎』と巷でハヤされるほどの有様であった。……それが乱離の後になると、銓衡選挙にあたるものはもはや以前の顔見知りではなく、要路の権力者には昔の与党が見られない。身をふりかえってみても、中身は空っぽで、世に出そうにも、何の役にも立たぬ。化けの皮は剝ぎとられて、貧弱な中身が暴露され、……戎馬の間にウロチョロして、どぶ川のほとりにのたれ死にすることになった。こういうときに際しては、彼ら貴遊の子弟は全くデクノボウなのである」。デクノボウであるにしろ、のたれ死にを免れて、戎馬の響きがおさまった陳代文帝のころまで、生き残りえた貴遊の子弟は何といっても稀少価値があった。彼らの身辺には、すぎ去った華やかな時代の文化の香りがただよい、故事旧章をよく知っている上に、育ちのよさを示す「徳」があった。それは田舎侍にとってやはり大きな魅力であり、彼らをかかえておくことは、それだけで自己の高尚さと文化性を示すように思われたであろう。周迪や陳宝応が謝嘏を手もとに引きとめたのは、恐らくそういった意味があるように推測される。陳朝は本質的には周迪や陳宝応と変らない田舎侍たちの寄合世帯として成立した。従って陳朝において、かつての貴遊の子弟が「不次を以て擢んでられる」のは、周迪や陳宝応が謝嘏を引きとめた意味と大して変りはないと思うのである。『陳書』に見える貴族たちの伝において、これといった特徴も業績も記されず、ただ主として官歴だけが記されているような人々は、顔之推のごとく駑才《でくのぼう》と呼ぶのは酷であるとしても、陳朝に文化的色彩を添えるという点にその最も大きな存在理由があったと考えられるのである。

　ところで、王氏や謝氏が中書令のごとき閑職以外に、尚書省の長官になっているのは、果して彼らの政務担当における有能さを示すものであろうか。尚書省は何といっても実際の政務処理を必要とする官衙であって、その最高幹部たる左右僕射や吏部尚書になれば、そう安閑としていられないはずである。しかし、政務処理の実状は左右僕射と吏部尚書のうち、誰か有能な一人が中心となって事を処理していたようであって、先にあげた袁枢や徐陵、あるいは中書舎人から出た孔奐や毛喜などが次々にその中心的人物になったのである[42]。そしてこれらの人々は家柄としては二、三流、あるいは寒門といってもよいクラスに属しており[43]、このようないわば中堅士人層が尚書省において国家機密を参掌するのは梁代から見られた現象である[44]。しかし、梁代末期から陳代に進むと、国家の機密を参掌し、軍国の大事を裁決するものは中堅士人層からさらに下級の、舎人省にたむろする寒人層の手に移っていった[45]。かくて陳代における尚書省はいわば単なる執行機関となってゆくのであって[46]、徐陵が猟官者に告げて、才能と門冑を考慮すると宣言しているのは、(47) 寒人層の攻勢に対して尚書省に拠る中堅士人層の抵抗を意味すると解することもできるのである。

舎人省を占める寒人の抬頭は宋の孝武帝時代以来の現象であった。それ以後、宋斉時代の中央政界は貴族対寒人の闘争場となっていった。梁の武帝はこの闘争を収拾するために、中堅士人層を中心として政府を構成した。しかしその末期からは、政治の中心はさらに下級の寒人層に移りはじめ、陳代においては寒人層の完全な勝利をもって終る。先にのべたごとく、中書省系職員の官品が尚書省系職員のそれを抑えてその上に出たという事実は、舎人省にたむろする寒人層の実力が尚書省の幹部を抑えてその上に出たという政治力の推移を、官制の上で端的に表わしたものと考えることができる。かくて貴族は梁代から次第に政界の片隅に祭り上げられ、陳代に入ってはいよいよ政権の中枢から全く浮き上ってゆく。そこでは中堅士人層さえも寒人層に圧迫され、ついには江総のごとくデカダンスに身を任せざるをえなくなるのである。

貴族は陳朝においても確かに中書省や尚書省の最高首脳部に名をつらねていた。しかし、それはちょうど日本の幕府時代における京都の公卿たちが、依然として大臣を称しているのと似たようなものであった。彼らはまさに有職故実に博識であり、古今伝授にも似て、過去の文学を伝えていた。しかし、現実の政治の実際は彼らとは別のところで動いていたのであり、彼らはそこから完全にとり残された存在でしかなかった。ただ日本のごとく、皇室と公卿とを実際の政権とは別の場所に、文化的伝統のシンボルとして別置するという便利な方法を中国では案出しなかった。中国ではそれが同一の政府の中に混在していた。従って同一の政府要員の中で、どこまでが実際の政権担当者であり、どこからが文化的伝統のシンボルであるかの区別は、日本におけるほど簡明直截ではない。しかし実利を求める人々が皇居に向ったか幕府に向ったかおのずから明らかであるように、陳代においても実権のない貴族のもとに伺候するものはもはやほとんどなかった。貴族が失った嘗つての依附人口はもはや再び彼らのもとには帰ってこなかったのである。それは貴族自身の族結合の稀薄化と相俟って、貴族の社会的実力の完全な喪失を意味するものであろう。

おわりに

以上において私は、陳代において貴族が政治的社会的に現実を動かす力をほとんど喪失していたことを証明したつもりである。それは南朝を通じて進行してきた貴族の経済的社会的実力喪失過程が最後に行きついた姿であり、それを決定的たらしめたのは梁末陳初の混乱期にほかならない。そしてこの混乱期以後における彼らの余映は、全く文化的伝統のシンボルとして、床の間の置物として飾られていたにすぎなかった。このような一握りの置物を処理するには、隋の江南平定によって北方にもってゆくだけで事は片附いたのである。我々は南朝貴族制の崩壊をそれが完全に姿を消すまで待つ必要はない。日本史上において京都の公卿はいつまでも残っていたけれども、鎌倉幕府以後を人は貴族時代といわないように、あるいはさらに一層適切な比較をもってするならば、応仁の乱後の織豊時代を人は貴族時代といわないように、我々もまた侯景の乱後になお貴族が残っているからといって、それを貴族制の時代と呼ばねばならぬ理由は毫も存在しない(48)。私は以上の考察からして、侯景の乱をもって南朝貴族制の終りと断定してよいのではないかと思う。すなわち三世紀から六世紀の半ばまで、つまり魏晋以来、梁に至るまでの、いわば中世前期の貴族制は、北方蛮族の支配下に成立して隋唐に及ぶ後期貴族制に直接つながるものではないのである。そしてこの前期貴族制を崩壊せしめたものは、北方の武力であるというよりは、むしろ根本的には南方において擡頭してくる新興階級であった。北方の武力が圧服したものは、すでに絶滅寸前にあった前期貴族ではなく、むしろ貴族をはねのけて擡頭してきた南方の新興階級であった。それをどのように圧服し、あるいは懐柔したか、それは次の時代の最も興味のある問題であろう。

(1) 岡崎文夫『魏晋南北朝通史』(一九三二、弘文堂)三一八頁。
(2) 竹田龍児「侯景の乱についての一考察」(『史学』二九巻三号、一九五六)五六頁。
(3) 『宋書』巻五八謝弘微伝。
(4) 『顔氏家訓』渉務篇。
(5) 守園人という言葉は、『宋書』巻七七柳元景伝に見える。
(6) 『宋書』巻五四孔季恭伝に附する孔霊符伝参照。
(7) 『宋書』巻七七沈慶之伝。
(8) 『梁書』巻二五徐勉伝。
(9) 『顔氏家訓』渉務篇。
(10) 『梁書』巻三七何敬容伝。
(11) 『宋書』巻八五謝荘伝。
(12) 同右。
(13) 『宋書』巻八九袁粲伝。
(14) 『宋書』巻五七蔡興宗伝。
(15) 『南史』巻七七沈客卿伝。
(16) 唐長孺「南朝寒人的興起」(『魏晋南北朝史論叢続編』一九五九、三聯書店、所収)第三章。
(17) 『宋書』巻七五顔竣伝。
(18) 例えば『梁書』巻二一に載せられる琅邪の王氏などがそれである。王瞻は晋陵太守のとき「潔己為政。妻子不免飢寒」といわれ、王志は宣城内史のとき、「清謹有恩恵」と記され、王泰は新安太守として「和理得民心」といわれる。民から碑を立てられたものは、後にあげる謝挙などがそれである。貴族の中にも聚斂するものは勿論ある。しかし賀琛らがのべるような、当時の地方官の聚斂(『梁書』巻三八)に比べれば、比較的清廉であったように思われる。
(19) 『梁書』巻一五謝覧伝。

(20)『梁書』巻三七および『南史』巻二〇に収める謝挙伝参照。
(21)『隋書』巻二四食貨志。
(22)『北斉書』巻四五顔之推伝。本文の訳は昭和三十五年秋、宇都宮清吉教授が顔之推の伝記を中心とした集中講義を京都大学で行なわれたとき、私が聴講して教授の名訳を筆記したノートに基づいたものである。匆々の間に筆記したため、書き留められなかったところは私が補った。
(23)『陳書』巻二六徐孝克伝。
(24)『陳書』巻二七姚察伝。
(25)『周書』巻二魏恭帝元年条。
(26)『周書』巻四一庾信伝。
(27)『梁書』巻四七孝行伝中の謝藺伝。
(28)『陳書』巻二三王瑒伝。
(29)『陳書』巻三六始興王叔陵伝。
(30)『陳書』巻二一謝嘏伝。
(31)『陳書』巻六後主紀、至徳三年条。
(32)『陳書』巻三文帝紀、天嘉六年条。
(33)『陳書』巻六後主紀、至徳四年条。
(34)『通典』巻二一、職官三。
(35)『唐六典』巻九では、梁の「中書令の班は第十四」とあり、『通典』と異るが、十四班であったとしても、十五班における僕射と監の順序のごとく、吏部尚書より後に並べられていたであろうと思う。
(36)『通典』巻三七、職官一九。
(37)『陳書』巻二九蔡徴伝。
(38)『陳書』巻三文帝紀、天嘉元年条。
(39)『顔氏家訓』渉務篇。

(40)　『陳書』巻一七袁枢伝。

(41)　『陳書』巻二四袁憲伝。

(42)　『陳将相大臣年表』と、それに出てくる尚書省幹部の伝を照らし合わせると、大体五六〇年代前半は袁枢、六〇年代後半から七〇年代中ごろまでは徐陵、七〇年代中ごろから八〇年代はじめまでは孔奐と毛喜が尚書省の中心であった。それ以後、尚書省を総裁した江総は政務をみないで、後主と日夜後宮に宴遊したので有名である。

(43)　袁枢は一流と称してよいのであるが、この一家には梁代の袁昂や、袁枢の弟の袁憲などに見えるように、鯁骨の気風が流れていて、一般の貴族とは少しく趣を異にするように見える。

(44)　梁代尚書省を実質的に切りまわした人は、五〇〇年代は范雲と沈約、五一〇年代は袁昂あたりらしいが、五二〇年代になると徐勉、五三〇年代は何敬容、五四〇年代になると、実権は尚書省から離れて、寒人の朱异などの手に移っていったようである。右の外に周捨が重要である。

(45)　陳代では例えば『陳書』巻二九にのっている人々の伝を参照。

(46)　『隋書』百官志上には「陳承梁。皆循其制官。……国之政事。並由中書省。有中書舎人五人。領主事十人。書吏二百人。……分掌二十一局事。各当尚書諸曹。並為上司。総国内機要。而尚書唯聴受而已」とある。

(47)　『陳書』巻二六徐陵伝。

(48)　岡崎博士はさらに進んで、梁の武帝時代に「最早事実上南朝特有の貴族制が消失したものと考へて差支ない」とまで言っておられることを我々は想起したい(『魏晋南北朝通史』〔前掲〕五九八頁)。梁代の政体は確かに南朝特有の貴族制ではなくなっているとしても、なおそれの修正型と考え、その決定的な崩壊を梁末陳初の乱に求める方が穏当ではないかと考える。

（原題「南朝貴族制の没落に関する一考察」一九六二年三月『東洋史研究』二〇巻四号。一九七九年八月補訂）

■岩波オンデマンドブックス■

六朝貴族制社会の研究

1982 年 12月15日　第 1 刷発行
2000 年 6 月21日　第 2 刷発行
2014 年 5 月 9 日　オンデマンド版発行

著　者　川勝義雄《かわかつよしお》

発行者　岡 本　厚

発行所　株式会社 岩波書店
〒 101-8002 東京都千代田区一ツ橋 2-5-5
電話案内 03-5210-4000
http://www.iwanami.co.jp/

印刷／製本・法令印刷

ISBN978-4-00-730104-9　　Printed in Japan